An Introduction
To Practical Legal Studies
For Medical Specialists

医療関係者のための実践的法学入門

［第2版］

城　祐一郎
Tachi Yuichiro

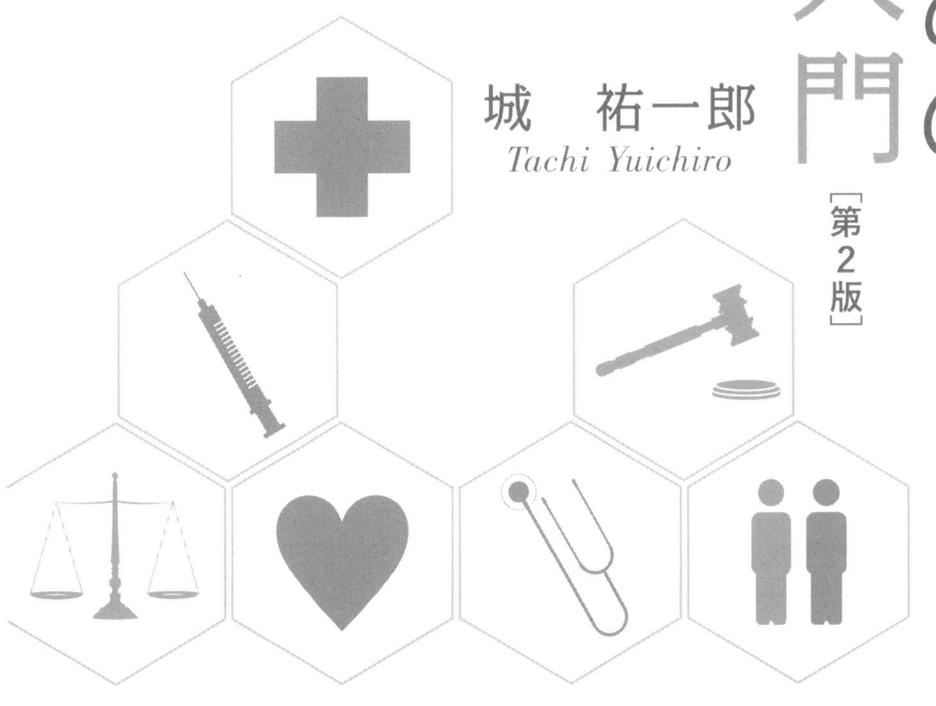

第２版のはしがき

本書の初版が出されてから、３年余が経過し、その間に、改正民法が施行され、また、刑法等の関係法令の改正もなされた。さらに、重要な最高裁判例が出されたりしたことなどもあって、本書の内容がいささか古くなり、改訂が必要となったものである。

本第２版がこれまでのものと同様に、多くの方々に利用していただければ、著者として望外の喜びである。

なお、今国会で刑法が改正され、懲役刑と禁錮刑の区別がなくなり、拘禁刑に一本化されたが、改正法の施行は数年後であるため、本書では従来の法制度に基づいて説明している。

おって、本改訂においても、㈱成文堂の『刑事法ジャーナル』編集長である田中伸治氏に本当にお世話になった。厚く謝意を表したい。

令和４年６月

城　祐一郎

はしがき

本書は、これから医療関係者になるための勉強を始めた頃の学生を対象とし、法学の基礎を理解してもらうために作成されたものである。医療関係者には、医療関係の研究に従事する医療研究者と、実際に病院等での患者の診療・看護などの業務や、薬局での調剤・薬の販売などの業務に携わる医療従事者がいるとの理解の下、それらのどの業務に就くにしても、最低限必要と思われる法学上の知識等を提供し、また、自らの思考において深化させてもらえるような問題提起を試みたのが本書である。

本書は、全12章からなり、第１章で、法とは何かという基礎的な問題から始まり、以後、第２章で憲法の説明をし、更に、第３章で民事法の領域から民法を、第４章で行政法の領域から所得税法を、第５章から第９章までの刑事法の領域から刑法及び刑事訴訟法を、そして、第10章で社会法の領域から医事法をそれぞれ解説している。ただ、それら憲法や法律の解説に当たっても、医療関係の事項に焦点を当てて、できるだけ読者の身近な問題を取り上げるようにしたつもりである。

具体的には、憲法の章では、患者の人権が基本的人権として認められるか、民法の章では、診療契約の法的性質は何か、所得税法の章では、病院経営などから得た収益に関する脱税の問題などを、刑法の章では、安楽死・尊厳死、毒殺及び刑事医療過誤など、医療関係者にとっては興味と関心があると思われる事項を取り上げてある。更に、刑事政策という学問領域にもまたがる刑罰の内容について解説した上、それら刑事事件の犯罪捜査に関する刑事訴訟法の解説をしたものである。更に、実際に医療の現場で必要とされる医療法や、医師法、歯科医師法、薬剤師法及び保健師助産師看護師法についても、それぞれ詳細に解説を試みたところである。

その上で、第11章で医療研究者倫理の問題を、第12章で医療従事者倫理の問題をそれぞれ取り上げている。法学の問題は、単に、法的な処理だけで終わるのではなく、それぞれの業務領域における倫理の問題も密接にリンクすることから、入門段階において職業倫理に関する基礎の理解にも努めてもらいたいからである。

そして、上記各章においては、極力、憲法及び法律の条文を掲載するようにしてある。というのは、本来であれば六法全書などの法令集を開いて、条文を探し、それを読み込むという作業が望ましいのであるが、実際のところ、法令集を用意してそれを開くという手間が煩わしく、条文を見ないままに勉学を進めてしまうおそれがあることを知っているからである。その意味では、過剰な配慮であるのかもしれないが、とにかく条文を読むというのが法学の基本であることから、掲載してある条文は、最低限、何度も読み込んで、それが頭の中で定着するように努めてもらいたい。

また、本書では、裁判になった事例の事実関係を詳細に紹介してある。というのは、法律の適用は、あくまで前提となる事実関係に基づいてなされるのであるから、単に、判例の結論だけを覚えるというのでは、受験勉強としては効果的であるのかもしれないが、少なくとも法学を理解しようとする場合にはマイナスだからである。前提となる事実関係を正確に把握していれば、その事案の特殊な事情なども理解できるのであって、そのようなことを踏まえていれば、判決等における法適用の射程範囲を正確に理解できることになるからである。

さらに、本書では、難しい専門用語もそのまま使い、ただ、それを本文中で簡単な言葉に置き換えながら説明するようにした。脚注等を使って別に説明する方法もないではないが、それはやはり読みにくいし、面倒に思って読まないおそれもないではないので、すべて本文だけで伝わるようにしたつもりである。

本書は、これから法学を学ぼうと思う方々の役に立つものとなることを願い、筆者において誠心誠意、筆を走らせたものである。未熟な筆者の法の理解と不十分な筆力による本書がどこまで読者の方々の理解に役立つのか不明であるが、いくらかでも法学に興味を持てるようになり、更に、法学を理解してみたいと思っていただけたとしたら、筆者としては望外の喜びである。

なお、本書の作成に当たっては、㈱成文堂の「刑事法ジャーナル編集長」田中伸治氏にひとかたならぬお世話になった。田中氏の貢献がなければ本書の完成はあり得なかったものである。深く謝意を表したい。

平成30年12月

昭和大学医学部　教授
薬学博士　城　祐一郎

目　次

第3章　民　　法――診療契約の法的性質――

第4章　所得税法――脱　税――

第5章　刑　法（1）――安楽死・尊厳死――

第6章　刑　法（2）――毒　　殺――

第7章　刑　法 (3) ——刑事医療過誤——

第8章　刑　法（4）――刑　罰　論――

第9章　刑事訴訟法――犯罪捜査――

第10章　医　事　法

第11章　医療研究者倫理

第12章　医療従事者倫理

第1章
法とは

はじめに

皆さんは、今後、医療関係の仕事に就くための勉強をしていこうとしている方たちであります。そのためには、自分が専門とする医療関係の知識や技術を身に着けることが第一ではありますが、それだけでは医療の世界で生きていくには十分ではありません。医療の世界は、医師、歯科医師、薬剤師及び看護師だけでできているわけではなく、それ以外の世界の人たち、最も直接的な関係を持つのは患者であり、そのような別の世界の人たちとの関わりは不可欠なものであります。また、仕事の場を離れたら、一社会人としての生活をも送るわけですから、社会人としての人や社会との関わりも不可避であります。

そのような中において、**法**というのは、意識するとしないとにかかわらず、皆さんの周りに張り巡らされております。はっきり言って日常生活を含む仕事上のすべてのことが法で規律されているといっても過言ではないと思います。例えて言えば、皆さんは、既に蜘蛛の巣の中にいる蝶々のようなもので、法律という網の中で実は手足も引っかかっているようなものであります。ただ、道徳的・常識的に適切に行動していれば、その蜘蛛の巣は別に引っ張るようなことはせずに十分に伸びてくれますので、自分が引っかかっていることを意識しないだけのことなのです。しかしながら、法に違反するような行為に出た場合には、その蜘蛛の糸が皆さんの手足を動けなくして何らかのペナルティーが科されるようにしてしまうのです。

したがって、今後、医療関係での仕事をする社会人として、我が国の法を理解しておくことは不可欠でありますので、最低限必要である法の原理や基本となる各法律の内容について、本書でできるだけ平易に解説しようと思っております。

法の概念

法というものは、さまざまな理解や考え方があり、一言でいえるようなものではないのですが、ここでは、次のように考えておきますということを示しておきます。すなわち、法とは、広義、つまり、広い意味では、単なる道徳にとどまらない**社会規範**であるとして使われますが、狭義、つまり、狭い意味では、憲法や**法律**といった文章で書かれた規定を指すものとして用いることといたします（なお、憲法と法律の関係については、第2章で詳しく説明いたします。）。ここでは、そのように使い分けてお話ししていきます。なお、法全体を指していうときは、法又は**法規**という言い方で述べることといたします。

六法全書

法律はどこに書いてあるのかという聞き方をされた場合、多くの人は、**六法全書**に書いてあると答えるのではないかと思います。つまり、法律の内容は知らなくても、日本に六法全書というものがあり、それに必要な法律が掲載されているということは、かなりポピュラーな知識になっているのではないかと思われます。

ただ、もちろん、六法全書というもの自体知らないという方もおられると思いますから、この点から説明することにいたします。

そもそも「**六法**」というものが何を指すか知らない方もおられると思いますが、これは我が国において、基本的な法として代表的なものが6つあることから、それを指して「六法」と呼んでいるのです。具体的には、**日本国憲法**、**民法**、**商法**、**民事訴訟法**、**刑法**、**刑事訴訟法**の6つの法であります。

そして、我が国において、六法全書というタイトルの書物を出版しているのは、現在、(株) 有斐閣という出版社だけであります。ただ、この書物には、先に挙げた6つの法律しか載っていないのではなく、我が国の社会を維持する上で、重要と思われるほとんどの法律を載せてあります。ですから、非常に分厚い書物であり、昔は一冊の本でしたが、今では掲載する法律の数が増えてしまったことから二分冊になっております。

もちろん、この書物は大部過ぎて、法律家でもなければ手に余るものですから、各業界の専門家に向けて、例えば、「医療六法」とか、「建設六法」とか、「不動産六法」などのように、それぞれの業界で必要とされる法律だけをピックアップして小型化したものが世に出ております。

この六法全書では、全体として**公法**と**私法**に分けられております。第一分冊が概ね公法分野の法律であり、第二分冊が概ね私法分野の法律となっています。ここでいう公法と私法の関係ですが、大雑把に言って、「公法」とは、国民と、国や都道府県や市町村といった**地方公共団体**など公の組織との関係などを定めたものであり、これに対し、「私法」とは、私人間の関係などを定めたものであります。ただ、この区別は特に重要なものではありません。単に、便宜的なものと考えておけば足ります。

公法・憲法・行政法・刑事法・刑法・刑事訴訟法

そして、公法の中を見ますと、まず、日本国憲法が最初に出てきます。これは、日本国憲法98条１項に、

> 第九十八条　この憲法は、国の最高法規であつて、その条規に反する法律（中略）は、その効力を有しない。

と規定されているように、他のどの法律よりも上位に位置するのが憲法だからです。なお、その条文で「**条規**」という文言が出てきますが、これは、憲法などの条文の規定というように理解しておけばよいでしょう。

その後、国会について定めた**国会法**、国会議員になるための選挙について定めた**公職選挙法**などが出てきます。そして、**裁判所法**などが出てきて、更に、**内閣法**や**地方自治法**などが出てきます。こういった国や地方の機関などについて定めている法律を**行政法**と呼びます。この部分に含まれる法律は非常に多く、それは国家と国民の関係を規定するものだけに、国民の人権に対

する侵害をしないためにも（この点は次章で説明します。）、予め色々なことを明確に法律で取り決めておく必要があるからです。第４章で説明する**所得税法**などの**租税法**も行政法の一つですが、国民に対して納税の負担を課するだけに、詳細な規定を法律上に設けておく必要があるのです。

そして、その後、刑法などの**刑事法**が出てきます。これも国家と国民との間の取り決めであり、何をしたら犯罪とし、その際の処罰をどうするかということが問題となりますから、きちんと法律で決めておく必要があるのです。この刑事法の中には、刑罰の基本法規である**刑法**があるほか、刑法で定めていない事項でも犯罪とする必要があるものについては別に法律を作って処罰できるようにしています。これを**特別法**と呼びますが、例えば、**軽犯罪法**という法律があり、これには刑法で処罰していないような軽いレベルの犯罪行為を処罰の対象としています。例えば、軽犯罪法１条22号には、

　　二十二　こじきをし、又はこじきをさせた者

に対しては、「**拘留**又は**科料**に処する。」と規定されており、今ではあまり見かけませんが、自分がこじきをした場合や、親が子供にこじきをさせたような場合には、拘留（こうりゅう）又は科料（かりょう）という軽い処罰をするとしているのです。なお、「拘留又は科料」という刑罰の内容については、第８章で説明いたします。

このような刑事法の中でも特別法は、時代に応じて、新しい犯罪に対応できるように次々と制定されております。例えば、平成11年には、暴力団犯罪などの組織的な犯罪や、**マネー･ローンダリング**などの犯罪に対応するため、組織的な犯罪の処罰及び犯罪収益の規制等に関する法律、略して、**組織的犯罪処罰法**と呼びますが、このような法律なども制定されています。

なお、マネー・ローンダリングとは、犯罪によって得た資金などを、さも正当な事業で得られたもののように見せかけたり、隠したりすることなどの犯罪であります。

そして、そのような刑事法に関する手続を定めた法律が刑事訴訟法です。これは、国家の捜査機関が犯罪者を逮捕したりする場合など、刑事事件に関する国家権力の行使に際して、一定の手続に従うことを国家機関に対して要求することや、その際、逮捕等される国民の権利の保障等について規定して

いるものであります。国民の権利が不当に侵害されないためにも、国家権力が行使できる条件と場合などを決めているものであります。なお、この法律については、第９章で詳しく説明いたします。

私法・民事法・民法・商法・民事訴訟法

次に、私法の中を見てみますと、最初に、民法が出てきます。これは、民法が私人間の法律関係を規定する、最も基本的な法律だからです。また、私法の中には、民法に限らず、私人間の権利関係などに関する様々な民事法が存在しています。そのような各法規による法的規制によって、私人間の権利、義務が一定のルールの下で統制され、もしトラブルが起きても、それに関する民事法等に従って解決されることになるのです。なお、民法に関しては、第３章で詳しく説明いたします。

商法は、民法の**特別法**と言われる法律になります。これは通常の私人間の取引について規定する民法よりも、更に、商人と言われるような商売を専門とする人たちの取引関係について詳細に規定しているものであります。逆に、民法のほうが商法より広い範囲を一般的に規定していることから、商法に対して民法が**一般法**であるという言い方をいたします。

そして、その民事上の取引等に関してトラブルが生じた場合には、最終的には、裁判によって権利・義務関係が決せられることになりますが、その手続を定めたものが**民事訴訟法**であります。

また、その他に社会法とか経済法とかいう項目が設けられ、社会法の中に、**医療法**、**医師法**、**歯科医師法**、**薬剤師法**及び**保健師助産師看護師法**などが規定されております。これらの法律については、第10章で説明いたします。

民事法と刑事法の区別

このように刑事法と民事法は、はっきりと区別されるものでありますが、世間ではよく混同されて使われております。

例えば、刑事訴訟法で出てくる用語で**被告人**という用語がありますが、これは、捜査の段階で、逮捕等されて犯罪の疑いがある者を**被疑者**というのに対し、その被疑者が**検察官**により起訴されることで被告人という立場になります。これは裁判所における審理、つまり、**公判**で審理を受けている立場の者ということになります。

これに対し、民事訴訟法では、何らかの権利が侵害されたとして、訴えを起こした者を**原告**と言い、訴えられた立場の者を**被告**と言います。

ここでいう被告人と被告がよく混同されて使われています。刑事事件の場合は、あくまで被告ではなく、被告人でなければならないのですが、マスコミ報道でも、「被告人」と言わなければならないところを、「被告」と言っている例もしばしば見られます。

これと同様に、刑事訴訟事件は、その開かれた法廷の回数に応じて「第○回公判」又は「第○回公判期日」という言い方をし、民事訴訟事件は、その開かれた法廷の回数に応じて「第○回口頭弁論」又は「第○回口頭弁論期日」という言い方をします。これは刑事訴訟事件では、公判廷における審理のことを指して第○回公判期日という言い方になりますが、民事訴訟事件においては、開かれた法廷で原告及び被告がそれぞれの主張を基本的には口頭で述べることから（ただ、実際には、書面を出して、「書面のとおりです」というだけのことが普通なのですが。）、それを口頭弁論と呼び、その開かれた法廷の回数を付けて、第○回口頭弁論期日などと言います。

ところが、民事訴訟事件であるのに、第○回公判などという言い方をしている例も見られないわけではありません。細かなことですが、このように刑事事件と民事事件の違いが認識されないで誤用されている例もあるということであります。

実体法と手続法の区別

法律には、**実体法**と呼ばれるものと、**手続法**と呼ばれるものがあります。まず、実体法とは、法律関係の内容を定める法律、すなわち、権利・義務の発生、変更や刑罰等の内容などを定めるもので、手続法とは、民事訴訟や刑事訴訟などの際の手続を定めた法律であります。憲法以外の六法のうちで、民法、商法、刑法が実体法で、民事訴訟法と刑事訴訟法が手続法であります。

条文の読み方のルール

憲法や法律は、必ず**条文**と呼ばれる、区切られた文章が並べられております。その条文は、第一条、第二条というように、**条**に番号が付されており、しかも漢数字で書かれております。それらは「第」という文言が付けられておりますが、その条文を引用するような場合には、いちいち「第」を付けるのも面倒なので「第」を省略して、いきなりアラビア数字で、１条、２条というような言い方や書き方をすることもあります。これはどちらも使われますが、法律家の文章では、「第」が省略される方が普通であります。また、条文の文言中で、仮名遣いが旧仮名遣いなどになっていることもあり、例えば、「あって」などの文言の中の小さい「っ」という文字が、大きい「つ」で書かれていることも法律などにはよくあることです。

この条文の例として、日本国憲法（憲法の内容については、次章で説明しますので、ここでは形式だけを取り上げます。）１条では、

> 第一条　天皇は、日本国の象徴であり日本国民統合の象徴であつて、この地位は、主権の存する日本国民の総意に基く。

と規定されております。これは一つの条文だけで構成されている形になります。「第一条」と条文の番号が漢数字で書かれ、その下からすぐに本文が始まっています。また、現代の書き方なら「象徴であって」となるところが、「象徴であつて」という古い書き方になっていることも分かると思います。

そして、第一条、第二条という条文の中に、更に、いくつかの文章が入ることがありますが、この場合には、第１項、第２項などといった**項**という文言で区切っております。そして、第２項以下の項には、「２、３……」と算用数字で「項番号」と呼ばれる番号を付けて、第何項かがすぐに分かるようにされています。ただ、この場合、第１項については番号が付されません。第１項については、条文の番号が記載された下から始まりますから、そんなところに数字の１が入っても読みにくいし、第２項以降がない場合に１を入

れないなら、第２項以降がある場合でも１を入れないほうが統一がとれるからではないかと思われます。

具体例を挙げましょう。例えば、日本国憲法４条では、

第四条　天皇は、この憲法の定める国事に関する行為のみを行ひ、国政に関する権能を有しない。
２　天皇は、法律の定めるところにより、その国事に関する行為を委任することができる。

とされており､項で区分されているのが分かると思います。第１項には､「１」という項数字は出てきませんが、第２項には、「２」という数字が出てきております。第３項以降もあれば､「３」「４」……と表示されて区分された文章が並ぶことになります。

さらに、条や項の下に**号**というものが設けられることもあります。これは条又は項の中でいくつかの事項を列記する必要がある場合に「一、二、三……」と漢数字の番号を付けて列記したものであります。例えば、日本国憲法７条では、

第七条　天皇は、内閣の助言と承認により、国民のために、左の国事に関する行為を行ふ。
一　憲法改正、法律、政令及び条約を公布すること。
二　国会を召集すること。
三　衆議院を解散すること。(中略)
十　儀式を行ふこと。

と規定されておりますが、これは第７条の下に、「項」はないものの、天皇の国事行為としていくつかの事項を列挙しなければならなかったことから、第一号から第十号までを設けたものであります。なお、第四号以下第九号までは（中略）として略しておきましたが、本書では、このような省略は随所に出てきます。皆さんの理解のために必要でないところは、適宜、(中略）などと記載して、条文を理解しやすいように、また、読みやすいようにしておきます。法律の条文は、途中を略しても必ず主語と述語が対応して文章の

意味が伝わるように作ってありますから、そのようなことをしても大丈夫なのです。

その上で、「号」の中で更に細かくいくつかの列記事項を設ける必要がある場合には、「イ、ロ、ハ……」という文字を用いて書き表すことになっています。ただ、そのようなものは皆さんが通常目にする法律にはほとんど出てきませんが、税法などには見られることがあります。

また、一つの条文の中で「項」に分けられているわけではないものの、二つの文章が入ることがあります。このような場合には、前の文章を**前段**、後の文章を**後段**と言います。例えば、日本国憲法11条では、

第十一条　国民は、すべての基本的人権の享有を妨げられない。この憲法が国民に保障する基本的人権は、侵すことのできない永久の権利として、現在及び将来の国民に与へられる。

と規定されておりますが、「国民は（中略）妨げられない。」という文章が前段であり、「この憲法が（中略）与へられる。」という文章が後段になります。

ただ、同じように二つの文章が一つの条文に入っていても、次の文章が「但し」という文言から始まっている場合には、先の文章を**本文**、後の文章を**但書**と言います。例えば、憲法55条は、

第五十五条　両議院は、各々その議員の資格に関する争訟を裁判する。但し、議員の議席を失はせるには、出席議員の三分の二以上の多数による議決を必要とする。

と規定していますが、このうち、「両議院は、（中略）裁判する。」という文章が、55条本文であり、「但し、議員の（中略）必要とする。」という文章が但書になります。

条文の読み方のルールの最後に、「同」という文言の使い方について説明しておきます。前に出てきた法律を受けて、同じ法律を指摘する場合には、「同法」という言い方や書き方をしますし、前に出てきた条文を受けて同じ条文を指摘する場合には、「同条」という言い方や書き方をします。つまり、既に、○○法３条が出てきていて、更に、その条文の説明などをする場合には、ま

た「３条」などという重複した書き方はせずに、「同条」という受け方で記載します。これは「項」でも「号」でも同じことで、「同項」とか「同号」という書き方になります。例えば、「○○法３条４項５号」というものが既に出てきていて、この同じ法律の中の４条を次に説明する場合には、「同法４条」という書き方になりますし、この同じ３条の条文の中の５項を次に説明する場合には、「同条５項」という書き方になりますし、更に、同じ３条４項の中の６号を次に説明する場合には、「同項６号」という書き方をします。

なお、「同」という場合は、その直前の文言を指しますので、例えば、○○法３条４項の説明をした後、別の△△法２条３項が出てきて、その後に、○○法３条５項を説明したいと思った場合、「同条５項」という書き方はできません。この場合の「同」は直前のものを指しますから、この書き方をすると、△△法２条５項と解釈されてしまうからです。このような場合は、また改めて○○法３条５項という書き方をしなければなりません。

法解釈の仕方

法の読み方として特別なものがあるわけではありませんが、法律の解釈の仕方などとして通常よく挙げられているものを紹介しておきます。具体的には、**文理解釈**、**反対解釈**、**勿論解釈**、**類推解釈**、**拡張解釈**（又は、**拡大解釈**とも言います。）などが挙げられます。

まず、文理解釈とは、文章の意味を文法どおりに解釈するという、いわば当たり前の解釈です。例としては、「このマンションでは犬や猫などのペットを飼ってはいけません。」という文章があったとすれば、「犬や猫などのペット」がダメである以上、アライグマをペットとして飼ってもいけないということになります。これは文理の流れからしてそのように読めるわけですが、このような解釈の仕方が文理解釈です。

次に、反対解釈は、その文言から反対の意味をくみ取って解釈することであります。例えば、「黒い犬を飼ってはいけません。」という文章があったとして、これを反対解釈すれば、白い犬なら飼ってよいということになります。このような解釈の仕方が反対解釈です。

次に、勿論解釈は、その文言からある意味当然に導き出される事項を解釈することです。例としては、「餌代がかかるから子犬を飼ってはいけません。」という文章があったとすれば、子犬の餌代でもだめなら、成犬ならもっと餌代がかかるので当然だめ、つまり、成犬を飼うのは勿論ダメですということになるでしょう。このような解釈の仕方を勿論解釈と言います。

次に、類推解釈ですが、ある事項を前提として類似のものも許容しているのではないかと解釈することであります。「他の人に迷惑なので犬を飼うことは禁止します。」との文言があったとすれば、これを類推解釈すれば、迷惑をかけるなら熊でも同じことですから、熊を飼ってはいけないという解釈をすることになります。このような解釈の仕方を類推解釈と言います。

最後に拡張解釈（又は拡大解釈）ですが、ある事項を前提として、その意味するところを広げて解釈することであります。「動物を飼うことは禁止します。」という文言があったとすれば、動物というのは、要は人間以外でありますから、鳥を飼うのも禁止ですという解釈もできると思います。このような解釈の仕方が拡張解釈です。

法源とは

これまでに説明してきたことは、六法全書に掲載されていて、我々が読むことのできる憲法や法律であります。これを**成文法**と呼びます。なお、この場合、立法作業を伴っていることから**制定法**という言い方でも呼ばれます。なお、この成文法における「法」の内容や、その相互の関係などは基本的に憲法に定められておりますので、次章において詳しく説明いたします。

このような成文法は、当然に、国家と国民との関係や、国民相互の関係等を規律するために制定されたものでありますから、国民はそれに従わなければなりません。このように一定の行為が求められるルールが存在する以上、そこでのトラブルに対し、裁判機関が法により権利関係等を裁定するに際して、実際に用いられる判断基準や根拠となる法を**法源**という言い方で呼びます。

この法源には、成文法以外にも、「法」として機能するものが含まれます。

つまり、文章などにされてはおらず人民の間で黙示的に法として使われている**不文法**というものがあるのです。このように、不文法とは、成文法以外のもので、法的な効力が認められているものでありますが、具体的には、**慣習法**、**判例法**、**条理**といったものが挙げられております。

ちなみに、英国では、憲法が存在せず、不文憲法の国と言われたりしますが、これは必ずしも正確ではありません。正確に言えば、日本や米国のようにまとまった法典としての憲法典がないというだけであって、個々の成文法が集まって一つの憲法となっているのが実態であります。具体的には、世界史などで学んだマグナ・カルタや権利の章典（Bill of Rights）なども英国憲法の一部を構成しております。

法源としての慣習法

慣習法とは、長年にわたって人々の間で認識されてきた一定のルールであり、それに基づいて行動することが相互に期待されており、一種の社会規範となっている**慣習**のうち、特に法規範としての拘束性を持つに至ったもののことであります。具体的には、法の適用関係一般に関するルールを規定することを目的とした法律である**法の適用に関する通則法**３条においては、

> 第三条　公の秩序又は善良の風俗に反しない慣習は、法令の規定により認められたもの又は法令に規定されていない事項に関するものに限り、法律と同一の効力を有する。

と規定されており、**公の秩序又は善良の風俗**に反しない慣習は、その慣習の効力が法令により認められた場合とか、その慣習が法令に特に規定がない事項に関するものであるときは、法律と同一の効力、つまり、法律と同様に扱われますということが示されております。ちなみに、「公の秩序又は善良の風俗」を略して、**公序良俗**という言い方がなされます。これについては、第３章で詳しく説明いたします。

また、その他にも、民法92条において、

第九十二条　法令中の公の秩序に関しない規定と異なる慣習がある場合において、法律行為の当事者がその慣習による意思を有しているものと認められるときは、その慣習に従う。

と規定されており、公の秩序に関しない規定と異なる慣習がある場合には、当事者がその慣習によって物事を決めようという意思があると認められる場合には、その慣習は法律と同様の効力があるということを示しております。なお、ここで登場する**法律行為**という概念は、民法上の極めて重要な概念であり、第３章で詳しく説明いたします。

さらに、商法１条２項は、

２　商事に関し、この法律に定めがない事項については商慣習に従い、商慣習がないときは、民法の定めるところによる。

と規定されておりますが、これは「商事に関し」、つまり、商人による取引などの場合において、商法に特に規定がない事項については、「商慣習」、つまり、その業界における慣習に従って取引等がなされたものと考え、そして、商慣習がないときは、一般法である民法の規定に従って取引がなされたものと考えるということであります。

このように、それぞれ「慣習」が一定の法的効果を持つことを条文上において認められているのです。要は、慣習も一定の範囲では成文法と同様の効果が認められており、場合によっては、他の法令よりも優先して適用されることがあるということです。なお、その慣習の定着の度合いなどからして、成文法と同様の法的立場までは認められなくても、取引をしている者同士の意思の解釈に当たって、その慣習に従っていると認められるような場合には、「事実たる慣習」という言い方で法的な価値が付与されることもあります。

もっとも、刑事関係法規のように公権力の行使に関するようなものは**強行法規**と呼ばれており、慣習法が介入する余地はありません。つまり、成文法に記載されていることが全てであって、そこに記載のないものについては法的な効力は全くないとするものであります。例えば、租税法では、法律に規定した範囲内でしか、徴税、つまり、税金を取り立てることはできません。

これを**租税法律主義**と言います。この点については、第４章で詳しく説明いたします。また、刑法では、刑法典に記載された行為のみが禁止の対象であり、そこに記載されていない行為について国家は処罰することはできません。これを**罪刑法定主義**と言います。この点については、第５章で詳しく説明いたします。

法源としての判例法

裁判所で示された判断が累積し、一定の事実関係の下では、一定の方向性をもった判断が期待されることにより行動指針の役割を持つような段階に至った場合、それは法的な規範に近いものとなります。このような状態になる裁判例の集積を**判例法**と言います。我が国においても判例は極めて重要でありますが、ただ、実際のところ、それについて判例法という言い方はあまりしません。

我が国においては、**最高裁判所**（以下「最高裁」と略します。）の判断で示された内容が、事実上、その後の**下級裁判所**の判断に影響を与えることから、そのような判断を含んだ最高裁の判決等を**判例**と呼んでいます。つまり、下級審が最高裁の判断と異なった判断をしても、当事者が上訴して、最後に最高裁まで行けば、最高裁は同じ判断をする可能性が高いので、下級審の裁判官はいずれ敗れると分かっている判決を書くようなことをしないことから、最高裁の判断に従って判決をするようになります。このように最高裁の判断がその後の裁判の指針となり、事実上、法律で同じことを定めたのと同様の効果が生ずるのであります。これが判例であり、いわば判例法と呼んでもよい状態のものであります。なお、最高裁と下級裁判所の関係等、我が国の司法制度については、第２章で詳しく説明いたします。

もっとも、最高裁の人的構成の変化や各時代における価値感の変化に伴い、最高裁自身も自らの判断内容を変更していくことがあります。そこで、この**判例の変遷**について説明しようと思いますが、その前に、判決がどのような形式でなされるものかを先に説明しておきます。

刑事判決及び民事判決の各形式

まず、刑事事件の判決について説明します。

刑事事件は、最初の裁判、これは**地方裁判所**か**簡易裁判所**のいずれかでなされるところ、これらはいずれも**第一審**と呼ばれますが、ここで言い渡される判決は、**主文**と**理由**に分かれております。この「主文」のところで、「被告人を懲役○年に処す。」とか、「被告人は無罪。」などと宣告されますが、これが被告人に科される刑罰の内容等を示すものであります。そして、それに続いて、「理由」のところで、そのような刑を科した理由を説明します。この理由のところでは、まず、その裁判において、裁判所が認定した**罪となるべき事実**を記載します。その後､争点となった内容についての判断を示し、最後に、**量刑の理由**として、有罪にした場合に、その科した刑の重さについての説明をいたします。

次に、その第一審判決が不服であったなどの理由で**上訴**の申立てをした場合、更に、**高等裁判所**で審理がなされることがありますが、これを**控訴審**と言います。ここでの判決は、「本件控訴を棄却する。」とか、「原判決を破棄する。被告人を懲役○年に処する。」などと、**原判決**、つまり、この場合は、第一審判決のことですが、これを破棄して別の判決を言い渡すか、控訴の申立てに対し、それを受け入れないということを示す、「棄却」するという判決を言い渡す場合などがあります。

さらに、控訴審判決が不服であったなどの理由で上訴の申立てをした場合には、最高裁で審理がなされることがありますが、これを**上告審**と言います。ここでも、控訴審の第一審に対する関係と同様に、控訴審に対する最高裁の判断の対象として、控訴審判決、これが最高裁にとっての原判決になりますが、これを維持するか、破棄するかなどを宣告することになります。なお、最高裁の判断の示し方として､**最高裁判決**と**最高裁決定**があります。前者は、その判断を示すに当たって法廷が開かれる場合で、後者は、法定が開かれないで判断が示されるものであります。

なお、最高裁等の最終的な判断を経て、もはやそれ以上の手続を採る余地がなくなった状態を**確定**と呼びます。

次に、民事判決も、**主文**と**事実及び理由**という区分がされております。そして、民事訴訟を提起した原告の請求を認める場合には、「被告は、原告に対して、○○円を支払え。」などと命令する内容を記載しますし、そうでない場合には、「原告の請求を棄却する。」などとして被告の勝訴を表示します。なお、控訴審、上告審については、刑事の場合とほぼ同様に考えておいてもらってよいでしょう。

判決の引用の仕方

ここで、上述した判決を引用する場合のルールについて説明しておきます。最高裁の判決などのうち、重要なものは、刑事事件であれば、**最高裁判所刑事判例集**か**最高裁判所裁判集刑事**に、民事事件であれば、**最高裁判所民事判例集**か**最高裁判所裁判集民事**に掲載されます。そして、引用するとき、それでは長いので、刑事については、前者は**刑集**、後者は**裁判集刑**、民事については、前者は**民集**、後者は**裁判集民**と表示されます。

したがって、例えば、昭和48年4月4日の最高裁の刑事事件についての判決であれば、昭和48年4月4日最高裁判決（刑集27巻3号265頁）などと表記されます。また、昭和62年9月2日の最高裁の民事事件の判決であれば、昭和62年9月2日最高裁判決（民集41巻6号1423頁）などと表記されます。

また、戦前の最高裁に当たるものは、**大審院**と呼ばれており、そこでは大審院刑事判決録などといった判例集が出されております。これなどは、**刑録**と略されます。

更に、最高裁以外の下級裁判所も重要な判決を編纂して出版しております。それらには色々なものがあり、個々の例示はしませんが、先に述べた最高裁の場合と同様に略称が使われて引用されることが多いのが実態です。

さらに、民間会社で裁判例を掲載して出版する業者もあり、代表的なものとして、判例時報、判例タイムズといった雑誌があり、それらに重要な判決などが掲載されますので、それらの出版社名と掲載号などもよく引用されております。

ただ、上記のような公刊物に掲載されていない裁判例も、民間の判例データベース会社が提供していることなどもあって、そのような裁判例については、「公刊物未登載」という表現がなされることもあります。

最高裁における判例の変遷――民事事件の例――

ここでは、離婚訴訟における最高裁の判例の変遷の例を挙げることとします。

そもそも民法は、離婚について、次のような各規定を設けています。民法763条は、

> 第七百六十三条　夫婦は、その協議で、離婚をすることができる。

と規定し、基本的に双方の合意で離婚をすることができるとしています。

ただ、そのような合意が成立しない場合において、一定の理由がある場合には、裁判において離婚を求めることができます。民法770条１項は、

> 第七百七十条　夫婦の一方は、次に掲げる場合に限り、離婚の訴えを提起することができる。
> 一　配偶者に不貞な行為があったとき。
> 二　配偶者からの悪意で遺棄されたとき。
> 三　配偶者の生死が三年以上明らかでないとき。
> 四　配偶者が強度の精神病にかかり、回復の見込みがないとき。
> 五　その他婚姻を継続し難い重大な事由があるとき。

と規定しており、上記５つのどれかに該当する場合には、夫婦の一方は他方に対して裁判上の離婚を求めることができます。

そこで、問題となるのは、相手方に不貞があった場合には、当然、上記の１号に該当しますので、離婚請求が可能でありますが、自分の側に不貞があった場合に、離婚請求が可能かという点であります。

そもそも戦前からの古典的家族観が継続していた頃は、夫は配偶者である妻に対し、家長として扶養すべきであるとの道徳感が一般的であったと思われます。そのような価値観の中で、自ら離婚原因を作ったような者、これを

有責配偶者と言いますが、このような者からの離婚請求は認めないという立場が判例上定着しておりました。例えば、家庭を顧みない夫が、愛人を作り、愛人と籍を入れるために妻に離婚を迫るようなケースがありました。そのような場合において、婚姻関係を破綻させたのは夫であり、有責配偶者であるにもかかわらず、そのような者からの離婚請求を認めた場合には、経済力のない妻が路頭に迷う結果になります。そのため、裁判所は夫からの離婚請求を認めませんでした。このような結論は、当時の時代背景に鑑みても極めて妥当な判断であったと思われます。

しかしながら、その後、離婚が珍しくない時代となり、破綻した夫婦関係をいたずらに法律上維持しようとしても、社会の実態にそぐわないなどの事情から、有責配偶者であっても離婚請求が認められる場合が現れるようになりました。

そのような判例変更がなされたのは、先に例で挙げました昭和62年９月２日最高裁判決（民集41巻６号1423頁）であります。

この判決の当否を判断するには、この判決の事案がどうであったのかを詳しく知っておく必要があります。法的な判断が示された場合、多くの方々は、その結論だけを覚えて、その実態や背景事情がどうであったのかまで理解していることは少ないと思われます。私は、常に、法的判断は事実認定の上にあるので、まず、事実関係がどうであったかを知るように努めることが肝心であると言い続けております。したがいまして、本件最高裁判決についても皆さんが自分なりの意見を持てるようにするためにも、できるだけ詳しく事実関係を示しておくことにします。

この事案では、夫Ａと妻Ｂは、昭和12年２月１日に婚姻しましたが、二人の間には子供はいませんでした。当初は、平穏な婚姻関係を続けていましたが、昭和24年頃、夫Ａが浮気をしていたのを、妻Ｂが知ったことから家庭不和となりました。そして、その年の８月頃、夫Ａは、浮気相手Ｃと同棲するようになり、以来36年間、妻Ｂとは別居の状態にありました。なお、夫Ａは、昭和29年９月７日、Ｃとの間にもうけた子供Ｄ及びＥの認知をいたしました。

妻Ｂは、夫Ａとの別居後、生活に窮したため、昭和25年２月、かねて夫Ａから生活費を保障する趣旨で処分してよいと言われていた、夫Ａ名義の建物を24万円で他に売却し、その代金を生活費に当てました。しかしながら、それ以外には、夫Ａから生活費等の交付を一切受けてはいませんでした。

そして、妻Ｂは、上記建物の売却後は実兄の家の一部屋を借りて住み、人形製作等の技術を身につけ、昭和53年頃まで人形店に勤務するなどして生活を立てていました。しかしながら、この判決が出される頃は、無職で特段の資産をもない状態でした。

一方、夫Ａは、精密測定機器の製造等を目的とする２つの会社の代表取締役や、不動産の賃貸等を目的とする会社の取締役をしており、経済的には極めて安定した生活を送っていました。

それで、夫Ａは、昭和58年12月頃、妻Ｂを訪ね、離婚等に同意するよう求めましたが、妻Ｂに拒絶されました。そのため、夫Ａは、昭和59年、東京家庭裁判所に対し、妻Ｂとの離婚を求める旨の調停の申立てをしましたが、これが成立しなかったので、本件離婚訴訟を提起したのでした。なお、夫Ａは、上記調停において、妻Ｂに対し、財産上の給付として現金100万円と油絵１枚を提供することを提案しましたが、妻Ｂはこれを受け容れませんでした。

この事案における夫Ａは、自らの浮気により妻Ｂとの婚姻関係の継続を困難にさせたのですから、有責配偶者であることは明らかでありました。そのため、従来の判例に従って判断していた下級審の裁判では、夫Ａの離婚請求は認められませんでした。

しかしながら、本件最高裁判決は、これまでの判例を変更し、「有責配偶者からされた離婚請求であっても、夫婦の別居が両当事者の年齢及び同居期間との対比において相当の長期に及び、その間に未成熟子が存在しない場合には、相手方配偶者が離婚により精神的・社会的・経済的に極めて苛酷な状態におかれる等離婚請求を認容することが著しく社会正義に反するといえるような特段の事情の認められない限り、（中略）認容すべきものである。」という判断を初めて示したのでした。

ここで指摘されている事項は、まず、有責配偶者であっても長期間の別居期間があること、この場合では36年間にわたる別居期間があったのですが、その上で、その間に未成年の子供がいない場合には、離婚請求が認められることがあり得るという判断であります。ただ、そうは言っても、離婚することによって、相手方配偶者に、精神的、社会的、経済的に過酷な状況に置いてしまうようなことがあって、そんな離婚請求を認めることは著しく社会正義に反すると認められるような事情がある場合には、離婚請求を認めませんよということであります。つまり、長期間の別居や共に養育すべき子がいないという状況に加えて、相手方配偶者を特に酷い状況に置くことにならないのなら、その場合には、有責配偶者からの請求であっても離婚を認めましょうということであります。

このような判例変更がなされた結果、その後、有責配偶者からの離婚請求が相次いで認められるようになりました。昭和62年11月24日最高裁判決（裁判集民152号233頁）は、30年の別居生活の事案で離婚請求が認められ、昭和62年２月12日最高裁判決（裁判集民153号335頁）は、22年間の別居生活の事案であり、昭和63年４月７日最高裁判決（裁判集民154号１頁）は、16年間の別居生活の事案で離婚請求が認められましたが、いずれも有責配偶者からの離婚請求であるにもかかわらず、離婚が認められております。更に、昭和63年12月８日最高裁判決（裁判集民119号263頁）の事案は、それらよりはずっと短い10年３か月の別居生活の事案であり、有責配偶者は妻の側でありましたが、妻からの離婚請求が認められております。

このように、有責配偶者からの離婚請求が認められるようになった実態に照らせば、これが最高裁の判例による法的効果であると言ってよいでしょう。まさに、最高裁の判例が法源となった一例と言えると思います。

最高裁における判例の変遷――刑事事件の例――

これも戦前からの古典的家族観が継続していたことによるものと思われますが、子が親を殺すなどというのはとんでもないという古典的親子観に基づいて、**尊属殺人罪**という犯罪が設けられていました。刑法200条です。現在の刑法では、削除されており、そこに条文はありません。

当時、刑法200条は、

第二百条　自己又ハ配偶者ノ直系尊属ヲ殺シタル者ハ死刑又ハ無期懲役ニ処ス

と規定しておりました。

ちなみに、法律上、自分の親や妻の親は**尊属**で、自分の子は**卑属**と言います。

このような尊属殺人罪が刑法上規定されていたころは、その**法定刑**、つまり、刑法に規定されている刑のことですが、これには、**死刑**と**無期懲役**しか選択できる刑罰はありませんでした。通常の殺人罪であれば、この当時の法定刑は、死刑、無期懲役以外に、３年以上の**有期懲役**という刑であったことに比較すれば極端に重くしてあったのです。つまり、尊属以外の者に対する殺人であれば、懲役10年とか、懲役８年という刑を科す場合もあるのに、尊属殺であればそのような有期懲役とすることはできず、もっとの軽くても無期懲役が科せられるのです。それくらい親殺しというのは、歴史的、社会的に許されない行為と見られていたというわけです。

この法定刑の重さが問題となったのが、先に例として挙げた昭和48年４月４日最高裁判決（刑集27巻３号265頁）であります。この事件の被告人は、当時29歳の女性で、その父親を殺害したというものでありました。この判決の事案は、次のとおりです。

被告人は、昭和14年１月31日、父Ａ、母Ｂの二女として出生し、昭和28年頃までは、合計５名の弟妹らとともに父母の膝下で養育されました。

被告人の父Ａは、昭和28年３月頃、宇都宮市内で食料品等の小売業を営んでいましたが、当時まだ満14歳になったばかりの被告人が一人で就寝中であったところ、その部屋に忍び入り、母Ｂの目を盗んで被告人を無理にやりに姦淫しました。つまり、強姦したのでした。

その時以来、被告人が恐怖と羞恥のあまり声もたてられず、母Ｂに訴えることもためらっているのをこれ幸いとして、姦淫行為を繰り返しました。こうして約１年が経過した頃、堪えきれなくなった被告人がようやくＢにＡの仕打ちを打明けたところ、Ｂは驚いてＡを詰問し、同人に対し被告人に対する姦淫行為を止めるよう強く言いましたが、Ａは全くこれを聞き入れませんでした。そればかりかＢに対しても暴言を吐き､暴行を加えるなどしました。

その後、被告人は、当時たまたま知り合った人と出奔して行方をくらましたり、親戚へ手伝いに行ってそのまま帰宅しないなどの手段を講じて、極力

Ａの魔手から逃れようと努めましたが、いずれもその都度、捜し求めるＡに発見されて同人の下に連れ戻されておりました。

そして、Ａが被告人に対する姦淫行為を繰り返した結果、被告人は、昭和31年11月24日、Ａの子であるＣを出産しました。このような状態に至り、被告人はＣのため、やむなくＡの下から逃れ去ることを断念して同人の意に屈し、ひたすら家庭内にあってＣらの世話に明け暮れました。他方、Ａにおいても被告人を妻か妾のごとく扱い、一見夫婦と異なるところのない生活を営んでおり、昭和34年３月22日に、Ａの子であるＤを、昭和35年11月７日に、同じくＥを、昭和37年７月８日に、同じくＦ（ただし、Ｆは、昭和38年３月24日に死亡。）を、更に、昭和39年２月２日に、同じくＧ（ただし、Ｇは、同年６月27日に死亡。）を相ついで懐妊し、出産しました。

こうして昭和39年に至り、被告人は、生計の一助にとするため、同年８月頃から、Ｈ印刷所で勤務するようになりました。こうして被告人がＨ印刷所に入所して２年余を経過した昭和42年４月、同印刷所にＩ男（昭和21年９月23日生まれ）が印刷工として入所し、被告人と同じ職場で働くこととなりました。Ｉ男は、被告人の誠実で明るく振舞う態度に並々ならぬ好意を持ち、進んで被告人の仕事を手伝ったりしたことから、被告人もまたＩ男の人柄に愛情を覚えて、昭和43年８月下旬頃、被告人よりその心中を打ち明けたことから相思相愛の仲となりました。

そして、被告人とＡとの前記関係を知らないＩ男は、真面目に被告人との結婚を望み、その決意を固めて、反対する両親を熱心に説得してこれを動かそうと努めるとともに、被告人においても早急にその父親の承諾を得てくれるようにと催促しました。

このようにしてＩ男の心情を知るに至った被告人は、ここに初めて暗澹たる生活の中に光明を見出し、Ｉ男の愛情を頼みとして、現在の忌むべき境遇から脱却するためにも、この際、ＡにＩ男との間柄を打ち明けて、その了解のもとに円満にＩ男との結婚を成就したいと熱望するに至りました。

そこで、被告人は、Ａに対してＩ男との結婚を打ち明けたものの、Ａは、猛烈に反対し、大声で怒鳴り暴れだしたことから、被告人は、近隣の家に着の身着のまま避難せざるを得ないこととなりました。その後、被告人は、ひそかに外出してしまおうとしたものの、Ａに発見され、そのため、Ａは、被告人が外出することを許さず、また、勤め先へも出勤させず、みずからは仕事も休んで昼夜の別なく被告人の行動を監視するようになりました。その上で、Ａは、被告人に対し、脅迫を繰り返して被告人を怯えさせ、夜は疲労に苦しむ被告人に性交を強要して安眠させませんでした。

このようにして、被告人は、執拗に姦淫を継続しようとするＡにより、もはやＡの承諾を得て平穏に同人の下を去ることを許されず、Ａから更に危害を加えられるのではないかとの怯えから、無断で同人方を脱出することはもちろんのこと、一時的に抜け出してＩ男と面会したり、連絡をとったり、また他の援助や助言を求めることさえ思うに任せませんでした。このように、被告人は、不安、苦悶の日々を重ねた上、睡眠不足も加わって心身ともに極度に疲労するに至っておりました。

そして、昭和43年10月５日午後９時30分過ぎ頃、Ａは、就寝中の被告人を起こした上、「男と出て行くのなら出て行け、どこまでものろってやる。」「３人の子供位は始末してやるから、おめえはどこまでものろい殺してやる。」などと怒号した上、半身を起こして突然Ａの左脇に座っている被告人の両肩を両手でつかもうとする体勢で被告人に襲いかかってきました。被告人は、これを見て咄嗟に、これまでの幾多の苦悩を思い出し、Ａがこのように、執拗に被告人を自己の支配下に留めてその性欲の犠牲にし、あくまで被告人の幸福を踏みにじって省みない態度に憤激し、Ａがいる限り、Ａとの忌わしい関係を断つことも世間並みの結婚をする自由を得ることも、到底不可能であると思い、この境遇から脱出してＡより自由を得るためには、もはやＡを殺害するよりほか、方法はないものと考えました。そして、咄嗟に両手でＡの両腕をほどいて同人の上半身を仰向けに押し倒した上、枕元にあった紐を右手につかみ、これを同人の頭の下にまわしてその頸部にひと回わりするように紐を巻きつけ、その両端を左右の手に別々に持って同人の前頸部付近で左右に交差させ、両手を強く引き絞ってＡの首を締めつけて殺害したのでした。

以上が本件での被告人の犯行に至る経緯と犯行状況です。

このような事案であれば、誰がどう考えても被告人が気の毒で、一番悪いのは殺されたＡであることが分かると思います。しかしながら、その一方で、被告人の行為が親に対する殺人であることも、また明らかであります。

そのため、検察官は、この当時の尊属殺人罪で起訴せざるを得なかったわけですが、いくら殺人を犯したとはいえ、この被告人を刑務所に入れて処罰する必要があるのだろうかと疑問に思うのが自然でしょう。そこで、たとえ起訴されたにしても、判決で執行猶予を付して、せめて刑務所に行かなくて済むようにはできないかと誰しも考えると思います。しかしながら、尊属殺人罪の法定刑は、死刑か無期懲役しかないわけで、どんな裁判官であってもこの事件で死刑を選択することはあり得ませんから、無期懲役を選択するしかないことになります。では、このような可哀相な被告人は無期懲役に処せられなければならないのでしょうか。執行猶予にしてあげることはできないのでしょうか。

刑罰に関する詳しいことは、第8章で説明しますが、刑の執行猶予をするには、その主文で言い渡される刑についての条件があります。つまり、刑法25条1項では、

第二十五条　次に掲げる者が三年以下の懲役（中略）の言渡しを受けたときは、情状により、裁判が確定した日から一年以上五年以下の期間、その刑の全部の執行を猶予することができる。（後略）

と規定されていることから、執行猶予を付すことができるための条件はともかくとして、これについては第8章で説明しますが、少なくとも、懲役刑であれば、その判決の主文が3年以下の懲役でなければなりません。

では、次に、本件の被告人に対して、懲役3年以下の刑を言い渡せるのかということが問題となります。しかしながら、先に申しましたように、尊属殺人罪の法定刑は、死刑又は無期懲役しかありません。死刑や無期懲役を言い渡されるような場合は、どうあっても懲役3年を超える刑ですから、執行猶予を付けるなどということはできるはずもありません。

ただ、刑法は、法定刑がどのように定められても、その刑を軽くすることができる場合を定めております。まず、一つは、**法律上の減軽**といわれるもので、刑法が定める一定の法律上の要件を満たす場合には、その法定刑を軽くすることができるというものです。この法律上の減軽ができる場合は、い

くつかありますが、本件で適用されるものとしては、刑法39条２項における

２　心神耗弱者の行為は、その刑を減軽する。

という規定であります。**心神耗弱**（しんしんこうじゃく）とはどのような状態であるかは、第５章で説明しますが､先に述べた事実関係から分かりますように､｢不安､苦悶の日々を重ねた上、睡眠不足も加わって心身ともに極度に疲労するに至って」いることから、何が悪いことかなどについて正常に判断することに大きな支障がある精神状態であると理解してもらえばいいと思います。被告人がこのような状態にあると認定されれば、法律上の減軽ができます。

この場合、刑法68条２号において、

二　無期の懲役（中略）を減軽するときは、七年以上の有期の懲役（中略）とする。

と規定されていますから、被告人に対して、裁判官が死刑以外で無期懲役を選択した上で、心神耗弱を理由に法律上の減軽をすれば、７年以上の懲役刑とすることができます。しがしながら、これでも３年を超える懲役刑ですから、執行猶予を付することはできません。

ただ、それでも刑法は、もう一度、刑を減軽できる規定を設けています。刑法71条は、

第七十一条　酌量減軽をするときも、第六十八条（中略）の例による。

と規定して、**情状酌量**をして、もう一度、刑を軽くすることを認めております。ここでいう「情状酌量」とは、同情すべき犯罪の情状を酌み取って、裁判官の裁量により刑を減軽することでありますが、その場合には、刑法68条で規定している減軽のルールに従うこととしているのです。そして、この場合は、法律上の減軽により、既に、７年以上の懲役刑とされていたわけですから、これがどのように減軽されるかについては、刑法68条３号において、

三　有期の懲役（中略）を減軽するときは、その長期及び短期の二分の一を減ずる。

と規定していることから、7年以上の懲役の短期は7年ですから、その2分の1を減らすことで、短期については、3年6月以下の懲役刑という範囲まで下げることができるのです。しかしながら、ここでの大きな問題は、心神耗弱により法律上の減軽をし、更に、酌量減軽をしても、3年6月以上の懲役というところまでしか下げることができないということです。執行猶予を付するためには、3年以下の懲役刑が言い渡される場合でなければならないことから、どうやっても法律上、被告人に対して執行猶予を付することはできなかったのです。

実際のところ、当時であっても、現在であっても、殺人事件で執行猶予が付される事件はいくらでもあります。現在しばしば問題となることではありますが、老親を既に老境に入った子が介護していたものの、その介護疲れから親を殺してしまったという事案は、かなりの比率で執行猶予が付されております。そのような老々看護による殺人事件と比較しても、本件の被告人の事件は、執行猶予を付することができないような事案ではないと誰でもが思うことと考えられます。

そうなると、これは尊属殺人罪の法定刑が通常の殺人罪に比べて重すぎると考えるか、そもそも尊属殺人を重く処罰すること自体が不当であると考えるか、そのいずれの立場に立つにしても、この刑法の規定が誤っているとしかいえないわけです。その理由とするところは、憲法14条1項が、

> 第十四条　すべて国民は、法の下に平等であつて、人種、信条、性別、社会的身分又は門地により、政治的、経済的又は社会的関係において、差別されない。

と規定していることから、不当に重い処罰は、尊属とか卑属という身分によって通常の殺人罪より重く処罰されることになりますから、憲法14条が禁止する差別に当たらないか問題となったのであります。

そこで、本件最高裁判決は、この問題に正面から向き合い、次のとおり判断を示しました。すなわち、「憲法十四条一項は、国民に対し法の下の平等を保障した規定であつて、同項後段列挙の事項は例示的なものであること、およびこの平等の要請は、事柄の性質に即応した合理的な根拠に基づくものでないかぎり、差別的な取扱いをすることを禁止する趣旨と解すべき（中略）

である。そして、刑法二〇〇条は、自己または配偶者の直系尊属を殺した者は死刑または無期懲役に処する旨を規定しており、被害者と加害者との間における特別な身分関係の存在に基づき、同法一九九条の定める普通殺人の所為と同じ類型の行為に対してその刑を加重した（中略）規定であつて（中略）、このように刑法一九九条のほかに、同法二〇〇条をおくことは、憲法一四条一項の意味における差別的取扱いにあたるというべきである。」との判断を示しました。

ここで最高裁判決が述べていることは、憲法14条１項で、「人種、信条、性別、社会的身分又は門地により」差別されないというのは、例示であって、それ以外でも差別を許すものではないということと、合理的な理由があれば差別することも必ずしも禁じられるものではないが、そのような差別的な取扱いをするのであれば、それは合理的な根拠がなければならないと言っているのです。その上で、尊属殺人罪は、通常の殺人罪より重い刑になっていますから、これは憲法14条１項にいう差別的取扱いをしていることになると言っており、したがって、それが差別的な取扱いである以上、そこには合理的な理由が必要とされるとしたわけです。

その点について、本件最高裁判決は、続けて次のとおり判断を示しました。すなわち、「そこで、刑法二〇〇条が憲法の右条項に違反するかどうかが問題となるのであるが、それは右のような差別的取扱いが合理的な根拠に基づくものであるかどうかによって決せられるわけである。

当裁判所は、昭和二五年一〇月以来、刑法二〇〇条が憲法（中略）一四条一項（中略）等に違反するという主張に対し、その然らざる旨の判断を示している。（中略）そもそも同条設置の思想的背景には、中国古法制に淵源し、わが国の律令制度や徳川幕府の法制にも見られる尊属殺重罰の思想が存在すると解されるほか、特に同条が配偶者の尊属に対する罪をも包含している点は、日本国憲法により廃止された『家』の制度と深い関連を有していたものと認められるのである。さらに、諸外国の立法例を見るに、右の中国古法制のほかローマ古法制などにも親殺し厳罰の思想があったもののごとくであるが、近代にいたつてかかる思想はしだいにその影をひそめ、尊属殺重罰の規定を当初から有しない国も少なくない。そして、かつて尊属殺重罰規定を有した諸国においても近時しだいにこれを廃止しまたは緩和しつつあり、また、単に尊属殺のみを重く罰することをせず、卑属、配偶者等の殺害とあわせて近親殺なる加重要件をもつ犯罪類型として規定する方策の講ぜられている例も少なからず見受けられる現状である。」と判示、つまり、判断を示しました。これは、これまで最高裁としては、刑法200条が憲法違反であるという主張を排斥してきていたこと、そして、なぜ刑法200条が設けられたのかという点について、歴史的、世界的な状況を説明しているのです。そのような状況のなかで、刑法200条が憲法に違反するのかしないのか、本件最高裁判決は、次のとおり判示しました。

すなわち、「当裁判所は、所論刑法二〇〇条の憲法適合性につきあらためて検討することとし、まず同条の立法目的につき、これが憲法一四条一項の許容する合理性を有するか否かを判断すると、次のように考えられる。

刑法二〇〇条の立法目的は、尊属を卑属またはその配偶者が殺害することをもつて一般に高度の社会的道義的非難に値するものとし、かかる所為を通常の殺人の場合より厳重に処罰し、もつて特に強くこれを禁圧しようとするにあるものと解される。ところで、およそ、親族は、婚姻と血縁とを主たる基盤とし、互いに自然的な敬愛と親密の情によつて結ばれていると同時に、その間おのずから長幼の別や責任の分担に伴う一定の秩序が存し、通常、卑属は父母、祖父母等の直系尊属により養育されて成人するのみならず、尊属は、社会的にも卑属の所為につき法律上、道義上の責任を負うのであつて、尊属に対する尊重報恩は、社会生活上の基本的道義というべく、このような自然的情愛ないし普遍的倫理の維持は、刑法上の保護に値するものといわなければならない。しかるに、自己または配偶者の直系尊属を殺害するがごとき行為は、かかる結合の破壊であつて、それ自体人倫の大本に反し、かかる行為をあえてした者の背倫理性は特に重い非難に値するということができる。

このような点を考えれば、尊属の殺害は通常の殺人に比して一般に高度の社会的道義的非難を受けて然るべきであるとして、このことをその処罰に反映させても、あながち不合理であるとはいえない。そこで、被害者が尊属であることを犯情のひとつとして具体的事件の量刑上重視することは許されるものであるのみならず、さらに進んでこのことを類型化し、法律上、刑の加重要件とする規定を設けても、かかる差別的取扱いをもつて、ただちに合理的な根拠を欠くものと断ずることはできず、したがつて、また、憲法一四条一項に違反するということもできないものと解する。」と判示しました。

これは要するに、歴史的、社会的に尊属を敬愛することは基本的な道義であるので、それに反して尊属を殺害することは厳しい非難が向けられても仕方がないので、それが通常の殺人より重く処罰されること自体は不合理とは言えないとしたのです。つまり、先に申しましたように、尊属だから重く処罰するということ自体が憲法14条1項に違反する差別的取扱いだという立場は採らないという見解を明白にしたものです。この点は、そもそも尊属殺を設けて、尊属であることをもって他の一般人より特別の保護を与える、つまり、重く処罰されるのであれば誰しもそれを止めようという抑制が働くことから、その反射的な効果として、尊属は他の一般人より保護されるという効果が生じます、そこで、そのこと自体が差別的取扱いとして憲法14条1項に違反するのだという憲法学者も多くいますが、最高裁はこのような立場とは違うものであり、したがって、最高裁のこの見解に対する反対意見もあるということを意識しておく必要があるでしょう。

では、本件最高裁判決は、刑法200条が憲法14条1項に違反しないと考えたのでしょうか。そうではありません。この点については、次のように述べております。

すなわち、「さて、右のとおり、普通殺のほかに尊属殺という特別の罪を設け、その刑を加重すること自体はただちに違憲であるとはいえないのであるが、しかしながら、刑罰加重の程度いかんによつては、かかる差別の合理性を否定すべき場合がないとはいえない。すなわち、加重の程度が極端であつて、前示のごとき立法目的達成の手段として甚だしく均衡を失し、これを正当化しうべき根拠を見出しえないときは、その差別は著しく不合理なものといわなければならず、かかる規定は憲法一四条一項に違反して無効であるとしなければならない。」と判示しました。

つまり、尊属殺という規定を設けて重く処罰すること自体はよくでも、それが極端に重く処罰するような場合には、その差別的取扱いは、合理的なものとは言えなくなるので、憲法一四条一項に違反することになると述べたのです。つまり、尊属に対する敬愛の情などが社会的に保護されるべきものであり、それがゆえに尊属殺が重く処罰されること自体は良しとしても、あまりに重すぎるような場合には、そんな特別扱いは合理的ではないので憲法違反になると言っているわけです。

そして、本件最高裁判決は、更に続けて、「この観点から刑法二〇〇条をみるに、同条の法定刑は死刑および無期懲役刑のみであり、普通殺人罪に関する同法一九九条の法定刑が、死刑、無期懲役刑のほか三年以上の有期懲役刑となっているのと比較して、刑種選択の範囲が極めて重い刑に限られていることは明らかである。もつとも、現行刑法にはいくつかの減軽規定が存し、これによつて法定刑を修正しうるのであるが、現行法上許される二回の減軽を加えても、尊属殺につき有罪とされた卑属に対して刑を言い渡すべきときには、処断刑の下限は懲役三年六月を下ることがなく、その結果として、いかに酌量すべき情状があろうとも法律上刑の執行を猶予することはできないのであり、普通殺の場合とは著しい対照をなすものといわなければならない。

もとより、卑属が、責むべきところのない尊属を故なく殺害するがごときは厳重に処罰すべく、いささかも仮借すべきではないが、かかる場合でも普通殺人罪の規定の適用によつてその目的を達することは不可能ではない。その反面、尊属でありながら卑属に対して非道の行為に出で、ついには卑属をして尊属を殺害する事態に立ち至らしめる事例も見られ、かかる場合、卑属の行為は必ずしも現行法の定める尊属殺の重刑をもつて臨むほどの峻厳な非難には値しないものということができる。」と判示しました。

これはまさに本件の被告人のおかれた状況に照らして述べているのであり、「尊属でありながら卑属に対して非道の行為に出」たのは、まさに本件での尊属であるAであります。そして、このAが卑属である子の被告人に対して非道の行為に出ていたのであるから、それに対して、尊属殺人罪で定めるほどの重罰が必要であるとは思われないとし、現行法では、いかにしても執行猶予を付することができない不合理さの問題を述べているのです。

そして、本件最高裁判決は、次のように結論づけました。すなわち、「このようにみてくると、尊属殺の法定刑は、それが死刑または無期懲役刑に限られている点（中略）においてあまりにも厳しいものというべく、上記のごとき立法目的、すなわち、尊属に対する敬愛や報恩という自然的情愛ないし普遍的倫理の維持尊重の観点のみをもつてしては、これにつき十分納得すべき説明がつきかねるところであり、合理的根拠に基づく差別的取扱いとして正当化することはとうていできない。

以上のしだいで、刑法二〇〇条は、尊属殺の法定刑を死刑または無期懲役刑のみに限っている点において、その立法目的達成のため必要な限度を遙かに超え、普通殺に関する刑法一九九条の法定刑に比し著しく不合理な差別的取扱いをするものと認められ、憲法14条１項に違反して無効であるとしなければならず、したがつて、尊属殺にも刑法一九九条を適用するのほかはない。この見解に反する当審従来の判例はこれを変更する。」と判示して、重すぎる刑を定めた刑法200条は憲法14条１項に違反するものであり、憲法に反する法律は無効であることから、本件で刑法200条を適用することはできず、通常の殺人罪の刑法199条を適用するしかないものとして、判例を変更することにしたと述べたのでした。

このように刑法200条が憲法に違反するとして、判例変更がなされた結果、その後、検察官は、たとえ親殺しであっても刑法200条の尊属殺人罪として起訴することはなくなり、通常の刑法199条を適用して殺人罪として起訴するようになりました。この場合、直ちに刑法改正がなされたわけではなく、刑法200条の条文自体は存在したのですが、検察官が刑法200条を適用して起訴しても、下級裁判所は、最高裁の本件判断に従いますから、結局、裁判所が刑法199条によって通常の殺人罪としてしか処罰しないことが分かっているので、検察官はもはや刑法200条を使うことはなくなったのです。これなどは、法律改正をしたわけではないのですが、最高裁の判例が事実上法改正をしたのと同様の効果をもたらしたわけで、まさに判例が法源であるということを示す一例だと思われます。

では、刑法200条の改正についてはどうなったのでしょうか。最高裁が違憲であると言っている以上、法律改正は、国会の仕事ですから、国会において刑法200条を削除するという作業が必要であったはずです。しかしながら、それは20年以上もそのままの状態で残されておりました。というのは、先にも述べましたように、最高裁は、尊属殺人罪を重く処罰すること自体は憲法に違反するものではないという判断を示していたのであって、必ずしも刑法200条の存在それ自体が誤っていると言っていたわけではなかったからです。つまり、この条文を残したまま、その法定刑を下げて、有期懲役を設けた上、通常の殺人罪より重く処罰する規定を設けて改正すれば、本件最高裁判決に反することにはならなかったのです。したがって、刑法200条を全面的に削除するのか、法定刑を軽くしてこの規定を残すかについて議論がなされ、その決着がなかなかつかず、結局、平成７年になってやっと刑法改正により削除されたのでした。

なお、本件最高裁判決の被告人は、結局、どのような処罰がされたのでしょうか。本件の原判決である東京高裁判決では、被告人に対して懲役３年６月の実刑判決を言い渡していたことから（東京高裁もどうやっても執行猶予にできなかったから最低限の刑にしたのだとは思いますが。）、本件最高裁判決は、この東京高裁判決を破棄して、被告人に対し、懲役２年６月、３年間執行猶予の判決を言い渡しております。結局、この被告人は、刑務所に行くことはなかったのです。その後、Ｉ男と実際に結婚できたかどうかは、私の知るところではありません。でも、誰しもこの被告人には幸せになってほしいと思うでしょうね。

法源としての条理

最後に、法源として挙げられていた「条理」について述べておきます。この条理とは、物事の道理であり、要は、健全な社会常識だと思えばよいと思われます。これ自体が直接的に「法」として使われることはありませんが、裁判をする上での法律解釈の際の指針として使われるものであります。

ただ、実際のところ、判決などで条理という文言が用いられたり、それに基づく判断がなされることは非常に少ないので、そのようなものが法源の一つとして挙げられているという程度の理解で十分でしょう。

第2章
憲　法
――司法制度・患者の人権・被疑者の人権――

はじめに

日本国憲法は、昭和21年11月３日に公布され、以後、現在まで70年以上にわたって我が国の最上位の基本法としての地位を占めています。日本国憲法は、全103条からなるところ、これは**統治機構**に関する部分と、**基本的人権**に関する部分とに分けられます。第１章**天皇**、第４章**国会**、第５章**内閣**、第６章**司法**、第７章**財政**、第８章**地方自治**の各章が統治機構の部分を形成し、第３章**国民の権利及び義務**が基本的人権に関する部分を形成しています。なお、第２章**戦争の放棄**は、それらのいずれにも属さない特殊な部分として置かれています。

ここでは、まず、憲法の位置づけ、つまり、法律など他の法規との関係などの**階層構造**を説明した上で、統治機構に関しては、**司法制度**に関する部分を中心に説明したいと思います。また、基本的人権のなかでは、**患者の人権**、更には、**被疑者の人権**について説明いたします。

憲法の最高法規性及び違憲審査権

第１章でも紹介しましたが、憲法98条１項は、

> 第九十八条　この憲法は、国の最高法規であつて、その条規に反する法律、命令、詔勅及び国務に関するその他の行為の全部又は一部は、その効力を有しない。

と規定しており、憲法が最高法規であることを明らかにしています。つまり、この憲法に反する法律等はその効力を有しないとされるのです。

そして、法律等が憲法に違反しているかどうか、これについて判断する権限を**違憲審査権**と言いますが、これについては、憲法81条において、

第八十一条　最高裁判所は、一切の法律、命令、規則又は処分が憲法に適合するかしないかを決定する権限を有する終審裁判所である。

と規定されております。このように、最高裁は、下級裁判所での審理において問題とされた特定の法律が憲法に違反するかどうかを審査する役割が与えられ、下級裁判所も同様に違憲かどうかの判断をするものの、最高裁判所に違憲審査の最終判断権限があるということを示しているのです。

そもそも我が国は、ドイツ、フランス、韓国などの諸外国のように、憲法判断を専属的に管轄する、つまり、他の裁判所等の組織には判断させないという**憲法裁判所**というものは設けておりません。したがって、下級裁判所は、通常の裁判の過程において、適用する法律が憲法に違反していないかどうかを審査しながら、違反していないのであれば、その判断を示した上、その法律を適用します。逆に、違反していると判断した場合には、その法律は無効になりますから、その法律を適用しないで別の法律や規定を適用することになります。前章で説明した尊属殺人の刑罰が重すぎることが憲法違反であるとされた結果、尊属殺人罪について規定した刑法200条を適用することはできず、通常の殺人罪である刑法199条が適用されたのは、最高裁においてではありますが、この違憲審査権が行使されたからなのです。

そして、最高裁が「終審裁判所」であると表現されていることからも、それ以前に憲法違反かどうかを判断する裁判所があることを前提としておりますし、その上で、最高裁に最終判断権限があることが明らかにされているのです。

このように我が国の法は、憲法を頂点として、法律等の法規について上位、下位が定められており、全体として統一のとれた体系が作られています。以下、それらの法規について個別的に説明いたします。

法　　律

法律という文言については、法全体を指すような場合をも含めて、色々な意味で使われることがありますが、ここでは、国会の議決により制定される法のことを指すものとして使います。

具体的には、憲法59条１項において、

> 第五十九条　法律案は、この憲法に特別の定のある場合を除いては、両議院で可決したとき法律となる。

と規定されていますように、国会の**衆議院**と**参議院**で可決した際に法律が成立することになります。そして、憲法74条において、

> 第七十四条　法律及び政令には、すべて主任の国務大臣が署名し、内閣総理大臣が連署することを必要とする。

と規定されていることから、主任の国務大臣の署名と内閣総理大臣の連署、つまり、内閣総理大臣の署名が連なるということですが、そのような手続が採られることになっております。その後、憲法７条１号において、

> 第七条　天皇は、内閣の助言と承認により、国民のために、左の国事に関する行為を行ふ。
> 一　憲法改正、法律、政令及び条約を公布すること。

と規定されているように、国会において成立した法律を天皇が**国事行為**として公布いたします。

また、憲法43条１項で、

> 第四十三条　両議院は、全国民を代表する選挙された議員でこれを組織する。

と規定されているように、国会は、国民の代表たる選挙された議員で組織されているものでありますから、国民の権利・自由・義務に関する事項は、国民にとって非常に重要な事項であるだけに、それらについては、国民の代表者である議員が議決することによって成立する法律で定められるべきである

ということになります。

そのため、法律は、憲法の下位に位置しますが、それ以外の法令よりは上位にあるということになります（ただ、後に述べます**条約**は、また別です。)。なお、法律同士の優劣関係については、次のとおりであります。

まず、同じ事柄に関するものであれば、古い法律より新しい法律の方が優先して適用されます。新しい法律を制定するということは、古い法律の適用に問題などがあり、それを変えようとしてなされることだからです。また、第１章でも若干説明しましたが、**特別法**は、**一般法**に優先します。これは、一般的な事項が定められている法律に対し、その後、特に一定の範囲内において、その適用を変えようとして制定されるのが特別法ですから、特別法が優先して適用されるべきだからです。

そして、このように制定された法律は、憲法73条１号により、

> 第七十三条　内閣は、他の一般行政事務の外、左の事務を行ふ。
> 　一　法律を誠実に執行（中略）すること。

とされているように、内閣によって誠実に執行されることになります。

政　　令

先にも示しました憲法73条は、内閣の行うべき事務として、６号において、

> 六　この憲法及び法律の規定を実施するために、政令を制定すること。但し、政令には、特にその法律の委任がある場合を除いては、罰則を設けることができない。

と規定しているように、内閣に**政令**を定める権限を与えております。この政令とは、国の行政機関が制定する法規である**命令**の一種であり、命令の中では最上位に位置するものであります。また、政令のほかに、各省の大臣が発する命令である**省令**などもあります。そして、この政令についても主任の国務大臣と内閣総理大臣の署名が必要であることは、先に示しました憲法74条で定められております。

もっとも、政令は、国民から選挙で選ばれた代表者が制定するものではありませんから、国民の基本的人権保障の観点から、本条但書により、**法律の委任**がある場合でなければ罰則を設けることはできないとされています。なお、ここでいう「法律の委任」とは、**立法の委任**とも呼ばれ、法律がその所管事項を定める権限を、その他の法形式である政令などに与えることを言います。

この規定の趣旨より明確にするために、内閣法11条は、

> 第十一条　政令には、法律の委任がなければ、義務を課し、又は権利を制限する規定を設けることができない。

と規定しており、単に、罰則に限らず、権利・義務の制限に関しては、国会がそれを了承して立法を委任するという、法律の委任がなければできないとしているのです。

これから見ても、法律が政令などの命令の上位に位置することが分かると思います。

なお、政令という文言は、**政令指定都市**などの用語にも登場いたします。ちなみに、政令指定都市とは、**地方自治法**の規定により認められた市について、都道府県と同等の権限等が与えられる市のことであります。人口50万人以上などの要件がありますが、平成30年現在で、大阪市、名古屋市など20市がこれに該当するとして指定されています。

条　　例

憲法94条は、

> 第九十四条　地方公共団体は、その財産を管理し、事務を処理し、及び行政を執行する権能を有し、法律の範囲内で条例を制定することができる。

と規定しており、法律の範囲内で**条例**を制定する権限を、都道府県、市町村といった地方公共団体に与えています。憲法は、地方の政治・行政をその住民自らの意思により、自らの責任と負担において行う**地方自治**を認めている

のであり、その一環として、**条例制定権**も認めているのであります。つまり、このような観点から言えば、条例とは、地方公共団体がその**自治権**に基づいて制定する法の一種であると言えるでしょう。

ここでは、「法律の範囲内」でという条件が付けられておりますから、条例が法律の下位に位置することは明らかです。では、政令等の命令との上下関係はどうなのでしょうか。この点については、**地方自治法**14条１項において、

第十四条　普通地方公共団体は、法令に違反しない限りにおいて（中略）、条例を制定することができる。

と規定されています。ここでは、「法令に違反しない限り」という限定が付けられておりますが、「法律に違反しない限り」とはされておらず、そこは**法令**、つまり、法律と政令等の命令を含めたものに違反しない限りという意味であると考えられます。したがって、条例は、政令等の命令の下位に位置する法規であると言えるでしょう。

そこで、条例制定の手続がどのようなものか、また、実際に条例にはどのようなものがあるのかなどについて述べておきます。

条例と呼ばれるものは、地方議会が制定しますが、地方自治法96条１項１号では、

第九十六条　普通地方公共団体の議会は、次に掲げる事件を議決しなければならない。

一　条例を設け又は改廃すること。（後略）

と規定されており、都道府県議会や市町村議会において、条例を設けたり、改正したり、廃止したりすることについて議決しなければならないとされております。

そして、その議決によって制定される条例の例としては、例えば、地方自治法４条１項は、

第四条　地方公共団体は、その事務所の位置を定め又はこれを変更しようとする

　ときは、条例でこれを定めなければならない。

としております。ここでいう「事務所の位置」というのは、県であれば県庁所在地であり、市であれば市役所の所在地であります。それを決めたり、変更したりする場合には、条例によらなければならないということであります。

また、そのほかに、公衆に著しく迷惑をかける暴力的不良行為等の防止に関する条例（略称として「**迷惑防止条例**」と呼ばれます。）が各都道府県で制定されております。これは、電車内等の公共の場所における痴漢行為や盗撮行為を禁じることなどを規定しているものであります。痴漢行為はもちろんのこと、公共の場所における盗撮行為については、かなり以前からこの条例によって禁止されておりましたが、公共の場所や公共の乗り物以外である、住居、会社のトイレ、更衣室内などや、タクシーなどの乗り物内等における盗撮行為については、これまでこの条例では処罰の対象となっておりませんでした。

そのため、東京都では、平成30年３月30日に上記事項等を処罰対象に含めるなどした改正条例を公布し、この条例は同年７月１日から施行されています（なお、法律や条例は、公布した段階から施行されるものもありますが、罰則を伴うような場合には、周知させるために公布日から何か月か遅れて施行するということもよくあります。）。

具体的に、その条文を見てみますと、東京都迷惑防止条例５条１項は、

第５条　何人も、正当な理由なく、人を著しく羞恥させ、又は人に不安を覚えさせるような行為であつて、次に掲げるものをしてはならない。

⑴　公共の場所又は公共の乗物において、衣服その他の身に着ける物の上から又は直接に人の身体に触れること。

⑵　次のいずれかに掲げる場所又は乗物における人の通常衣服で隠されている下着又は身体を、写真機その他の機器を用いて撮影し、又は撮影する目的で写真機その他の機器を差し向け、若しくは設置すること。

イ　住居、便所、浴場、更衣室その他人が通常衣服の全部又は一部を着けない状態でいるような場所

ロ　公共の場所、公共の乗物、学校、事務所、タクシーその他不特定又は多

数の者が利用し、又は出入りする場所又は乗物（イに該当するものを除く。）

と規定されていますが、第1号である⑴の部分は、痴漢行為を禁止するものであり、このような行為や、第2号である⑵の部分のうちロの部分のうち、公共の場所や公共の乗り物での盗撮行為は従来から禁止されていたところでありますが、それ以外の部分や、⑵のうちのイの部分での盗撮行為が処罰の対象として改正されて追加された部分であります。なお、これらの違反行為に対しては、同条例8条で刑事処罰が科されることになっております。

規　　則

地方自治法15条1項は、

第十五条　普通地方公共団体の長は、法令に違反しない限りにおいて、その権限に属する事務に関し、規則を制定することができる

と規定し、普通地方公共団体の長、すなわち、都知事、府知事、県知事、市長等でありますが、そのような長は、その権限に属する事務に関して**規則**を制定することができるのです。そして、この条文おいても、「法令に違反しない限り」という条件が付いておりますから、この規則も先に述べたのと同様に、法律と政令等の命令の下位に位置するものであることが明らかであります。

では、条例と規則との関係はどうでしょか。これは条例の方が上位であると考えられます。というのは、条例は、選挙で選ばれた議員によって構成される地方議会の議決によって制定されるものであり、規則は、地方公共団体の長が制定されるものである以上、それは国会と内閣の関係に近いことから、国会の法律が内閣の政令より上位に位置するのと同様に、条例が規則より上位に位置すると考えられるからです。

また、憲法77条1項は、

第七十七条　最高裁判所は、訴訟に関する手続、弁護士、裁判所の内部規律及び
司法　事務処理に関する事項について、規則を定める権限を有する。

と規定して、最高裁に**規則制定権**を与えております。それゆえ、最高裁判所規則、民事訴訟規則、刑事訴訟規則などが最高裁によって制定されております。

条　　約

これまで見たように、我が国の法制度には、憲法を頂点として、以下、法律、政令、条例、規則といった上下関係が明確にされた統一的な階層構造が存在しますが、**条約**は、その中で若干特殊な位置づけとなります。

条約の定義については、広い意味では、国家間においてなされる合意であって、法的拘束力のあるものを言いますが、狭い意味では、その中で、とくに「条約」という名称でよばれるものを意味するとされています。

そして、この条約については、憲法98条２項で、

２　日本国が締結した条約及び確立された国際法規は、これを誠実に遵守することを必要とする。

と規定されていることに照らし、条約と憲法のどちらが上位であるのか議論があります。

これについて、条約のほうが憲法より上位の法規であるとする見解は、この条文で示された「条約及び確立された国際法規」が憲法に反するという理由で遵守しないというのであれば、それを「誠実に遵守することを必要」とする憲法自身の理念に反すること、また、先に述べた違憲審査権は、「一切の法律、命令、規則又は処分」が憲法に反するかどうか審査するとしながら、そこには「条約」が含まれていないことから、それは条約が憲法に優位するから審査の対象にならないと考えるべきであること、さらに、憲法98条１項は、憲法の条規に反する「法律、命令、詔勅及び国務に関するその他の行為の全部又は一部」が効力を有しないとしながらも、そこに「条約」が入って

いないこと、加えて、憲法前文や9条を見れば、我が国の憲法が国際協調主義や世界国家的思想に立脚していることが明らかであるから、憲法に対しても国際法規が優越していると考えるべきだからと述べております。

これに対し、憲法の方が優位であるとする見解は、憲法99条は、

第九十九条　天皇又は摂政及び国務大臣、国会議員、裁判官その他の公務員は、この憲法を尊重し擁護する義務を負ふ。

と規定しており、そこに「条約」が含まれていないばかりか、天皇や国務大臣等に対して、憲法に対する尊重、擁護のみが記載されていることからすれば、条約を含めた国際法規よりも憲法のほうが上位にあると考えられること、憲法の改正には、96条1項において、

第九十六条　この憲法の改正は、各議院の総議員の三分の二以上の賛成で、国会が、これを発議し、国民に提案してその承認を経なければならない。この承認には、特別の国民投票又は国会の定める選挙の際行はれる投票において、その過半数の賛成を必要とする。

と規定されて、国会の賛成のみならず国民の承認が必要とされるほど厳格な手続が求められているのに対し、条約は、憲法73条3号において、内閣の事務として、

三　条約を締結すること。但し、事前に、時宜によつては事後に、国会の承認を経ることを必要とする。

と規定されているように、内閣による締結と国会の承認のみで足りるのであって、その手続の困難さの比較からしても、憲法は条約より憲法自身の方が上位であると考えていると見られること、さらに、憲法81条に条約が記載していないからといって、それが必ずしも条約についての違憲審査権を否定したものとは考えなければならないとは言えないこと、つまり、同条は典型的な法律等の違反を例示しただけであるとすれば、同様に条約が憲法に違反するのであれば、条約についても違憲審査権を行使することを否定したこととはならないと考えられること、特に、憲法81条には、「条例」が挙げられ

ていませんが、これが憲法に反する場合に違憲審査権が及ぶことは明らかですから、同様に条約についても、それが挙げられていないことが違憲審査権を否定したことにはならないはずであることなどが挙げられるでしょう。

これらの理由づけを検討すれば、憲法の方が条約に優位すると考えるべきであると思います。

では、条約と法律の上下関係はどうでしょうか。法律も条約もともに国会の議決を必要とするものでありますが、憲法の国際協調主義などから考えれば、条約のほうが法律より上位であると見るべきだと思われます。

そして、そのような条約については、先に述べました憲法73条３号において、内閣が締結することになります。そして、ここで「条約」と言われるものは、先に述べた広い意味のもので、文書による国家間の合意の全てを指します。したがって、条約、**協定**、**議定書**、**規程**などの表現が使われる文書であっても、全てここにいう「条約」に含まれます。

なお、それらの用語は、国際的な観点から、英語表記と比較して理解しておくことも重要であります。

まず、「条約」と訳されるにしても、その英語の表現は、「Treaty」というものと「Convention」というものがあります。「Treaty」は、政治的にも重要なステータスの重い条約に用いられることが多く（例えば、Security Treaty〈安全保障条約〉など)、「Convention」は、多数国間条約に用いられることがよくあり、包括的な内容を有するものに多く使われます（例えば、Conventionon Mutual Administrative Assistance in Tax Matters〈租税に関する相互行政支援に関する条約〉など)。

また、「協定」と訳されるものは、「Agreement」であります。これは上記の「Treaty」や「Convention」と比べると、やや実施細目的な技術的事項を扱う場合に通常使われるものであります（例えば、Agreement on the Privileges and Immunities of the International Criminal Court〈国際刑事裁判所の特権及び免除に関する協定〉など)。

さらに、「議定書」と訳されるものは、「Protocol」であります。これは単一の条約の表題として用いられることは通常はなく、例えば、国際協力の大きな枠組みを定める本体の条約に関連して具体的な協力や規制の内容を定める場合などに使われます（例えば、Additional Protocol to the Convention on the Transfer of Sentenced Persons〈刑を言い渡された者の移送に関する条約のための追加議定書〉など）。

最後に、「規程」と訳されるものは、「Statute」であります（例えば、Amendment to article 8 of the Rome Statute of the International Criminal Court〈国際刑事裁判所に関するローマ規程第８条の改正〉など）。これは、国際機関や**国際裁判所**の設立等に係る条約に用いられることが多いものであります。

ただ、どのような呼ばれ方をするものであっても、国家の合意たる限り、その効力には区別はありません。

司法制度

我が国の司法制度は、憲法76条１項により、

> 第七十六条　すべて司法権は、最高裁判所及び法律の定めるところにより設置する下級裁判所に属する。

と規定され、我が国の司法権が、**最高裁判所**（以下「最高裁」と略します。）を頂点として、その下に**高等裁判所**（以下「高裁」と略します。）、**地方裁判所**（以下「地裁」と略します。）、**家庭裁判所**（以下「家裁」と略します。）及び**簡易裁判所**（以下「簡裁」と略します。）という**下級裁判所**によって構成されることを明らかにしております。

1　最高裁判所

最高裁は、15人の裁判官により構成されており、その全員が参加する法廷を**大法廷**と言います。そして、その15人が５人ずつの裁判官の組に分かれて第１から第３までの**小法廷**を構成します。最高裁での通常の裁判、これを**上告審**と言いますが、それは、通常、この小法廷によってなされることになります。

大法廷が開かれる場合は、裁判所法10条に規定されており、①法律等が憲法に適合するかしないかを判断する場合（但し、以前に憲法に違反しないとい

う判断をしていて、それと同じ判断をする場合は除かれます。)、②そのような場合以外で、法律等が憲法に違反すると判断する場合が挙げられます。なお、上記①は当事者が憲法違反の主張をしていて、それゆえに法律等が憲法に違反するかどうかを判断する場合であり、②は当事者がそのような主張をしていなくても、最高裁として法律等が憲法に違反しているという判断をする場合という違いであります。更には、③最高裁による判例を変更する場合があります。

①と②には違憲審査権を行使する場合であって、国会が制定した法律が憲法に違反するなどと判断するような際には、最高裁の裁判官全員による協議が必要であると思われますから大法廷が開かれるのは当然でしょう。また、③についても、それまでの最高裁の判断を変更するのですから、全裁判官による協議が求められるのも当然だと思います。ちなみに、前章で説明した有責配偶者からの離婚請求についての判決も尊属殺違憲判決もいずれも大法廷での判決で、前者は③の理由によるものであり、後者は①の理由によるものと言えましょう。

なお、大法廷が開かれるのは、原則として、水曜日と決まっています。ただ、小法廷を含めて最高裁では法廷が開かれるのはめったにありません。というのは、最高裁は、**法律審**であり、つまり、例えば、犯罪事実があったかどうかなどの事実の有無についての認定(これを「**事実認定**」と言います。)については高裁までに委ねており、最高裁では事実認定をせずに法律的な判断のみをするので、その審理は特に法廷で証拠調べなどの手続が採られることはなく、それまでの裁判記録を読むだけの方法により行われるからであります。そして、上告には理由がないと判断される事件については、特に法廷を開くことなく上告を棄却することができます。もっとも、当事者から不服のある点について直接聴いた方がよい事件については、法廷を開いて意見を述べる機会を設けた後に判決を言い渡しております。

2　高等裁判所

最高裁の下には、札幌、仙台、東京、名古屋、大阪、広島、福岡、高松の８つの高裁があります。ここでの判決に不服があるような場合に、最高裁に上告されて、それが適法であり、最高裁がその申立てを受理するべきであると判断すれば最高裁で審理がされることになります。

この高裁が扱う事件としては、裁判所法16条に、

> 第十六条　高等裁判所は、左の事項について裁判権を有する。
> 一　地方裁判所の第一審判決、家庭裁判所の判決及び簡易裁判所の刑事に関する判決に対する控訴（後略）

と規定されており、地裁での判決の他に、家裁の判決、更には、簡裁の刑事に関する判決に対する各**控訴**、つまり、言い渡された判決に不服あることから高裁に更なる審理を求めることでありますが、その審理などを担当するということであります。

この高裁での審理は、３人の裁判官による**合議制**が採られております。

3　地方裁判所

高裁の下には、全国の都府県に各１つの地裁が、北海道には４つの地裁（札幌、旭川、函館、釧路）が設けられております。もっとも、それぞれの都道府県において本庁と呼ばれるメインの地裁のほかに支部がいくつも設けられております。

ここでの判決に不服があるような場合に、高裁に控訴されて、それが適法になされていれば、高裁で審理がされることになります。

なお、地裁の場合には、２種類の裁判官がいます。一つは、裁判官に任官してまだ10年を経ていない裁判官で、このような裁判官を**判事補**と言います。そして、10年以上の経験を有する裁判官を**判事**と言います。高裁や最高裁には判事補はいません。ちなみに、判事補になるためには、司法試験に合格し、司法修習という法律家としての訓練を受けて最終的な試験に合格した者の中から選ばれることが必要です。

このような判事補は、原則として１人で裁判をすることができず、合議制の下で３人の裁判官のうちの１人となって審理に加わることになっております。

地裁での審理は、１人の裁判官で審理がされる場合（一人制）と、３人の裁判官で審理される場合（合議制）とがあります。どのような事件がどちら

に振り分けられるかは法律に規定されておりますが、細かなことになりますので、大雑把に言えば、社会の耳目を引くような重大な事件や、重い刑が宣告されると予想されるような事件などについては、民事、刑事を問わず合議制で審理されると考えておけばよいでしょう。

この地裁での審理は数も多く、社会的に著名な事件について判決が言い渡される際などには、マスコミなども相当な関心を払って注目していることがあり、センセーショナルな報道がなされることも決して珍しくはありません。

4　家庭裁判所

家裁は、地裁と同様に全国に配置されております。ただ、地裁との違いは、その取り扱う事件が、家事事件、つまり、離婚や親子関係などの家庭内の事件や、少年事件、つまり、20歳に満たない者による犯罪についての事件などであるというだけであって、それ以外の点ではほとんど地裁と同じであります。

5　簡易裁判所

簡裁で審理を担当する裁判官は、これまでに述べたような判事又は判事補といった裁判官とは異なり、司法試験に合格する必要はなく、それとは別の簡易裁判所判事としての試験に合格すれば足ります。

そして、簡裁が担当する裁判としては、裁判所法33条１項に、

第三十三条　簡易裁判所は、次の事項について第一審の裁判権を有する。
　一　訴訟の目的の価額が百四十万円を超えない請求（中略）
　二　罰金以下の刑に当たる罪（中略）に係る訴訟

と規定されており、民事事件については、同項１号に規定されているように、**訴訟の目的の価額**、つまり、損害賠償などで請求する金額が140万円を超えない場合の訴訟や、刑事事件については、同項２号で規定されているように、**罰金**以下の刑が法定刑として規定されている罪、つまり、懲役刑等の罰金より重い刑が科せられる余地のない罪が基本的に対象になります。例えば、刑法185条前段は、

第百八十五条　賭博をした者は、五十万円以下の罰金又は科料に処する。

と規定しており、この賭博罪については、罰金又は、それより軽い科料しかありませんから、簡裁が担当することになるのです。注意すべきは、この裁判所法33条1項2号の場合のように簡裁が**裁判権**を有すると法律に書かれている場合は、簡裁しかこの種事件の裁判ができないということです。したがって、賭博罪などの罰金しか定められていない罪については、地裁でも裁判をすることができず、そのような場合を、簡裁が**専属管轄**を持つという言い方で表されます。

基本的人権の概念

日本国憲法が定める基本的人権がどのようなものであるのかを明らかにするには、それ以前の**大日本帝国憲法**、すなわち、**明治憲法**との比較が不可欠であります。明治憲法下では、国民ではなく、**臣民**と呼ばれ、主権を有する天皇に服従する地位にありました。したがって、明治憲法における臣民の権利及び自由は、天皇からその恩恵として与えられたものであり、国民は天皇や国家より優先するものではありませんでした。すなわち、臣民の権利や自由は、常に天皇又は国家の意思による制約の下に存在が認められるものであり、天皇又は国家の持つ統治権に対する権利ではなく、国家が必要であると認めれば、いつでも法律を制定して臣民の自由や権利を制限することができるものでありました。つまり、明治憲法が保障していたのは、法律によらずしては臣民の権利や自由を制約することはできないということだけでありました。

しかしながら、日本国憲法の立場は、これとは根本的に異なります。この憲法は、国民の基本的人権を最高位に位置づけられるものとして保障するという立場を採っており、これは天皇に対する絶対的服従者としての臣民の権利や自由に対するものとは異なるものであります。すなわち、基本的人権とは、人間が人間として、生まれながらに当然に有するいわば天賦（てんぷ）の人権であります。この考え方が表されているのが、憲法11条の、

第十一条　国民は、すべての基本的人権の享有を妨げられない。この憲法が国民に保障する基本的人権は、侵すことのできない永久の権利として、現在及び将来の国民に与へられる。

という規定や、憲法97条の、

第九十七条　この憲法が日本国民に保障する基本的人権は、人類の多年にわたる自由獲得の努力の成果であつて、これらの権利は、過去幾多の試錬に堪へ、現在及び将来の国民に対し、侵すことのできない永久の権利として信託されたものである。

という規定に表されていると考えられております。

そうであるなら、この基本的人権は、国家以前に存在しているのでありますから、論理的に、国家の意思に先立つものということになります。すなわち、国家権力による立法をしても、この基本的人権を制約することはできないという結果になります。したがって、この憲法は、行政面での国家権力、これを**行政権**と言いますが、これに対する保障だけでなく、**立法権**に対する保障であることに意味を持つことになるのです。

しかしながら、このような基本的人権というものであっても、無制限に保障されるものではありません。と言うのは、自分の基本的人権と他人の基本的人権が衝突する場合があるからであります。この場合の利害調整機能として作用するのが、**公共の福祉**という概念であります。

すなわち、憲法12条は、

第十二条　この憲法が国民に保障する自由及び権利は、国民の不断の努力によつて、これを保持しなければならない。又、国民は、これを濫用してはならないのであつて、常に公共の福祉のためにこれを利用する責任を負ふ。

と規定し、また、憲法13条は、

第十三条　すべて国民は、個人として尊重される。生命、自由及び幸福追求に対する国民の権利については、公共の福祉に反しない限り、立法その他の国政の上で、最大の尊重を必要とする。

と規定していますが、そのいずれにも「公共の福祉のため」、若しくは「公共の福祉に反しない限り」として、「公共の福祉」による基本的人権の制約を認めております。

そこで、具体的に「公共の福祉」の中身は何であるかということになるのですが、これは人権と人権が衝突した場合に調整をするための原理と考えるべきでしょう。もっとも、「公共の福祉」というと何か個人の人権より「公」の利益が優先されるかのような印象があって、この用語を使うのを嫌う憲法学者もいますが、人権と人権が衝突する場面は必ず存するのでありますから、例えば、「公共の福祉」という用語の代わりに、人権相互の利益均衡などと言ってみても、所詮は用語の使い方の問題でしかありません。

例えば、近時では、ヘイトスピーチと呼ばれる外国人や社会的弱者に対する差別的発言に対して規制すべきであるとの議論があります。この場合、差別的な発言をされる側には、憲法14条１項が

第十四条　すべて国民は、法の下に平等であつて、人種、信条、性別、社会的身分又は門地により、政治的、経済的又は社会的関係において、差別されない。

と規定することによって保障する、社会的関係において差別されないという人権に対する侵害が認められます。しかしながら、一定の思想に基づいてそのような発言をする側からすれば、それを制限させられることは、憲法19条の

第十九条　思想及び良心の自由は、これを侵してはならない。

とする規定や、憲法21条１項の

第二十一条　集会、結社及び言論、出版その他一切の表現の自由は、これを保障する。

とする規定によって守られているはずの思想・信条の自由や表現の自由を侵害されることになるでしょう。

このような人権と人権の衝突が認められる場合、双方の利益の調整を図り、妥当な結論を導き出す必要があることは、国民の社会生活を円滑にするためにも不可欠であります。その場合に、「公共の福祉」という用語を用いることになるにしても、その内容は、対立する双方のそれぞれの利益の重要性、それを保護する必要性、また仮に制限をするにしてもその制限の相当性などを総合的に比較考量して、「公共の福祉」の内容として妥当な結論を導き出すという判断が裁判所などに課せられることになります。

患者の人権

病院に通院して診察・治療を受けたり、あるいは、入院して治療を受けたりする患者には、どのような人権が認められているのでしょうか。端的に言って、適切な治療を受けることができる人権というものは認められているのでしょうか。しかしながら、少なくとも憲法の条文上には、**患者の人権**という文言は出てきません。そうであるなら、患者の人権は憲法上保障されていないと考えるべきなのでしょうか。

しかし、このような人権が憲法上認められるかどうかについては、先に紹介した憲法13条において規定されている「幸福追求に対する国民の権利」の一つとして、患者の人権がこれに含まれて認められているかどうか検討する必要があります。

この権利は、**幸福追求権**と呼ばれているものであり、自律的な個人が人格的に生存するために不可欠と考えられる基本的な権利・自由として保障するに値すると考えられる法的利益は、「新しい人権」として、この幸福追求権を根拠として認められると考えられております（芦部信喜／高橋和之補訂『憲法［第6版]』〈2015年、岩波書店〉119頁）。

では、これまでに、この幸福追求権に該当する人権としてどのようなものが問題とされてきたのでしょうか。

この点が具体的に争点になったものとして、昭和45年9月16日最高裁判決（民集24巻10号1410頁）があります。これは、未だ監獄と呼ばれていた刑事施設で拘禁されている者に喫煙する権利が認められるか、それが幸福追求権の一つである基本的人権として憲法上保障されているかどうかということが問題とされたのです。

この点について、本件最高裁判決は、次のように判断を示しました。すなわち、「監獄の現在の施設および管理態勢のもとにおいては、喫煙に伴う火気の使用に起因する火災発生のおそれが少なくなく、また、喫煙の自由を認めることにより通謀のおそれがあり、監獄内の秩序の維持にも支障をきたすものであるというのである。右事実によれば、喫煙を許すことにより、罪証隠滅のおそれがあり、また、火災発生の場合には被拘禁者の逃走が予想され、かくては、直接拘禁の本質的目的を達することができないことは明らかである。のみならず、被拘禁者の集団内における火災が人道上重大な結果を発生せしめることはいうまでもない。他面、煙草は生活必需品とまでは断じがたく、ある程度普及率の高い嗜好品にすぎず、喫煙の禁止は、煙草の愛好者に対しては相当の精神的苦痛を感ぜしめるとしても、それが人体に直接障害を与えるものではないのであり、かかる観点よりすれば、喫煙の自由は、憲法一三条の保障する基本的人権の一に含まれるとしても、あらゆる時、所において保障されなければならないものではない。したがつて、このような拘禁の目的と制限される基本的人権の内容、制限の必要性などの関係を総合考察すると、前記の喫煙禁止という程度の自由の制限は、必要かつ合理的なものであると解するのが相当であり、（中略）喫煙を禁止する規定が憲法13条に違反するものといえないことは明らかである。」としたのでした。なお、ここでいう**罪証隠滅**というのは、刑事事件に関する証拠物を物理的になくしてしまうとか、口裏合わせをして何が本当のことが分からなくしてしまうことなどを言います。

ここでは、監獄内での喫煙の自由は認めなかったにしても、「憲法13条の保障する基本的人権の一に含まれる」余地があるとしていることが重要です。ここで憲法13条の保障する基本的人権として該当し得るものとしては「幸福追求権」しかありませんから、最高裁は、喫煙をする権利を幸福追求権の一つとして憲法上保障されていると考えられないではないということを述べたのです。ただ、それでも火災の危険などから監獄の中だからその制限は必要かつ合理的だとして、喫煙の禁止は憲法に違反しないとしたのです。

このように幸福追求権は、かなり幅広く認められる人権概念であると言ってよいでしょう。もっとも現在では、喫煙の自由は、受動喫煙をされない権利、つまり、嫌煙権により、かなり制約されてきており、公の場ではほとんど許容されなくなっておりますが（上記最高裁判決とは時代の違いを感じますが）、それは受動喫煙をさせられないという人権、これも幸福追求権に含まれることは間違いないでしょうから、その人権と人権の衝突があって、そこで調整されて喫煙に対して一定の制限が課せられていると理解すべきものと思います。

また、その他には、私生活をむやみに暴かれないという**プライバシー権**や、その一種であると考えられる、勝手に写真撮影をされない**肖像権**などもこれに含まれると考えられております

この肖像権が問題となったのは、昭和44年12月24日最高裁判決（刑集23巻12号1625頁）においてであり、この判決では、デモ行進に際して警察官が犯罪捜査のために行った写真撮影の適法性が問題となったものであります。

そして、本件最高裁判決は、弁護側による「本人の意思に反し、かつ裁判官の令状もなくされた本件警察官の写真撮影行為を違法とした原判決の判断は、肖像権すなわち承諾なしに自己の写真を撮影されない権利を保障した憲法一三条に違反」するなどの主張に対し、次のとおり判示しました。すなわち、「憲法一三条は、（中略）国民の私生活上の自由が、警察権等の国家権力の行使に対しても保護されるべきことを規定しているものということができる。そして、個人の私生活上の自由の一つとして、何人も、その承諾なしに、みだりにその容ぼう・姿態（以下「容ぼう等」という。）を撮影されない自由を有するものというべきである。これを肖像権と称するかどうかは別として、少なくとも、警察官が、正当な理由もないのに、個人の容ぼう等を撮影することは、憲法一三条の趣旨に反し、許されないものといわなければならない。」と述べ、肖像権と称するかどうかは別にしても、勝手に個人の容貌を撮影されない権利が憲法13条で保障されている、つまり、幸福追求権の一つとして肖像権的なものが認められていると判示したものでありました。

ただ、それに続けて、「しかしながら、個人の有する右自由も、国家権力の行使から無制限に保護されるわけでなく、公共の福祉のため必要のある場

合には相当の制限を受けることは同条の規定に照らして明らかである。」とした上で、「犯罪を捜査することは、公共の福祉のため警察に与えられた国家作用の一つであり、警察にはこれを遂行すべき責務があるのであるから(中略)、警察官が犯罪捜査の必要上写真を撮影する際、その対象の中に犯人のみならず第三者である個人の容ぼう等が含まれても、これが許容される場合がありうるものといわなければならない。(中略) すなわち、現に犯罪が行なわれもしくは行なわれたのち間がないと認められる場合であつて、しかも証拠保全の必要性および緊急性があり、かつその撮影が一般的に許容される限度をこえない相当な方法をもつて行なわれるときである。このような場合に行なわれる警察官による写真撮影は、その対象の中に、犯人の容ぼう等のほか、犯人の身辺または被写体とされた物件の近くにいたためこれを除外できない状況にある第三者である個人の容ぼう等を含むことになつても、憲法一三条、三五条に違反しないものと解すべきである。」として、この事件の際の写真撮影自体は適法であるとしたのでした。

また、住基ネットワークのシステムがプライバシー権を侵害するとの主張に基づき、そのシステムの稼働差止等を求める民事訴訟において、平成20年3月6日最高裁判決（民集62巻3号665頁）は、次のとおり判示しました。

すなわち、「憲法13条は，国民の私生活上の自由が公権力の行使に対しても保護されるべきことを規定しているものであり，個人の私生活上の自由の一つとして，何人も，個人に関する情報をみだりに第三者に開示又は公表されない自由を有するものと解される（中略)。

そこで，住基ネットが被上告人らの上記の自由を侵害するものであるか否かについて検討するに，住基ネットによって管理，利用等される本人確認情報は，氏名，生年月日，性別及び住所から成る4情報に，住民票コード及び変更情報を加えたものにすぎない。このうち4情報は，人が社会生活を営む上で一定の範囲の他者には当然開示されることが予定されている個人識別情報であり，変更情報も，転入，転出等の異動事由，異動年月日及び異動前の本人確認情報にとどまるもので，これらはいずれも，個人の内面に関わるような秘匿性の高い情報とはいえない。これらの情報は，住基ネットが導入される以前から，住民票の記載事項として，住民基本台帳を保管する各市町村において管理，利用等されるとともに，法令に基づき必要に応じて他の行政機関等に提供され，その事務処理に利用されてきたものである。そして，住民票コードは，住基ネットによる本人確認情報の管理，利用等を目的として，都道府県知事が無作為に指定した数列の中から市町村長が一を選んで各人に割り当てたものであるから，上記目的に利用される限りにおいては，その秘匿性の程度は本人確認情報と異なるものではない。

また，前記確定事実によれば，住基ネットによる本人確認情報の管理，利用等は，法令等の根拠に基づき，住民サービスの向上及び行政事務の効率化という正当な行政目的の範囲内で行われているものということができる。住基ネットのシステム上の欠陥等により外部から不当にアクセスされるなどして本人確認情報が容易に漏えいする具体的な危険はないこと，受領者による本人確認情報の目的外利用又は本人確認情報に関する秘密の漏えい等は，懲戒処分又は刑罰をもって禁止されていること，住基法は，都道府県に本人確認情報の保護に関する審議会を，指定情報処理機関に本人確認情報保護委員会を設置することとして，本人確認情報の適切な取扱いを担保するための制度的措置を講じていることなどに照らせば，住基ネットにシステム技術上又は法制度上の不備があり，そのために本人確認情報が法令等の根拠に基づかずに又は正当な行政目的の範囲を逸脱して第三者に開示又は公表される具体的な危険が生じているということもできない。」として、「個人に関する情報をみだりに第三者に開示又は公表されない自由」、すなわち、プライバシー権を正面から認めた上で、住基ネットワークのシステムについては、そのプライバシー権に対する具体的な危険が生じているわけではないとして差止請求を認めませんでした。

いずれにせよ、このような幅広い概念である幸福追求権であれば、喫煙の自由や肖像権などと比べれば、はるかに人身の安全、健康のために必要な権利である「適正な医療を受ける権利」というものが患者に認められるのは、むしろ当然のことと言えると思います。

したがって、憲法13条の幸福追求権のなかの一つの人権として、患者の人権が含まれていると考えるべきだと思います。

刑事手続における被疑者・被告人の人権保障に関する規定の概要

憲法31条から40条は、刑事手続に関するものであります。その大部分は、**刑事手続における人身の自由**を保障するものであります。つまり、国家権力が人身の自由を侵害するおそれがあるのは、特に刑事事件の際の手続においてであることから、その場合に不当な人身の拘束が行われないようにするため、憲法自身において、これらの規定を設けたのであります。これらの規定は非常に詳細でありますが、それは従来、我が国において、刑事手続における人権蹂躙がなされたという結果に対する反省からであり、そのような弊害を根絶するために規定されたものであります。

以下、各条文にしたがって、その内容等について説明いたします。

憲法31条による適正手続の保障

憲法31条は、

第三十一条　何人も、法律の定める手続によらなければ、その生命若しくは自由を奪はれ、又はその他の刑罰を科せられない。

と規定しています。これは、法律の定める手続によらなければ、何人も、つまり、誰でも、生命、自由を奪われず、また、その他の刑罰を科せられないということを明らかにし、適法な手続を受けられる保障を定めたものであります。ここでは、まず、法律で刑事手続を定めなければならないとする**刑事手続法定主義**が定められていると考えられます。

ただ、この憲法の規定は、単に、刑事手続が法律で定められてさえいれば、その内容はどのようなものであってもよいとするのではなく、それが「適正」なものであることも同時に求められていると解すべきでありましょう。「不適正」な法律手続であっても、法律で定められていればよいというのでは、憲法が人身の自由を国家権力の濫用等から守ろうとした趣旨が全うできなくなり、本条を設けて意味がなくなってしまうからです。

また、本条には、**罪刑法定主義**、つまり、「法律なければ犯罪なし、法律なければ刑罰なし。」といわれる原則ですが、これをも要求しているとの見解もあります。なお、この罪刑法定主義については、第５章で詳しく説明いたします。

憲法32条による裁判を受ける権利の保障

憲法32条は、

第三十二条　何人も、裁判所において裁判を受ける権利を奪はれない。

と規定し、裁判所で裁判を受ける権利を保障しています。

これは、民事事件などで訴訟を提起する権利などが保障されていることのほか、刑事事件において、適正な裁判を受けなければ有罪とされないという形で国民の人身の自由を保障している規定でもあります。

憲法33条による不当な逮捕を受けることのない権利の保障

憲法33条は、

第三十三条　何人も、現行犯として逮捕される場合を除いては、権限を有する司法官憲が発し、且つ理由となつてゐる犯罪を明示する令状によらなければ、逮捕されない。

と規定し、**現行犯逮捕**の場合でなければ、**権限を有する司法官憲**、つまり、この場合は裁判官ですが、裁判官が発付した、逮捕の理由となる犯罪を明示した令状によらなければ、**逮捕**されないということを示しております。なお、現行犯逮捕の内容や要件、また、ここで示されている逮捕の理由となっている犯罪を明示する令状というのは、**通常逮捕**の際の**逮捕状**でありますが、これらの点については、第９章で詳しく説明いたします。

この条文では、憲法は、国民の人身の自由を保障するために、現行犯以外の場合には逮捕状がなければ逮捕されないという保障をし、また、その逮捕状には、逮捕される理由となる犯罪を明らかにすることを要求し、理由のない不当な逮捕がなされないようにしているのであります。

憲法34条による不当な拘禁等を受けることのない権利の保障

憲法34条は、

> 第三十四条　何人も、理由を直ちに告げられ、且つ、直ちに弁護人に依頼する権利を与へられなければ、抑留又は拘禁されない。又、何人も、正当な理由がなければ、拘禁されず、要求があれば、その理由は、直ちに本人及びその弁護人の出席する公開の法廷で示されなければならない。

と規定しており、不当に**抑留**又は**拘禁**をされず、拘禁等をされるのであれば、その理由を告げられることと弁護人に依頼する権利、これを**弁護人選任権**と言いますが、これが保障されなければならないこと、更に、その拘禁等は正当な理由がある場合でなければならず、その理由は拘禁等をされた本人と弁護人が出席する公開の法廷で明らかにされなければことを保障しています。

なお、ここでいう「抑留」と「拘禁」ですが、「抑留」とは一時的な自由の拘束であり、「拘禁」とは継続的な自由の拘束であります。なお、第９章で説明しますが、逮捕に伴う**留置**が、ここでいう「抑留」であり、**勾留**が「拘禁」に当たります。

次に、弁護人選任権については、この憲法の規定を受けて、刑事訴訟法30条１項において、

> 第三十条　被告人又は被疑者は、何時でも弁護人を選任することができる。

と規定されており、被告人でも被疑者でも。無制限に弁護人を選任できる権利を認めております。

また、拘禁等をされた場合にその理由の開示を求めること、これは刑事訴訟法上では、**勾留理由開示**として規定されておりますが、これについても第９章で詳しく説明いたします。

憲法35条による住居・所持品等を不当に侵害されることのない権利の保障

憲法35条１項は、

第三十五条　何人も、その住居、書類及び所持品について、侵入、捜索及び押収を受けることのない権利は、第三十三条の場合を除いては、正当な理由に基いて発せられ、且つ捜索する場所及び押収する物を明示する令状がなければ、侵されない。

と規定しております。これは、憲法33条の場合以外は、令状がなければ、住居等に侵入されたり、所持品等を**捜索**されたり、**押収**されたりすることはないとして、住居・所持品などの不可侵を定めたものであります。ただ、憲法33条の場合、つまり、現行犯逮捕の場合や通常逮捕の場合を指すのですが、このような場合には、逮捕のために住居に立ち入ることや、逮捕に付随して所持品等を押収することなども必要になりますから、令状がなくてもそれらの行為を許容しているのです。なお、これらの手続や用語の説明などは、いずれも第９章で詳しく説明いたします。

そして、憲法35条２項は、

２　捜索又は押収は、権限を有する司法官憲が発する各別の令状により、これを行ふ。

と規定して、捜索又は押収は、裁判官が発付する各別の令状、具体的には、**捜索差押令状**などでありますが、それらの令状によることを規定しているのです。なお、それらの令状の内容や手続についても第９章で詳しく説明いたします。

憲法36条による拷問等を受けることのない権利の保障

憲法36条は、

第三十六条　公務員による拷問及び残虐な刑罰は、絶対にこれを禁ずる。

と規定して、**拷問**や**残虐な刑罰**を禁止しております。ここでいう「拷問」は、取調べにおいて**自白**を強要するために用いられる手段を指しており、また、「残虐な刑罰」は、拷問と異なり、裁判終了後の問題でありますが、非人間的な刑罰を指しているものであって、いずれについても絶対に禁止するということであります。

まず、拷問を禁ずる趣旨は、自白の獲得のために違法な手段を用いてはならないという趣旨でありますが、これを担保するため、つまり、違法な手段を用いさせないために、その結果得られた自白を認めないこととしており、この点については、後述する憲法38条で規定されております。

また、残虐な刑罰にどのようなものが該当するか問題となり、特に、死刑そのものが残虐な刑罰に当たるのか議論の対象とされてきました。この点については、第８章で詳しく説明いたします。

憲法37条による刑事裁判における被告人の権利の保障

憲法37条１項は、

第三十七条　すべて刑事事件においては、被告人は、公平な裁判所の迅速な公開裁判を受ける権利を有する。

と規定し、同条２項は、

２　刑事被告人は、すべての証人に対して審問する機会を充分に与へられ、又、公費で自己のために強制的手続により証人を求める権利を有する。

と規定し、更に、同条３項は、

３　刑事被告人は、いかなる場合にも、資格を有する弁護人を依頼することができる。被告人が自らこれを依頼することができないときは、国でこれを附する。

と規定しており、刑事手続における被告人の権利を様々な角度から保障しております。

具体的には、被告人には、①公平な裁判所の迅速な公開裁判を受ける権利、②証人尋問権、③弁護人依頼権を保障しています。したがって、**刑事被告人**は、公平で、迅速で、かつ、公開された裁判を受けることができるとされ、また、その際に尋問する必要のある証人については、公費によって、かつ、強制的手段を用いてでも、尋問する権利があることとされ、さらに、憲法34条は、身柄が拘束された場合における被疑者の弁護人選任権について規定していたのですが、本条で、被告人については、身柄の拘束の有無にかかわらず、弁護人選任権を広く保障しております。また、被告人において弁護人を依頼するための費用がない場合には、国で付する、つまり、**国選弁護人**を選任するということなどを規定することで、刑事手続における国民の権利を保障しているのです。

憲法38条による自白の強要がされない権利の保障

憲法38条１項は、

第三十八条　何人も、自己に不利益な供述を強要されない。

と規定し、同条２項は、

２　強制、拷問若しくは脅迫による自白又は不当に長く抑留若しくは拘禁された後の自白は、これを証拠とすることができない。

と規定し、更に、同条３項は、

３　何人も、自己に不利益な唯一の証拠が本人の自白である場合には、有罪とされ、又は刑罰を科せられない。

と規定し、いずれについても、自白が強要されないための手続的な保障のための規定を設けております。したがって、自白を強要されないため、仮にそのような強制的な手段で得られた自白であれば、本条２項により、証拠とすることができませんし、また、自白しか証拠がなく、他に何も証拠がないという場合であれば、その自白は強制的に取得された間違った自白であるおそれがありますから、本条3項により、それだけでは有罪とすることなどはできないなどとしているのです。

なお、本条2項に関して、刑事訴訟法は、その規定の趣旨を踏まえて更に証拠とすることができない自白の範囲を広げております。つまり、刑事訴訟法319条1項は、

第三百十九条　強制、拷問又は脅迫による自白、不当に長く抑留又は拘禁された後の自白その他任意にされたものでない疑のある自白は、これを証拠とすることができない。

と規定して、憲法に規定されたものほか、「任意にされたものでない疑のある自白」というものも証拠とすることができないとして、被疑者・被告人の権利保障を図っております。

憲法39条による遡及処罰・再度の処罰・二重処罰がされない権利の保障

憲法39条は、

第三十九条　何人も、実行の時に適法であつた行為又は既に無罪とされた行為については、刑事上の責任を問はれない。又、同一の犯罪について、重ねて刑事上の責任を問はれない。

と規定しておあります。

そして、その前段では、まず、最初に、行為の際に適法であった行為については、後でそれを違法として処罰することは許されない、これを**遡及処罰**と言いますが、それを禁止することを規定しております。これは第5章でも登場する罪刑法定主義から導き出される原則であり、そこで詳しく説明いたします。

また、前段では、次に、既に無罪とされた行為については、その後、新たに審理をやり直して有罪とすることはできないということを規定しておりま

す。これは**一事不再理**と呼ばれる原理であり、いったん無罪として裁判が済んだ以上は、それを蒸し返すことは被告人の立場を非常に不安定なものにしてしまいますから許さないとしたものであります。

更に、後段では、同一の犯罪について重ねて処罰されない、つまり、同じ行為を**二重処罰**することは許さないとしたものであります。一度処罰されていながら、同じ行為についてもう一度処罰されることの不合理さは当然ですから、憲法は、国家がそのような行為に及ぶことを禁じたものであります。

憲法40条による刑事補償を求める権利の保障

憲法40条は、

第四十条　何人も、抑留又は拘禁された後、無罪の裁判を受けたときは、法律の定めるところにより、国にその補償を求めることができる。

と規定しており、無罪の裁判を受けた場合の補償、これを**刑事補償**と呼びますが、国家が誤ったわけですから、そのことについて金銭的に賠償することで人権侵害の救済を図ろうとしたものであります。

憲法上の義務

これまで憲法で保障されている権利等を説明してきましたが、いたずらに権利を主張するだけではいけません。憲法は、その一方で国民の義務を規定していますので、これについても誠実に実行する必要があります。

すなわち、憲法26条２項前段は、

２　すべて国民は、法律の定めるところにより、その保護する子女に普通教育を受けさせる義務を負ふ。

と規定し、保護する子女、つまり、自分が養育している子供ですが、これに対し普通教育、つまり、義務教育ですが、これを受けさせる義務があります。

また、憲法27条１項は、

第二十七条　すべて国民は、勤労の権利を有し、義務を負ふ。

と規定し、働くことは権利でもある一方、国民の義務であるとしています。ですから、働ける者には働かなければならないという義務があるのです。

さらに、憲法30条は、

第三十条　国民は、法律の定めるところにより、納税の義務を負ふ。

と規定しており、国民は、納税の義務を負っております。実際のところ、この義務は非常に重要であります。適正な納税がなければ国家財政が成り立たず、国家としての機能不全を起こしてしまい、国民の基本的人権を守るなどということもできなくなってしまうからです。

したがいまして、この納税の義務に関して、第４章において、所得税を詳しく解説いたします。

第3章
民　　法
――診療契約の法的性質――

はじめに

民法は、私たちの私生活全般について規定している法律であります。ほとんどの日常的な行為は、民法の規定に基づいて権利関係が整理されていると言っても過言ではないと思います。なぜ、私たちは、私生活上、権利というものを取得したり、失ったりするのでしょうか。また、なぜ、私たちは自分の物と他人の物を区別できるのでしょうか。このような権利関係に関する規定を民法は、１条から1044条までの条文でまなかっています。

民法全体を理解するのはとても困難ですから、ここでは、医療行為に関することで重要と思われる事項の権利関係などを中心に説明したいと思います。特に、医師が患者を治療するための契約は、**診療契約**と呼ばれ、これは法的には、**準委任契約**であると言われております。また、薬剤師が薬局で処方せんに書かれた薬を調剤し販売することは、準委任契約と**売買契約**の**混合契約**になります。それらの意味するところが理解できるように説明したいと思います。

そこで、実際のイメージが湧きやすいように、架空の想定事例を作って、そこでどのような権利・義務関係が生じ、また、法律問題が起きるのか検討することにいたしましょう。

なお、民法は平成29年に改正され、これは平成32年から施行されると決められておりますが、本書では改正法に基づいて説明することといたします。

想定事例（その1）

甲野太郎は、**医療法人**X病院に勤める消化器を専門とする医師であり、また、長男の一郎は、Z薬局に勤める薬剤師でありました。

ある日、太郎は、X病院の外来に、母親の乙野明美と一緒に来た乙野次郎（当時4歳）がお腹が痛いというので、診察したところ、虫垂炎であることが分かり、すぐに入院させて手術をしました。また、母親の明美も風邪気味だったので太郎に診てもらったところ、軽い鼻炎であったので、処方せんをもらい、それを持ってZ薬局に行き、一郎に鼻炎用の薬の調剤をしてもらい、それを代金2,000円で購入しました。

この場合の法律関係はどのように考えたらよいのでしょうか

診療契約の成立

このような事例で、まず考えなければならないのは、この診察や入院をすることが法的にどのように評価されるかということでしょう。当然、そこには「診察をしてください」という患者側の意思と、「いいですよ。診てあげますよ。」という医師側の意思があって、それが合致して、初めて「では、服を脱いで胸を見せてください。」と言って胸に聴診器を当てることになるのでしょう。この場合に**診療契約**が成立したということになります。

そもそも契約というものは何でしょう。これは当事者の意思の合致に対して、法律が一定の効果を与えているものであります。すなわち、フランス革命以前の人民の権利保障が希薄であった時代には、人々の権利関係は、身分等によって規定され、自由な意思によって自己の生活を律するということは必ずしも可能なことではありませんでした。しかしながら、その後、人権が天賦のものと考えられるようになり、自己の権利･義務関係を決定するのは、自己の意思によるものであるという思想が定着するようになりました。そこで生まれたのが、**私的自治の原則**という考え方であります。これは、私人間の法律関係、すなわち権利義務の関係を成立させることは、個人の自主的決定に任せられるという原則であります。これはまた、**契約自由の原則**とも言われるもので、他人との間の権利関係を規定することになる契約は、自己の意思に基づいて形成されるということになります。

そこで重要な役割を担うのが、**意思表示**という概念であります。この意思表示によって自己の内心を外部に表し、その表された意思に対して、相手方がその内容を理解し、それに応じて自己の意思を形成し、それを同様に外部に表して相手方に伝え、また、相手方がこれを理解して、それが自己の意図するところと一致していると考えた場合、了解する旨を外部に表示することで、両者の意思の一致が見られ、そこに契約が成立するのです。

この場合、一定の効果を期待する内心の意思、例えば、お腹が痛いので医師に診てもらいたいという意思を、**効果意思**、又は、**内心的効果意思**と言い、それを病院で言おうと思う気持ちを**表示意思**と言い、更に、実際に、それを外部に表して「診てください」と言った行為を**表示行為**と言います。それら一連のものが合致してなされた場合に有効な意思表示がなされたことになります。

ここで、なぜ、そんなに細かく分けて考えるのかと思われるかもしれませんが、それらが相互に食い違ってしまうことがあるので、このように分けて考えておく必要があるのです。例えば、冗談で何かを「買います」などと言う場合には、内心は、そのように思っていないのですから、内心的効果意思では買うという意思はないにもかかわらず、表示行為では買うという言葉を発していることになり、内心的効果意思と表示行為が食い違っています。そのようなことが起きる場合の処理の仕方を民法は定めておりますので、このような意思表示の内容を細かく分けて理解しておく必要があるのです。ちなみに、この冗談の場合は、民法上、**心裡留保**（しんりりゅうほ）と呼ばれるもので、民法93条において、

第九十三条　意思表示は、表意者がその真意ではないことを知ってしたときであっても、そのためにその効力を妨げられない。ただし、相手方がその意思表示が表意者の真意でないことを知り、又は知ることができたときは、その意思表示は、無効とする。

と規定されており、本人は冗談で言っているのですから、真意でない表示がされていることを知っていますが、それは「効力を妨げられない」、つまり、

表示されたとおりの効果が発生してしまいますよということであります。この場合で言えば、冗談で言ったつもりだったのに、本当に買うという意思表示がされたものとして法的には扱われますということであります。ただ、但書に書かれているように、相手方が知っていたり、知ることができた場合には、元々内心的効果意思がないのですから、それに基づいて無効、つまり、なかったことにしてくれるというわけです。

そして、そのような意思表示に基づく行為を**法律行為**と言います。この概念は、民法上、もっとも重要なものと言ってもいいと思います。これは、先の述べた意思表示をベースにして、一定の法的効果を意図してなされる行為に対して、法が予め定めた効果を与えることであります。具体的に言えば、「お腹が痛いので診てください。」という行為は、医師に診てもらいたいという効果意思を、表示意思を経由して外部に表した表示行為でありますが、これは、医師に診察に応じてもらうよう働きかける行為でありますから、医師による診察行為の了解を得るための法的効果を期待したものであります。この場合の「お腹が痛いので診てください。」という行為は、民法上、**契約の申込み**という法律行為になります。これは後で述べます**承諾**と合致して契約を成立させようとする意思表示で構成されるものでありますから、それに対して、民法は、相手方との契約の成立に向けた第一歩としての効果を認めているのです。そのような申込みに関する法的効果については、民法521条以下に種々の規定が設けられておりますが、ここでは必要ないので割愛します。

そして、そのような契約の「申込み」がなされたことで、相手方はこれに応じるかどうかについて意思表示をすることになります。この場合、その申込みを了解して、契約を成立させようとする場合の意思表示を、「承諾」と言います。その承諾の意思表示がなされてこれが相手方、つまり、申込みをした側にその意思表示が到達した時点で、契約が成立します。通常であれば、患者と医師はお互いの面前で話し合っており、意思表示が到達するのは一瞬ですから、医師が「いいですよ。」と言った瞬間に診療契約が成立します。ですから、その意思表示がいつ到達したかなどは意識する必要はないでしょう。しかし、例えば、遠方から手紙で「私の病気を診てくれませんか。」と書いて送り、医師も「いいですよ。いつでも来てください。」と手紙で返事を書いた場合などは、医師の手紙が患者の側に届いた時に、この診療契約が成立したことになるのです。この点について、民法97条1項は、

第九十七条　意思表示は、その通知が相手方に到達した時からその効力を生ずる。

と規定して、意思表示は、それが相手方に到達した、つまり、相手方がそれを受け取れる状態になった時点で効力が生じます。ですから、医師が承諾したにもかかわらず、その手紙が患者側に届かなかった場合には、契約は成立しません。

このように契約は、双方の意思の合致が必要ですが、逆に言えば、それだけで足ります。つまり、口約束だけで契約は成立しており、契約書などという書面は、原則として法的効果が生じるための要件ではありません。この点を誤解しておられる方もいると思いますので注意的言っておきますが、民法の原理上は、個人の意思表示により法的効果を生じさせることとしているので、書面等の作成が法律上要求されているような場合でなければ、口頭での合意だけで法律上の効果が生じるのです。ただ、契約書等の書面を作成するのは、それがないと後で裁判になった際に、本当に合意があったことを立証するのがやっかいになるからという理由によるものです。つまるところ、言った言わないの水掛け論を避けるためだけであって、法律的には書面がなくても契約は合意した瞬間に成立しています。

ただ、慎重な契約をさせるということで民法上特に書面の作成がないと契約の成立を認めないとするものの例として、民法446条2項が、

2　保証契約は、書面でしなければ、その効力を生じない。

と規定しているように、保証契約に関しては、保証人になろうとする人に慎重かつ確実な意思に基づく場合でなければ保証をさせるべきではないので、このように意思表示だけでは効力は発せず、書面を求めているのです。

診療契約の効果

そして、このようにして成立した診療契約は、患者と医師の双方に、どの

ような効果をもたらすのでしょうか。つまり、患者は、どのような権利を取得し、また、義務を負い、一方、医師は、どのような義務を負い、また、どのような権利を取得するのでしょうか。

民法は、契約が成立した場合の一般的な法的効果については533条以下に、また、各契約の性質に応じた効果については549条以下で規定しています。そして、民法では代表的な契約として、**贈与**、**売買**、**賃貸借**などの各契約について詳細に規定していますが、民法上、診療契約というものは明示的に示されてはおりません。そうなると、この診療契約は、民法で規定されているどの契約に該当するのか検討しなければなりません。そこで、そもそも診療契約というのは、どのような事柄を内容とする契約であるのかを考えてみましょう。

患者側からすれば、自分がどのような病気になっているのかを診察してもらい、その診察結果によって、どのような治療が必要であるのか教えてもらい、更に、必要であれば入院治療などをしてもらうか、また、薬を飲むことで治るのであれば処方せんを書いてもらうということが権利として与えられるという契約内容であり、医師側からすれば、患者を診察して病気等を発見し、それに見合った治療法を教示し、更に、必要があれば入院させて治療に当たるか、投薬で済むのであれば、その処方せんを書いて交付するということなどの義務を負うという契約内容になります。そして、その対価として、患者側はその料金を支払う義務を負い、医師側はその料金を請求し受け取る権利が得られるというものであります。

では、そのような権利・義務関係を発生させることになる診療契約というのは、民法が提示している各種契約のうちどれに該当するのでしょうか。この内容に最も近い契約として考えられるのは、**委任契約**であります。

委任契約・準委任契約の概念

民法643条は、

第六百四十三条　委任は、当事者の一方が法律行為をすることを相手方に委託し、

　相手方がこれを承諾することによって、その効力を生ずる。

と規定しております。ここでいう**委任**は、当事者の一方が相手方に何かを依頼してやってもらうことが内容になります。分かりやすい例で言えば、離婚問題などで困った際に弁護士に依頼して問題の解決を図ってもらうような場合は、弁護士にその事件を委任したということになります。つまり、当事者の一方が相手方に委託し、その相手方が承諾して委任契約が成立しますので、その際に委任としての法的効果が生ずるとしているのです。

　ただ、この条文は、「法律行為をすること」を委託するとしております。先に説明しましたように、法律行為というのは、何らかの法的効果を意図して意思表示をする行為であります。ですから、先の弁護士への依頼の場合には、当然に、離婚する相手方に対する慰謝料の請求など、これは、慰謝料というお金を払ってくださいという意思表示に法律が一定の効果を認めて請求権として成立させるものですから法律行為になり、そのような法律行為をしてくれとの依頼ですから、民法の委任の規定にそのまま当てはまります。なお、条文では「委託」という言葉が使われておりますが、依頼という言葉と同じに扱ってよいと思います。

　ところが、診察や手術などは、医師が患者の胸に聴診器を当てて呼吸音などを聞くという行為や、手術で開腹して虫垂を切除する行為などであって、いずれも意思表示により何かの法的効果を期待するというものではありません。これらの意思表示を伴わない外部的、物理的な行為によるものを**事実行為**と言います。このような行為について委任する場合については、民法656条は、

　第六百五十六条　この節の規定は、法律行為でない事務の委託について準用する。

と規定しており、ここでいう「法律行為でない事務」に、この場合の事実行為が該当しますから、その委託である診療契約には、委任の規定がそのまま**準用**、つまり、準じて適用される、端的に言えば、同じように適用されることになるのです。ですから、診療契約は準委任契約と考えられるのです。

委任契約・準委任契約に基づく義務及び権利

民法では、委任契約に関して種々の規定を設けていますが、そのうち診療契約に関わりがあるものについて説明しておきます。

民法644条は、

> 第六百四十四条　受任者は、委任の本旨に従い、善良な管理者の注意をもって、委任事務を処理する義務を負う。

と規定していますが、まず、最初の「委任の本旨に従い」というのは、委任の目的とか、その事務の内容によって決まるものでありますが、それに従って委任事務を処理してくださいということであります。

むしろ、ここで重要なのは、「善良な管理者の注意をもって」「処理する義務」、これを略して、**善管注意義務**と言いますが、この義務であります。この義務に従ったと言えるかどうかしばしば問題となりますので、この義務の内容を正確に理解しておくことが大切です。

この善管注意義務については、委任された人の職業や専門家としての能力、社会的地位などから考えて通常期待される注意義務と言われております。要するに、信頼して委任したのだから、この程度はやってくれるはずだという期待を込めたレベルの注意義務が課せられているということであります。ただ、それがどの程度であるのかは抽象的過ぎて分かりにくいと思います。

そこで、民法はそれより軽くてよい注意義務を定めている場合がありますので、それとの比較で理解してもらうのがよいかと思います。それは、民法659条の

> 第六百五十九条　無報酬の受寄者は、自己の財産に対するのと同一の注意をもって、寄託物を保管する義務を負う。

との規定であります。これは、無報酬で寄託を受けた場合、つまり、タダで何かを預かってあげた場合ですが、その場合には、「自己の財産に対するのと同一の注意をもって」「保管する義務」となりますが、これは自分の物に対する注意と同程度でよいということですから、かなり低くてよいというこ

とになります。

そうなると、善管注意義務は、この自己の財産を保管する場合に払う注意より高度な義務を要求するわけですから、おのずと他人の物を大事に預かっているときに払うべき注意というような感じになるでしょうね。委任を受けた人、つまり、受任者には、そのような程度の義務が課されており、それに従って委任事務を処理することが求められているというわけです。

医師として通常要求される程度の注意義務は当然に期待されているのですから､少なくともそれを守った行為が要求されていると考えるべきでしょう･

そして、このような善管注意義務をもって委任事務を処理することが求められるがゆえに、それに沿った付随的な義務が派生しており、民法上にそれを反映した規定が設けられております。具体的に言えば､民法645条において、

> 第六百四十五条　受任者は、委任者の請求があるときは、いつでも委任事務の処理の状況を報告し、委任が終了した後は、遅滞なくその経過及び結果を報告しなければならない。

と規定されております。これは受任者の報告義務ですが、これを診療契約に当てはめれば、医師らはいつでもその診療状況について患者に報告、つまり、説明しなければならないのであり、委任が終了した後、つまり、治療が終わったときには、その経過や結果などを説明しなければならないということになるのです。

また、同様に、民法646条１項前段で、

> 第六百四十六条　受任者は、委任事務を処理するに当たって受け取った金銭その他の物を委任者に引き渡さなければならない。

と規定されており、受任者が委任事務を処理する際に、相手方等から金銭等を受け取った場合には、委任者にそれを渡さなければならないとされております。これは診療契約ではほとんどあり得ない状況ですが、弁護士が法律上の紛争を受任した場合などには、相手方から損害賠償金などを受け取ることがありますから、その際などにこの規定が適用されることになります。その他にもこれと類似した規定がありますが、診療契約にはほとんど関係がない

ので、説明は割愛します。

これらは受任者の義務ですが、委任者の義務としては先ほど述べました報酬支払義務があります。これは現代社会においては当然に思えることで、人に何か頼んでおいて､それがタダというのは普通はあり得ません。ですから、委任者の義務として報酬支払義務があると考えてよいと思っています。しかし、民法648条１項は、

第六百四十八条　受任者は、特約がなければ、委任者に対して報酬を請求することができない。

と規定しており、民法上は、委任契約は、特に、お金を払いますよという特約がない限り、原則として無償とされているのです。したがって、医師に診てもらう患者が、事前に、「先生に診てもらったらお金を払います。」などということはあり得ませんが、そのようなことを言わなければ、民法上は、無償で診療をすることが原則とされているのです。

しかしながら、このような理解は、およそ現代社会ではあり得ないルールです。したがって、このような民法上の規定があっても、実際には、**黙示の意思表示**として、つまり、暗黙の了解事項として、頼んだ以上はお金を払いますよという意思表示が契約内容に当然に入っていると見られることや、そのような支払いをすることが**慣習**であるとして、実際上は、有償での委任契約が原則と考えてよいと思います。ちなみに、慣習については、第１章で説明しましたが、そこでも指摘しましたように、民法92条は、

第九十二条　法令中の公の秩序に関しない規定と異なる慣習がある場合において、法律行為の当事者がその慣習による意思を有しているものと認められるときは、その慣習に従う。

と規定されていることが、ここでいう慣習に法的効力を持たせる根拠となるのです。なお、ここでいう「**公の秩序**」については後に説明いたします。

したがって、先のような民法上の規定があっても、医師も患者も報酬に関して何も言わなくても医師は患者に診療報酬請求ができるものと考えてよいでしょう。

もっとも、そのような診療報酬請求は、民法648条２項で、

> ２　受任者は、報酬を受けるべき場合には、委任事務を履行した後でなければ、これを請求することができない。ただし、期間によって報酬を定めたときは、第六百二十四条第二項の規定を準用する。

と規定されておりますから、委任事務を履行した後、つまり、委任事務を完了した後でなければ、報酬を請求できないとされておりますから、したがって、診療報酬請求も診察や治療が済んだ後でなければ請求ができないことになります。ただ、長期の診療が必要な場合など、適宜、診療報酬を支払ってもらうという合意をすることは当然に有効な契約内容となります。本条の但書は、そのような場合に備えたもので、それは「期間によって報酬を定めた」場合に該当しますが、その際には、民法624条２項が、

> ２　期間によって定めた報酬は、その期間を経過した後に、請求することができる。

とする労働者の報酬請求権に関する規定を準用するにより、定められた期間が経過すればいつでも請求できるとされているのです。

なお、平成29年の民法改正により（原則的な施行日は令和２年４月１日）、委任に関して、次の条文が追加されました。

民法648条の２第１項として、

> 第六百四十八条の二　委任事務の履行により得られる成果に対して報酬を支払うことを約した場合において、その成果が引渡しを要するときは、報酬は、その成果の引渡しと同時に、支払わなければならない。

との規定が設けられ、委任事務を履行することで得られる成果に対して報酬を支払う場合には、その成果を引き渡すときに報酬を支払わなければならないということですが、診療契約の場合には、何らかの成果を引き渡すということはありませんので、この規定が適用されることはありません。

ただ、この規定は、後に説明する調剤契約の際には、重要な変更をもたらすことになりました。この点は後で説明いたします。

契約当事者の特定

これまで述べたことで診療契約の法的性質やその効果については理解してもらえたと思いますが、ここで改めて、その契約が誰と誰の間で結ばれたものかを考えてみましょう。虫垂炎になったのは次郎であり、その診療を受けるのは次郎本人であります。ですから、診療契約の契約当事者は、４歳の次郎本人でしかあり得ません。しかしながら、実際には、医師とのやり取りは、全て母親の明美がしているはずです。先程説明しましたように、個人の意思表示によって、それに見合う法律効果を与えるわけですから、この場合の診療契約に法的効果を持たせるには、次郎の意思表示と、それに対する医師の太郎との間の意思の合致が必要であります。ところが、４歳の次郎にそのような意思表示ができるはずもありません。では、明美がしたことは法的にどのような意味を持つのでしょうか。

また、太郎は、医師として診療を担当しますが、その際の診療契約のための当事者として､契約成立のために必要な意思表示をしております。しかし、その診療報酬請求は太郎自身がするのでしょうか。おそらくは医療法人Ｘ病院（実際には、そこで働く事務職員）が、明美に請求するでしょう。では、太郎は診療契約に関わっているのに、報酬請求をする立場にないということはどのように考えたらよいのでしょうか。

権利能力・行為能力

まず、次郎と明美の関係について説明しますが、民法では、契約などで発生する権利や義務の帰属主体、つまり、権利を得たり、義務を負ったりすることのできる立場として、**権利能力**という概念を設けております。この権利能力がない者については、契約当事者になることはできません。では、この権利能力がない者とは、一体何であるのかということですが、端的に言えば、人以外であります。人であれば誰でも権利能力を有しておりますが、犬や猫などは権利能力がありません。これらには権利能力がありませんが、たまに自然保護活動の一環として道路工事や開発行為などをさせないための差止訴訟がなされた際に、絶滅危惧種の動物や鳥を原告としていることがあります。しかし、これなどは、そもそも権利能力がありませんから、工事の差止めなどに関する請求権を持つこともないものであります。したがって、これは、単なる政治的アピールに過ぎないものと言えるでしょう。

法的に問題となり得るのは胎児です。胎児は母体の中にいる限り、母親の一部でしかないのですが、その後、人となった後には、必ず権利能力の主体となりますから、胎児のうちでも権利能力が認められないかとして問題となるのです。ただ、一般的には、胎児はその全身が母体から出た後でないと人としての権利能力の主体として認められないと考えられております。というのは、民法３条１項は、

第三条　私権の享有は、出生に始まる。

と規定しており、ここでいう「**私権**」が権利能力のことであり、それが「出生に始まる」という以上、胎児の段階では権利能力を有せず、母体から出た後であることが必要であると考えられるからであります。

ただ、胎児であっても、民法721条は、

第七百二十一条　胎児は、損害賠償の請求権については、既に生まれたものとみなす。

と規定して、例外的に、損害賠償請求権については権利能力の主体として認めることにしています。これは胎児の段階で損害賠償請求を認めないと、例えば、胎児の間にその父親が殺害されたとした場合、出生した後に損害賠償請求をしても、父の死亡当時胎児であったので、権利能力はなく、損害賠償請求が認められないなどという不都合が起きる場合などに備えたものであります。なお、不法行為に基づく損害賠償請求については、後で詳しく説明いたします。

もっとも、このように権利能力があると言っても、それは、先に述べましたように、権利・義務の主体になり得るというだけであって、自分自身で権利を取得し、義務を負うことができる能力を持っているわけではありません。そのように自分で権利・義務の発生などに関わる法律行為をなし得る能力を

行為能力と言います。これはかなり高度な能力であるため、民法上は、幅広くその制限を設けております。というのは、行為能力が不十分な者に法律行為をさせると、自己にとって不利益かどうか正確に判断できず、他の者から食い物にされるおそれがあるので、特別に保護する必要があるからです。したがって、行為能力のない者が法律行為をしても、それを無効にしたり、後で取り消すことができるようにしてあるのです。このように行為能力を制限されている者としては、民法上、**未成年者**、**成年被後見人**及び**被保佐人**等が挙げられます。

未成年者

行為能力の制限に関して、まず、未成年者について説明いたします。民法改正により、平成34年４月１日からは18歳で成年となりますが、現在では、民法４条は、

第四条　年齢二十歳をもって、成年とする。

と規定しておりますから、20歳に満たない者は、未成年者として、その行為能力が制限されております。そのため、民法５条１項本文において、

第五条　未成年者が法律行為をするには、その法定代理人の同意を得なければならない。

と規定しております。ここでいう「**法定代理人**」とは、未成年者の場合は、通常は**親権者**になります。ただ、そもそも、この**親権**とは何であるのかということですが、民法820条は、

第八百二十条　親権を行う者は、子の利益のために子の監護及び教育をする権利を有し、義務を負う。

と規定していることから明らかなように、親権は、子の利益のために監護及び教育をする権利・義務のことであります。そして、民法818条１項で、

第八百十八条　成年に達しない子は、父母の親権に服する。

と規定されているように、未成年者は、父母の親権に服する、つまり、父母による監護及び教育に従わなければならないことになり、さらに、民法824条本文では、

第八百二十四条　親権を行う者は、子の財産を管理し、かつ、その財産に関する法律行為についてその子を代表する。

と規定しておりますから、親権の効果として、子の財産を管理し、その財産に関する法律行為について子を**代表**する、つまり、この「代表」は、**代理**と置き換えてもよいものですから、この規定を根拠として、親権者が法定代理人として、子の財産に関する法律行為を代理することができるのです。

したがって、親権者は、法定代理人として、子の代わりに全ての法律行為を行うことができることになります。そのため、想定事例における次郎は、当時４歳で自ら法律行為ができる状況にはありませんから、母親の明美が法定代理人として、太郎との間で診療契約を交わすことの合意をしたものであります。

このように法定代理人によって法律行為を全面的に行ってもらう場合もある一方で、未成年者であっても20歳に近いような年齢の者であれば、社会内で仕事に就いている者も多く、中には警察官などの権力を行使する職務に就いている者もいます。そうであるなら、未成年者として一律に行為能力がないとし、すべて法定代理人が代理しなければならないとするのは、あまりに現実的でなく、また、不都合でしょう。

そのため、未成年者として保護する方策として、先に挙げました民法５条１項は、法定代理人の同意があれば、単独で法律行為をしても有効であるとしたのです。すなわち、民法５条１項で、「未成年者が法律行為をするには」と規定してありますから、この文言は、未成年者であっても単独で法律行為をすることがあることを前提としています。ただ、それに続けて、「その法定代理人の同意を得なければならない」としていることから、民法は未成年者の法律行為は全くの無効なものとみているのではなく、法定代理人の同意

があって初めて完全に有効なものになりますとしたのです。

では、その際、未成年者が法定代理人の同意を得ずに、例えば、高額なテレビを購入するなどの売買による法律行為をした場合はどうなるのでしょうか。その場合には、民法５条２項において、

２　前項の規定に反する法律行為は、取り消すことができる。

と規定して、「前項の規定」が、これまで説明している法定代理人の同意を要求していることですから、その同意がなくしてなされた未成年者による法律行為は、「取り消すことができる」のです。ここでいう「取り消すことができる」ということは、民法上、**取消権**と呼ばれる権利があるということで、その効果としては、民法121条は、

第百二十一条　取り消された行為は、初めから無効であったものとみなす。

と規定されています。したがって、「初めから無効」とみなされますので、取消がされた以上、それは法的には最初からなかったことになります。そうなると、未成年者との間の売買契約は最初からなかったことになる以上、テレビなどを売った業者は、そのもらった代金を未成年者に返さなければなりませんし、また、未成年者も受け取ったテレビなどを返さなければなりません。それで元々の状態に戻すわけです。これを法的には、**原状回復義務**と言います。

これについては、民法121条の２第１項において、

第百二十一条の二　無効な行為に基づく債務の履行として給付を受けた者は、相手方を原状に復させる義務を負う。

と規定されているからです。

なお、ここで言う「債務の履行」という言葉については、後で詳しく説明いたします。

成年被後見人・被保佐人

これらはいずれも本書を読まれている方々にはあまり縁がないと思われる規定ですが、これらは第10章で説明する医師や薬剤師等の資格要件に関して登場する用語ですから、その内容についてここで説明しておきます。

1　成年被後見人

まず、**成年被後見人**については、民法７条において、

第七条　精神上の障害により事理を弁識する能力を欠く常況にある者については、家庭裁判所は、本人、配偶者、四親等内の親族（中略）の請求により、後見開始の審判をすることができる。

とされ、民法８条において、

第八条　後見開始の審判を受けた者は、成年被後見人とし、これに成年後見人を付する。

とされていますから、「精神上の障害により事理を弁識する能力を欠く常況にある者」で、本人や配偶者等から家庭裁判所に請求がなされて、後見開始の審判を受けた場合に成年被後見人となります。

ここでいう「精神上の障害により事理を弁識する能力を欠く常況にある」とは、精神的障害により、法律行為の結果が自己にとって有利か不利かを判断することができない程度の判断能力しかないことが、日常的な普通の状態であることを言います。

そして、成年被後見人には、家庭裁判所により**成年後見人**が付されますが、これが法定代理人となります。ただ、この成年被後見人制度は、あくまで、精神的障害により判断能力を欠いた場合に適用される制度ですから、身体障害などで、法律行為を行うことが難しいなどという場合は対象外です。実際のところ、成年被後見人制度が使われるのは、高齢で認知症が進み、精神的な障害が生じているときなどに多く見られます。

そして、このような成年被後見人がした行為については、民法９条本文に

より、

第九条　成年被後見人の法律行為は、取り消すことができる。

とされています。その取消による効果などは、先に未成年者のところで述べたのと同様です。

2　被保佐人

被保佐人とは、民法11条本文において、

第十一条　精神上の障害により事理を弁識する能力が著しく不十分である者については、家庭裁判所は、本人、配偶者、四親等内の親族（中略）の請求により、保佐開始の審判をすることができる。

と規定され、民法12条において、

第十二条　保佐開始の審判を受けた者は、被保佐人とし、これに保佐人を付する。

と規定されていることから、「精神上の障害により事理を弁識する能力が著しく不十分である者」で、本人や配偶者等から家庭裁判所に請求がなされて、保佐開始の審判を受けた場合に被保佐人となります。

これは精神の障害の程度が民法7条の成年被後見人ほど酷くはないものの、それでも本人だけで法律行為をさせるのは、その保護の観点から問題であると思われる状況下にある人に対して、保佐開始の審判をして行為能力に制限を設けるものであります。

ただ、この被保佐人は、成年被後見人のようにすべて取消ができるというのではなく、一定の重要な行為をする場合には、**保佐人**の同意を得なければならないとしたものであります。その意味ではむしろ未成年者に近い形での行為能力の制限であります。では、どのような行為をする場合に保佐人の同意が必要であるかについては、民法13条1項に規定されており、

第十三条　被保佐人が次に掲げる行為をするには、その保佐人の同意を得なければならない。（中略）

二　借財又は保証をすること。
三　不動産その他重要な財産に関する権利の得喪を目的とする行為をすること。
四　訴訟行為をすること。（中略）
八　新築、改築、増築又は大修繕をすること。（後略）

といったことなどが挙げられております。ここでいう「借財」とは借金をすることであり、保証や訴訟行為、重要な財産について売買したりすることや、新築・増改築など、多額のお金がかかりそうな事柄については、保佐人の同意が必要であるとしたのです。

そして、この同意を得ないでなされた法律行為については、未成年者の場合と同じく取り消すことができます（民法13条４項）。

代理の法的効果

想定事例は当時４歳の未成年者が契約当事者となるものの、法定代理人である母の明美が本人である次郎に代わって契約を締結しております。ただ、ここで民法上考えておかなければならないのは、どうして本人が自分で契約をしていないのに、代理人がすれば本人にその効力が及ぶことになるのかということであります。そんなことは代理制度を設けたのだから当たり前だと思うかもしれませんが、本来、私的自治の原則は、自分の意思で自分をとりまく法律関係を律することができるという原則でありますから、他人が何か意思表示をしたからといって、それに自分が拘束されるようなことは、その原則からしておかしいことであります。しかしながら、現実的には自分で法律行為をすることができない者を補助する必要がありますし、また、経済社会が拡大することで、自分だけでは商売がしきれないので、自分の分身のような立場の者を使って商売を拡大したいというニーズもあるでしょう。そのような現実的な要請に応えて、民法は、代理制度を規定し、代理人がした行為が本人に及ぶことを明示しているのです。

すなわち、民法99条１項は、

第九十九条　代理人がその権限内において本人のためにすることを示してした意思表示は、本人に対して直接にその効力を生ずる。

と規定していることから、代理人の行為が、それが本人のためにすることを示してした意思表示であれば、本人に対して直接にその効力が生ずる、つまり、想定事例で言えば、母親の明美が、太郎との間で、次郎のために、次郎の診療契約を申込むという意思表示をし、太郎の了解を得て、契約を成立させたのですから、その契約の効果は、次郎に対して直接に効力が生じたのです。

これに対し、太郎の側はどうでしょうか。太郎は、医師として直接に次郎の診療をする立場です。その診療契約の合意をしたのは太郎ですし、診療という事実行為は太郎でなければできません。ただ、だからと言って、太郎はこの診療契約の当事者でしょうか。つまり、太郎は、診療行為の受任者として、診療報酬を次郎若しくは明美に請求する立場にあるのでしょうか。病院を自ら経営している医師であれば、そのように考えられる場合もあると思いますが、この想定事例の太郎は勤務医であります。

この場合、診療契約の当事者は、太郎ではなく、医療法人X病院であると思われます。まず、太郎と医療法人との間には、民法623条で、

第六百二十三条　雇用は、当事者の一方が相手方に対して労働に従事することを約し、相手方がこれに対してその報酬を与えることを約することによって、その効力を生ずる。

と規定されている雇用契約が締結されているものであります。

そして、そこで雇用されている太郎の対外的な立場として、考え方としては色々あるとは思いますが、例えば、太郎は、医師として、医療法人X病院から、個々の診療契約を締結し、診療行為をすることに関する代理権が授与されており、この医療法人を代理して次郎の法定代理人である明美と診療契約を締結したものとみるのが妥当だろうと思います。ですから、診療契約の契約当事者は、あくまで次郎と医療法人X病院であり、明美は次郎の代理人として、太郎は医療法人X病院の代理人として、それぞれ代理行為を行って、

その法律効果が本人である次郎と医療法人に発生したと見るのがよいと思われます。そして、太郎は、医療法人Ｘ病院に雇用されている者として、次郎の診療という行為に及ぶことになるのです。

法人の権利能力・行為能力

民法34条は、

第三十四条　法人は、法令の規定に従い、（中略）権利を有し、義務を負う。

と規定しておりますから、**法人**に権利能力が認められることは明らかであります。そして、法人には、社団法人、財団法人、株式会社など種々のものがあり、いずれも法律に従って設立や運営されることが求められております。そもそも民法33条１項は、

第三十三条　法人は、この法律その他の法律の規定によらなければ、成立しない。

と規定しているところであります。

ここでは、医療法人Ｘ病院が契約当事者となるのですが、医療法人がそのような権利の主体となり得る根拠は、医療法39条にあり、その１項において、

第三十九条　病院、医師若しくは歯科医師が常時勤務する診療所（中略）を開設しようとする社団又は財団は、この法律の規定により、これを法人とすることができる。

と規定され、また、同条２項において、

２　前項の規定による法人は、医療法人と称する。

と規定されておりますので、病院等を開設しようとする**社団**又は**財団**は、医療法人と称して法人化することができるとされております。ここでいう「社団」は、人の集まりが特定の目的のために機能する組織を指し、「財団」は、一定の財産を基にして、その活用を図るために機能する組織を指すと考えればよいでしょう。

そして、法人の行為能力ですが、法人が現代社会で幅広く活動しており、その社会的影響力を考えると、法人という抽象的な存在であっても、法的には通常の人、これを法的には法人と対比して**自然人**と言いますが、この自然人と同様に権利能力を有し、かつ、社会内において実在するものと考えるべきでしょう。そうなると、次に、行為能力をどのように評価するかということが問題になりますが、法人を代表する機関、つまり、株式会社であれば、代表取締役社長というような立場の者がする行為を法人の行為を見ることで、法人にも行為能力があるとすることになろうかと思います。ただ、代表と言っても、その内容は、先にも申しましたように、代理と同じことですから、民法の代理の規定が適用されることになります。

想定事例での太郎は、医療法人Ｘ病院を代表する理事長などの立場ではありませんが、この法人に帰属する権利・義務関係を生じさせることができる立場ですので、それはやはり個別的に代理権を授与された代理人の立場であると見るのがよいかと思います。

薬局での調剤行為及び販売行為

次に、明美が診察をしてもらって鼻炎用の薬を出してもらうための処方せんを書いてもらったことは、次郎の場合と同じく、診療契約という準委任契約に基づくものであります。診察の後の行為が手術か処方せんかということが違うだけで、あとは全く同じですから、法的には同様に考えればよいことです。

ここでは、その後、薬局に行って、調剤してもらい、その薬を買ったことについて検討いたしましょう。

まず、処方せんに基づいて調剤してもらった行為ですが、これは、医師に診療を依頼する行為が、薬剤師に処方せんによって調剤するということを依頼する行為に変わっただけですから、やはり調剤という事実行為を委任しているのであって、準委任契約と言えましょう。

そして、そのように調剤した薬を代金と交換に渡してくれることまで準委任契約の範囲内に入っていると考えるのであれば、その代金と薬との交換行為をあえて別に法的に評価する必要はないとも言えます。ただ、後で述べますように、平成29年の民法改正前まではこのような考え方では不都合と思われる事態が生じ得ましたので、ここでは、とりあえず調剤行為と薬の販売行為を分けて考えることとし、薬の販売行為の法的性質も考えてみたいと思います。また、薬局で調剤をせずに既製品の薬を売る場合もこれと同様であります。

この場合の契約は、民法555条において、

> 第五百五十五条　売買は、当事者の一方がある財産権を相手方に移転することを約し、相手方がこれに対してその代金を支払うことを約することによって、その効力を生ずる。

と規定する**売買契約**であります。売買の際には、売り手は、自己の財産権、つまり、財産的価値のある物品（これを**財物**とも言います。）を売り渡す、すなわち、相手方に移転することを約束し、相手方は、これに代金を支払うことを約束するわけですが、先にも述べましたように、契約は当事者の合意だけで成立しますから、相互に売ります、買いますという約束をした段階で売買契約は成立します。

そして、このように双方がなんらかの義務、これを契約上は**債務**と言いますが、双方に債務があるような契約を**双務契約**と言います。なお、債務の反対語として、**債権**という用語がありますが、これは相手方に対して一定の行為をすることを求めたり、財物の交付を要求したりすることのできる権利を言います。

このような売買契約は、薬局での薬の売買も該当します。薬局側が薬を売りますという意思表示をし、相手方が代金を支払いますという意思表示をして、それが合致することで売買契約が成立しております。その後は、お互いに**履行**する、つまり、債務となる義務を果たすことですが、この想定事例では、薬局側の一郎は、調剤した鼻炎用の薬を渡し、客側の明美はその代金2,000円を支払うことで契約は終了いたします。

ただ、民法は、その契約の履行の段階で、種々の規定を設けて、契約当事者に必要な保護を与えております。例えば、薬局側が薬を渡そうとしたもの

の、客側は今はお金がないのでツケにしてくれと言ったとします（まあ、ツケというのは飲み屋でもない限り、そうそうあるわけではないのですが。）。この時に、客側は、契約はもう合意した段階で成立しているのだから、金は後で支払うから先に薬を渡せと言ったとします。まあ、信用のできる客ならまだいいのかもしれませんが、住んでいるところもわからないような信用のできない客であった場合には、薬局側はすごく困ることになるでしょう。この場合は、先に述べましたように、売買契約自体は既に成立してしまっていますから、薬を渡さなければいけないのでしょうか。

このような場合には、薬局は代金と交換でなければ渡さないと主張して、薬の交付を拒否することができます。それは、民法533条本文に、

第五百三十三条　双務契約の当事者の一方は、相手方がその債務の履行（中略）を提供するまでは、自己の債務の履行を拒むことができる。

と規定されており、これを**同時履行の抗弁**と言いますが、この規定が「相手方がその債務の履行を提供するまでは、自己の債務の履行を拒むことができる」としていることで、代金を支払うまでは薬を引き渡すことを拒否できるのです。

私は、上記のような同時履行の抗弁権を薬局側に与えるために、これまで調剤行為は準委任契約に基づくものであり、それを引き渡す行為は売買契約であると考えるべきであるとしてきました。本書の初版ではそのように説明しました。

しかしながら、先に診療契約の最後のところで説明しましたように、令和２年４月の改正民法の施行により、民法648条の２第１項において、

第六百四十八条の二　委任事務の履行により得られる成果に対して報酬を支払うことを約した場合において、その成果が引渡しを要するときは、報酬は、その成果の引渡しと同時に、支払わなければならない。

とする規定が活用され得るようになりました。そのため、調剤行為についての準委任契約においても、その調剤された薬という成果に対して報酬を支払

うことを約しているわけですから（調剤の依頼行為自体にその代金を支払いますという意思が含まれているといってよいでしょう。）、その引渡しと報酬の支払いがが同時になされなければならないとされたことで、そこで同時履行の抗弁権が使えるようになりました。したがって、そのような条文が活用できるようになった以上、あえて調剤行為と販売行為を分けて考える必要はなく、調剤契約は、端的に、民法648条の２第１項の規定に基づく、成果の引渡しに対して報酬を支払うというパターンの準委任契約であると考えれば足りることになります。

したがって、調剤契約は、診療契約と同様に準委任契約であるといってよいことになります。

ただ、このような同時履行の抗弁は、当事者が使うことのできる権利であって、それを使わずに先に薬を渡してしまうこともないではありません。信用のできる客であれば、先に薬を渡しても後で必ず代金を支払ってくれるだろうと信頼することは十分にあり得ることです。それで実際に後に代金を支払ってくれればよいのですが、その後、全く支払ってくれなかったとします。このような場合は、代金支払債務を履行しないのですから、民法上は、**債務不履行**という場合に該当することになります。

民法では債務不履行が起きたときには、民法415条１項本文は、

第四百十五条　債務者がその債務の本旨に従った履行をしないとき又は債務の履行が不能であるときは、債権者は、これによって生じた損害の賠償を請求することができる。

として、債務者が契約の本来の目的に沿った債務の履行をしないときなどは、債権者は、それによって生じた損害の賠償、この場合で言えば、薬の代金相当額ですが、これを損害賠償として請求できることになります。もっとも、債務不履行があったからと言って、代金請求権がなくなるわけではないので、法的には、元々存在する代金請求権に基づいて請求してもいいし、それが転化した損害賠償として請求してもいいですよとしているだけで、薬局での薬の売買の場合には、どちらであってもその違いはあまりありません（もちろん、一方で支払いを受ければ多方もその分減りますので、二重にもらえるという

わけではありません。)。

ただ、事案によっては、特定の物の売買による引渡しがその後の事業においても不可欠なものであって、それが期日までに納入されないと、その後の事業に多大な影響があることが分かっていて、それが契約上でも明らかにされていたような場合には、単に、当該物を納入できないからとして、その代金を返してもらうだけでは済まない損害が生じることがあり得ます。このような場合には、その物の引渡請求権が転化した債務不履行による損害賠償請求権により、多額の請求がなされることもあり得るのです。

このような債務不履行による損害賠償請求が民事訴訟になることは、裁判所では日常茶飯事とも言えるくらい多いトラブルです。

想定事例（その2）

甲野次男は、太郎の次男で歯科医師でありました。そして、次男は、あるビルの一室を借りて自ら歯科医院を経営しておりました。ただ、その一室を借りる際、ビルのオーナーの丙野勇からは、こちらが必要になったらいつでも出ていってもらうという条件でなければ貸せないと言われました。それで、次男は、仕方なく、「必要であればいつでも退去します。」という念書を差し出した上、丙野との間で、月々30万円の賃料で、その部屋の賃貸借契約を結びました。次男の歯科医院の経営は順調で、いつも客でいっぱいなくらいに繁盛しておりました。

ところが、ある日、丙野からそのビルを買い受けたという丁野幸雄が、次男に対し、「俺がこのビルの新しいオーナーだ。お前は、丙野とは賃貸借契約を結んでいるかもしれないが、俺との契約ではないから、すぐに出ていってくれ。それに、お前は丙野にいつでも出ていきますという念書を出しているんだろ。」と言われました。

甲野次男としては、どうしたらよいのでしょうか。

賃貸借契約の成立

民法601条は、

第六百一条　賃貸借は、当事者の一方がある物の使用及び収益を相手方にさせることを約し、相手方がこれに対してその賃料を支払うこと及び引渡を受けた物を契約が終了したときに返還することを約することによって、その効力を生ずる。

として､賃貸借契約について規定しています。この規定から明らかなように、当事者の一方、つまり、賃貸人が､「ある物の使用及び収益を相手方にさせることを約し｣、その相手方、つまり、賃借人が､「その賃料を支払うことを約する」ことなどによって、賃貸人は成立します。この場合も合意だけで成立することは、先に述べました売買契約などの場合と同様であります。

次男が丙野との間で交わした契約も、民法601条の賃貸借契約であります。丙野がその所有するビルの一室の使用を次男にさせることを約し、次男は、月々30万円を支払うことなどを約したのですから、賃貸借契約が成立しております。この契約が成立することにより、丙野は次男に対して、その部屋を使用させる債務を負い、次男は月々30万円の賃料を支払う債務を負うことになります。

公序良俗違反と権利の濫用

このように次男と丙野との間で賃貸借契約が成立したのは間違いないのですが、その際に取り交わされた「いつでも退去します」との念書についてはどのように考えればよいのでしょうか。これについては、次男はしぶしぶではありながらも納得して書いたものですから、本来の賃貸借契約で求められる｢引渡を受けた物を契約が終了したときに返還する｣という合意に関して、必要であればいつでも退去するという特約を付けたものと考えられます。そうであるなら、それは当事者の合意の内容になり、賃貸借契約の一部として有効なのでしょうか。

これについては、民法90条は、

第九十条　公の秩序又は善良の風俗に反する法律行為は、無効とする。

と規定し､「公の秩序又は善良の風俗｣、これを**公序良俗**と呼びますが、これに反する行為は無効であるとされています。まず、「**公の秩序**」は、国や社会における平穏かつ安定的な秩序を指し、次に、「**善良の風俗**」は、社会における一般的な道徳観念を指しますが、これらに反するような法律行為、要するに、強者が弱者に対して一方的に強要するような行為や、社会人としての良識に反する反社会的な行為などについては、法は助力せず、その効力を認めないというものであります。

そこで、想定事例の念書を見てみますと、これは賃貸をする側の強い立場で、弱い立場の賃借人に無理に書かせた理不尽なものであることは明らかですから、このようなものを法的に有効と認めるわけにはいかないでしょう。このような賃貸借契約の特約は、公序良俗に反して無効であると言えると思います。そうなると、この部分の合意は当初かなかったものと考えればよいことになります。

また、公序良俗違反と同様に、法的効果を否定する一般的な規定として、**権利の濫用**という概念もあります。これは、民法１条３項で、

３　権利の濫用は、これを許さない。

と規定されているように、いくら権利者であると言っても、その権利が濫用されて、それを許容することは法的正義感に反するような場合には、その権利行使を認めず、法的効果を否定する原理であります。

賃借権の保護

では、このビルの**所有権**を丙野から取得して、新たなオーナーとなった丁野からの退去要求に対しては､次男は､これに応じなければならないのでしょうか。そもそも賃貸借契約は、次男と丙野との間で結ばれたものであって、次男と丁野との間では何らの契約も結ばれておりません。しかし、次男の歯科医院が入っている部屋の所有者は丁野であります。そうなると、丁野は、自分と何の契約も結んでいない次男が、なんで、自分のビルの一室を使っているんだ、さっさと出ていってくれということになるでしょう。これが**債権関係**と**物権関係**と言われるものの狭間で起きる問題です。

債権関係というのは、あくまで契約当事者間の問題で、対個人でしか効力がないものです。したがって、この場合も、次男としては、丙野からその部屋を借りる権利を持っており、丙野はその部屋を次男に貸す義務があるのですから、次男としては、丙野に対して、いくらビルを丁野に譲渡したにしても、依然として丙野は賃貸人の立場なんだから、丁野に頼むなどして次男にその部屋を使用させるように配慮する義務があると主張することはできるでしょう。これは次男と丙野との間の対人的な関係に基づく義務、それがすなわち契約上の義務ですが、これは残っているものの、ただ、次男は、この契約の内容は丙野にしか言えないということなのです。ですから、丙野は、たしかに次男に使わせるように丁野には頼んだけど、丁野がうんと言わないから、自分としてはもう何もできないからといって、賃貸人の債務を履行しようとしなければ、その後は、先に述べましたように、丙野の債務不履行に基づく損害賠償請求に移行することになるだけなのです。

これに対し、建物の所有権を得た丁野は、その所有権は誰に対しても主張できます。これは世の中に対して主張できる権利ですから、対世的な権利であると言えます。このような権利関係を物権関係と言います。したがって、そのビルの所有権が丁野にある以上、丁野と契約を結んでいない者に対しては、対世的な効力をもつ所有権に基づいて、その所有権が有する、所有者として自由にその物を使用できるという権利に対して、次男が勝手にその部屋を使っていることが所有権侵害として、丁野は次男に明渡しを求めることができるというのが、民法上の基本的な法律関係になります。

しかしながら、いくら丙野に対して損害賠償請求ができるからと言っても、丙野が十分な賠償金支払能力があるとは限りませんし、顧客も多数付いている状態の今の歯科医院を閉めて、別の場所に移るというのは、次男にとってあまりに大きな不利益であります。

そこで、そのような立場の賃借人を保護するために、別に、**借地借家法**という法律が制定されております。これは民法が一般法であるのに対し、その特別法になります。ここでは想定事例の次男のような立場の者を保護するために、次のような規定を設けております。すなわち、借地借家法31条は、

第三十一条　建物の賃貸借は、（中略）建物の引渡しがあったときは、その後その建物について物権を取得した者に対し、その効力を生ずる。

と規定しており、「建物の引渡し」、つまり、想定事例の次男のように、建物を借りて実際にそこで居住したり、店舗などとして営業に使っている場合が「引渡し」を受けていることになりますので、そのような状態になっているときは、その後の建物の新たな所有者に対しても、それまでの賃借権が有効となるとしているのです。この場合、「引渡し」があることが、新しい物権の取得者、この場合であれば、その物権は所有権でありますが、その新所有者に自らの賃借権の有効性を主張できるということであります。

そして、その結果、従来どおりの賃貸借契約が丁野と次男との間で継続していくことになるのです。したがって、想定事例については、次男は、明渡しに応じる必要はないということになります。

想定事例（その３）

甲野太郎の妻花子は、Ｙ病院（院長田中Ｘ郎の個人経営）に勤務する看護師でありました。花子は、入院患者の世話なども担当しており、入院患者に宛てた手紙なども病室に運んでおりました。その際、たまたま非常によく似た名前の患者がおり、山田Ｙ子宛の手紙を間違えて山里Ｙ子に渡してしまいました。山里Ｙ子も自分宛の手紙と思って開封したところ、それは山田Ｙ子に対する借金の取立ての手紙でありました。山里Ｙ子は、それを花子に返して、山田Ｙ子に渡してもらいましたが、山田Ｙ子は、自分の知られたくない借金を他の患者に知られてしまったとして、花子に対して強い憤りを感じていました。山田Ｙ子が採り得る法的手段としてはどのようなものが想定されるでしょうか。

不法行為の概念

本件の花子の行為は、法的にどのように評価されるものでしょうか。民法709条は、

第七百九条　故意又は過失によって他人の権利又は法律上保護される利益を侵害した者は、これによって生じた損害を賠償する責任を負う。

と規定しており、ここで**不法行為**による損害賠償責任が定められております。この不法行為は、他人に損害を及ぼす不法な行為であって、加害者がその損害を賠償すべき債務を負うことになるものであります。もっとも、契約関係にある当事者が、相手方契約当事者に損害を及ぼすことは、その契約の本旨に従った履行をしないことによっても起こりますが、これは、先にも述べましたように、債務不履行責任として処理されます。これに対して、不法行為制度は、そのような特別の関係にない一般市民の間で、被害者に生じた損害を、一定の条件の下に、それに原因を与えた者に賠償させることを目的としております。このように、加害者に対する被害者の損害賠償の請求権を認めるものでありますが、被害回復という点で、契約の債務不履行責任と同様に重要な地位を占めているものであります。

ところで、人が社会秩序に違反して他人に損害を加えた場合に、これに対して法が何らかの制裁措置を執ることは、人類の歴史とともに見られるところであります。その狙いとするところは、①加害者の処罰、②被害者の満足、③被侵害利益の補填、④社会秩序の回復、⑤反社会的行為の予防などであります。しかし、やがて刑事責任と民事責任が分化し、刑法と不法行為法がその機能を分かつようになると、刑法の機能から③が脱落して、①及び④に集中するようになり、他方で不法行為法の機能からは①の色彩が大きく薄れうすれ、③が強調されながらも、これらの諸機能が競合して、その法理に影響を与えているといわれております（我妻栄＝有泉亨／水本浩補訂『民法２債権』〈1992年、一粒社〉395頁以下）。

不法行為の成立要件

不法行為が成立するためには、「**故意又は過失**」によって「他人の権利」等を「侵害」し、それによって「生じた損害」があることが必要であります。それらの要件を満たした場合に、加害者には生じた損害を賠償する責任が負わされます。

1　故意又は過失

ここで言う「故意又は過失」というのは、具体的にどのようなものでしょうか。

まず、故意とは、自分の行為が他人に損害を及ぼすことを知って、なおかつ、あえてこれをやるという心理状態であります。他人に損害を加えることを目的とするまでの心理状態は不要でありますが、ひょっとして損害を加えるかもしれないが、それでもいいやと思った場合、これを**未必の故意**と言いますが、これも故意のうちに含まれます。

これに対し、過失とは、法律上要求される注意を怠ったことであります。ただ、この過失の概念は、相当に複雑なものがあり、第8章の刑事医療過誤を説明する際に詳細に説明いたします。ここでは、先のように、必要な注意を怠ったことであると簡単に理解しておいてください。もっとも、民事法上要求される過失の程度と刑事法上要求される過失の程度が同じかどうかは議論のあるところだと思います。色々な考え方があるとは思いますが、一般的には、刑事法上の過失の方が民事法上の過失より、程度の重いものを対象にしていると考えられます。

2　他人の権利又は法律上保護される利益

これは不法行為の**被侵害利益**と言われるもので、所有権などの物権はもちろん保護される権利に該当しますが、それだけにとどまらず、他人の生命、身体、自由、名誉なども保護される利益に該当します。民法710条は、

> 第七百十条　他人の身体、自由若しくは名誉を侵害した場合又は他人の財産権を侵害した場合のいずれであるかを問わず、前条の規定により損害賠償の責任を負う者は、財産以外の損害に対しても、その賠償をしなければならない。

と規定しており、「他人の身体、自由若しくは名誉」、「他人の財産権」がいずれも被侵害利益になることを明らかにしております。

近時の裁判例で、自宅から見えるきれいな風景は法律上保護される権利で

あるかどうか問題とされたものがありますので、ここで紹介いたしましょう。これは、平成18年3月30日最高裁判決（民集60巻3号948頁）であります。この事件では、住民の自宅からの眺望を保護すべき権利として、**景観利益**というものが認められるかどうか、それが不法行為の対象として保護される利益に当たるかどうか問題となったのでした。

この判決の事案は、概ね次のとおりであります。この訴訟の舞台となるのは、東京都国立市のいわゆる大学通り沿いであり、その通りは，JR中央線国立駅南口のロータリーから南に真っ直ぐに延びる長さ約1.2km、歩道を含めた幅員が約44mの広さをもっております。そして、その両側には高さ約20mの桜と銀杏の並木が美しく並び、また高さの点で街路樹と調和がとれた低層の店舗と住宅が建ち並んで落ち着いた景観を形成しております。その南端に、A社が所有する本件土地がありました。

この大学通り沿いの地域のうち、一橋大学より南に位置する地域は、大部分が第1種低層住居専用地域、つまり、建物に高さ制限等がされる地域に指定され、建築物の高度が10mに規制されていました。

しかし、本件土地は、第2種中高層住居専用地域に指定されており、建築物の高度制限はありませんでした。そこで、Yは、この土地を購入し、高さ43.65m、地上14階建て、総戸数353戸に及ぶ大型高層の分譲マンション建設を計画しました。

これに対して住民のXらが、上記マンションの建築行為の差止め（マンションの完成後は高さ20mを超える部分の撤去）等を求めたのが本件訴訟であります。

そして、第一審判決は、「景観利益」侵害に基づく不法行為の成立を認め、Yに対して、マンションのうち大学通りに直接面した1棟の高さ20mを超える部分の撤去を命じました。これに対して、Yが控訴したところ、控訴審判決は、良好な景観は適切な行政施策によって保護されるべきものであって、民事訴訟になじまないものであること、また、景観評価が主観的なものであることなどと述べた上で、景観利益というものの存在を否定し、Yの敗訴部分を取り消してXらの請求を棄却したのでした。そこで、Xらが上告をしたことから、本件最高裁判決が出されるに至ったのです。

そして、最高裁は、「景観利益」について、次のとおり判示しました。すなわち、「都市の景観は，良好な風景として，人々の歴史的又は文化的環境を形作り，豊かな生活環境を構成する場合には，客観的価値を有するものというべきである。」、「そうすると，良好な景観に近接する地域内に居住し，その恵沢を日常的に享受している者は，良好な景観が有する客観的な価値の侵害に対して密接な利害関係を有するものというべきであり，これらの者が有する良好な景観の恵沢を享受する利益（以下「景観利益」という。）は，法律上保護に値するものと解するのが相当である。」として、このような法律上保護される利益侵害についても民法上の不法行為が成立し得る（民法709条）と判示しました。

このように本件最高裁判決では、景観利益も不法行為で保護の対象となる被侵害利益に該当するとしたのでした。

３　侵害行為

では、どのような行為が不法行為に該当する「侵害」行為と言えるのでしょうか。端的に言って、損害を発生させるような行為であれば、それが積極的な行為としてなされたものであっても、例えば、他人の顔面を殴打するような行為などですが、また、放置するなどの消極的な行為としてなされたものであっても、例えば、預かった赤ちゃんにミルクを与えずにほっておくなどの行為であっても、幅広く不法行為における侵害行為の対象になると考えてよいと思います。もちろん、その態様の悪質性によっても影響されますが、損害発生に結び付くような行為であれば足りるということであります。

さて、先ほど紹介した景観利益の最高裁判決ですが、先に述べたように景観利益は保護される利益として認めたものの、最終的には、この侵害行為に該当しないとして、原告の請求を認めませんでした。

その理由とするところは、「本件におけるように建物の建築が第三者に対する関係において景観利益の違法な侵害となるかどうかは，被侵害利益である景観利益の性質と内容，当該景観の所在地の地域環境，侵害行為の態様，程度，侵害の経過等を総合的に考察して判断すべきである。」と判示して、侵害行為と評価できるかどうかは、その景観利益の性質やどのような内容であるのか、その場所や環境、更には、侵害行為の態様や程度など諸々の事柄を総合的に判断して、侵害行為と言えるかどうかを判断すべきであると述べたのでした。

その上で、本件最高裁判決は、景観利益の特質に照らして、「ある行為が景観利益に対する違法な侵害に当たるといえるためには，少なくとも，その侵害行為が刑罰法規や行政法規の規制に違反するものであったり，公序良俗違反や権利の濫用に該当するものであるなど，侵害行為の態様や程度の面において社会的に容認された行為としての相当性を欠くことが求められると解するのが相当である。」としました。つまり、景観利益を侵害したと言えるためには、その侵害行為が刑罰を定めた規定を有する法律に違反するとか、行政法上の規制で違法であるとされるようなことをしていたり、先に説明しました公序良俗違反になるとか､権利の濫用であるとか認められる場合など、社会的に容認された行為として相当性を欠く、つまり、社会的に見て許容できないと判断されるような行為でなければならないという解釈の基準を示したのでした。

その上で、その解釈の基準に照らしてみると、本件では、「大学通り周辺の景観に近接する地域内の居住者は、この景観について景観利益を有するというべきであるが、建設当時は適法であったマンションを建設しただけの本件の事実関係の下では、「本件建物の建築は，行為の態様その他の面において社会的に容認された行為としての相当性を欠くものとは認め難」いとして、不法行為における侵害行為の要件に該当せず、不法行為は成立しないとしたのでした。

4　損害の発生

不法行為が成立するためには、上記の各要件を満たした上、更に、損害が発生することが求められます。これには財産的損害が含まれるのはもちろんですが、それだけにとどまらず、先に紹介した民法710条は、「財産以外の損害に対しても、その賠償をしなければならない。」としており、財産権以外の損害も含まれます。したがって、精神的に苦痛を被ったのであれば、それが損害であるとして、その慰謝を求めるための損害賠償請求ができることになります。

その例として、民法711条は、

第七百十一条　他人の生命を侵害した者は、被害者の父母、配偶者及び子に対しては、その財産権が侵害されなかった場合においても、損害の賠償をしなければならない。

と規定して、他人の生命を侵害した場合における、その近親者に対する精神的損害に対する賠償を認めております。

５　責任能力

民法709条には直接的には規定されておりませんが、不法行為が成立するためには、その責任を負うだけの能力、言い換えれば、自己の行為の責任を認識できるだけの正常な意思活動をする能力、これが**責任能力**でありますが、これが要求されております。

まず、民法712条において、

第七百十二条　未成年者は、他人に損害を加えた場合において、自己の行為の責任を弁識するに足りる知能を備えていなかったときは、その行為について賠償の責任を負わない。

と規定されています。これは例えば、２、３歳の幼児が何もわからずに高層マンションのベランダから物を投げ落として、それが人に当たって怪我をしたような場合、この幼児に自己の行為の責任を弁識するに足りる知能が備わっていないことは明らかですから、不法行為は成立しません。

また、民法713条は、

第七百十三条　精神上の障害により自己の行為の責任を弁識する能力を欠く状態にある間に他人に損害を加えた者は、その賠償の責任を負わない。ただし、故意又は過失によって一時的にその状態を招いたときは、この限りでない。

と規定しております。これは精神上の障害により、自己の行為の責任を弁識する能力を欠く状態にある間に、他人に損害を加えた者は、自己の行為の意味を認識しておらず、責任能力がないとされるので、その賠償の責任を負わないことになるとするものであります。ただ、「故意又は過失によって一時的にその状態を招いたとき」、つまり、覚醒剤を自分で注射して、その結果、妄想等に襲われて錯乱状態になって他人を傷つけたような場合には、その傷つけた時点では、もはや自己の行為の責任を弁識する能力を欠く状態にありますが、その状態は、自らが招いたものですから、不法行為責任を免れないとしているものであります。

もっとも、そのように行為者に自己の責任を弁識する能力がなかったから不法行為にならないとしても、他人に損害を加えているのですから、誰も何も責任を負わないとなると、被害を受けた他人は泣き寝入りをしなければならないことになります。そのような事態が不当であることは明らかですから、民法714条１項本文は、

第七百十四条　前二条の規定により責任無能力者がその責任を負わない場合において、その責任無能力者を監督する法定の義務を負う者は、その責任無能力者が第三者に加えた損害を賠償する責任を負う。

と規定して、監督義務者に対して、責任追及ができる余地を認めております。

プライバシー権の侵害

想定事例では、花子は、山田Ｙ子の借金状況を他の患者が知ることになる原因を作ってしまったわけですが、ここでは山田Ｙ子のプライバシー権が認められるか、そして、それが侵害されたと言えるか、更に、そのことによって山田Ｙ子に損害が発生したかということなどが問題となります。

まず、プライバシー権ですが、これは、第２章でも説明しましたように、憲法上、保障された幸福追求権の一つでもありますから、民法上も保護される利益に当たると言えるでしょう。また、それを宛名の見間違いというミスによって、他の患者に渡したのですから、そこに注意義務違反がありますので、過失もあると言えるでしょう。更に、他の患者に開封させて読ませてしまったのですから、それは山田Ｙ子のプライバシー権を侵害したと言っても

よいでしょう。そして、山田Ｙ子は、それによって精神的苦痛を受けたのですから、損害が発生していると言えます。

そうなると、花子は、山田Ｙ子に対して、不法行為に及んだことになり、損害賠償の責任を負うことになります。

使用者責任の追及

本件で山田幸子の採り得る法的手段としては、上記のような花子に対する損害賠償請求以外にも、院長の田中Ｘ郎に対する**使用者責任**の追及が考えられます。民法715条１項本文は、

> 第七百十五条　ある事業のために他人を使用する者は、被用者がその事業の執行について第三者に加えた損害を賠償する責任を負う。

と規定しており、他人を使用している者は、被用者、つまり、使用されている者が、「事業の執行について第三者に加えた損害」を賠償しなければなりません。これを使用者責任と言います。ここでいう「事業の執行」というのは、通常の業務を指しており、花子で言えば看護師としての業務がこれに当たります。想定事例では、看護師としての職務の遂行の際のミスで山田幸子に損害を与えてしまったのですから、この使用者責任の要件を満たすと考えられます。

したがって、山田Ｙ子から田中Ｘ郎に対する損害賠償請求がなされる余地があります。ただ、民法715条１項但書は、

> 第七百十五条　（前略）ただし、使用者が被用者の選任及びその事業の監督について相当の注意をしたとき、又は相当の注意をしても損害が生ずべきであったときは、この限りでない。

と規定していることから、田中Ｘ郎が相当な監督をしていたことや、相当な注意をしたけど損害が生ずべき事情があったなどの事項を立証できた場合には、使用者責任を免れることができます。

第4章
所得税法
――脱　税――

はじめに

憲法に関する第2章において、国民には納税の義務があることについて説明いたしました。これから皆さんが医療関係者として社会内や大学内で勤務するようになると、当然、給与等の支払を受けるでしょうし、また、診療所や薬局を開設し自営業者として事業活動に従事することにより収益を挙げることもあるでしょう。そのような場合には、**所得税**という税金が課せられることになります。

ここでは、所得税法についての基本的な理解と、それを免れようとする**脱税**の問題について説明したいと思います。第1章でも説明しましたが、税法の条文は、本当に読みにくいものであります。法律家にとっても読むのが難儀ですから、医療関係者の方々にはおよそ読めるような条文にはなっておりません。そこで、これまでもしておりますが、読まなくても意味が通じるところは、極力、(中略) という形で省略して理解しやすいようにして説明いたします。

所得税の基本原理

所得税は、後で述べますように、様々な形態の所得に対して、公平に課税できるように色々な工夫がされております。ただ、基本的には、各年、つまり、1月1日から12月31日までの間ですが、その年において得た収入から、それを得るのに使った経費等を差し引いたものに対し、一定の税率を掛けることによって計算される所得税額を、各自の申告により納付してもらうという形式をとっております。これを**確定申告**と呼びます。

ただ、その一方で、給与等の支払を受ける場合には、**源泉徴収**という制度により、その支払者において給与取得者の所得税を徴収して国に治めることとしております。このような場合には、給与取得者は、自ら申告をする必要はありませんので、サラリーマンとして勤務し、副収入などもない人たちにとっては所得税の申告は縁のない世界ということになります。

しかしながら、そのような立場であっても、自らの労働等により納税しているのですから、その法的な仕組み等を理解しておくことは重要な事柄であると言ってよいでしょう。

納税義務者・課税対象となる所得・納税地

1　納税義務者

所得税法は、5条1項において、

第五条　居住者は、この法律により、所得税を納める義務がある。

と規定しておりますから、**居住者**に該当する人には、所得税の納税義務があることになります。そこで、「居住者」とは誰であるのかということになりますが、同法2条1項3号において、「居住者」とは、

三　居住者　国内に住所を有し、又は現在まで引き続いて一年以上居所を有する個人をいう。

と定義されております。したがって、日本国内に**住所**、つまり、生活の本拠があるか、現在まで引き続いて1年以上、**居所**を有する、つまり、仮住まいでもいいし、ホテル暮らしでもいいのですが、そういった生活の場が日本国内で1年以上あれば、そういう人たちは、所得税を払ってくださいということなのです。

これに対し、上記の要件に該当しない者、つまり、非居住者ですが、そのような人については、所得税法161条1項で定められている「**国内源泉所得**」というものについては、所得税が課せられます。まず、所得税法2条2項は、

2　非居住者は、次に掲げる場合には、この法律により、所得税を納める義務がある。

一　第百六十一条第一項（国内源泉所得）に規定する国内源泉所得（中略）を有するとき（後略）。

と規定しているところ、例えば、所得税法161条１項２号では、

二　国内にある資産の運用又は保有により生ずる所得（後略）

と規定しており、非居住者であっても、日本国内にある資産の運用等によって生じた所得などについては、所得税が課せられるということになるのです。具体的には、日本国内に賃貸マンションなどを所有していた場合、その賃料収入などがこれに該当することになるでしょう。

2　課税対象となる所得

納税義務者である居住者に対しては、所得税法７条１項１号により、当該納税義務者が得た「すべての所得」について所得税が課せられます。
そもそも所得税法は、個人の所得について、次の10種類に分類しております。具体的には、**利子所得**（同法23条）、**配当所得**（同法24条）、**不動産所得**（同法26条）、**事業所得**（同法27条）、**給与所得**（同法28条）、**退職所得**（同法30条）、**山林所得**（同法32条）、**譲渡所得**（同法33条）、**一時所得**（同法34条）及び**雑所得**（同法35条）であります。これらの所得の内容については、後に改めて説明いたしますが、すべての所得は、この10種類のうちのどれかに必ず該当いたします。そして、どの所得に該当するものであれ、そのすべてについて所得税が課せられるということなのです。

そして、これらの所得は、**収入金額**から**必要経費**や**所得控除**を差し引くことなどで算出されます。例えば、個人で薬局などを経営していた場合、そこでの薬を販売したことで得た収入金額から、その薬を仕入れるのに必要とした必要経費を差し引いた金額が、先に挙げました「事業所得」になりますし、給与取得者であれば、給与という収入金額から、**給与所得控除**という所得控除を差し引いたものが「給与所得」になります。ここでいう「所得控除」は、必要経費として差し引くのが計算上難しい場合にその替わりに一定の金額を

控除しましょうという趣旨で設けられたり（給与所得控除などがこれに該当します。）、多額の税金を課すのは政策上好ましくないと考えるような場合（退職所得における**退職控除**などがこれに該当します。）などに、法律上、一定の金額を控除してあげますよという形で規定されるものであります。

3　納　税　地

そのように所得に対して税金が課せられるにしても、どこに納めるのかということについては、国内に住所を有する場合には、その住所地を管轄する税務署になりますし（同法15条１号）、居所しかない場合には、その居所のある場所を管轄する税務署になります（同条２号）。このように納税する場所のことを**納税地**と呼んでおります。

なお、非居住者については、住所も居所もない場合があり得ますが、そのような場合には、法律や政令で納税地を別に定めています。

収入金額と必要経費についての基本原則

先に説明しました「収入金額」という概念について詳しくみておきましょう。これについては、所得税法36条１項に規定されており、

> 第三十六条　その年分の各種所得の金額の計算上収入金額とすべき金額（中略）は、（中略）その年において収入すべき金額（金銭以外の物（中略）をもって収入する場合には、その（中略）経済的な利益の価額）とする。

と規定されております。ここでは、「**収入金額とすべき金額**」は、「**収入すべき金額**」とするという禅問答のような文言が並んだ規定の仕方がされております。これは、所得税の対象となる収入金額というのは、その年のうちに収入として現金を手にしてなくても、法律上、現金を受け取れる権利が確定しているものは「収入すべき金額」となりますということです。

具体的な例としては、何か物を販売したとしましょう。その場合に、コンビニなどであればその場で現金を受け取ることになりますが、継続的な取引をしている商売人間では、後日に現金で支払うことがあります。これを掛け

売りと言い、その際の代金をもらえる権利を**売掛金**と呼びます。このような売掛金は、その年のうちに現金での支払いを受けていなくても、現金を受け取れる権利自体は、法的に確定していますから（第２章でも説明しましたように、売買契約が成立し、代金請求権は発生しています。）、これも「収入すべき金額」となりますということです。それゆえ、この売掛金のような、未だ現金にはなっていないものであっても、所得金額の計算上は、「収入金額とすべき金額」になるのです。したがって、売掛金に限らず、権利が確定しているものであれば、たとえその年のうちでは未収であって、来年に支払ってもらう予定であっても収入金額として計上することになります。

また、この条文では、かっこ書きにおいて、「金銭以外の物をもって収入する場合には、その経済的な利益の価額」としておりますが、これは代金を現金でもらわないような場合、例えば、物々交換などの場合には、いったいいくらで売ったか分からず、所得金額の計算上、「収入金額とすべき金額」が分からないということになります。それで、そのような場合のために、物々交換で相手に渡した物の「経済的な利益の金額」をもって「収入すべき金額」とするということにしているのです。

では、その「経済的な利益の金額」とは、いったい何を基準に考えればよいのでしょうか。それについては、所得税法36条２項において、

> ２　前項の金銭以外の物（中略）の価額は、当該物（中略）を取得（中略）する時における価額とする。

と規定されています。つまり、その物を取得する時における価額となりますから、それは、いわゆる**時価**で行うということを示しているのです。

次に、必要経費についての基本原則は、同法37条１項で、

> 第三十七条　その年分の不動産所得の金額、事業所得の金額又は雑所得の金額（中略）の計算上必要経費に算入すべき金額は、（中略）これらの所得の総収入金額に係る売上原価その他当該総収入金額を得るため直接に要した費用の額及びその年における販売費、一般管理費その他これらの所得を生ずべき業務について生じた費用（中略）の額とする。

と規定されています。ここでは必要経費に算入すべきものとして、①売上原価、②総収入金額を得るため直接に要した費用の額、③その年における販売費、一般管理費その他これらの所得を生ずべき業務について生じた費用を挙げております。まず、①の売上原価は、商品を販売したときのその商品の仕入価額などであります。次に、②の総収入金額を得るために直接に要した費用としては、例えば、土地を販売するに際して、その土地を見せるために客を連れていった際の交通費や、その土地を販売するための宣伝広告費などがこれに該当します。更に、③の販売費、一般管理費などについては、簿記、会計の知識がないと理解するのはかなり難しいのですが、まず、販売費については、商品の販売に関連して発生する費用で、販売員の給料などがこれに該当します。また、一般管理費については、その事業を営む上で間接的に必要になる費用、例えば、事務所を借りる際の賃借料や経理担当社員を雇い入れたことによる給料などがこれに当たります。この一般管理費は、売上のために直接かかる費用ではないものの、販売をバックアップする上で不可欠な費用ですから必要経費に含まれるとしているのです。

ただ、ここでは、そのような必要経費が認められることになる所得として、不動産所得、事業所得及び雑所得が挙げられておりますが、それらはこの条文により収入金額から必要経費を差し引くことが当然に認められることになります。もっとも、それら以外の所得であっても、種々の控除などが認められております。

それでは、10種類の各所得について説明いたしましょう。

利子所得

所得税法23条1項は、

第二十三条　利子所得とは、公社債及び預貯金の利子（中略）に係る所得をいう。

と規定しています。ここでは利子所得となるものについて、色々なものが掲げられているのですが、それらはあまりに専門的になりすぎるので、（中略）とし、代表的なものとして、**公社債**と**預貯金**の利子だけを挙げておきました。

公社債には、国の借金である**国債**と、都道府県等の地方公共団体の借金である**地方債**がありますが、それらは購入者に対して利子を支払いますので、その利子が利子所得とされるのです。また、預貯金は、金融機関に金銭を預けることですが、その利子についても同様であります。ちなみに、貯金というのはゆうちょ銀行や農協等に対して金銭を預けた場合に使われる用語で、預金というのは、それ以外の銀行等の金融機関に金銭を預けた場合に使われる用語です。

そして、同条2項において、

2　利子所得の金額は、その年中の利子等の収入金額とする。

と規定されており、その年の利子の総額が利子所得として課税対象になります。

配当所得

所得税法24条1項は、

第二十四条　配当所得とは、法人（中略）から受ける剰余金の配当（中略）に係る所得をいう。

と規定しております。ここでも色々な配当が掲げられているのですが、あまりに専門的ですので（中略）にし、代表的なものとして、「**剰余金の配当**」だけを挙げておきました。この剰余金の配当とは、株式会社などから配られる金銭等のことであります。つまり、法律上、株式会社は株主のものとされていることから、株式会社が経営活動を通じて獲得した利益について、それをどのように使うのかといった事項は、株主が、その全員を構成員とする**株主総会**において決定することとされています。このように、利益となるもの、それが剰余金ですが、その使途先を決定することを**剰余金の処分**と言い、このうち、株主への配当金の支払いのことを「剰余金の配当」と言うのです。

そして、そのように剰余金の配当を受けた場合、同条2項において、

2　配当所得の金額は、その年中の配当等の収入金額とする。（後略）

と規定されていることから、その年の配当等の総額が収入金額として配当所得の課税対象となるのです。

不動産所得

所得税法26条1項は、

第二十六条　不動産所得とは、不動産（中略）の貸付け（中略）による所得（事業所得又は譲渡所得に該当するものを除く。）をいう。

と規定しており、不動産の貸付け等による所得に対する課税を規定しています。典型的には、土地、建物の賃貸等であります。ただ、広告宣伝用の看板などの設置使用料をとって土地や建物の一部を利用させることでその使用料を受け取る場合も不動産所得となります。なお、不動産の貸付けが、後で述べます、事業所得等に該当する場合には、事業所得等とされますので、この不動産所得からは除外されます。

そして、同条2項において、

2　不動産所得の金額は、その年中の不動産所得に係る総収入金額から必要経費を控除した金額とする。

と規定されており、収入金額や必要経費については、先に説明したとおりでありますが、この条文においても、不動産の貸付けによる**総収入金額**、つまり、収入すべき金額の総額ですが、そこから必要経費を差し引いたものが不動産所得の金額となることを明らかにしています。

この必要経費にどのようなものが含まれるのでしょうか。具体的には、アパート建替えのための取壊費用や、その際に賃借人がいたような場合には、その立退料、土地や建物を登記する上で課せられる登録免許税、つまり登記をする際に支払う税金ですが、不動産を取得した際に課せられる不動産取得税などの税金、更には、不動産を購入するためにした借入金の利子など、いずれも必要経費となります。

また、不動産が災害などによって損壊したような場合には、その際の損害金額も必要経費として認められます。所得税法51条1項は、

第五十一条　居住者の営む不動産所得（中略）を生ずべき事業の用に供される固定資産（中略）について、（中略）滅失（中略）により生じた損失の金額（中略）は、その者のその損失の生じた日の属する年分の不動産所得の金額（中略）の金額の計算上、必要経費に算入する。

と規定しており、災害などによる業務用資産の損失を必要経費に算入することを認めています。そのような損失があるのに課税するのは気の毒なので、必要経費とすることで支払う税金を少なくしているのです。なお、ここでいう固定資産とは、長期間継続して使える資産のことであり、土地や建物なども含まれます。

事業所得

1　基本原則

所得税法27条1項は、

第二十七条　事業所得とは、農業、漁業、製造業、卸売業、小売業、サ――ビス業その他の事業（中略）から生ずる所得（山林所得又は譲渡所得に該当するものを除く。）をいう。

と規定され、そこに掲げられた農業や漁業などの事業から生ずる所得に課税されるものであります。したがって、診療所や薬局を経営する場合は、この事業所得の対象となります。

ただ、他の所得との関係で、後に説明します山林所得や譲渡所得に該当するとされる場合には、事業所得の対象とはされませんし、不動産の貸付業も不動産所得となる場合には、事業所得の対象とはされません。なお、不動産所得と事業所得の区別がどうなっているのかということですが、例として挙げれば、有料駐車場については、自分の責任で管理して、駐車場を他人に使

用させるような場合には、事業所得になり、それ以外で単に時間単位で場所を貸すだけのような場合であれば、不動産所得となります。また、アパート経営や下宿経営については、食事を提供するなど勤労を伴う場合には、事業所得になり、そのようなことがない場合には、不動産所得となるとされています。

そして、同条2項により、

> 2　事業所得の金額は、その年中の事業所得に係る総収入金額から必要経費を控除した金額とする。

と規定されているところ、これについても先に不動産所得のところで述べたとおりであり、総収入金額から必要経費を差し引いたものが事業所得として課税対象になります。

2　自家消費の場合の総収入金額算入

しかしながら、所得税法は、一定の場合には、実際に商品などを販売したわけでもないのに課税の対象とする場合を設けています。まず、所得税法39条は、

> 第三十九条　居住者がたな卸資産（中略）を家事のために消費した場合（中略）には、その消費した時におけるこれらの資産の価額に相当する金額は、その者のその消費した日の属する年分の事業所得の金額（中略）の計算上、総収入金額に算入する。

と規定しており、たな卸資産、つまり、販売等のために保有している資産、具体的には商品などですが、これを、「家事のために消費した」場合、つまり、販売用に仕入れた商品を自分や家族のために使ってしまうという**自家消費**をした場合には、総収入金額に算入する、つまり、販売して儲けを出した場合と同様に扱いますとしています。

どうして実際には販売などしておらず、家庭内で消費しただけであるのに、それに対して課税されるのでしょうか。これは、たな卸資産というのは本来的に販売するために保有されるものですから、それをたとえ販売せずに家庭

内で消費しても、販売したのと同じだけのメリットを得たことになりますから、そのような場合には課税対象としますよという理解でよいと思います。更に徴税、つまり、税金を徴収することですが、この観点から言えば、たな卸資産の仕入の代金については、必ず仕入原価として、必要経費となり控除されます。そうなると、もし自宅で費消したということで売上に計上しないということが許されるなら、費消したことのメリットを受けながら、その原価に相当する額は税額から控除されることになって、税金が安くなるという効果をもたらすことになります。税法はこのような徴税逃れのような事態をすごく嫌いますから、自家消費であっても仕入原価が必要経費として控除される以上、売上として課税対象にするのです。

そして、この場合に総収入金額に算入される金額としては、「消費した時におけるこれらの資産の価額」と規定されていますから、原則として、消費した際の時価、つまり、他に販売する価額であります。しかし、この点については特例が設けられており、商品を自家消費した場合には、販売価額の70%か、取得価額のいずれか多い方を採用し、それを総収入金額に算入することでよいとされています。

3　贈与等の場合の総収入金額算入

次に、同様の扱いがなされる場合として、所得税法40条1項は、

第四十条　次の各号に掲げる事由により居住者の有するたな卸資産（中略）の移転があった場合には、当該各号に掲げる金額に相当する金額は、その者のその事由が生じた日の属する年分の事業所得（中略）の金額の計算上、総収入金額に算入する。

一　贈与（中略）　当該贈与（中略）の時におけるそのたな卸資産の価額

二　著しく低い価額の対価による譲渡　当該対価の額と当該譲渡の時におけるそのたな卸資産の価額との差額のうち実質的に贈与をしたと認められる金額

と規定しております。

まず、1号で規定されている贈与等をした場合おいては、自家消費をした場合と同様に事業所得の総収入金額に算入されます。この場合も、たな卸資

産は本来的に販売のために保有するものですから、贈与等をしたとしても、課税の対象とするということです。また、仕入原価の関係でも先に述べたことと全く同様ですから、課税対象にするのです。

そして、その際の総収入金額に算入される金額でありますが、上記条文では、「当該贈与の時におけるそのたな卸資産の価額」、つまり、贈与時の時価とされております。ただ、これも特例が用いられており、通常は、上記自家消費の場合と同様に、当該商品の販売価額の70％か取得価額のいずれか多い方を総収入金額に算入することとされています。

次に、２号で規定されている著しく低い価額での譲渡した場合には、本来の価額との差額は贈与したのと同じことですから、その差額については販売したことと同じように扱い、総収入金額に算入されることとなるのです。ただ、いくらであれば著しく低い価額になるのかについては、販売価額の70％を基準とし、その金額未満の場合には、その差額を実質的に贈与したものとみなされ、その際の譲渡対価に加えて、その差額も総収入金額に算入されることになります。つまり、このような低額での譲渡をしても、結局は、販売価額の70％まで売上を計上しなければならないということになるのです。

もっとも、商品の型くずれ、流行おくれ、広告宣伝の一環としてのバーゲンセールの場合であれば、販売価額の70％未満の対価であっても、この規定の適用はなく、売上の追加計上を行う必要はありません。

４　家事関連費の必要経費不算入

また、所得税法45条１項は、事業所得等の金額の計算上、必要経費に算入することができないものを列挙しており、同項１号では、

　一　家事上の経費及びこれに関連する経費（後略）

は必要経費に算入できないと規定しています。要は、家庭内で使うものについては事業所得の必要経費としては認めませんということであります。例えば、診療所や薬局を経営するに当たり、その経理処理のためにパソコンを購入するとします。これは当然に必要経費として認められます。しかしながら、実際には、診療所や薬局では使わずに家に持ち帰り、それを使って家族でゲー

ムをするのに使っていたような場合には、これは**家事上の経費**と認められるので、そのパソコンの購入代金を必要経費に算入することは許されませんということであります。

給与所得

所得税法28条１項は、

> 第二十八条　給与所得とは、俸給、給料、賃金、歳費及び賞与並びにこれらの性質を有する給与（中略）に係る所得をいう。

と規定しており、要は、労働の対価として受領するものであれば、それが給料という名目であっても、ボーナスという名目であっても、給与所得になるということであります。

そして、同条２項において、

> ２　給与所得の金額は、その年中の給与等の収入金額から給与所得控除額を控除した残額とする。

と規定されていることから、収入金額から給与所得控除額を差し引いたものが給与所得の金額となります。なお、給与所得控除額については、同条３項に規定され、収入に応じた区分がなされております。

ただ、実際のところ、給与所得者であるサラリーマンは、最初に説明しましたように、給与を支払う側が給与所得控除額なども計算した上で源泉徴収をして代わって納税を済ませてくれていますので、自らがこれを申告するという場合は、ほとんどありません。

なお、このように給与所得の場合は、給与所得控除が認められている一方、基本的には必要経費というものは認められておりません。

しかしながら、平成23年の所得税法改正により、一定の場合には、給与所得者であるサラリーマンにも必要経費に類似した形での特別の控除が認められるようになりました（なお、所得税法は平成30年に改正され、段階的に施行されると決められていますが、本書では改正法に基づいて説明することといたしま

す。)。例えば、所得税法57条の２第２項４号では、

四　職務の遂行に直接必要な技術又は知識を習得することを目的として受講する研修（中略）であることにつき（中略）給与等の支払者により証明がされたもののための支出

と規定されており、資格を取得するために使った支出は、それが職務遂行上必要であって、そのことが給与等の支払者、要は雇用主ですが、その者によって証明がなされた場合には、そのために使った金額を給与所得の金額から控除できることとされたのです。

また、同項７号では、

七　次に掲げる支出（当該支出の額の合計額が六十五万円を超える場合には、六十五万円までの支出に限る。）で、その支出がその者の職務の遂行に直接必要なものとして（中略）給与等の支払者により証明がされたもの

イ　書籍、定期刊行物その他の図書で職務に関連するもの（中略）及び制服、事務服その他の勤務場所において着用することが必要とされる衣服（中略）を購入するための支出（後略）

と規定されており、65万円までの範囲で、職務に関連する書籍等の購入についても先の場合と同様に、給与所得の金額から控除することができることとなりました。

ただ、それらの支出が控除できるかどうかについては、給与所得控除額との関連で一定の制限があり、「給与所得控除額の二分の一に相当する金額を超えるとき」（同条１項）などの条件を満たす場合でなければならないのであって、無制限に認められるというわけではありません。

退 職 所 得

所得税法30条１項は、

第三十条　退職所得とは、退職手当、一時恩給その他の退職により一時に受ける

給与及びこれらの性質を有する給与（中略）に係る所得をいう。

と規定されており、退職金、つまり退職手当ですが、これについてはこの規定により退職所得として課税されることになります。

そして、この退職所得についても、先の給与所得の場合と同じく退職所得控除が規定されて控除が認められております。

つまり、同条３項では、

３（前略）退職所得控除額は、次の各号に掲げる場合の区分に応じ当該各号に定める金額とする。

一（前略）勤続年数（中略）が二十年以下である場合　四十万円に当該勤続年数を乗じて計算した金額

二　勤続年数が二十年を超える場合　八百万円と七十万円に当該勤続年数から二十年を控除した年数を乗じて計算した金額との合計額

で計算することと規定されています。つまり、勤続年数が10年であった場合には、同項１号により、40×10＝400万円が控除額となり、また、勤続年数が30年であった場合には、800万円＋70×（30－20）＝1,500万円となり、それらの金額を退職金の金額から差し引いてよいということであります。このように退職所得についてはかなり大きな控除が認められておりますが、これは退職金がその後の生活の基盤となるものですから、あまり税金を取らないようにするという政策的配慮によるものであります。

さらに、退職所得に対する課税上の配慮として、同条２項では、

２　退職所得の金額は、その年中の退職手当等の収入金額から退職所得控除額を控除した残額の二分の一に相当する金額（中略）とする。

と規定して、退職手当等から先に計算例を示した退職所得控除金額を差し引いた上、そこで計算された金額を更に２分の１にして課税対象とされる金額を減らしております。これも先に述べたことと同様であり、税金をあまり取らないように、課税を制限しているものであります。

山林所得

所得税法32条１項は、

第三十二条　山林所得とは、山林の伐採又は譲渡による所得をいう。

と規定しております。つまり、山林を伐採したり、それを譲渡したりした場合に得た所得が山林所得であります。ただ、山林所得と認められるためには、同条２項において、

２　山林をその取得の日以後５年以内に伐採し又は譲渡することによる所得は、山林所得に含まれないものとする。

と規定されています。山林所得として認められるためには、取得してから５年を超えてから伐採したり、譲渡したりすることが必要です。山林所得は、課税金額が低くなるようにしてありますので、そのような恩恵を受けるためには、山林を長く保有する場合に限っているからです。そこで、これに含まれない場合には、それは事業所得などになります。

そして、その山林所得の金額は、同条３項において、

３　山林所得の金額は、その年中の山林所得に係る総収入金額から必要経費を控除し、その残額から山林所得の特別控除額を控除した金額とする。

と規定されており、総収入金額から必要経費の控除が認められているところは、今まで述べた事業所得などと同様ですが、ここでは、更に、特別控除額を控除することが認められております。その金額については、同条４項で、

４　前項に規定する山林所得の特別控除額は、50万円（中略）とする。

と規定されており、特別に50万円の控除が認められております。つまり、山林所得の金額は、総収入金額から、必要経費を差し引いて、更に、50万円を特別控除額として差し引いたものになります。

譲渡所得

所得税法33条１項は、

第三十三条　譲渡所得とは、資産の譲渡（中略）による所得をいう。

と規定しており、資産を譲渡した場合には、譲渡所得として課税されます。ただ、同条２項１号において規定する

一　たな卸資産（中略）の譲渡その他営利を目的として継続的に行なわれる資産の譲渡による所得

と、同項２号において規定する

二　（前略）山林の伐採又は譲渡による所得

については、譲渡所得に該当しないものとしています。ちなみに、上記の１号は、事業所得に、２号は、山林所得又は事業所得等になります。

ただ、生活に通常必要な資産、例えば、家具、衣類、時価30万円以下の宝石等の譲渡による所得については**非課税**とされております。つまり、それらを売っても譲渡所得の対象とはなりませんということであります。

そして、譲渡所得の金額の計算については、所得税法33条３項において、

３　譲渡所得の金額は、次の各号に掲げる所得につき、それぞれその年中の当該所得に係る総収入金額から当該所得の基因となった資産の取得費及びその資産の譲渡に要した費用の額の合計額を控除し、その残額の合計額（中略）から譲渡所得の特別控除額を控除した金額とする。

一　資産の譲渡（中略）でその資産の取得の日以後五年以内にされたものによる所得（後略）

二　資産の譲渡による所得で前号に掲げる所得以外のもの

と規定されております。つまり、譲渡所得は、資産の取得後５年以内にされたものと、それより長期間を経てなされたものとに分けた上、それぞれ譲渡により得た収入金額から、その資産の**取得費**及び「その資産の譲渡に要した

費用」、つまり、**譲渡費用**ですが、その合計額を差し引き、その残額の合計額から特別控除額を差し引いた金額とされています。

そして、その特別控除額は、同条4項において、

> 4　前項に規定する譲渡所得の特別控除額は、五十万円（中略）とする。

と規定されていることから、50万円を差し引くことになります。

そこで、ここで示されている「取得費」でありますが、所得税法38条1項は、

> 第三十八条　譲渡所得の金額の計算上控除する資産の取得費は、（中略）その資産の取得に要した金額並びに設備費及び改良費の額の合計額とする。

と規定されております。したがって、譲渡する際の資産が、土地とか、宝石や骨董品などでは、あれば、取得費は、この条文の規定どおり、①取得に要した金額、つまり、土地であればその購入代金等であり、②設備費、例えば、土地の排水をするために必要な整備した場合などの費用等であり、③改良費、例えば、土地に盛り土をするなどして改良した場合の費用等であり、これら①から③の合計額となります。

また、ここで示されている譲渡費用でありますが、これには、譲渡するために直接支出した仲介手数料、つまり、不動産業者に支払う手数料等や、土地を譲渡するためにその上の建物を取り壊した費用、その際の建物等の損失額などが含まれます。

一時所得

所得税法34条1項においては、

> 第三十四条　一時所得とは、利子所得、配当所得、不動産所得、事業所得、給与所得、退職所得、山林所得及び譲渡所得以外の所得のうち、営利を目的とする継続的行為から生じた所得以外の一時の所得で労務その他の役務又は資産の譲渡の対価としての性質を有しないものをいう。

と規定されております。条文としては分かりにくいと思いますが、要するに、これまで説明してきた利子所得等のいずれにも該当しないもののうち、労働や資産の譲渡の対価などではない一時的なことで得た所得と理解してもらえばよいと思います。

そして、その所得の金額は、同条２項により、

> ２　一時所得の金額は、その年中の一時所得に係る総収入金額からその収入を得るために支出した金額（中略）の合計額を控除し、その残額から一時所得の特別控除額を控除した金額とする。

と規定されています。これは要するに、総収入金額から、その収入を得るために直接に要するとして支出した金額を差し引き、更に、同条３項で

> ３　前項に規定する一時所得の特別控除額は、五十万円（中略）とする。

と規定されている50万円を特別控除額として差し引くことで計算されるということであります。

具体的には、これに該当するものとして、懸賞の賞金や賞品、福引の当選金品、競馬の勝馬馬券払戻金（これは競馬の当たりによる払戻金のことです。）、遺失物拾得者が受ける報労金（これは落とし物を拾って交番などに届けて落とし主が見つかった際にもらえるお礼のことです。）などが挙げられます。

ただ、ここで評価が難しいものとして問題となるのは、懸賞の賞金などを金銭以外で受領した場合における当該物品の価額であります。これが貴金属や骨董品などであれば、その時価で受領したと考えられていますが、自動車、カメラ等であれば、小売販売価格の60％とされています。

雑　所　得

所得税法35条１項は、

> 第三十五条　雑所得とは、利子所得、配当所得、不動産所得、事業所得、給与所得、退職所得、山林所得、譲渡所得及び一時所得のいずれにも該当しない所得

をいう。

と規定されており、これまでに説明してきた区分に入らない所得は、すべてこの雑所得になります。これには、２種類のものがあり、同条２項１号では、

一　その年中の公的年金等の収入金額から公的年金等控除額を控除した残額

を挙げており、同項２号では、

二　その年中の雑所得（公的年金等に係るものを除く。）に係る総収入金額から必要経費を控除した金額

を挙げております。

そこで、まず、同条２項１号に該当する公的年金としては、国民年金、厚生年金、恩給、老齢年金、過去の勤務に基づき使用者であった者から支給される年金等がありますが、この収入金額から、公的年金等控除額を控除して計算される金額が雑所得金額となり、これに課税されます。

次に、それ以外の雑所得でありますが、これには、友人に対する金銭等の貸付の利子等や原稿料などが含まれます。これについては、総収入金額から必要経費を差し引いたものが雑所得の金額となります。

課税標準

これまで述べたように、10種類の各所得について、その所得金額を算出したら、今度は、**課税標準**を算出いたします。この課税標準という言葉は、非常にイメージが分かりにくく、税法では同様の用語がよく使われるものの、一般の人にはなかなか理解できないものの一つですが、「税金を計算する際の算定基準」のことであると理解してもらえばよいと思います。

そして、所得税法22条１項は、

第二十二条　居住者に対して課する所得税の課税標準は、総所得金額、退職所得金額及び山林所得金額とする。

と規定しており、この３種類に分けて、それぞれの課税標準となる金額を計算します。それらの計算は複雑ですのでここではいたしませんが、それを算出した後、総所得金額等から色々と控除されるものがありますので、その控除されるもののうちいくつか代表的なものを紹介しておきます。

医療費控除

所得税法73条１項は、**医療費控除**について、

第七十三条　居住者が、各年において、自己又は自己と生計を一にする配偶者その他の親族に係る医療費を支払つた場合において、その年中に支払つた当該医療費の金額（中略）の合計額がその居住者のその年分の総所得金額、退職所得金額及び山林所得金額の合計額の百分の五に相当する金額（当該金額が十万円を超える場合には、十万円）を超えるときは、その超える部分の金額（当該金額が二百万円を超える場合には、二百万円）を、その居住者のその年分の総所得金額、退職所得金額又は山林所得金額から控除する。

と規定しており、かなり読みにくいのですが、結局のところ、医療費の額から、総所得金額等の合計額の５％か10万円かのいずれか少ない金額を差し引いたものを、医療費控除とすることができると理解してもらえばよいと思います。通常は10万円のほうが少ないので、その年に使った医療費から10万円を差し引いて残りがあれば、それは医療費控除として総所得金額等から差し引くことができるということです。

なお、ここでは、「自己と生計を一にする配偶者その他の親族」の医療費をも控除の対象としていますが、これは自分と一緒に生活をしている妻（又は夫）やその余の家族と考えればよいでしょう。

この場合において、通常の健康診断費用は医療費控除の対象ではありません。しかしながら、重大な疾病が見つかり治療に至った場合の健康診断費用はこれに該当します。また、疾病予防費用はこれには含まれませんし、診断書の作成費用も含まれません。

社会保険料控除

所得税法74条1項は、**社会保険料控除**について、

第七十四条　居住者が、各年において、自己又は自己と生計を一にする配偶者その他の親族の負担すべき社会保険料を支払つた場合又は給与から控除される場合には、その支払つた金額又はその控除される金額を、その居住者のその年分の総所得金額、退職所得金額又は山林所得金額から控除する。

と規定しており、本人と同一生計の親族の社会保険料、つまり、健康保険料や介護保険料、国民年金保険料などは、その全額が控除されるということです。

寄付金控除

所得税法78条1項は、**寄附金控除**について、

第七十八条　居住者が、各年において、特定寄附金を支出した場合において、第一号に掲げる金額が第二号に掲げる金額を超えるときは、その超える金額を、その者のその年分の総所得金額、退職所得金額又は山林所得金額から控除する。

一　その年中に支出した特定寄附金の額の合計額（当該合計額がその者のその年分の総所得金額、退職所得金額及び山林所得金額の合計額の百分の四十に相当する金額を超える場合には、当該百分の四十に相当する金額）

二　二千円

と規定しています。

ここでいう**特定寄付金**には、国、地方公共団体に対するものや、NPO法人に対する寄付、更には、政党や政治資金団体等に対する寄付金も含まれます。

そして、その金額は、「特定寄付金の支出額」と「総所得金額等の合計額の40％相当額」のうちいずれか少ない金額から、2,000円を差し引いた金額であります。通常は、それほど多額の寄付をすることはないと思いますので、

「特定寄附金の支出額」のほうが小さいことから、それから2,000円を差し引いた金額が寄附金控除の金額となります。

近時よく話題になっている**ふるさと納税**は、この寄附金に含まれるものであります。したがって、ふるさと納税で支払った金額から2,000円を差し引いた金額が戻ってくるというのは、この寄附金控除が適用されるからなのです。

扶養控除

所得税法84条1項は、**扶養控除**について、

第八十四条　居住者が控除対象扶養親族を有する場合には、その居住者のその年分の総所得金額、退職所得金額又は山林所得金額から、その控除対象扶養親族一人につき三十八万円（その者が特定扶養親族である場合には六十三万円とし、その者が老人扶養親族である場合には四十八万円とする。）を控除する。

と規定しています。

まず、ここで対象となる**扶養親族**とは、所得税法２条１項34号において、

三十四　扶養親族居住者の親族（その居住者の配偶者を除く。）（中略）のうち、合計所得金額が三十八万円以下である者をいう。

と規定されています。なお、ここで親族のうちで配偶者が除かれているのは、説明は省いておりますが、**配偶者控除**という控除制度が別にあり、そちらが適用されるからであります。そして、親族のうちで所得金額が38万円以下である場合に扶養親族に該当するということです。

また、そのうちの**控除対象扶養親族**とは、同法２条１項34号の２において、

三十四の二　控除対象扶養親族　扶養親族のうち、年齢十六歳以上の者をいう。

と規定されており、また、**特定扶養親族**とは、同法２条１項34号の３において、

三十四の三　特定扶養親族　控除対象扶養親族のうち、年齢十九歳以上二十三歳未満の者をいう。

と規定されており、また、**老人扶養親族**とは、同法2条1項34号の4において、

三十四の四　老人扶養親族　控除対象扶養親族のうち、年齢七十歳以上の者をいう。

と規定されております。

そして、更に、租税特別措置法41条の16第1項では、

第四十一条の十六　居住者の有する所得税法第二条第一項第三十四号の四に規定する老人扶養親族が当該居住者又は当該居住者の配偶者の直系尊属で、かつ、当該居住者又は当該配偶者のいずれかとの同居を常況としている者である場合には、当該老人扶養親族に係る（中略）扶養控除の額は、（中略）十万円を加算した額とする。

と規定されております。これについては、同居老親に対する特別の扶養控除として、老人扶養親族の控除額に10万円を上乗せしたものであります。なお、租税特別措置法というのは、所得税法などの各種税法の規定に更に追加する規定を設けている特別法であります。

結局のところ、この扶養控除は、合計所得金額が38万円以下などの扶養親族の要件を満たしていれば、15歳までは0円、16～18歳は38万円、19～22歳は63万円、23歳から69歳までは38万円が控除金額となり、70歳以上は48万円であるものの、それが同居老親であれば58万円が、それぞれ控除金額となります。

納　税　額

以上のようにして所得控除をした後、所得税法89条1項の表に記載されている税率を掛けて納付する税額の計算をいたします。ちなみに、我が国の所

得税率は、所得金額が増えれば増えるほど税率も高くなる**超過累進課税率**を採用しております。ちなみに、総所得金額等が195万円以下であれば税率は、100分の５と少ないのですが、それが4,000万円を超えると、100分の45となります。つまり、4,000万円以上の所得がある人は、大雑把に言って、所得税だけでも、その半分くらいを税金として納めなければならないということです。

そして、所得税法120条１項により**確定所得申告**を行うことになります。

脱　　税

1　基本原則

以上述べたように多額の所得がある人は、納税額も多くなり、その際に、多額の税金を支払いたくないとして所得の一部を隠して申告する、つまり、脱税をすることがあります。皆さんが今後、高額所得者になったときのために言うのですが、脱税は割に合わないと思ってください。そもそも第２章で述べたように、納税の義務は憲法上の国民の重要な義務である上、**国税局査察部**という調査機関（俗に「マルサ」と呼ばれる機関です。）が目を光らせて脱税の摘発に努めていますから、そこから逃れることはほとんど無理だからです。

ちなみに脱税処罰に関する規定は、所得税法238条１項に、

> 第二百三十八条　偽りその他不正の行為により、第百二十条第一項第三号（確定所得申告）（中略）に規定する所得税の額（中略）につき所得税を免れ（中略）た者は、十年以下の懲役若しくは千万円以下の罰金に処し、又はこれを併科する。

と規定されており、「**偽りその他不正の行為**」によって、所得税法120条１項３号において「（前略）課税総所得金額、課税退職所得金額及び課税山林所得金額につき第３章（税額の計算）の規定を適用して計算した所得税の額」と規定されている「所得税の額」について所得税を免れた場合に、10年以下の懲役等に処せられるということであります。

ここでいう「偽りその他不正の行為」とは、納税に当たってなされるすべての不正行為が含まれますが、多くのケースとしては、実際には2億円の売上があったにもかかわらず、その売上の一部を除外して1億円にするとか、実際には仕入金額が1億円であったのに、これを水増しして2億円にするとかいう手段が多く採られます。前者は、**売上除外**といわれ、後者は**仕入水増し**とか**架空仕入**などと呼ばれます。そして、そのために正規の帳簿の他に別の帳簿を作成するなどして、売上除外等が分からないようにするのが通常のパターンであります。

ここでは実際にあった医療関係者の所得税の脱税事件を紹介することにいたします。

2 平成9年8月27日宇都宮地裁判決(税務訴訟資料225号2471頁)

この事案は、兄弟とも医師であり、共同して病院経営をしていたところ、両名とも所得税を脱税したというものです。この事件で、宇都宮地裁は、兄弟であり共に医師である被告人A及び被告人Bに対して、被告人Aを懲役10月、3年間執行猶予、及び罰金1,600万円に、被告人Bを懲役10月、3年間執行猶予、及び罰金1,500万円にそれぞれ処するという判決を言い渡しました。

この判決で認定された被告人両名の罪となるべき事実の一部は次のとおりであります。

「被告人両名は、栃木県宇都宮市内において、○○医院との名称で内科・外科・産婦人科等の診療を行う医院を共同して営むものであるが、共謀の上、

第1 被告人Aの所得税を免れることを企て、売上の一部を除外するとともに、架空の仕入を計上する等の不正な方法により所得を秘匿した上、平成6年分の実際の総所得金額が1億2211万8448円であったにもかかわらず、平成7年3月15日、宇都宮税務署において、同税務署長に対し、平成6年分の総所得金額が4995万9806円で、これに対する所得税額は141万5400円である旨の虚偽の所得税確定申告書を提出し、もって、不正の行為により、平成6年分の正規の所得税額3687万2400円と右申告税額との差額3545万7000円を免れた

第２　被告人Ｂの所得税を免れることを企て、売上の一部を除外するとともに、架空の仕入を計上する等の不正な方法により所得を秘匿した上、平成６年分の実際の総所得金額が１億2456万8448円であったにもかかわらず、平成７年３月15日、宇都宮税務署において、同税務署長に対し、平成６年分の総所得金額が4995万9806円でこれに対する所得税額は1827万4000円である旨の虚偽の所得税確定申告書を提出し、もって、不在の行為により、平成６年分の正規の所得税額4717万1000円と右申告税額との差額2889万7000円を免れた。」

この事案においては、被告人両名とも執行猶予付きの懲役刑の言渡しを受けたのですが、この判決で述べられている「量刑の理由」は、次のとおりでありました。

すなわち、「本件は、兄弟で医院を共同経営する医師である被告人両名が、共謀の上、不正の行為により、それぞれの所得に関して、所得税を免れる等した脱税事案である。本件の動機は、高額の借金の返済や将来に備えての備蓄等というものであるが、結局は利己的なものに帰するものであって、特別斟酌すべき事情とは認められない。犯行の態様も、複数年度にわたって、売上を除外したり、架空の経費を計上する等した典型的な手口で、しかも、税務処理を依頼していた公認会計士兼税理士からの疑義の指摘を押し切って犯行に及んでいる側面も窺われ、芳しいものではない。脱税額は、被告人Ａ分が約7560万円、被告人Ｂ分も約5650万円で、総額では１億3210万円余と多額に上っており、ほ脱率もかなり高い。以上の諸点に鑑みれば、被告人両名の刑事責任は軽くみることはできない。

しかしながら、他方で、被告人両名とも、本件を深く反省悔悟していて、二度と脱税を行わない旨誓約するとともに、新たに依頼した税理士の指導の下に、再犯防止体制も構築しており、右税理士も厳重に審査監視する旨公判で証言していること、当然のこととはいいながら、すべて修正申告をすませ、本税等も完納しているうえ、反省の証として、被告人Ａが金300万円、Ｂが金200万円をそれぞれ贖罪寄付しているほか、所属していた医師会もそれぞれ脱会していること、本件が医師による脱税事件として広く報道されたことにより、既に一定の社会的制裁も受けていること、被告人両名は、もとより前科は有せず、今後とも地域医療に尽力貢献したいとの意向を示していること等有利な若しくは酌量すべき事情も種々存する。

そこで、これら諸般の事情を総合考慮して、主文の刑を量定したものである（弁護人は、被告人両名に対して、医業停止処分が予想され、その内容次第で多大な打撃と影響を受けることになるところ、医業停止処分は、刑事裁判の量刑に概ね比例しているとして、この点を特に配慮のうえ、罰金刑のみをもって処断するよう求めている。しかしながら、犯罪事実に対する刑責の程度等から通常予想される刑罰が本来予定している以上の著しい苦痛ないし社会生活上の不利益をもたらす結果となる等特別の事情がある場合に、この点を量刑上考慮できなくはないにしても、あくまでも付随的な一因子にとどまるのである。本件においては、その事案の性格や内容等に加えて、従前の同種事例に関する科刑の実情にも鑑みれば、弁護人が縷々指摘する諸事情を十分勘案しても、被告人両名に対して、懲役刑及び罰金刑の併科刑をもって臨むのは、誠にやむを得ないというべきである。そして、医業停止処分は、医師法上、厚生大臣において、一定の事由が存する場合に、被処分者に弁明の機会を与えるとともに、医道審議会の意見を聞いたうえで、行うことができる旨定められているものであって、このような性格を有する将来の不確定な医業停止処分を、量刑上考慮することには、公務員が禁錮刑以上に処せられると必然的に失職するような場合と比べても、ましてや限界が存することが明らかであり、もとより、本件について刑種として罰金刑のみを選択することを相当とする事情として重視することは到底困難である。なお、被告人両名が医業停止処分の回避ないし軽減を図る機会は、前記のとおり、医師法上与えられているところである。)」というものであります。

ここでは、弁護人は、医師である被告人両名に対する医業停止処分がなされるおそれがあるので、より軽い罰金刑だけで済ませてほしいと述べていたのでありますが、裁判官は、そのようなことを配慮して罰金刑のみにすることはできないと判決しているのです。このように医療関係者の脱税は、単に刑事処分だけにとどまらず行政処分としての医業停止処分などの厚生労働省などからの処分も予想されるだけに絶対に避けなければならない犯罪であると言えましょう。

なお、用語の説明として、「ほ脱率」という文言が判決中に出てきますが、これは本来の納税額に対する脱税額の割合であり、これが高いほど多くの脱税をしているということになります。

3　平成5年10月26日東京地裁判決（税務訴訟資料219号3157頁）

この事案は、病院経営をしていた医師が多額の脱税をした結果、実刑に処せられたものであります。ただ、その所得の原因は、診療所の経営による事業所得などではなく、商品先物取引等によって得た所得でありました。なお、商品先物取引とは、農産物などの商品を、将来の一定期日に、予め決めた価格で売買する取引のことであります。

そして、この事件で被告人に言い渡された刑は、懲役2年6月及び罰金1億5,000万円でありました。この事件において、裁判所が認定した罪となるべき事実は、概ね次のとおりであります。

「被告人は、東京都台東区内において、「×××クリニック」の名称で診療所を開設して医業等を営む傍ら商品先物取引を行っていたものであるが、自己の所得税を免れようと企て、商品先物取引を他人名義で行うなどの方法により所得を秘匿した上、昭和63年分の実際の総所得金額が13億546万6088円であったにもかかわらず、平成元年3月15日、下谷税務署において、同税務署長に対し、昭和63年分の総所得金額が859万6870円で、これに対する所得税額が126万4800円である旨の虚偽の所得税確定申告書を提出し、もって、不正の行為により、同年分の正規の所得税額7億7355万1000円と右申告税額との差額7億7228万6200円を免れたものである。」

脱税したことにより免れた税額が7億円を超えるというのは非常に稀なケースで、とても悪質な事案であることがうかがわれます。そこで、この判決の「量刑の理由」ですが、概ね次のとおりでありました。

すなわち、「本件は、医師である被告人が、本業の傍ら継続的に行っていた商品先物取引によって得た利益の全額を秘匿して、単年度で7億7000万円余の所得税を免れたという事案であるが、単年度の脱税額としては稀に見る高額なものである上、ほ脱率も約99・8パーセントと極めて高率である。被告人は、商品先物取引は投機性が強いので、利益が出ているうちに取引を広げ、更に多くの利益を得ようと考えていたところ、既得の利益を申告すれば納税分だけ委託証拠金に充てる資金が減少するという利己的な動機から本件犯行に及んだものであって、動機の酌量の余地はない。そして、万が一、税務当局に商品先物取引で利益を得ていることが発覚した場合には、税法上個人よりも有利な取扱いを受けられる法人の取引であると弁解するため、（他人の名前である：筆者注）名義を使用して取引をしたほか、建玉制限を免れるなどの目的を併せ有していたとはいえ、多数の仮名、借名を使って取引を行っていたもので、脱税の手段、方法も巧妙かつ悪質である。さらに、被告人は、公判廷において本件犯行を否認し、不自然、不合理な弁解に終始しており、本件を真摯に反省しているとは認められない上、本件発覚後の本税の一部を納付しただけで、その余の本税、重加算税等を納付していない。

以上によれば、本件は悪質かつ重大な脱税事犯であり、被告人の刑事責任は重大であるというほかなく、被告人には前科前歴がなく、医師として長年医療に貢献してきたこと、本件で相当期間身柄を拘束され、反省の機会を与えられたことなどの有利な事情を十分斟酌しても、主文の刑が相当である。」としたのです。

この理由を見ても実刑が相当であることは当然と思われます。なお、「委託証拠金」というのは、商品先物取引において、少ない元手で取引を行う際の担保として商品先物取引会社に差し入れるお金のことであり、「建玉制限」というのは、一人で保有することができる注文数が制限されることを言います。つまり、一定数量を超えて注文を出すことができないということであります。また、「多数の仮名、借名を使って取引を行っていた」というのは、架空人の名義を使う場合、これが「仮名」であり、他人名義を借りて使う場合。これが「借名」で、要は、自分以外の名義を色々と使って商品先物取引を行っていたということであります。

この事件では、被告人は最高裁まで争っていましたが、結局、平成８年12月17日に被告人の上告は棄却され、上記の懲役２年６月等の刑罰が確定しております。このことからもいかに脱税が割に合わないことか理解できることと思います。

第5章
刑　法（1）
——安楽死・尊厳死——

はじめに

ここからは、刑法についてお話しします。皆さんは、刑法と聞いて何を思い浮かべるのでしょうか。泥棒などの**窃盗**事件でしょうか。連続殺人などの**殺人**事件でしょうか。あるいは、オレオレ詐欺のような**詐欺**事件でしょうか。そのいずれについても刑法が犯罪の成立要件とその際の処罰の内容について規定しております。

六法全書の中の刑事法という分野の最初の部分に刑法があります。刑事法の中の実体法で最も基本的な法律が刑法です。ですから、人が犯罪を敢行することで処罰されるのは、そのほとんどの場合が刑法によるものです。ただ、第1章でも説明しましたように、刑法だけでは新しい社会情勢に必ずしも対応できないような新型の犯罪（マネー・ローンダリングなどがこれに該当します。）や、特別の行政的意図をもって規制しようとする場合（一部の者が取引を独占しようとするのを規制しようとする場合などがこれに該当します。）などには刑法では十分に対応できないことがあります。

そもそも刑法は明治時代に作られた法律ですから、現代社会においても基本的には適合しているものの、細かな部分では対応しきれないこともあるのです。そこで、その対応しきれない部分については、特に別の法律を作って規制し、その違反に対して刑罰で対処するようにしています。先の例で言えば、マネー・ローンダリングについては**組織的犯罪処罰法**という法律で対応しますし、取引の独占などについては**独占禁止法**という法律を作って対応できるようにしております。このような法律は、刑法を一般法というのに対して、特別法というものになりますが、特に**刑事特別法**などという言い方で呼ぶこともあります。

罪刑法定主義

刑法を理解する上で、最も重要な概念は、**罪刑法定主義**という考え方であります。これは、国家が国民を処罰しようとする場合には、その犯罪となる行為及び処罰の内容をいずれも予め法律で定めておかなければならないという考え方であります。というのは、何が禁止されている行為であるかを予め条文などにして分かるようにしておいてくれないと、人は何をしていいのか、何をしてはいけないのかを決めることができず、その結果、行動の自由が著しく侵害されてしまうからです。また、別の形で言えば、自分のしていることが悪いことであると思っていなかったのに、突然、それは法律違反であるなどとして処罰されることとなっては、予想しない不利益が加えられることになるでしょう。そういったことを防止するための概念が罪刑法定主義であり、これは近代刑法の礎とも言えるものであり、世界中のほとんどの国々などで採用されている原則であります。

したがって、刑法や先にいった刑事特別法等で規定されていない事柄は、はっきり言って犯罪ではないので、それらに書いていないことであれば、民事法的には不法行為として損害賠償の対象となることはあっても、刑事法上処罰されることは絶対にありません。ただ、自分ではそれらの法律に書いていないと考えていても、法律の読み方、つまり、**法の解釈**ですが、それを自分勝手にしたことで解釈が誤っており、実際には処罰の対象となる行為をしていたということもあり得ると思います。ですから、常識的にこれはしてはいけないと思うようなことは基本的に犯罪になると思っておいたほうがよいと思います。

もっとも、常識的には、絶対にしてはいけないことであると認識されていながら、刑事法上、処罰の対象にならないことももちろんあります。その代表的なことが後の第11章で説明する研究者による学術論文の不正です。研究論文で実験に基づかない嘘を書いたとしても、ただ、それだけであるなら、それは犯罪にはなりません。STAP細胞が発見されたとして問題となったことがあり、これも第11章で詳しく述べますが、この論文の作成に関しては刑事事件として扱われてはおりません。というのは、刑法では、人の名前をかたるような文書の作成、これを**文書偽造罪**と言い、これについては犯罪が成立するための詳細な要件と処罰内容が定められていますが、自分の名前で嘘の文書を作成すること、これを**虚偽文書作成**と言いますが、これについては、公務員の場合を除けば、そのほとんどが処罰の対象とされていないからです。

具体的に述べましょう。刑法155条１項は、

> 第百五十五条　行使の目的で、（中略）公務員の印章若しくは署名を使用して（中略）公務員の作成すべき文書（中略）を偽造した者は、一年以上十年以下の懲役に処する。

と規定されております。これは公務員の作成すべき文書、つまり、**公文書**ですが、これを「行使の目的で」、つまり、実際に使うつもりでということですが、「公務員の印章若しくは署名を使用して」、つまり、その公務員の印鑑や署名を勝手に使って「偽造」したら、１年以上10年以下の**懲役**という処罰をしますよという意味です。なお、懲役は、刑務所等で働くことが刑罰の内容として義務付けられている刑であります。なお、このような刑罰の内容については、第８章で説明いたします。

このような犯罪を、**公文書偽造罪**と呼びます。

また、刑法156条は、

> 第百五十六条　公務員が、その職務に関し、行使の目的で、虚偽の文書（中略）を作成（中略）したときは、印章又は署名の有無により区別して、前二条の例による。

と規定されております。この規定の仕方は理解するのがちょっと難しいのですが、要は、公務員が嘘の文章を作成したときは、そこに印章や署名があるかないかで区別して、ある場合には、先に記載しました刑法155条１項の場合と同じ刑罰に処しますよということであります。

このような犯罪を、**虚偽公文書作成罪**と呼びます。

つまり、一般人が、公務員が作成する文書を勝手に作ったりした場合には、

公文書偽造罪が、また、公務員が自分の作成すべき文書で嘘を書いたりしたら、それは虚偽公文書作成罪として処罰しますよということが、これらで規定されているわけです。

これに対し、一般人が私的に作成する文書、これは公文書と比較して、**私文書**と呼ばれるのですが、この私文書についても、他人の名前を勝手に使った場合には、公文書偽造罪と同じように、**私文書偽造罪**が成立します。

具体的には、刑法159条１項は、

> 第百五十九条　行使の目的で、他人の印章若しくは署名を使用して権利、義務若しくは事実証明に関する文書（中略）を偽造した者は、三月以上五年以下の懲役に処する。

と規定されており、他人の印鑑や署名を勝手に使って、「**権利、義務若しくは事実証明に関する文書**」、要するに、これは社会生活をする上で大事な文書、例えば、契約書などを思い浮かべてもらえばよいと思いますが、そういった文書を勝手に作成した者に対しては、私文書偽造罪として処罰しますよということであります。ただ、そういった文書は、公文書ほどまでには保護価値があるわけではないので、その刑罰は、３月以上５年以下の懲役として、先の公文書偽造罪の場合よりは軽くなっています。

このように偽造罪については、公文書であっても、私文書であっても、いずれの場合でも刑罰をもって臨むこととしているのですが、しかしながら、私文書で嘘を書いたような場合、公文書であれば、虚偽公文書作成罪となるものが、必ずしも一般的な形では処罰の対象として規定されていないのです。ですから、罪刑法定主義に照らして、原則として、虚偽私文書作成は罪にはなりません。そのような一般的な規定が設けられていない以上、刑法は、私文書に嘘を書くことは犯罪としなくてよいと判断していると言えるのです。

たしかに、自分の日記に嘘を書くなどということは、まあ、あまりしないかもしれませんが、したとしても罪になるというようなことではないですよね。また、上司に対する報告書などの文書でも、それで金銭を受け取るような書類でない限り、単に、嘘を言って仕事をさぼったのをごまかそうとしたというような程度の報告書であれば、それは虚偽私文書を作成したことにはなりますが、それを処罰する規定が刑法にない以上、犯罪にはならないのが通常です。ですから、研究者が論文に嘘を書いても、それが社会的には甚だしい影響があるにしても、それが私文書である限り、犯罪にはならないということなのです（なお、第11章で説明するノバルティス事件は、他の罪名に触れることから刑事裁判となったのですが、この点については第11章で詳しく説明いたします。)。

これが罪刑法定主義として、皆さんによく覚えておいてほしいところなのです。犯罪となるためには、予め成文法としての法律によって、その犯罪行為及び科される刑罰の内容が決められていなければならないということであります。そして、この罪刑法定主義から、**慣習刑法の禁止**、**明瞭性の原則**、**類推解釈の禁止**、**遡及処罰の禁止**及び**絶対的不定期刑の禁止**などの派生原則が生まれています。

まず、慣習刑法の禁止とは、法律に基づくことなく、慣習に基づいて処罰することは許されないという原則であります。ここでいう法律は、国民の代表者で構成される国会で制定される成文法であります。そもそも、禁止事項が明示的に文章で判明しなければ、何が禁止されているのか分からず、国民は自己の行為を決定することができないことになります。国民の権利を制限するような法を内容が不明確な慣習刑法に委ねることは、法的安定性を欠如させることになるからです。そして、この点を明らかにしたものとして、日本国憲法31条は、

第三十一条　何人も、法律の定める手続によらなければ、その生命若しくは自由を奪はれ、又はその他の刑罰を科せられない。

と規定しているのです。

次に、明瞭性の原則とは、犯罪を処罰するための規定は、明瞭に記載されていなければならず、曖昧な規定で処罰することは許されないという原則です。これは曖昧な規定で処罰されることになっては、何が禁止されているのかよく分からず、自己の行為を決定することができなくなってしまうからです。

また、類推解釈の禁止は、Ａという行為が禁止されているのであれば、そ

れによく似たBという行為も同様に禁止されているのだと類推解釈をして処罰することは許されないという原理です。そのようなことが許されたら、何が類推されるのか分からず、結局、何が禁止されているのか、何をしてはいけないのかがはっきり分からなくなってしまうからです。

さらに、遡及処罰の禁止というのは、後になってできた法律で、それ以前の行為を処罰してはいけないという原理です。これも行為の時には特に禁止されていなかったのに、後になってそれはダメというのでは、これも何をしてはいけないのか分からなくなってしまうからです。最後の絶対的不定期の禁止については、第8章で説明いたします。

なお、先に述べていた、虚偽私文書作成については、ただ一つだけ例外がありますのでそれについても述べておきます。つまり、虚偽私文書作成が罪となる場合として、刑法160条では、

> 第百六十条　医師が公務所に提出すべき診断書（中略）に虚偽の記載をしたときは、三年以下の禁錮又は三十万円以下の罰金に処する。

と規定されております。これは、公務員でない医師（これには歯科医師も含まれます。）が作成する診断書は、あくまで私文書ですが、いくら私文書であるといっても、**公務所**、つまり、役所ですが、そんなところに提出する診断書に嘘を書いてもらっては困りますから、これは特別に犯罪とすることにしたものであります。なお、**禁錮**というのは、懲役が働くことが義務付けられる刑罰であるのに対し、禁錮の場合にはそのような義務はなく、単に、刑務所等の中にいることだけが義務として科される刑罰であります。これについても第8章で詳しく説明いたします。

刑法の規定の仕方——構成要件該当性——殺人罪を例として

先の罪刑法定主義の説明のところでも、いくつか条文を挙げましたから、既に気づかれているかもしれませんが、刑法は、「○○をした者に対して、○○の刑を科する」という形で条文を構成しております。つまり、一定の行為を禁止しておいたにもかかわらず、その禁止行為を実行した者に対しては、

これこれの刑罰を科しますよ、だから、そこに書いてある一定の行為をしてはいけませんよという趣旨で規定が設けられているのです。ここで示されている行為の要件を**構成要件**と言います。この構成要件を満たす行為に及んだ場合に初めて犯罪として処罰されるスタート地点に立つことになりますから、この構成要件が満たされる、つまり、当該行為が構成要件に該当するかどうかという**構成要件該当性**を判断することが非常に重要になるのです。

簡単な例で言えば、刑法199条は、

第百九十九条　人を殺した者は、死刑又は無期若しくは五年以上の懲役に処する。

と規定しております。これは、「人を殺す」という行為に及んだ者に対しては、死刑、無期懲役刑又は５年以上の懲役という処罰を科しますということが定められているわけです。つまり、「人を殺す」という行為が構成要件として、この条文で定められているのです。

もっとも、この規定を見て、たしかに人を殺すというのはとんでもないことだから、最も重い場合には、死刑まであるんだなということが分かると思いますし、特に、この条文が難しいということはないんじゃないかと感じるのではないかと思います。なお、死刑などの刑罰の内容の詳細については、第８章で説明いたします。

しかしながら、刑事法の解釈というのは、単純なことと思われても実際にはなかなか判断が難しい場合もあります。具体的に言えば、殺人罪における「人を殺す」という行為はどのような行為であるのかということです。もちろん、拳銃で射殺する、ナイフで刺し殺す、毒薬を飲ませて毒殺する、首を絞めて窒息させるなどは典型的な殺人行為ですから、それらがこの規定に該当する行為であることは疑いを容れません。つまり、殺害するというのは、「故意に、その行為がなければ存続したであろう人の生命を断つこと」（大塚仁ほか編『大コンメンタール刑法［第２版］第10巻』〈2006年、青林書院〉255頁〔金築誠志〕）でありますから、わざと人の生命を断つような行為に及べば刑法199条の構成要件に該当するとして扱われることになります。

そこで、まず問題となるのは、「殺す」という以上、生きている人を死亡させる必要がありますから、人が死ぬということをどのように考えたらよいのかということであります。具体的には、どのような状態をもって人の死と考えるかが、まず問題となるでしょう。

人の死とは

どのような兆候や状況が見られたら人は死亡していると言えるのかについては、伝統的には、**三兆候説**と呼ばれる見解に基づいて判断されていると言ってよいでしょう。

具体的には、①脈拍の不可逆的停止、②自発的呼吸の不可逆的停止、そして、③瞳孔拡大と対光反射消失の３つの兆候を総合して判断する見解であります。つまり、心臓が止まって動かない状態になり、呼吸も止まり、それらが戻ることのない状態であること、さらに、目の瞳孔が拡大してしまい、光を当てても反射的に瞳孔を閉じようとしなくなる状態であることを言います。また、この他に死体現象としては、筋肉が弛緩し、皮膚が蒼白化し、その後、**死斑**が発現いたします。筋肉が弛緩するのは、筋肉に対する神経の支配がなくなって生前の緊張が失われるからであります。そして、血管に血流がなくなるので皮膚が蒼白化し、その後、重力によって血液が下方に集まっていき、それが外表から確認できるようになって暗紫赤色斑となったものが死斑であります。このような死斑が出ていれば、一般的には、死の確定的兆候であると言われています。

この三兆候説は、これまで長い間、医師が死を判定するに際して用いてきた基準であり、そのために社会的に広く受容されております。

もっとも、この基準によっても死の判定は難しい場合もあり、死んだと判定されていた人が実は生きていたというケースもあります。かつては湖底に何時間も沈んでいて死亡したと思われた女性を解剖しようとして喉にメスを入れた際、この女性は、それまでも意識があったのに身体の自由が利かず、やっと声が出せるようになって叫び声を上げたことで生きているのが分かったという事例や、近時では、平成30年７月に報道された事件ですが、南アフリカで自動車事故に遭って死亡が確認された後、遺体安置所の冷蔵室に安置されていた女性が実は生きていたのが発見されたという報告もされております。そういう意味では、死の認定は、三兆候説の立場であっても難しいところはあります。

これに対し、近時は、脳死をもって人の死と捉える**脳死説**も有力になってきております。もっとも、この見解に反対する立場からは、脳死をもって人の死と捉えることとは必ずしも社会一般で許容されているわけではないと主張されています。具体的には、人が死亡すれば人でなくなり、法的には、物という扱いになります。そうなると、死体を傷つけても殺人ではないわけで、その場合には、死体損壊罪という罪が成立することになります。具体的には、刑法190条において、

第百九十条　死体（中略）を損壊し（中略）た者は、三年以下の懲役に処する。

とされている規定が適用されることになります。そこで、脳死を死と判定することに反対する立場からは、「現時点でも，脳死状態にある人を積極的に殺害し，三兆候説による死をもたらした場合に死体損壊罪にしかならないと正面から断言する見解が支配的になっているわけではない。」（安田拓人「要保護性のある法益の有責的毀損とその刑法的保護の時間的拡張の可能性について」研修821号〈2016年〉10頁）とする見解なども示されております。

一方、脳死をもって人の死と考える立場からは、多くの国民は脳死状態になったら、もはや元に戻ることはないと理解しているのではないかとの認識をベースにし、特に、平成21年に臓器の移植に関する法（以下「**臓器移植法**」と言います。）が改正されて、脳死状態の人から臓器を取り出すことが合法とされたことに鑑みれば、脳死をもって人の死という国民的合意が形成されたのではないかと主張いたします。この主張の根拠として臓器移植法が重要なポイントとなりますから、ここで、上記の改正がされた臓器移植法の内容について説明しておきます。

臓器移植法６条１項では、

第六条　医師は、次の各号のいずれかに該当する場合には、移植術に使用されるための臓器を、死体（脳死した者の身体を含む。以下同じ。）から摘出することができる。

として､｢脳死した者の身体｣が死体に含まれることを法的に明らかにした上、同条２項では、

> ２　前項に規定する「脳死した者の身体」とは、脳幹を含む全脳の機能が不可逆的に停止するに至ったと判定された者の身体をいう。

としています。つまり、この法律によれば、脳幹を含む全脳の機能が不可逆的に停止した場合には脳死とし、そのような身体を死体としているのです。臓器を早期に移植するためには、脳死の段階で移植する必要があることに鑑み、脳死した者の身体を死体に含めたことによるものであります。

このような法律が国民の代表者からなる国会での議決を経て制定されたということは、国民の認識としても、脳死をもって人の死とすることに合意したと考えることは決しておかしなことではありません。脳死を人の死と考える立場からは、三兆候説を採る立場に対し、この法律に規定されるような臓器移植がなされる場合のみ、脳死が人の死であり、それ以外の場合の人の死は三兆候説によるというのでは、あまりに「死」という概念に対し、一貫性のない見解と言わざるを得ないのではないかという反論がなされるのです。

また、脳死説の立場からは、脳死と既に判定されている身体に対し、誰かが殺意をもって攻撃を加えて、例えば、その心臓を包丁で突き刺したことにより、三兆候説による死亡を迎えた時に、三兆候説によれば、生きている人を殺したことになりますから、これを殺人罪であるとして処罰することになりますが、既に、脳死の状態であるのに殺人罪を認めるのが国民の意識に沿うものであるのかという疑問が呈されるのであります。それゆえ、脳死説の立場では、死体損壊罪が成立することになりますが、これが国民の意識に沿うとは思えないとして反対する見解については先に述べたとおりであります。

殺人罪の構成要件該当性の検討
――「人を殺す」という客観的要件――

刑法199条で記載されているように、「人を殺し」て、先に述べたような人の死を迎えさせた場合は、この条文の構成要件を満たして、死刑等の刑罰が

科されることになります。しかしながら、その行為が「人を殺す」行為と言えるかどうか問題になる場合があります。先に挙げたような拳銃で射殺するような場合は、客観的にみて人を殺すことができる行為であることは明らかですから、それが殺害行為であることは問題ないのですが、実際上、「人を殺す」行為と言えるかどうか問題となる場合があります。これは正に殺人罪の客観的な構成要件に該当する行為と言えるかどうかということで問題になるわけです。

具体的には、致死量に足りない毒物を飲ませる行為はどうでしょうか。致死量に足りませんから、基本的には死なないはずです。そのような行為では人を死なせることができませんから、殺人罪には該当しないのではないかという疑問が起きます。人の死亡が絶対に起きないような行為によって、人を死亡させようとするのは、人の死という結果の発生が不能ですから、それは「**不能犯**」という用語で呼ばれて、犯罪は成立しないとされます。つまり、そのような行為は、「人を殺す」という刑法199条の構成要件に該当しないからです。

この不能犯という概念が裁判上問題となったのは、硫黄を飲ませて殺害しようとした事案においてでした。大正６年９月10日大審院判決（刑録23輯999頁）の事案では、犯人は、被害者を殺害するため、硫黄５匁（18·75グラム）を夕食の汁鍋に入れて飲ませた上、硫黄粉末を入れた水薬を飲ませました。しかしながら、被害者は死ぬようなことはありませんでした。

この犯人は、硫黄を飲ませれば人は死ぬと思っていたからこのような行為に及んだのですが、一般的に言って、硫黄を服用させれば人は死亡すると考えられているのでしょうか。硫黄泉の温泉で、それを滋養などのために飲用している例もみられるように、硫黄を服用することで人が死亡するというのは、あまり一般的な見解ではないのではないかと思われます。実際にも、硫黄は日本薬局方において「イオウ」として載っており、薬用として用いられていることなどにも照らせば、硫黄を用いて殺害するという行為は、客観的にみて、殺害という犯罪実現の可能性はないと考えられております。したがって、この場合において、大審院は、硫黄を飲ませるという行為は、殺人罪においては「純然たる不能犯に属する場合」であるとして不能犯と認定しております。

では、致死量に足りない毒物を飲ませる場合も、この硫黄を飲ませた場合と同様に考えて不能犯ということになるのでしょうか。このような場合の参考事例として、昭和36年７月18日東京高裁判決（判例時報281号12頁）があるので、この事案を基にして検討してみましょう。

この事案では、犯人は、被害者を殺害するために、その静脈に空気を注射することで空気栓塞（医学的には、「空気塞栓」と言いますが、どちらも使います。）を起こさせて殺害しようとしたものの、注射した空気の量が少なかったため、被害者は死ななかったので殺人未遂罪として起訴されたものであります。ここでは、毒物を飲ませたわけではないのですが、空気を静脈に注射した場合も、死なせるために一定量が必要であることは同様ですから、同じ様に考えてよいでしょう。

なお、刑法では、基本的には、意図した結果が発生した場合、つまり、それを「**既遂**」と言いますが、それをベースに規定しておりますが、一定の重大な犯罪については、その意図した結果が発生しなかった場合においても、「**未遂**」として罪に当たると規定しています。殺人罪は、重大な犯罪ですから、刑法203条において、

第二百三条　第百九十九条（中略）の罪の未遂は、罰する。

と規定して、殺人未遂罪を処罰することとしているのです。

この事案において、犯人が被害者に対し、実際に注射した空気の量は30～40ccでありました。ところが、空気栓塞によって人を死亡させるためには、この裁判での鑑定人の証言に照らせば、少なくとも70cc以上、場合によっては、300cc以上の空気を静脈に注射する必要があったと考えられました。

そのため、被告人の弁護人は、本件犯行によっては、被害者が死亡することはないのであるから、被告人の行為は不能犯として犯罪とならないと主張したのです。

空気塞栓については、実際のところ、医療現場でもときどき事故が起きています。カテーテルで輸血や輸液をしていた際に、カテーテルをきちんと閉じないで大気に開放してしまい、空気が血管に流入し、空気塞栓による脳梗

塞を起こしたとの報告などもされているのです。文献などで判明するところによれば、空気塞栓による空気の致死量としては、200cc以上であれば死の危険があると認識されております。

このような医学的データに照らし、本件の事案では、30〜40ccの空気が注射器で入れられただけでした。この量では死亡することはないと言ってよいでしょう。では、人が死なないのであれば、そのような量を注射した行為は、「人を殺す」という構成要件に該当せず、不能犯として犯罪が不成立になるのでしょうか。

この事案において、東京高裁は、次のように述べて、殺人未遂罪が成立するとしました。すなわち、30cc乃至40ccの空気を注入したのみでは、通常人を死に致すことはできないけれど、医師でない一般人は、人の血管内に少しでも空気を注入すればその人は死亡するに至るものと思っているだろうし、被告人らもそのように思っていたことに間違いはない、そうなると人体の静脈に空気を注射することはその量の多少にかかわらず人を死亡させるに足る極めて危険な行為であるとするのが社会通念であったというべきであって、被告人らは、一般に社会通念上は人を殺すに足るものとされている、人の静脈に空気を注入するという行為を敢行したものであるから、そのような行為は、刑法第199条にいう「人を殺す」行為に該当するとしたのでした。

ここでは、「人を殺す」という行為の評価について、客観的に「人を殺せる」かという観点からではなく、一般人がその行為を見て、それが人を死亡させるに足る危険な行為と考えているかどうかという観点から、その行為について「人を殺す」行為かどうかを判定しています。このように構成要件に該当するかどうかを判断する際には、当該行為の危険性について、社会通念上、つまり、健全な常識と考えればよいのですが、そのような観点からの評価によっても、構成要件に該当するかどうかを判断することがあるということを覚えておいてもらえればと思います。

ですから、ある毒物の致死量がどれくらいであるかは、その専門家でもなければ正確なことは分からず、一般人にとっては、少しでも飲んだら死んでしまうかもしれないと思うでしょうから、仮にそれが致死量に足りないものであっても、一般人から見て社会通念上、人を殺すに足るものと考えられます。したがって、このような場合も、「人を殺す」という構成要件に該当することになります。

また、これと類似した考え方によるものとして、次のような問題があります。犯人は、知人を殺害しようとして、その知人の住んでいるアパートの窓ガラスを割って、そこからビニール袋に入ったサリンを投げ入れ、室内で破裂させて当該知人を殺害しようとしました。しかし、たまたまその知人は外出していて不在だったため、サリンによって死亡することはなかったという事案を検討してみます。

この場合、客観的には、知人は不在ですから人が死亡する可能性は全くありません。ですから、結果発生は絶対に不可能ですから不能犯と同じことになります。では、この場合、犯罪は成立しないのかというと、一般的な刑法上の見解は、殺人未遂罪が成立するという答えになります。

どうして客観的に殺人という結果は発生する余地がないのに殺人未遂罪となるのかというと、通常であれば当該知人はそこにいるはずであるので、そのような状況を認識しながらサリンを投げ込むという行為は、一般人からみて社会通念上、当該知人の殺害という結果発生の危険があると認識されるからであります。たまたまいなかったという偶然の事情によって結果が発生しなかっただけで、その行為自体は、十分に当該知人を殺す危険性を有する行為である以上、それは「人を殺す」行為であると言えるからであると説明されています。

このように、客観的には結果が発生する可能性がなくても、当該状況に置かれた一般人の認識を前提にして、結果発生の蓋然性があると認識されるような状況であれば、それは殺人罪の構成要件である「人を殺す」行為であると評価できるということなのです。

もっとも、本件東京高裁判決は、少量の空気を注射する行為が殺人罪の「人を殺す」という構成要件に該当する理由として、上記の理由だけにとどまらず、たとえ静脈内に注射した空気の量が致死量以下であったとしても注射された相手方の健康状態のいかんによっては、死亡することもあり得るのですから、それも「人を殺す」という行為に該当するという根拠の一つにしています。つまり、これは致死量に足りない空気を注射する行為であっても、実際に死亡させる危険性があることから、それは客観的にみて「人を殺す」という行為に該当すると言っているわけです。

そして、この事件の上告審である昭和37年３月23日最高裁判決（刑集16巻３号305頁）でも、上記で述べたことと同様に、静脈内に注射された空気の量が致死量以下であっても被注射者の身体的条件その他の事情の如何によっては死の結果発生の危険が絶対にないとは言えないという理由で殺人未遂罪が成立するとしました。ただ、この最高裁判決では、上記東京高裁判決で示されたような一般人の認識や社会通念上の評価には触れておりませんでした。

このように、色々な角度から構成要件該当性を判断することは、刑事裁判ではよくみられることであり、各裁判所によって、どの理由に重きを置くかなどで、同じ有罪でも理由付けが異なることはしばしばであります。

殺人罪の構成要件該当性の検討――殺意という主観的要件――

これまで述べてきましたことは「人を殺す」という客観的要件を満たすかどうかということですが、構成要件を充足するというためには、そのような客観的要件だけでは足りません。というのは、刑法は犯罪の成立に関して、一定の行為に及んだ場合、その行為の内容を認識し、認容して行ったという**故意**という主観的要件をも併せて要求しているからです。つまり、刑法38条１項前段は、

第三十八条　罪を犯す意思がない行為は、罰しない。

と規定して、「故意」がない行為については処罰しないとしているのです。したがって、その裏返しとして、犯罪が成立するためには、基本的に、故意が必要とされることになります。

では、殺人罪の場合には、どのような故意が求められるのでしょうか。これは、相手方が死んでもかまわないと認識し、その結果を受け入れる認容という意識が必要であると考えられています。一般的には、**殺意**という言い方で表されますが、そのような主観的な意図が要件として求められます。した

がって、相手方の死という結果の発生を認識、認容していない場合には、殺意は存在しないことになります。例えば､仲の良い友人同士であったものの、ささいなことで喧嘩になり、怒りに任せて思いきり相手の顔を殴ったら、相手が鼻血を出して倒れ､その際に後頭部を強打し､その結果､死亡してしまったというケースを考えてみましょう。このような人間関係であれば、たとえ喧嘩になったとしても、その友人が死んでしまってよいとは思わないはずです。この場合には、友人の死という結果を認識、認容していないことになります。

そうなると、この場合、殺意はなく、殺人罪は成立しません。ただ、相手を殴ることについての認識、認容はある上、相当に強い力で殴っていますので、相手方に怪我をさせることをも認識、認容していると言えるでしょうから、この場合は、**傷害罪**を犯して、その結果、人を死亡させてしまったという**傷害致死罪**が成立します。刑法205条は、

第二百五条　身体を傷害し、よって人を死亡させた者は、三年以上の有期懲役に処する。

と規定しており、この傷害致死罪によって処罰されることになります。

このように相手方が死亡したという同じ結果であっても、殺意の有無によって、殺人であれば死刑や無期懲役などが科される可能性もあるのに、傷害致死罪であれば、有期懲役だけで済むことになり、その刑の重さにはかなりの差があります。

そうなると、人を死なせた場合に、真実は殺してやろうと思って殺したのであっても、法廷で､「私は殺そうとは思っておらず、たまたま当たりどころが悪くて死んでしまっただけで、殺意はありません。」と弁解することもあり得るでしょう。

では、そのような場合に、どのようにして真相を明らかにしたらよいのでしょうか。被疑者は、あくまで殺すつもりはなかったと主張するなかで、真実、殺意があった者とそうではなかった者とをどのようにして識別したらよいのでしょうか。

このような場合には、殺害行為の方法や態様等を総合的に判断して、客観

的な態様などから主観的な殺意を推認するという形で事実認定をいたします。

例えば、拳銃で相手の頭を狙って撃てば、弾が当たる限り、絶対に相手は死にますから、この場合、殺意があったことは明らかでしょう。このように用いた凶器が何であるか、例えば、包丁などの刃物であれば、どの部位を狙って刺したか、どの程度深く刺したか、何度も刺したのかなどの行為態様やその結果は、死体解剖の際に明らかになります。そういった行為態様及び損傷状況や、更には被害者との間の人間関係において怨恨等の殺意を生じさせるような動機形成につながる事実が存したかなども殺意の認定上重要な要素となります。

このような事実関係や証拠を集めて、犯人に殺意があったのかどうかを客観的に判断しているのです。

安楽死に関する問題提起——違法性阻却事由——

医療関係者であれば、安楽死の問題は避けて通れないところです。患者を死なせることになるのですから、殺人罪等の問題が生じてきます。

そこで、まず、安楽死が法律上問題となる点を明らかにしておきましょう。

そもそも安楽死と呼ばれるものの中には、単に、死期を迎えてその苦痛を緩和するだけのものや、死に至る苦痛を緩和するためにいくらか死期を早めてしまうものや、生存を延長するためだけの治療を実施するのを止めるものなども含まれるとされております。

ただ、それらについては、積極的に人を死亡させようとするものではないので、終末治療の方法の一つでしかなく、基本的に、それらの行為は、「人を殺す」という行為には当たりません。したがって、刑法199条の殺人罪は成立しないことから、それらは犯罪とならないと考えるべきでしょう。

これに対し、既に昏睡状態にあって意識がなく、苦痛があるかどうかも不明な状態の人を、その親族などがきっと本人はもう死にたいと思っているだろうと勝手に忖度して、首を絞めて死亡させたというような事案であれば、殺人罪が成立することに疑いはありません。この場合、安楽死をさせてあげなければならないような切羽詰まった状況はありませんし、本人からも死なせてほしいなどという要請などもないからです。場合によっては、本人はまだまだ生きていたいと積極的に思っていたかもしれず、そのような人を安楽死として死亡させてしまった行為は、まさに「人を殺す」行為に他なりませんから、殺人罪となるわけです。

ここで法律上問題としなければならない典型例は、苦痛の甚だしい死期の迫った人に対し、その苦痛を除去するために積極的に死期を早める措置をとる場合の安楽死の問題であります。その苦しみのあまり早く死なせてほしいと本人からの切実な要請があることもあり、見るにしのびなく、泣く泣く死なせてあげるような場合で、このような本来の安楽死が犯罪となるかどうかは、これまでの裁判でも熾烈に争われてきました。

仮に、その殺害行為が、安楽死として許容されるとなれば、その場合には、殺人罪の構成要件に該当するにもかかわらず、**違法性**が阻却されて犯罪が成立しなくなるからです。このような場合においては、**違法性阻却事由**が存することから、犯罪不成立という言い方をいたします。

ここで、「違法性阻却事由」という刑法上の概念について説明しておきます。これまでに説明してきた「構成要件」は、違法な行為を類型化したもの、つまり、誰からみても悪いことであるとされるような行為を条文にして規定したものであります。ですから、構成要件に該当する行為は、基本的に違法な行為であるのです。

ただ、そのような構成要件に該当する違法な行為であっても、場合によっては、犯罪の成立を否定したほうがよい場合があります。一番分かりやすい例は、**正当業務行為**だと思います。これは、刑法35条に

第三十五条　法令又は正当な業務による行為は、罰しない

と規定しておりますが、例えば、死刑の執行は絞首刑により刑務官が行いますが、この刑務官の行為は明らかに殺人です。絞首しているのですから、「人を殺す」行為であることは明らかです。しかしながら、刑務官は、刑事訴訟法475条１項の

第四百七十五条　死刑の執行は、法務大臣の命令による。

との規定に基づき、法務大臣の命令を受けて執行しますので、これは法令に基づく正当な業務行為である以上、条文に「罰しない」と記されているように犯罪にならないのです。そして、この犯罪にならない理由として、絞首刑の執行は、「人を殺す」という構成要件に該当する行為ではあるものの、正当業務行為として「違法性が阻却される」ことから、犯罪が成立しないとされるのです。

このように犯罪が成立するためには、構成要件に該当する行為をすること、そして、違法性阻却事由が存在しないことという条件を満たすことが必要であることが分かると思います。

安楽死として違法性阻却が認められない場合

先のような本人が苦痛に耐えかね死なせて欲しいとの要請に基づいて殺害したケースにおいて、医師でない者が安楽死として死亡させた場合には、通常は、刑法202条における

第二百二条　（前略）人をその嘱託を受け若しくはその承諾を得て殺した者は、六月以上七年以下の懲役又は禁錮に処する。

との規定に基づく**嘱託殺人罪**が成立するでしょう。これは、自殺をしようと考えている人から頼まれて殺害した場合などに適用される犯罪であります。

では、実際に、どのようなケースがこれに該当するのか、裁判例を挙げて説明いたします。このような事案としては、平成27年７月８日千葉地裁判決（公刊物未登載）が参考になります。

この事件で起訴された被告人は92歳でありましたが、83歳になる同居の妻から頼まれて殺害したのでした。この妻は、老齢により足腰の衰えが顕著になってからは、足腰に常に痛みを抱えておりました。そこで、これを和らげるために病院を何度も受診し、処方された鎮痛薬を服用するなどしていたものの、効果は乏しく、絶えず痛みに苛まされながら、痛みに起因する不眠に

も酷く苦しんでおりました。そのため、妻は、死ぬ以外に痛みから逃れる方法はないのでないかという思いを抱き、家族に大きな負担をかけていることを耐え難く思う気持ちもあり、被告人らに対して、安楽死を望むかのような発言を繰り返すようになりました。

被告人は、これを聞いて、妻を不憫に思う気持ちや無力感が強くなり、昼夜を問わずに眠る間もなく妻の介護に追われるうちに、被告人自身の疲労の色も濃くなっていきました。

そして、ある日、自宅の廊下で転倒した妻の手助けに被告人が行った際、妻は、「もう生きていても苦しいだけなので，殺してほしい。」と懇願しました。そこで、被告人は、妻を苦しみから解放するには、もはや自分が殺してあげるしかないものと考え、苦渋の思いでその申出を了承しました。被告人は、妻と２人で寝室に移動し、布団に横になった妻に添い寝をしながらしばらく思い出話をし、その後、素手で妻の首を絞めて殺害しようとしたものの、うまく絞めることができませんでした。そのため、妻はネクタイを用いて首を絞めてくれるように求めました。そこで、被告人は、洋服箪笥からネクタイを持ち出し、妻の首にネクタイを二重に巻き付け、本当に絞めていいのかと覚悟のほどを確かめましたが、妻の決意は揺るぎませんでした。それで、被告人は、ネクタイで思い切り妻の首を絞めて殺害したのでした。

このような事案では、被害者の苦痛からの解放を望む意図は十分うかがわれるものの、医師ではない被告人が殺害する行為には、後に述べますように、違法性が阻却されるための安楽死の要件を満たすことはないので、嘱託殺人罪が成立することは明らかであります。

なお、この事案では、嘱託殺人罪が認定されましたが、誰が考えても被告人が気の毒ですから、判決では、「被害者の命が失われた結果の重大性は重く受け止めなければならないものの，被告人が，被害者の介護に追われ，心身共に疲弊し，追い詰められた状況で，被害者から殺してほしいと懇願され，苦しみから解放するためには他に方法はないと考えて犯行に及んでおり，その判断を強く非難はできないことに照らすと，被告人の刑事責任に見合う刑罰として実刑が相応しいとはいえない。」として、執行猶予の付いた判決が言い渡されております。

安楽死として違法性が阻却されるか問題となった３つの事案

安楽死として本質的に問題となるのは、医師により積極的に患者を死亡させる場合であります。患者の苦痛や回復困難性を考えて、これ以上、延命させることは患者のためにならないと判断し、死亡させる行為が、違法性を阻却するかどうか問題とされてきたのであります。そこで、これまで裁判上問題とされたものとして、次の３件のケースを挙げて説明することといたします。

1　昭和37年12月22日名古屋高裁判決（判例タイムズ144号175頁）

これは医師によりなされた安楽死のケースではありませんが、判決において、安楽死における違法性が阻却されるための要件を詳細に判示していることから、この種の事件のリーディングケースとなるものであります。

まず、この事案を説明しますが、被告人の父Ａは、昭和31年10月頃、脳溢血で倒れ、その後、昭和34年10月頃、再発してからは全身不随となり、昭和36年７月初め頃からは、食欲も衰えて衰弱が激しくなり、上下肢は曲ったままで、これを少しでも動かすと激痛を訴えるようになりました。そのため、Ａは、「早く死にたい」、「殺してくれ」と大声で口走るようになりました。

被告人は、これを聞き、また息も絶えそうになるしゃっくりの発作に悶え苦しむ有様を見るにつけ、子として堪えられない気持に駆られていました。そのような中で、ついに昭和36年７月10日頃、Ａを病苦より免れさせることこそ、父親に対する最後の親孝行であると考えて殺害しようと決意するに至りました。

そして、被告人は、同年８月27日午前５時頃、牛乳の中に有機燐殺虫剤少量を混入し、同日午前７時30分頃、そのようなことを知らない母親Ｂをして父Ａに上記牛乳を飲ませ、父Ａを有機燐中毒により死亡させたのでした。

この事案において、名古屋高裁は、安楽死について、次のような基準が満たされた場合には違法性が阻却されると判示しました。

すなわち、「行為の違法性を阻却すべき場合の一として、いわゆる安楽死を認めるべきか否かについては、論議の存するところであるが、それはなんといっても、人為的に至尊なるべき人命を絶つのであるから、つぎのような厳しい要件のもとにのみ、これを是認しうるにとどまるであろう。

⑴　病者が現代医学の知識と技術からみて不治の病に冒され、しかもその死が目前に迫っていること、

⑵　病者の苦痛が甚しく、何人も真にこれを見るに忍びない程度のものなること、

⑶　もっぱら病者の死苦の緩和の目的でなされたこと、

⑷　病者の意識がなお明瞭であつて意思を表明できる場合には、本人の真摯な嘱託又は承諾のあること、

⑸　医師の手によることを本則とし、これにより得ない場合には医師によりえない首肯するに足る特別な事情があること、

⑹　その方法が倫理的にも妥当なものとして認容しうるものなること、

これらの要件がすべて満たされるのでなければ、安楽死としてその行為の違法性までも否定しうるものではないと解すべきであろう。」としました。

このような基準は、本件名古屋高裁の考え方であって、これが以後のルールになったというわけではありません。ただ、高等裁判所が一定の基準を示したことから、これを基に法律家も医療関係者も安楽死の要件がどうあるべきかの様々な議論を引き起こしたのでした。どのような議論があったかまではここでは触れませんが、安楽死という方法をとって死に至らしめても、違法性が阻却されて犯罪が成立しない場合があり得るということを裁判所が積極的に示したことで、医師らのあるべき対応について深く検討されるきっかけになった裁判例であることは間違いないと言っていいでしょう。

なお、この判決では、被告人の殺害行為がその要件を満たすかどうかについて検討したところ、上記の要件のうち、「医師の手によることを得なかつたなんら首肯するに足る特別の事情を認められないことと、その手段として採られたのが病人に飲ませる牛乳に有機燐殺虫剤を混入するというような、倫理的に認容しがたい方法なることの二点において、右の⑸、⑹の要件を欠如し、被告人の本件所為が安楽死として違法性を阻却するに足るものでないことは多言を要しない。」として、安楽死による違法性阻却を認めなかったものであります。そして、父Ａが死なせてほしいと懇願したことを認め、嘱託殺人罪を認めたものであります。

2　平成７年３月28日横浜地裁判決（判例時報1530号28頁）

この判決の事案で問題とされたのは、当時、東海大学医学部付属病院に勤務していた医師である被告人Ａが、多発性骨髄腫で入院していた患者Ｂ（当時58歳）に対し、塩化カリウム製剤を注射して死亡させたことが安楽死として許容されるか、つまり、その殺害行為の違法性が阻却されるかどうかという点でありました。

この患者Ｂは、すでに末期状態にあって、死が迫っていたのであり、そのため、呼吸をするのも苦しそうな状況でありました。そして、平成３年４月13日午後８時35分頃、東海大学医学部付属病院内のＢの病室において、被告人Ａは、その様子を見ていたＢの長男から、父親であるＢを苦痛から解放してやってほしい、すぐに息を引き取らせてやってほしいと強く要請されました。そのため、被告人Ａは、逡巡したものの、Ｂに息を引き取らせることもやむを得ないと決意しました。

それで、被告人Ａは、徐脈、一過性心停止等の副作用のある不整脈治療剤である塩酸ベラパミル製剤（商品名「ワソラン注射液」）の通常の２倍の使用量に当たる２アンプル４ミリリットルをＢの左腕に静脈注射をしました。しかし、Ｂの脈拍等に変化がみられなかったことから、続いて、心臓伝導障害の副作用があり、希釈しないで使用すれば心停止を引き起こす作用のある塩化カリウム製剤（商品名「KCL」注射液）の１アンプル20ミリリットルを、希釈することなくＢの左腕に静脈注射をしました。

そして、その途中、Ｂの心電図モニターに異常を発見したＫ看護師が、心電図モニターを病室に運んで来て、「心室細動が出ています。」と声を掛けましたが、被告人Ａは、そのまま注射を続けて打ち終えました。

その後、被告人Ａは、心電図モニターで心停止するのを確認し、心音や脈拍、瞳孔等を調べて、長男に「ご臨終です。」と告げ、Ｂを急性高カリウム血症に基づく心停止により死亡させたのでした。

この事案において、横浜地裁は、安楽死として違法性が阻却されるためには、「本件で起訴の対象となっているような医師による末期患者に対する致死行為が、積極的安楽死として許容されるための要件をまとめてみると、

⑴　患者が耐えがたい肉体的苦痛に苦しんでいること、

⑵　患者は死が避けられず、その末期が迫っていること、

⑶　患者の肉体的苦痛を除去・緩和するために方法を尽くし他に代替手段がないこと、

⑷　生命の短縮を承諾する患者の明示の意思表示があること、

ということになる。」と判示しました。

この横浜地裁判決と上記名古屋高裁判決と比較してみるに、⑴と⑵の要件は同じであるほか、医師の手によることを原則としつつ、もっぱら病者の死苦の緩和の目的でなされ、その方法が倫理的にも妥当なものであることという名古屋高裁の挙げた要件については、末期医療において医師により積極的安楽死として行われる限りでは当然のことで、特に要件とするまでの必要はないとして、敢えて要件として掲げることはしておりません。ですから、この要件が挙げられていないからといって、医師以外の者がしてよいという判断を示しているわけではありません。

ただ、その一方で、新たに、苦痛を除去・緩和するための代替手段がないことという要件を付加しているほか、名古屋高裁判決が病者の意識が明瞭で意思を表明できる場合についてのみ本人の真摯な嘱託または承諾を必要とするとしていたのに対し、患者本人の明示の意思表示を例外なしに要求している点において、名古屋高裁判決と異なっております。

その上で、「本件起訴の対象となっているワソラン及びKCLを注射して患者を死に致した行為については、積極的安楽死として許容されるための重要な要件である肉体的苦痛及び患者の意思表示が欠けているので、それ自体積極的安楽死として許容されるものではなく、違法性が肯定でき」るとした。つまり、上記の要件のうち⑴と⑷が欠けているとして、安楽死として違法性が阻却されることはないと判断したものであります。

3　平成21年12月7日最高裁決定（刑集63巻11号1899頁）

本件は、川崎協同病院の医師で、呼吸器内科部長であった被告人Ａが、終末期にあった患者Ｂについて、その家族からの強い要請に基づき、気管内チューブを抜管して死亡させたという事案であります。ここでは、その抜管による安楽死が法律上許容される治療中止であるかどうかが問題とされたも

のであります。

本件の被害者となる患者Ｂ（当時58歳）は、平成10年11月２日、仕事帰りの自動車内で気管支喘息の重積発作を起こし、同日午後７時頃、心肺停止状態で川崎協同病院に運び込まれました。Ｂは、救命措置により心肺は蘇生しましたが、意識は戻らず、人工呼吸器が装着されたまま、集中治療室（ICU）で治療を受けることとなりました。Ｂは、心肺停止時の低酸素血症により、大脳機能のみならず脳幹機能にも重い後遺症が残り、ずっと昏睡状態が続いておりました。

被告人Ａは、平成10年11月４日からＢの治療の指揮を執りました。Ｂの血圧、心拍等は安定していましたが、気道は炎症を起こし、喀痰からは黄色ブドウ球菌、腸球菌が検出されました。被告人Ａは、同日、Ｂの妻や子らと会い、Ｂの意識の回復は難しく植物状態となる可能性が高いことなど、その病状を説明しました。

ところが、その後、Ｂに自発呼吸が見られたため、同年11月６日、人工呼吸器が取り外されましたが、舌根沈下を防止し、痰を吸引するために、気管内チューブは残されました。同月８日、Ｂの四肢に拘縮傾向が見られるようになり、被告人Ａは、脳の回復は期待できないと判断するとともに、Ｂの妻や子らに病状を説明し、呼吸状態が悪化した場合にも再び人工呼吸器を付けることはしない旨同人らの了解を得るとともに、気管内チューブについては、これを抜管すると窒息の危険性があることからすぐには抜けないことなどを告げました。

被告人Ａは、同月11日、Ｂの気管内チューブが交換時期であったこともあり、抜管してそのままの状態にできないかと考え、Ｂの妻が同席するなか、これを抜管してみたが、すぐにＢの呼吸が低下したので、「管が抜けるような状態ではありませんでした。」などと言って、新しいチューブを再挿管しました。

被告人Ａは、同月12日、ＢをICUから一般病棟の個室へ移し、看護婦に酸素供給量と輸液量を減らすよう指示し、急変時に心肺蘇生措置を行わない方針を伝えました。被告人Ａは、同月13日、Ｂが一般病棟に移ったことなどをその妻らに説明するとともに、同人に対し、一般病棟に移ると急変する危険性が増すことを説明した上で、急変時に心肺蘇生措置を行わないことなどを確認いたしました。

Ｂは、細菌感染症に敗血症を合併した状態でありましたが、Ｂが気管支喘息の重積発作を起こして入院した後、本件抜管時までに、同人の余命等を判断するために必要とされる脳波等の検査は実施されていませんでした。また、Ｂ自身の終末期における治療の受け方についての考え方も明らかではありませんでした。

同月16日午後、被告人Ａは、Ｂの妻と面会したところ、同人から、「みんなで考えたことなので抜管してほしい。今日の夜に集まるので今日お願いします。」などと言われて、抜管を決意しました。

そのため、同日午後５時30分頃、Ｂの妻や子、孫らが本件病室に集まり、午後６時頃、被告人Ａが准看護婦と共に病室に入りました。被告人Ａは、家族が集まっていることを確認し、Ｂの回復を諦めた家族からの要請に基づき、Ｂが死亡することを認識しながら、気道確保のために鼻から気管内に挿入されていたチューブを抜き取るとともに、呼吸確保の措置も採りませんでした。

ところが、予期に反して、Ｂが身体をのけぞらせるなどして苦悶様呼吸を始めたため、被告人Ａは、鎮静剤のセルシンやドルミカムを静脈注射するなどしました。しかしながら、Ｂの苦悶を鎮めることはできませんでした。そこで、被告人Ａは、同僚医師に助言を求め、その示唆に基づいて筋弛緩剤であるミオブロックをICUのナースステーションから入手した上、同日午後７時頃、准看護婦に指示してＢに対し、ミオブロック３アンプルを静脈注射の方法により投与しました。その結果、Ｂの呼吸は、午後７時３分頃に停止し、午後７時11分頃に心臓が停止しました。

このような事案において、最高裁は、まず、「被害者が気管支喘息の重積発作を起こして入院した後、本件抜管時までに、同人の余命等を判断するために必要とされる脳波等の検査は実施されておらず、発症からいまだ２週間の時点でもあり、その回復可能性や余命について的確な判断を下せる状況にはなかったものと認められる。」旨判示して、Ｂの余命等を判断するための十分な検査が行われていなかったことを問題視しました。そのような検査等が実施されていない以上、医師にとっても家族にとっても、その回復可能性等について的確な判断が下せる状況にはなかったと認定しました。

そして、「被害者は，本件時，こん睡状態にあったものであるところ，本件気管内チューブの抜管は，被害者の回復をあきらめた家族からの要請に基づき行われたものであるが，その要請は上記の状況から認められるとおり被害者の病状等について適切な情報が伝えられた上でされたものではなく，上記抜管行為が被害者の推定的意思に基づくということもできない。」と判示しました。これは、Bの回復を諦めた家族からの要請により気管内チューブが外されたものですが、その判断に当たっての適切な情報が上述したように伝えられていなかったので、そのような抜管は、昏睡状態にあるBの意思に沿ったものとも言えないとしたのです。ここで「推定的意思」という刑法上の用語が出てきますが、これは本人から明示の承諾の意思表示はなされていないものの、その承諾が合理的に推認できる場合には、承諾の意思があったものとみて差し支えないということであります。結局、最高裁は、抜管が昏睡状態にある本人の承諾するところであるかどうかは疑問であるとみているということなのです。

その上で、最高裁は、「以上によれば，上記抜管行為は，法律上許容される治療中止には当たらないというべきである。」と判示して、違法性が阻却される行為にはならないとし、本件における気管内チューブの抜管行為をミオブロックの投与行為と併せ殺人行為を構成するとしたものでした。

なお、この最高裁決定において、安楽死を問題にしているのは、気管内チューブの抜管行為についてだけであることに注意しておいてください。この他に、ミオブロックという筋弛緩剤を投与した行為については、Bはもとより家族の同意も得ないまま実施したものですから、これについては治療中止行為でもなんでもなく、通常の殺人行為として認定されているのです。ですから、本件最高裁決定でも、この点での殺人罪の成立については特に問題としていません。

また、この事案では、Bは、上記の名古屋高裁や横浜地裁の事案と異なり、耐え難い苦痛を感じているわけではないので、それらの判決で示された安楽死の要件を満たすことはありません。したがって、この事案では、安楽死の問題として取り上げるよりは、むしろ次に述べます**尊厳死**の問題がメインになります。

尊厳死に関する問題提起

上記の最高裁決定の事案は、いわば「脳に重大な損傷を受けて不可逆的な意識不明の昏睡状態にあり、生命維持装置により生存している人から、生命維持装置を取り外し、人として尊厳をもって死を迎えさせる」という尊厳死の問題にも該当するものであります。尊厳死が問題とされる場合は、安楽死の場合のように患者が苦痛に耐えられないというような状況がないだけに、死を迎えさせることが妥当かという点でより問題が難しくなります。このように、死期が迫って意識が不明である患者に対して、その治療を中止することは、尊厳死として認められることで違法性が阻却されるかという形で問題とされるのです。

そして、この尊厳死についても、色々な見解があると思いますが、安楽死と同様に一定の要件の下では適法とされる場合があると考えるのが一般的であるように思われます。患者や遺族の立場からしても、治療行為を中止せざるを得ないような、やむにやまれぬ事情があることもあり得るからであります（入江猛『最高裁判所判例解説（刑事篇）平成21年』580頁）。

それゆえ、本件の最高裁決定において治療行為の中止が適法かどうかを検討していることは、そのようなやむにやまれぬ事情があるかどうかを判断しようとしているからと理解されております。そして、本件最高裁決定では、治療行為の中止が許容されるかどうかは、患者の回復可能性及び余命と患者の意思とを問題としています。死期を早めるという事柄の性質上、患者の意思という観点のみならず、治療義務の限界という要素を加味して判断すべきであり、患者の意思に沿ったものであり、また、治療義務の限界と認めてよいとされて、初めて違法性が阻却されることになると考えられます。

これを言い換えると、患者の意思という自己決定権と治療義務の限界という両面からの検討が必要であり、これを満たした場合に初めて違法性が阻却されることになると言えるでしょう。

このような観点からみれば、本件では、被害者の意思は、家族による推認によっても合理的なものと推測できる状況にはない上、被害者の回復可能性や余命についても医学的に十分な検査等がなされたものではないし、また被害者の意思という自己決定権や治療義務の限界といった要件を満たすものではないことから、違法性が阻却されることはないと考えられたものであります（入江・前掲582頁）。

人の始期――胎児は人か――

これまで述べてきたことは、人を「殺す」という行為によって死亡させるという人生の終期に関する事柄であります。ところが、刑法199条は、「人」を殺すという規定をしているのですから、いつから「人」となるのかという問題があります。つまり、「人」の始期に関する問題であります。

具体的には、母親のお腹の中にいる胎児は「人」であるのかという問題であります。第３章でも説明しましたが、一般的には、胎児は母親の身体の一部であって、独立した「人」とは考えられていません。したがって、胎児の身体の一部でも母体から出た段階で、刑法上は、それを「人」と考えるのが一般的であります。第３章で述べた民法では、その全身が母体から出た段階で権利能力の主体になると説明しましたが、これは民事法と刑事法での観点の違いによるものです。すなわち、刑法としては胎児を対外的な攻撃から保護するために、一部でも身体が母体から出れば、その身体に傷害を負わされる可能性があることから、その段階で「人」として認める必要がありますが、民法では、あくまで権利・義務の帰属主体になるかどうかですから、身体の一部が出ただけでは未だ十分ではないと考え、全身が出たことを権利能力の要件としたのでした。

それゆえ、胎児の段階での胎児への攻撃は、母体に対する攻撃としてしか刑法上は評価できないのが原則です。しかしながら、胎児への攻撃が原因となり、その後、出生して「人」となった後に死亡した場合は、胎児に対しても、「人」に対する犯罪と同様のものを認めてもよいのではないでしょうか。この点に関して、昭和63年２月29日最高裁決定（刑集42巻２号314頁）が参考になります。この事案は、被告人らが業務上の過失により有毒なメチル水銀を含む工場廃水を工場外に排出していたところ、被害者は、出生に先立つ胎児段階において、母親が右メチル水銀によって汚染された魚介類を摂食したため、胎内で右メチル水銀の影響を受けて脳の形成に異常を来し、その後、出生はしたものの、健全な成育を妨げられた上、12歳９か月にしていわゆる水俣病に起因する栄養失調・脱水症により死亡したというものであります。この事案で適用される犯罪は、被告人らは被害者を殺害しようする故意は認められませんから、殺人罪ではなく、刑法211条前段において、

第二百十一条　業務上必要な注意を怠り、よって人を死傷させた者は、五年以下の懲役若しくは禁錮又は百万円以下の罰金に処する。

と規定されている**業務上過失致死罪**であります。なお、この罪を含めた過失犯については、また、改めて第７章で説明いたします。

そして、この最高裁決定では、胎児は、「母体の一部を構成するものと取り扱われていると解されるから、業務上過失致死罪の成否を論ずるに当たっては、胎児に病変を発生させることは、人である母体の一部に対するものとして、人に病変を発生させることにほかならない。そして、胎児が出生し人となった後、右病変に起因して死亡するに至った場合は、結局、人に病変を発生させて人に死の結果をもたらしたことに帰するから、（中略）同罪が成立するものと解するのが相当である。」として、「人である母体の一部」に危害を加えて病変を発生させ、その結果、出生後に死亡した場合においては、「人」を被害者とする業務上過失致死罪が成立するとしたものでありました。

したがって、胎児が出生後に結果が発生する場合においては、その原因が胎児のときにあったとしても、「人」に対する犯罪が成立すると考えてよいことになります。

責任能力

最後に、犯罪の成立要件について、あと一つ残っている要件について説明しておきます。これまでに犯罪の成立要件として、構成要件に該当すること、違法性阻却事由がないことを挙げておきましたが、それに加えて、犯人に責

任能力があることという要件が必要になります。この３つの要件を簡単に、「構成要件、違法、有責」という言い方をされることがよくあります。つまり、構成要件該当性を満たし、違法性阻却事由がなく違法であり、責任能力があって有責であると言えるということが、犯罪の成立のために求められる要件なのです。

責任能力については、刑法39条１項において、

第三十九条　心神喪失者の行為は、罰しない。

と規定して、責任能力を欠いている状態の者、つまり、**心神喪失者**の行為は罰しないとして、責任能力があることを犯罪の成立要件としております。

ちなみに、**心神喪失**とはどのような状態にあるのかについては、例えば、統合失調症に罹患するなどして、物事の是非・善悪を判断することができず、又は、それに従って行動することができない状態を言います。このような状態の者に対しては、本人は悪いことをしているという意識がないか、あってもそれに従って行動できないのですから、その人を責めるということができない以上、犯罪の成立を否定しているのです。

そして、その程度までには至っていないものの、その程度が著しく低減している状態を**心神耗弱**と言います。刑法39条２項は、

２　心神耗弱者の行為は、その刑を減軽する。

と規定していますが、これは、第１章で紹介した尊属殺人の事例で適用された法律上の軽減事由であります。

なお、第３章で不法行為に関して説明した際にも、責任能力という概念が成立要件として挙げられていることを述べました。この民法の責任能力とは概ね同様のものと考えてもらっていいのですが、ただ、刑法の責任能力は、善悪の判断能力という観点が中心であるのに対し、民法の責任能力は、善悪というより他人にする加害についての判断能力という観点が中心ですので、若干は異なることになります。しかしながら、実際上は、ほとんど区別されずに使われていると思われます。

第6章
刑　法（2）
——毒　殺——

はじめに

前章で刑法の基本的な原理について説明し、その際に殺人罪を題材として用いましたが、医療関係者が他の職業の人たちと大きく異なる場面として、人を殺傷する毒物や薬物に接する機会が多いということが挙げられると思います。そこで、ここでは、これまで毒物等を用いた殺人事件としてどのようなものがあるのか、その作用機序はどのようなものかなどに触れながら、刑法上、毒殺に関してどのような問題があるのかなどについて説明したいと思います。

間接正犯

毒物を人に飲ませて殺害しようとする場合、そのことを全く知らない人を使って飲ませることがあります。例えば、入院患者に看護師が薬を飲ませるのを利用して、その薬を毒物とすり替えておいたような場合が考えられるでしょう。この場合、その看護師は、適切な薬を飲ませるものと思って、それを患者に渡して飲ませるか、あるいは、飲むのを手伝うかなどしていますが、看護師の行為は、客観的には、毒物を飲ませる行為に該当しますから、殺人罪の「人を殺す」という構成要件に該当することになります。しかしながら、看護師は、それが毒物であるとは知りませんから、患者を殺害しようする故意がありません。そうなると看護師には殺人罪は成立しません。

では、その薬を毒物とすり替えた犯人についてはどうでしょうか。この犯人は、その患者を殺害しようとしてそのようなことをしたのですから、当然、殺害しようとする故意は認められます。でも、実際に毒物を飲ませるという行為はしていませんよね。このような場合には、刑法上、この犯人は、何も知らない看護師を「道具」として使ったと考えて、つまり、この場合の看護師の行動は、言われたとおりに薬を飲ませる、いわばロボットと同じ動きをするだけのものであると考えて、背後にいる犯人が自ら毒物を飲ませた場合と同じように評価しようといたします。

これと同じことは、脅迫文書を郵送する場合などにも当てはまります。脅迫状を送って、それを受け取った人を脅す行為は、刑法上、脅迫罪に該当します。これは、刑法222条１項において、

> 第二百二十二条　生命、身体、自由、名誉又は財産に対し害を加える旨を告知して人を脅迫した者は、二年以下の懲役又は三十万円以下の罰金に処する。

と規定されておりますが、脅迫文書を作成してポストに投函したら、後は、郵便配達員がそれを被害者方まで運んでいって、被害者がそれを受け取って読んだ段階で、被害者は脅迫されたと怯えることになります。この場合、犯人は、脅迫文書を作成してポストに入れただけで、その後、被害者の目に触れるような行為は何もしておりません。

しかしながら、ポストに投函すればその後は自動的に郵便配達員がそれを被害者方まで運んでくれることは分かっているのですから、この場合、刑法上は、郵便配達員を「道具」として使って脅迫状を届けたと評価されることになります。

このように事情を知らない人の行為を「道具」として使って、自己が実現しようと考えている犯罪を遂行する行為を**間接正犯**と呼ぶのです。

共 同 正 犯

これに対して、お互い事情が分かっている者同士が意思を通じ合って、特定の犯罪を実行しようとする場合を、**共同正犯**と言います。

刑法60条は、

第六十条　二人以上共同して犯罪を実行した者は、すべて正犯とする。

と規定しており、２人以上で「共同して」犯罪を実行した者は、仮に自分がしていない部分があったとしても、その全体について責任を負うということであります。具体的に言えば、ＡとＢとが話し合って、ある家に侵入して泥棒をしようことになり、それで一緒に夜間にその家に泥棒に入ったところ、広い家であったため、Ａは１階部分を、Ｂは２階部分をそれぞれ担当して金目のものを取ったとします。この場合、１階でしか盗みをしていないＡであっても、Ｂがした２階部分での盗みも、Ａのしたこととして扱い、また、２階でしか盗みをしていないＢであっても、Ａがした１階部分での盗みも、同じようにＢのしたこととして扱われますよということであります。このように「共同して犯罪を実行した者」は等しく正犯として、その全体についての刑事責任を負うことが示されているのです。

毒殺のケースに当てはめれば、ＡとＢが話し合いの上、Ａが毒物を作り出し、それをＢが被害者に飲ませるという役割分担をして、それぞれの役割を遂行して被害者を死亡させた場合、ＡもＢも被害者を殺害するという構成要件上の行為について必要不可欠な役割をそれぞれ演じており、それゆえ、等しく共同正犯となり、両名ともに殺人罪が成立するということであります。

共謀共同正犯

では、先の毒殺のケースにおいて、ＡがＢに命令して、Ｂが毒物を作り出し、それをＢ自らが被害者に飲ませたのであればどうでしょうか。この場合、Ａは、いわば口を出して指示しただけで、被害者を殺害する上で必要な構成要件上の行為は何もしていないのですが、このような場合も「共同して」犯罪を実行したと言えるのでしょうか。

この点について、以前、多くの学者は、刑法60条の「共同して」という文言は、犯罪の構成要件で規定された行為の少なくとも一部は実行しなくてはならず、それゆえ、単に共謀して指示しただけのものについては、「共同正犯」にはならないと主張していました。

しかしながら、最高裁は、古くから、実行行為の一部を担当しなくても、単に、「共謀」しただけの者であっても、**共謀共同正犯**として、刑法60条により処罰の対象になるものと判断していました。今では、この共謀共同正犯という概念が認められることについては、ほぼ異論はないという状況であると思います。

したがって、先の例では、Ａは、指示しただけでありますが、共謀共同正犯として、直接に殺害行為を実行したＢと同様に殺人罪が成立することになります。

このように解さないと、例えば、やくざの親分が子分に指示して、対立抗争中の他の組の組長を殺させた場合、子分は殺人罪になるものの、親分は、その共同正犯になり得ないという非常に不都合な結果を招くことになります。

このような場合に共謀共同正犯が認められるとして、親分が逮捕、起訴されて有罪とされることは、実務上定着しており、実際上よく使われております。

教　唆　犯

これまでに述べてきたことは、いずれも**正犯**、つまり、自らが犯罪の構成要件に該当する行為を行う者として処罰される場合のことであります。しかしながら、刑法は、そのような犯罪の主体とならなくても、他人の犯罪に関わる場合において、処罰の対象とすることがあります。

まず、一つは、**教唆犯**という場合です。これは、刑法61条１項において、

第六十一条　人を教唆して犯罪を実行させた者には、正犯の刑を科する。

と規定して、他人を「教唆」して犯罪を実行させた者に対しては、その実行行為に及んだ者、これが正犯ですが、この者と同様の刑を科しますよとして処罰の対象としているのです。そして、ここでいう「教唆」とは、もともと犯罪をするつもりのなかった人に対して、そそのかして犯罪をすることを決意させることを言います。したがって、もともと犯罪をするつもりがあった

人に対して、そそのかしてより一層犯罪をする気にさせたような場合は、これに該当しません。そのような場合は、後述する**幇助犯**にしかなりません。つまり、「教唆」のポイントは、犯罪をする気のなかった人に犯罪をする決意をさせるところにあります。

なお、先の共謀共同正犯のところで、やくざの親分の例を挙げましたが、共謀共同正犯という考え方を否定する学者も、そのようなやくざの親分を処罰しなくてよいと言っているわけではなく、そのような場合には、教唆犯として、正犯と同じ刑を科すことができるのだから、教唆犯として処罰すれば足りると主張していたのです。ただ、そのような理屈も、ここで説明しましたように、果たして子分がやくざの親分の指示で初めて犯罪をする気になったのか、実は、それまでに既に犯罪を実行する気になっていたかは微妙な場合もあり、後者であれば、やくざの親分は、後述する幇助犯にしかならず、指示されて実行した子分より軽く処罰されることになって、非常に不都合な結果をもたらすことになります。

幇　助　犯

他人の犯罪に関わるもう一つの場合として、幇助犯があります。これは他人の犯罪の遂行を容易にする行為、つまり、その犯罪の手助けをするような行為をした者に対する処罰として、幇助犯（又は「**従犯**」という言い方もします。）というものが定められているのであります。

これについては、刑法62条１項において、

第六十二条　正犯を幇助した者は、従犯とする。

と規定されており、また、刑法63条において、

第六十三条　従犯の刑は、正犯の刑を減軽する。

と規定されており、更に、例えば、刑法68条３号は、

三　有期の懲役又は禁錮を減軽するときは、その長期及び短期の二分の一を減

ずる。

と規定されていることから、結局、正犯を幇助したにすぎない幇助犯は、正犯より刑を減軽されますが、その内容は、懲役刑などではその刑期が半分になるというものであります。

具体的にどのような行為がこの幇助犯として認められるものになるのかについては、実際のところ、事件ごとに様々で、共同正犯となるかどうか微妙な場合も多いのですが、例えば、犯人が殺人に赴くのに車がなかったので、その車を貸してやったような場合や、被害者方の住所を教えてやったような場合などが幇助の例として挙げられるでしょう。これらは、いずれも犯罪の遂行を容易にしたとして幇助犯になる典型例と言えましょう。

これまでにも述べたように、他人の犯罪をする気をかき立てるような場合、先の例で挙げたような、もともと犯罪をするつもりのある人を更にやる気をさせたりするような場合や、頑張れなどといって犯罪を応援するような行為も、精神的な支援をしており、犯罪をする意欲をより一層強めるなどの幇助となりますので、幇助犯が成立すると考えられております。

毒殺事件の実例

それでは、毒殺事件として、これまでどのような毒薬物が用いられ、それに対してどのような裁判がなされてきたのかを見ておきましょう。

1　砒　　素

⑴　和歌山毒物混入カレー事件（平成14年12月11日和歌山地裁判決・判例タイムズ1122号464頁）

砒素を用いた事件としては、**和歌山毒物混入カレー事件**が著名であります。

この事件は、カレーに亜砒酸を混入して無差別殺人を図ったもので、４名を死亡させ、63名についてはその未遂に終わったという殺人・殺人未遂であります。これは不特定多数の住民が親睦目的で集う夏祭りに提供されたカレーに猛毒の亜砒酸が混入されていたという事件の異常さ、その結果、子供を含む４名が死亡し、住民多数が急性砒素中毒となったという被害の深刻さ、事件発生後関与を疑われていた時期から被告人とその夫が報道機関のインタビューに応じるというパフォーマンス等から、社会的に極めて高い注目を浴びた事件であります。

⑵　砒素による殺人の認定事実

この事案において、上記判決で認定された事実のうち、砒素による殺人事件に関する部分は、概ね、次のとおりであります。

「被告人は、平成10年７月25日午後零時20分頃から同日午後１時頃までの間に、和歌山市園部のガレージ内において、人が死亡するに至るかもしれないことを認識しながら、あえて、２つ置かれていた寸胴鍋のうち、東側の寸胴鍋内のカレーに亜砒酸を混入し、同日午後５時50分頃から同日午後７時頃までの間、同市園部の空き地の園部第14自治会の夏祭り会場において、情を知らない同自治会員らをして、被害者Ａ（当時64歳）ほか66名に前記カレーを用いたカレーライスを提供させ、そのころ、同所等において同人らにこれを食べさせ、よって、被害者Ａほか３名を、同月26日午前３時３分頃から同日午前10時16分頃までの間に、急性砒素中毒により死亡させ、被害者Ｂ（当時61歳）ほか62名を急性砒素中毒に罹患させたが、同人らが嘔吐して前記亜砒酸の一部を体外に吐き出すなどしたため死亡させるに至らなかったものである。」

⑶　亜砒酸とは

この事件で用いられた**亜砒酸**は、砒素を含む化合物であるところ、砒素の毒性は極めて強く、ヒトの経口致死量は70～180ミリグラムと言われております（泉邦彦『有害物小事典』〈2004年、研究社〉90頁）。経口摂取でも吸入暴露（ここでいう「暴露」とは、ヒトなどが科学物質と接触することを言います。）でも、頭痛、吐き気、発熱、食欲低下、肝臓肥大、皮膚の黒変、不整脈、血圧低下、末梢神経障害、貧血、白血球減少などの症状を生み出すものです（同上）。

より詳細に述べれば、亜砒酸を体内に摂取すると、細胞内の酵素の持っている活動を阻害し、最終的には生体の持っているエネルギー代謝を相対的に障害し、細胞の呼吸を阻止するのが、毒性としての作用機序であります。このような酵素は全身にあり、その細胞の機能が障害されるため、全身に症状が表れます。亜砒酸を経口摂取した場合は、胃や腸等で吸収され、血液循環により各臓器に運ばれますが、正常な代謝の許容量を超えた砒素が摂取されると、代謝されない砒素の毒性が作用し、砒素中毒となります。発症までの時間は、亜砒酸が水に溶けにくい物質であることから、亜砒酸結晶をそのまま摂取した場合と、亜砒酸が溶けた状態で摂取した場合とでは、大きく異なり、溶解していない場合には、中毒症状が発症するまで８時間ないし10時間程度要する場合もあります（本件判決での認定によるものです。)。

そして、砒素中毒には慢性砒素中毒と急性砒素中毒があり、その症状が異なりますが、急性砒素中毒の症状の概要は次のとおりであります。

まず発症するのは、吐き気や嘔吐といった腹部症状であります。嘔吐が起きる時間は、砒素の溶解度によって異なりますが、溶解している場合には短時間で起きてきます。それに少し遅れて下痢が起きてきます。腹痛も起きてきますが、それほど著明ではありません。血圧低下が起きてくる場合も多いということです。また、砒素により骨髄の造血作用が冒され、骨髄が低形成状態となるため、白血球減少等の末梢血異常が起きてきます。さらに、腎臓や肝臓にも障害が起きてきます。

重症の砒素中毒の場合には、このような腹部症状が出てきて１週間から３週間後頃から、手足にジンジンする異常感覚が出現し、深部感覚障害等の末梢神経障害が起きてきます（これらも本判決での認定によるものです)。

⑷　砒素の同一性の問題

この事件では、被告人が犯人性などを全面的に争ったことから、検察側は、情況証拠の積み上げにより被告人が犯人であることを立証しました。その争点や問題点は多岐にわたりますが、医療関係者として知っておいたほうが好ましいと思われる砒素の同一性の問題について紹介することといたします。

具体的には、㋐カレー内から発見された亜砒酸、㋑夏祭り会場から発見された紙コップに付着していた亜砒酸、㋒被告人宅台所から発見された容器に付着していた亜砒酸、㋓被告人の知人宅等から収集された亜砒酸５点の各種異同識別鑑定の信用性が問題となりました。

この事件では、放射光施設であるSPring-８等を利用した捜査段階及び公判段階の鑑定並びにICP-AES（高周波誘導結合プラズマ発光分光光度計）による捜査段階での鑑定が行われました。

本件判決では、裁判所は、本件のような極めて微量な成分の分析においては、最先端の科学的技術を用いた分析といえども、資料量等の条件や分析手法によって一定の限界や制約が伴うことから、関係亜砒酸の同一性については一個の分析結果のみで判断することなく、複数の異なる手法による分析結果の総合的な検討により判断すべきであるとの視点を示した上で、個々の鑑定結果について詳細な検討を加え、最終的な同一性判断は、前記各分析結果を総合的に検討し、カレー中の亜砒酸以外の(イ)ないし(エ)の関係亜砒酸については、製造段階において同一である、すなわち、それぞれ同一工場で、同一原料鉱石を用いて、同一工程で、同一機会に製造された亜砒酸であると認定し、(ア)東側のカレー鍋に混入された亜砒酸については、前記２つの放射光分析の結果とその他の情況証拠を総合して検討した結果、(ウ)ないし(エ)の関係亜砒酸のいずれかを介して混入された蓋然性が極めて高いと判断しました。つまり、被告人の台所等にあった亜砒酸(ウ)又は(エ)が、紙コップ(イ)により、カレー鍋(ア)に入れられたという認定をしたのです。これにより、被告人が自己の管理に係る亜砒酸をカレー鍋に入れたという蓋然性が高まったということになるわけです。

(5)　裁判結果

なお、被告人に対しては、他の種々の証拠関係を検討して本件犯行に及んだ犯人に間違いないとして、死刑が言い渡されて確定しております。

2　トリカブト毒

この毒物を用いた事案としては、次のようなものが挙げられます。

(1)　トリカブト殺人事件（平成６年９月22日東京地裁判決・判例タイムズ878号87頁、平成10年４月28日東京高裁判決・判例時報1647号53頁）

ア　事件の概要

この事件は、被告人が、保険金目当ての殺人を計画し、その意図を秘して被害者に接近して結婚し、高額の生命保険を掛けた上、昭和61年５月、沖縄・石垣島旅行中にトリカブト毒等を用いてこれを殺害し、生命保険会社４社から合計１億8,500万円を騙取しようとしたとして、殺人、詐欺未遂等に問われた事案であります。

本件は、被害者死亡後、間もなくのうちの昭和61年７月頃から、大きくマスコミで取り扱われることになりました。というのは、被告人の関係では、上記被害者のほかにも、被告人の前妻２名も相次いで心臓病で死亡していたことに加え、上記被害者が死亡する２か月前に合計１億8,500万円もの生命保険が掛けられていたことが明らかとなったためであります。

イ　トリカブトとは

トリカブトとは、キンポウゲ科の多年草であり、花は茎の上部に散房状に付き、花被は青紫色、左右対称で伶人の鳥兜に似ているのでこの名前がある。根を附子又は烏頭と呼び、鎮痛、強心、利尿薬とする。猛毒のアルカロイドを含んでいるため、応用には特別の注意を必要とするといわれております（薬科学大辞典編集委員会編『廣川薬科学大辞典［第２版］〈1990年、廣川書店〉988頁)。

本件の被告人は、トリカブトからこの毒物を抽出して殺害に用いたものでありました。

ウ　認定事実

本件の公判では、被害者が既に死亡しており、犯行の目撃者もなく、被告人も捜査の当初から一貫して犯行を否認していたため、情況証拠の評価が争われました。そして、本判決で有罪と認定された事実は、概ね、次のようなものでありました。

「被告人は、昭和61年５月20日朝、起床した後、沖縄県那覇市内のホテルのレストランで被害者（当時32歳）と朝食を摂り、被害者が当日那覇空港で合流する友人らと石垣島に向かうのを見送るため、同日午前10時39分頃、同ホテルをチェックアウトして被害者と共にタクシーで那覇空港に向かい、同日午前11時頃、同市内の那覇空港国内線第一ターミナルビルに到着し、同ビル一階全日空到着ロビーで空路羽田から那覇に向かった友人らの到着を待っていたところ、同人らを乗せた飛行機の到着が予定より遅れ、同人らが直接南西航空ビルに向かうことになったため、同日午前11時40分過ぎ頃、右全日空到着ロビーで被害者と別れ、別々に南西航空ビルに向かい、同所で被害者らを見送ったが、被害者と行動を共にしていた同日朝の起床時から同日午前

11時40分過ぎ頃までの間に、被害者を殺害するために予め準備し、携帯していたトリカブト毒とフグ毒を詰めたカプセルを、栄養剤などと称して被害者に交付し、そのころから被害者の搭乗した南西航空機が同県内の石垣空港に到着した同日午後零時53分頃までの間に、同カプセルに上記毒物が詰められていることを知らない被害者をして同カプセルを服用させ、よって、同日午後3時4分頃、被害者をアコニチン系アルカロイド中毒による急性心不全により死亡させて殺害したものである。」

エ 事実認定の経過

本判決は、情況証拠を多数積み重ねて詳細な事実認定を行い、上記の罪となるべき事実の認定に至っていますが、本件の事実認定の経過などは以下のとおりであります。

(a) すなわち、まず、被害者の死因については、数次にわたる鑑定の結果、被害者の心臓血からトリカブト毒である**アコニチン**が補正値（定量値に血液からの回収率をもって補正した値）で29.1ng/mリットル、**メサコニチン**が補正値で53.1ng/mリットル検出されていたほか、フグ毒も検出されていました。

この点について、本判決は、トリカブト毒及びフグ毒のヒトに対する致死量はいずれも約2mgであるところ、被害者に実際に投与されたトリカブト毒及びフグ毒の量を厳密に確定することはできないが、被害者の体重が47kgであり、右の各毒が対内に均一に分布していたとしてその毒量を推計すると、トリカブト毒の量は、致死量をはるかに超える約5.9mgであると判断しました。もっとも、これに対し、フグ毒のそれは、致死量に満たない約1.24mgであることが認められるとしました。

また、被害者は、死亡前の午後1時15分頃から、大量に発汗し、悪心、嘔吐を訴え、手足の痺れ、足の冷えなどのトリカブト毒の中毒症状を呈しており、死亡するまでにトリカブト中毒特有の症状を呈していたことや、心電図上の所見では、トリカブト毒の場合は、不整脈である房室ブロック、心室性期外収縮、心室頻拍、心室細動などの極めて多彩な心電図異常が見られるのに反し、フグ毒の場合には、基本的に心電図異常は見られないところ、心電図上の所見でも、当初から心室細動を示し、交感神経刺激剤の投与によって心室頻拍になるものの、正常洞を示すことなく心室細動に戻るという、特異な心電図異常を示していたことなどに鑑みると、以上認定した被害者の死亡に至る経緯及びその際の症状、とりわけ心電図異常に示される特異性や推計される毒量に照らして考えると、被害者が、致死量を超えるトリカブト毒を服用し、アコニチン系アルカロイド中毒による急性心不全により死亡したことは明らかであるとしました。

その上で、その死因の特殊性を考慮して、本件を、情を知らない被害者自身を利用して、つまり、被害者自身を「道具」として利用し、カプセルに毒が含まれていると知らないまま飲用させることにより、服毒させた殺人事件であるとしたものであります。

(b) そして、被告人が犯人であるとする、被告人との結び付きについては、次のような事実関係を認定しておりました。

まず、被告人がトリカブト毒及びフグ毒について相当程度の知識を有していたことに関して、被告人が、以前から大量のトリカブトを購入し、エバポレーター（濃縮用器械）を使用してトリカブト毒を抽出・濃縮してマウスのほか前妻にも投与して毒性実験を行い、さらにクサフグ（肝臓に猛毒を持ち、食用に適さない。）をも大量に購入して同じくフグ毒を抽出・濃縮し、いずれもガラス瓶などに入れて犯行前後を通じて所持・保管していたという事実関係を認定しておりました。前妻にトリカブト毒を投与したことがどのような証拠から明らかになったのかは不明ですが、そのような事実関係が認められたと言うことでしょう。

次に、被告人と被害者とが知り合って以降の経緯に関し、(1)被告人が被害者と知り合ったのは被告人の前妻の死亡後わずか49日目で、被告人は当時無職・無収入で経済的に極めて困窮した状態であったのに、その経済状態を隠して仕事や収入について虚構の事実を述べて結婚を申し込み、仕事を口実に大阪への転居を誘っており、被害者との結婚が不自然極まりないものであったこと、(2)転居後の大阪では、死亡保険金の総額が１億8500万円にも及ぶ高額の生命保険を短期間のうちに被害者に掛けているが（自己と被害者の２人分の年間保険料は433万円余り）、被告人の当時の経済状態では保険料の支払いも難しく、不自然な保険加入であったこと、(3)保険加入と並行して、５月に沖縄の離島旅行を計画し、沖縄に自分の仕事がある、経費で落とせるなどと嘘を付いて、被害者とその友人を沖縄旅行に誘っているが、当時無職・無収入で経済的に困窮していたことを考えると、被告人がわざわざ沖縄・石垣島旅行を計画し、理由もないのに被害者に同行して沖縄に渡ったことには大いに疑問があること、(4)結婚後まもなく被害者に栄養剤ないし強壮剤と説明して白色カプセルを継続的に交付して服用させていたが、これを服用していた被害者にはトイレが極端に近くなるなどの身体の異常が生じていたこと、(5)犯行の約1か月前にマウス50匹を購入し、当時の被告人の住居の水道使用量が異常に増えていることからすると、トリカブト毒とフグ毒を保存していた被告人が、エバポレーターを使用してトリカブト毒とフグ毒の濃縮を行い、マウスを使って犯行に向けて最終的な毒性実験を行ったと推認できることなどの事実関係を認定しました。

これらの事実は、誰が考えても、被告人がトリカブト毒を使って保険金殺人事件を起こそうとしていたことを疑わせるに十分であると言えましょう。

さらに、犯行後の状況として、被告人は、被害者の死亡後、被害者の死体解剖を渋ったり、これを承諾した後は遺体の臓器の回収にこだわったり、遺体を石垣島で火葬することを主張していたこと、また、被害者の死体が火葬されるまでの間は、被害者に高額の生命保険を掛けていたことを頑強に否定していたが、火葬が終了すると、保険加入の一部を明らかにし、そのすぐ後に保険金受取用の銀行口座を開設して保険金請求に踏み切り、被害者の親族にも被害者に生命保険を掛けていた事実を全て明らかにして他の保険会社にも一斉に保険金の請求をし、他方では、マスコミによる疑惑の報道が激しくなると、自己の職業や収入について虚偽の内容の手記を書き、その後の保険金請求訴訟においても虚偽の供述を繰り返していたことなどをそれぞれ認定しました。

(c)　そして、本件判決では、本件犯行に及んだ者が誰であるかという犯人像に関して、被害者を殺害することにより何らかの利益を得るという犯行の動機を有していたことのほか、トリカブト毒とフグ毒という2つの毒物が用いられたという殺害手段の特徴に着目し、一般人が2つの毒物に同時に関わること自体が極めてまれであることからすると、トリカブトとフグを入手するのみならず、これらからトリカブト毒とフグ毒を抽出して所持・保管し、２つの毒物の毒性についても相当な知識を有しているという事実は、犯人を特定する上で欠かすことのできない重要な事実であるとして、特定の人物についてこれらの事実が認められた場合には、その者が犯人であるとすることにつき、証拠法則上、既に合理的な疑いを容れない程度に証明がなされたものということができるとし、その上で、被告人には、犯人として特定する上で重要な事実をいずれも認めることができるから、被告人が被害者を殺害した犯人であることは明らかであるとしたものであります。

このような認定が既に示された証拠関係に照らしても、本件判決が妥当なものであることは明らかに分かることと思います。

オ　裁判結果

なお、被告人に対しては、無期懲役が言い渡されております。

⑵　本庄保険金殺人事件（平成20年７月17日最高裁判決・裁判所ウェブサイト掲載判例）

ア　事件の概要

この殺人事件は、被告人が、愛人女性らと共謀の上、いわゆる保険金殺人を企て、いずれも高額の生命保険が掛けられていた被害者３名に対する殺人及び殺人未遂事件であります。

まず、最初の犯行は、⑴当時45歳の男性を病死に見せ掛けて殺害しようと考え、食品に混入したトリカブトを長期間にわたり同人に食べさせるなどしたものの、長引くと見るや、一気に毒殺することを決意し、多量のトリカブトを食べさせて同人を殺害し、次に、⑵当時61歳の男性を病死に見せ掛けて殺害しようと考え、総合感冒薬等や高濃度のアルコールを含有する飲料を連続的に摂取させ、化膿性胸膜炎、肺炎等により死亡させて同人を殺害し、さらに、⑶当時39歳の男性を、上記⑵と同様の方法により殺害しようとしたものの、同人を病気にさせるという程度の傷害を負わせただけで殺害の目的を遂げなかったという事案であります。

上記⑴ないし⑶の各犯行は、いずれも計画性の高い巧妙かつ悪質な態様で敢行されており、その結果、２名の貴重な人命を奪ったばかりか、上記⑴の被害者の死亡につき、３億円を超える巨額の保険金を騙し取っていたものであります。

イ　裁判結果

本件においても最初の犯行では、トリカブト毒が使われており、被告人は、自生しているトリカブトを探して採取した上で本件犯行に及んでいたものであります。

なお、被告人に対しては、死刑が言い渡されて、これが確定しています。

3　青酸化合物

この毒物を用いた事案としては、次のようなものが挙げられます。

⑴　昭和34年3月27日大阪高裁判決（下級裁判所刑事裁判例集1巻3号532頁）

ア　青酸カリとは

この事件では、**青酸カリ**が使われましたが、これは正式には**シアン化カリウム**と呼ばれるものであり、無色で水によく溶け、水溶液は強アルカリ性となるものであります。この青酸は、ヘモグロビンと強く結合し、そのため酸素が結合できなくなって、いわゆる内窒息を生じさせるものであります。

青酸カリの致死量は、150～300ｍｇであるといわれております。致死量以上では数分以内に死亡し、死体所見としてアーモンド臭があり、血液は窒息などと異なり鮮紅色となるとのことです（前掲『廣川薬科学大辞典』759頁）。

イ　認定事実

この事案において有罪と認められた事実は、概ね、次のとおりであります。

「被告人Ａ子は、かねてからＢ男と恋愛関係にあって同人を深く愛し、Ｂ男との結婚を望んでいたが、昭和29年２月頃、妊娠したことを知ってＢ男にこのことを告げ、双方の家族にこれを秘し、Ｂ男の世話によって姫路市内の婦人科医院において妊娠中絶の手術を受けたところ、ついにこの事実が双方の家族に知れて結婚に反対され、被告人Ａ子は母の勧めにより知人を介して結婚を申込んできたＣ男と婚約を結んだ後も、なおＢ男と交際を続けているうち、同年５月20日姫路市内の喫茶店で三者が偶然顔を合わしたため、被告人Ａ子はＢ男から直ちにＣ男に対し婚約の解消を宣言すべきことを要求され、翌21日午後零時15分過ぎ頃、同市内の路上でＢ男と会合した際、Ｂ男からC男との折衝の結果を問いただされて、まだC男から婚約解消の了解を得るに至っていない旨を答えたため、B男から激しくその無責任を難詰され、すみやかにC男との問題を解決するよう迫られ、B男の愛を保ち同人との結婚をかち得るには早急にC男との関係を清算しなければならない窮地に追いつめられた結果、たまたまC男と同月23日大阪方面に一緒に遊びに行く約束になっていたのでこの機会を利用し、以前B男と交わした会話中に出た話題から暗示を得て、C男に青酸カリを服用させて同人を亡き者にする外ないと考えるに至り、同月22日午後、自己の勤務先の会社事務室内の金庫の下のびんの中から青酸カリのかたまり２個を取り出し、付近の薬局でオブラート２箱を買い、翌23日これを携えてC男とともに大阪市内に行き、同市南区内のホテル２階７号室において、C男とともに寝巻に着がえた後、C男から肉体関係を要求されて、とっさに右青酸カリを避妊薬と称して同人に服用させることを思いつき『結婚する前に赤ちゃんができると困るから』と言って、同人に対し携えて行った青酸カリの一塊を２個に割り、その各１個をオブラート２、３枚で包んで２包みとして手渡し茶碗に茶湯をついで与え、同人に右２包みを茶湯でもって服用させて、青酸カリ中毒により同人を即死するに至らしめたものである。」

この頃は、青酸カリの保管・管理も厳重になされてはいなかったようで、同種犯行もかなり見られるところであります。

なお、この事件では、被告人A子が上記犯行に及んだことについては争いはなく、B男がA子に上記犯行を教唆したかどうかが問題となったものです。ただ、最終的に、B男に教唆犯は成立しないと認定されて、B男は無罪となりました（ちなみに、A子に対しては、懲役10年が言い渡されています。）。

⑵　その他の事件

近時においても、大阪、京都等において、遺産等を目当てに結婚した後、配偶者の夫を殺害するという連続殺人事件（死刑確定）においても、青酸化合物が殺害の手段として用いられています。

4　酢酸タリウム

この毒物を用いた事案としては、次のようなものが挙げられます。

⑴　東大技官タリウム殺人事件（平成7年12月19日東京地裁判決・判例時報1555号150頁）

ア　酢酸タリウムとは

この事件では、東京大学医学部附属動物実験施設において、文部技官として実験動物の検疫、健康管理等の職務に従事していた被告人が、反目していた同僚に対し、**酢酸タリウム**を摂取させて殺害したものであります。

タリウムは重金属の一種で、中毒症状は、慢性中毒では主に脱毛でありますが、急性中毒では急激に末梢神経症状、腹部症状、中枢神経症状、脱毛等が発現して１～２週間以内に症状がピークに達し、死亡することもあります。人の致死量は体重60キログラムで約１グラムとされています。また、酢酸タリウムは白色結晶で酸臭がありますが、その水溶液は、無色無臭かつほとんど無味であります。酢酸タリウム及びこれを含有する製剤は、毒物及び劇物取締法上の劇物に指定されています。

イ　認 定 事 実

これを用いた被告人の犯行について、本判決は有罪となる事実として、概ね、次のとおり認定しました。

「被告人は、長年にわたり被害者と反目し、再三種々の加害行為や被害者の排除を試みたものの成功せず、同人に対する激しい嫌悪の念を抱いていたところ、平成２年12月12日頃の午前11時頃、動物実験施設において、自室（W302号室）に戻る際、被害者が他の４名の職員と共同で使用していた隣室（W303号室）において一人で飲物を飲んでいるのを見かけるとともに、その直後、被害者が館内放送で呼び出されて同室を出ていったのを知り、被害者に酢酸タリウムを摂取させる絶好の機会であると考え、W302号室の向かいにあるＥ302号室に入り、同所に保管してあった25グラム入りの新品の酢酸タリウムの瓶を開封して水道水約５ミリリットルを入れ、瓶を振って酢酸タリウムを溶かしながらW303号室に入り、同所において、殺意をもって、右酢酸タリウム水溶液約５ミリリットルを被害者が飲んでいたマグカップ内のお茶に混入し（この場合に被告人がお茶に混入した酢酸タリウムの量は９～10グラム程度と推認され、致死量の10倍近い酢酸タリウムがお茶に混入されたことになる。）、そのころ情を知らない同人をしてこれを飲用させ、よって、平成

３年２月14日、同人をタリウム中毒により死亡させて殺害したものである。」

ウ　殺意の有無

この事案では、弁護側は、被告人は酢酸タリウムに脱毛作用があることは知っていたが、酢酸タリウムに人を死亡させるような強い毒性があることは知らなかったもので、被告人には殺意がない旨主張したことから、被告人の殺意の有無が争点となりました。

しかしながら、被告人は、以前に同僚の女性に、アガサ・クリスティの小説において、タリウムを用いた殺人事件を取り扱ったものがあり（「蒼ざめた馬」と題する推理小説）、これによれば完全犯罪ができると述べていたこと、「劇物」との表示がされている酢酸タリウムを飲んでも死ぬことはないという認識であったという供述自体があまりに不自然で信用できないものであることなどから、被告人には確定的な殺意があったものと認められたものであります。

エ　裁判結果

なお、被告人には、懲役11年の判決が言い渡されております。

⑶　その他の事件

平成17年には、静岡県伊豆市の女子高校生が母親にタリウムを飲ませた殺人未遂事件が起きましたが、同18年５月、医療少年院送致処分となっています。

平成26年には、名古屋大学の女子学生が殺人事件を起こし、その余罪として、高校時代に同級生に対して硫酸タリウムを飲ませたという殺人未遂事件が起きております。この被告人は、平成29年３月24日、名古屋地裁において、無期懲役の判決が言い渡されております。

５　筋弛緩剤

この薬物を用いた事案としては、次のようなものが挙げられます。

⑴　平成16年３月30日仙台地裁判決（公刊物未登載）

ア　筋弛緩剤とは

被告人は、医療法人Ａ病院に勤務する准看護士でありましたが、同病院で診療を受けていた５名の患者に対し、それぞれ点滴が施行されていた際、殺意をもって、筋弛緩剤**マスキュラックス**を、その点滴溶液に混入するなどして点滴針を介して各患者の体内に注入し、間もなく呼吸困難ないし呼吸停止の状態に陥らせ、１名を死亡させ、４名は死亡させるに至らなかったという事件を引き起こしたものでありました。

筋弛緩剤とは、骨格筋の緊張を取り、これを弛緩させる薬剤の総称であり、中枢神経である脊髄又はそれより上位の中枢に作用し、比較的弱い筋弛緩効果を生じさせる中枢性筋弛緩剤と、末端の神経及び骨格筋に直接作用し、強い筋弛緩効果を生じさせる末梢性筋弛緩剤に分類されます（これらは本件判決での認定に基づくものであります。以下同じ。）。

そして、末梢性筋弛緩剤は、主に全身麻酔を伴う手術において、呼吸管理を確実に行うために気管に気管チューブを挿入（気管内挿管）する際に喉頭、咽頭及びその周辺の筋肉を弛緩させて咳嗽反射等の生体反射を抑制する目的や、骨格筋の緊張を取ることにより安全に開腹手術等を行う目的で、患者に投与されるものであります。

我が国において、一般的に使用されている末梢性筋弛緩剤のうち、**ベクロニウム**を主成分とするものは、投与後に最大効果が得られるまでに数分間を要するものの、その後の筋弛緩効果持続時間が長いという特徴があります。

本件で用いられた筋弛緩剤は、マスキュラックスであるところ、これは、**臭化ベクロニウム**を有効成分とする末梢性の筋弛緩剤の商品名であり、その効能又は効果としては「麻酔時の筋弛緩、気管内挿管時の筋弛緩」とされています。

そこで、その具体的な効能等でありますが、当初は、目の周りの筋や顔面の筋に影響が出て、表情が乏しくなり、口が動かしづらくなり、発話も制限されるところ、さらに、首やのどの周辺の筋に影響が出ます。これにより、声帯がうまく動かせなくなり、声が出にくくなります。また、関連して、舌がうまく動かせず、呂律が回らなくなったり、物が飲み込みにくいとの訴えがされたりするほか、舌根沈下が起こり、気道閉塞の原因となります。その後、横隔膜等の呼吸筋や四肢筋へと影響が広がり、手足が動かしにくくなり、また、自力呼吸が困難となってきます。たとえ横隔膜等の呼吸筋への影響が生じていない段階でも、舌やのどの周辺の筋への影響による舌根沈下が起こると、気道閉塞につながり、呼吸が阻害される事態が生じます。この場合、胸部の違和感が生じ、「胸が苦しい。」などの訴えが見られることも少なくありません。もちろん、その後、呼吸筋や横隔膜への影響により、直接、自力呼吸自体が制約されて呼吸が阻害される事態が起こることになります。

そして、マスキュラックスの影響により呼吸の抑制が著しくなると、いわゆる低酸素血症の状態となり、血流は保たれていても、そこに含まれる酸素が減少することにより、その影響で各臓器の正常な機能が損なわれるおそれがあり、各臓器中では、脳（特に大脳皮質）が最も影響を受け易いとされています。心臓は、脳ほどではないものの、影響が大きくなると、心拍が弱まり、やがて心停止に至るという危険性を有するものであります。

イ　裁判結果

この事案においては、弁護側は、被告人が犯人であるかどうかのみならず、各被害者の体内にマスキュラックスが注入されたという事実自体が否定されるとして、事件性そのものも争いました。つまり、当時各被害者の容体が急変したのは他の原因によるものであるから、そもそも各事件には「事件性」すらない、でっち上げられたものであると主張したのです。

しかしながら、本判決では、各被害者の死亡等に至る原因は、筋弛緩剤マスキュラックスの効能等によるもの以外にあり得ないことを論じ、捜査経過も適正である上、被告人が殺意をもって筋弛緩剤マスキュラックスを使用したことを論証して、無期懲役に処したものでありました。

⑵　大阪愛犬家連続殺人事件（平成10年３月30日大阪地裁判決・公刊物未登載）

これは、被告人が愛犬家合計４名に対し、筋弛緩剤を注射することにより相次いで殺害したものであり、ここで使われた筋弛緩剤は、**塩酸スキサメトニウム**でありました。

実行の着手

これまでに殺人それ自体以外にも、殺人「未遂」なども併せて説明してきていますが、未遂罪が処罰されるのは各条文にそれを処罰するという規定が

あり、このことは既に説明しているとおりであります。ただ、未遂罪の特徴としては、刑法43条前段において、

> 第四十三条　犯罪の実行に着手してこれを遂げなかった者は、その刑を減軽することができる。

と規定されていることから、この場合には、刑を軽くすることができるのです。既遂の場合と異なり、犯人が意図した結果が発生していないのですから、もともと既遂で予定していた刑より軽くしても不都合ではないでしょう。ただ、ここでは、「減軽することができる」という表現ですから、裁判官の裁量で減軽してもしなくてもよいということです。

ここでは、犯罪の「**実行に着手**」してこれを遂げなかったことが要件とされていますから、実際のところ、どのような行為に出た場合に、「実行の着手」があったとされるのかは問題です。これについては、構成要件に該当する行為やそれに密接に関連する行為に出た場合に「**実行の着手**」があり、その段階で未遂罪が成立しているとみるのが通常の解釈です。別の言い方で言えば、構成要件に規定されている結果発生の危険性を生じさせた段階で「実行の着手」が認められるという言い方もいたします。

具体的に言えば、包丁で相手を刺そうとしてそれを構えて突き出そうとした段階や、相手を窒息させようとしてその首にロープを巻き付けようとした段階などが「実行の着手」と認められるでしょう。実際に、包丁の先端が相手の身体に触れたり、ロープで首を絞め始めるよりは、もう少し早い段階で「実行の着手」があるとみてよいと思います。

そこでしばしば問題となるのが、間接正犯の場合の実行の着手時期であります。例えば、毒殺をしようと思って、犯人が被害者のコーヒーに毒物を入れたとします。その後、何も知らない被害者の家族がそれを被害者のところに持っていって、被害者がそれを口にするとした場合、どの段階で実行の着手が認められるかという問題であります。

このような場合、何も知らない被害者の家族が被害者のところまで持っていった段階で実行の着手を認めるという考え方もないではありません。その段階で被害者としては毒入りコーヒーを飲む危険が発生したとも言えるから

です。

しかしながら、一般的には、コーヒーに毒物を入れて、それを何もしらない被害者の家族に手渡した段階で実行の着手を認めると考えられています。というのは、誰しもそのコーヒーに毒が入っていると思っていない以上、被害者の家族はそのコーヒーをそのまま被害者に渡してしまい、被害者が何も知らずに飲む危険は、コーヒーに毒物を入れて被害者の家族に手渡した段階で既に発生していると言えるからです。

したがって、間接正犯の形式で毒物を飲用させて殺害するようなケースでは、犯人が毒物を飲食物に入れて、それが被害者に渡されるという見込みができた段階で実行の着手が認められ、たまたまそれが被害者の手元に行かなかった、例えば、コーヒーカップを落としてしまったとかいう場合であっても、殺人未遂罪は成立すると考えるべきだと思います。

無差別殺人を意図して、缶ジュースに毒物を混入させてコンビニエンスストアの食品棚に置いた場合の刑責

外観上、一般の缶ジュースと同様に見える毒入り缶ジュースを、コンビニエンスストアの食品棚に置いた場合には実行の着手は認められるのでしょうか。このような場合、一般の買い物客がこれを手に取って購入し、何も知らずに飲用すれば死に至るのですから、食品棚において段階で、殺人罪の実行の着手は認められると考えるべきでしょう。決してそれを誰かが飲もうとした段階ではないと思います。したがって、この棚に置いたという段階で殺人未遂罪は成立いたします。

ただ、このような場合には、その他にも、「流通食品への毒物の混入等の防止等に関する特別措置法」という特別法に対する違反が成立いたします。

すなわち、この法律の９条１項２号では、

> 二　毒物が混入され、添加され、又は塗布された飲食物を流通食品と混在させた者

に対しては、10年以下の懲役又は30万円以下の罰金に処することとしており、

缶ジュースに毒物を入れてコンビニエンスストアの棚に置く行為は、「流通食品と混在させた」ことになりますから、これに該当することは明らかであります。

ちなみに、ここでいう「流通食品」とは、同法2条1項によれば、公衆に販売される飲食物をいうのであり、また、「毒物」とは、同条2項によれば、「毒物及び劇物取締法」という法律に定める毒劇物、あるいは、その毒性又は劇性がこれらに類似するものをいうとされているのであり、毒物が混入された飲食物である缶ジュースを他の缶ジュースと同じように陳列棚におけば、それが「混在させた」ことになるのは当然であります。

なお、この場合には、刑法の殺人未遂罪とこの「流通食品への毒物の混入等の防止等に関する特別措置法」違反という2つの罪の構成要件をいずれも満たすことになります。このような場合には、刑法54条1項は、

> 第五十四条　一個の行為が二個以上の罪名に触れ（中略）るときは、その最も重い刑により処断する。

と規定しており、この場合は、一つの行為が刑法の殺人未遂罪と先に挙げました特別法違反という二個の罪名に触れますから、二つの罪の刑を比較し、殺人未遂罪は、上限が死刑までありますので、こちらの方が先に挙げました特別法の罪の上限である懲役10年より重いので、殺人未遂罪の刑で「**処断**」つまり、裁判官がその重い罪について定められた刑の範囲内で判決をするということが定められているというわけなのです。

第7章
刑　法（3）
――刑事医療過誤――

はじめに

医療の世界にいると、医師、看護師といった医療従事者が、いくら患者のために尽力しても不可抗力によって病状が悪化したり、死亡したりすることはよく見られることであります。そのような場合に、それが不可抗力であったのであれば、もちろん何らかの責任を問われることはありませんが、その際に何らかの**過失**があったような場合には、**医療過誤事件**として扱われることになります。

このような場合においては、医師等の医療従事者の過失の有無、程度により、その刑事責任が追及されることがあります。いくら医療事故が発生したからといっても、そもそも医師等の過失が存せず、先にも言いましたように、不可抗力による事故の場合もありますが、そうではなく、それが防げない事故ではなかったとみられた場合、医師等の過失の有無、程度について検討がなされることになります。そこで、刑事法の考え方として、過失犯についてどのような考え方が採られているのか、また、その有無及び程度について判断する上で、どのような事実関係が重視されるのかなどについて検討することといたします。これは、特に、これから医師や看護師等の医療従事者になろうとする人たちにとっては、まさに必須の知識であるといってよいことですから、正確に理解するように努めてください。

刑法上の基本的な過失犯規定

我が国の刑法の規定の仕方については既に述べておりますが、基本的には、

故意犯、つまり、意図的にした行動により一定の犯罪を実現した場合を主に規定しております。殺人罪の場合には、殺意という故意が必要で、その上で「人を殺す」という行為があった場合に、殺人罪が成立することになります。

そうではない場合、つまり、故意がない状態で、他人の生命とか身体などに害を加えてしまった場合、つまり、それらに対する侵害を意図していなかったにもかかわらず、自己の不注意でこれを実現してしまった場合を、刑法は、**過失犯**として特別に規定を設けて処罰の対象としています。

具体的には、刑法209条から211条に基本的なものは規定されています（もっとも、これら以外にも過失犯に関する規定はありますが。）。

まず、刑法209条１項は、

> 第二百九条　過失により人を傷害した者は、三十万円以下の罰金又は科料に処する。

と規定し、単純な過失によって人を怪我させた場合には、30万円以下の罰金等に処せられることになります。具体的には、自転車に乗っていて、脇見運転をしていたため、前を歩いていた人にぶつかってしまって、その人に怪我をさせてしまったような場合が挙げられます。これを**過失傷害罪**と言います。

次に、刑法210条は、

> 第二百十条　過失により人を死亡させた者は、五十万円以下の罰金に処する。

と規定し、先と同様の過失により、人を怪我させただけにとどまらず、その行為の結果、人を死亡させてしまった場合は、50万円以下の罰金という処罰がされるということです。具体的には、先の自転車での事故の場合に、たまたま当たり所が悪く、そのぶつかった相手が死んでしまったという場合が例として挙げられるでしょう。これは**過失致死罪**と呼ばれます。

その上、その際の過失の程度が著しい場合、つまり、自転車の事故を例に挙げれば、雨が降っている中で傘を差しながら前をよく見ずに、しかも坂道を高速度で駆け下りてくるなどの行為をした結果、前方を歩いていた人に怪我をさせたり、死亡させてしまったりした場合などは、単に脇見をして自転車を運転していた場合に比べて不注意の度合いが大きいと言えるでしょう。

このような場合は、**重大な過失**があると評価されるので、**重過失致死傷罪**と呼ばれる犯罪により処罰されます。この場合、**重過失致死罪**と**重過失致傷罪**を合わせて、重過失致死傷罪という言い方をします。そのような行為に対する処罰としては、刑法211条後段に

> 重大な過失により人を死傷させた者も、同様とする。

と規定されており、この規定が処罰の根拠となります。ただ、ここでは「同様とする」という文言が使われており、その言葉の意味が問題ですが、とりあえず、ここでは、「５年以下の懲役若しくは禁錮又は100万円以下の罰金に処する」という意味であると理解しておいてください。詳しくは後で説明します。

このように重過失致死傷罪では、先に説明した過失傷害罪や過失致死罪よりも、ずっと刑罰が重くなっております。

そして、今説明した過失致傷罪、過失致死罪及び重過失致死傷罪については、誰でもが犯してしまうことがあるもので、医師とか看護師でなければできないというものではありません。

業務上過失致死傷罪に関する刑法の規定

それら過失致死傷罪等に対し、いわゆるプロ的な立場の者でないとできない過失犯が**業務上過失致死傷罪**と呼ばれるものです。これについては、刑法211条前段に規定されており、

> 第二百十一条　業務上必要な注意を怠り、よって人を死傷させた者は、五年以下の懲役若しくは禁錮又は百万円以下の罰金に処する。

と規定されています。なお、先の重過失致死傷罪は、この業務上過失致死傷罪と同じ条文の後段に設けられており、この罪と同じ刑にしていることから、「同様とする」という文言で重過失致死傷罪の刑の内容を示しているのです。

そして、ここでいう「**業務**」とは、日常的に反復継続して行っている行為で、人の身体等に危害を加えるおそれのあるものを指すと言われております。

医師や看護師の仕事は、まさにこれに該当しますので、その「業務」の上で、必要な注意を怠って、人を死傷させた場合には、最大で5年以下の懲役等という刑が定められているということです。

なお、先の過失致傷罪、過失致死罪及び重過失致死傷罪については、いずれも「過失により」人を死傷させるという規定になっておりますが、業務上過失致死傷罪では、「必要な注意を怠り」という文言になっており、「過失」という言葉は使われておりません。

では、そこに違いがあるのかということですが、実際上、同じ意味であると考えてよいでしょう。「必要な注意を怠り」という文言を用いたのは、「業務上」という文言に続いて「過失」という言葉を持ってくるのはつながりが悪いですから、「過失」という文言をやめて「必要な注意を怠り」にしたと考えればよいでしょう。

業務上過失致死傷罪における「過失」の概念

では、皆さんの仕事に関わることとなる業務上過失致死傷罪について解説しますが、ここで最も問題となるのは、「過失」とは何かということです。ここでいう「過失」の内容そのものは、業務上過失致死傷罪であっても、過失致死傷罪であっても、それ自体は同じものであります。

もっとも、そんなものは、結局、ただの不注意だったということだろうと思われるかもしれません。たしかに、民法の不法行為の際の過失については、法律上要求される注意を怠ったことが過失であるということで説明していました。それは何も間違ってはいませんが、そうなると次には、法律上要求される注意とか、ただの不注意というのは何であるのかということが問題になるでしょう。何に対してどのような注意が要求されるのか、何に対して不注意であったのか、ではどうしたらよかったのか、仮に不注意であったかもしれないが、注意しても同じことだったらどうなのかなど、一言で「不注意だったから」と言うだけでは答が出ないくらい色々な問題が出てきてしまいます。

もちろん、細心の注意を払って間違いが起きないようにすることこそがベストであって、それが誰でもいつでもできるなら、そもそも過失犯などという刑法上の概念を設ける必要もないくらいです。しかしながら、人間のすることですから、どこかでミスが出てくることがあります。そこで、それが許容される範囲のものであるのか、許容されないなら、どの程度のペナルティーが科せられるべきものなのか、さらには、お金を支払うことで許してもらえる程度のものなのか、それとも刑務所に入って償う必要のある程度まで要求されるものなのかなど、その過失の程度なども検討しておく必要があるのです。ですから、「私、失敗しないので。」という神様のようなハイレベルの人は別ですが、通常の医師や看護師であれば、過失犯がどのようなもので、自分がどのような関わりと責任を持つことになるのか、予め知っておく必要があると思います。

そこで、過失犯における「過失」の内容ですが、このようなことが問題となる場合には、必ず何らかの不都合な結果が発生しています。その不都合な結果が誰かの権利、利益を侵害している、例えば、患者の生きる権利を侵害して死なせてしまったとか、健康な生活を送る権利があるのに手術で失敗して不自由な生活しか送れなくしてしまったとかいう結果がもたらされていることになります。

このような場合には、関与した医師や看護師らがどうすべきであったのかということが問われます。例えば、医師や看護師は、手術中の患者の生命、身体等の安全を確保する義務があると言ってよいでしょう。当該患者は、全く無力の状態に置かれていることの反面として、医師らには、患者の生命、身体等の安全を確保する義務があると言えるはずだからです。そうなると、医師らには、手術中の患者が死亡したり、健康上不具合が起きるような結果を回避する義務があると言えるでしょう。これを法律的に**結果回避義務**と言います。過失犯として犯罪が認められるかどうかは、まず、この結果回避義務がある立場であるかどうかにかかってきます。

このような義務のない立場、例えば、手術の様子を勉強のために見学していた医師や看護師は、いくら手術室で患者の手当に担当医師らが大わらわになっていても、患者に対する何の義務もありませんから、患者の生命、身体の安全等が害されそうになっても、その結果を回避する義務はありません。したがって、このような立場の人には過失犯が成立する余地はありません。

ただ、結果回避義務があるといっても、その結果を回避できるだけの状況、可能性がない場合には、やはり、過失犯は成立しません。そのような場合は、いわばどうにもできない状況にあるのですから、そのようなことに責任を負わせることはできないことから犯罪として処罰するのは不適切だからです。つまり、患者の死亡等といった結果を回避することができないような不可抗力によるものであった場合、例えば、手術中に突然、停電になり、電力が必要な人口呼吸器等の機械が停止してしまったような場合には、少なくとも手術をしていた医師や看護師らにはどうすることもできなかったのですから、患者の死亡等といった結果を回避する可能性はなかったことになります。このような場合を**結果回避可能性**がなかったとして、医師らの過失犯の成立を否定します。つまり、過失犯の成立要件として、先に述べた結果回避義務の他に、結果回避可能性も必要であるということなのです。もっとも、このような場合には、病院の設置者等に対し、非常用電源を確保するように準備しておかなかったことが過失として問われる可能性があります。

しかしながら、そのように、立場上、結果回避義務も結果回避可能性があっても、それだけでは、まだ過失犯が成立するには足りません。例えば、手術中に、患者がそれまでにしてきた全ての検査によっても見つからなかった特異体質があって、それが原因で手術中にショックを起こして死亡してしまったとしましょう。この場合には、結果回避義務はありますし、特異体質であることを知っていれば結果を回避することは可能であったので、結果回避可能性もあると言えそうです。

ただ、この場合には、その特異体質であることを予見して手術する義務があったのか、また、それを予見することは可能であったのかが、更に問われるべきでしょう。手術をする以上、患者がどんな特異性をもっているかは、医学上の全ての見地、角度からチェックすべきであって、歴史上数例しかないような異常体質までをも検討すべきであると考えるのであれば、予見可能であり、予見義務があったということになりそうです。

しかしながら、そのような予見義務を課した場合、手術をするのは実際上著しく困難なものとなってしまい、逆に、十分な治療が行い得ないという事態をも迎えることになるでしょう。法は不可能を要求するものではありません。仮に不可能までとは言えないにしても、およそ一般的なレベルの医師において予見することが困難であるような場合には、予見できる可能性はないとすべきですし、そのような義務を課すことはできないと考えてよいと思います。したがって、このような場合には、**予見可能性**がないし、また、**予見義務**がないとして過失犯の成立は否定されます。

このように過失犯の成否を検討するに当たっては、発生した結果から遡って、結果回避義務、結果回避可能性、結果予見義務、結果予見可能性が、それぞれ存したかという順序で考えることになります。

ただ、刑法の教科書などでは、一般的には、その逆の順序で、次のように説明されております。すなわち、過失犯が成立するためには、その際に発生した結果について、それが予見できること、つまり、予見可能性があること、そして、その際に、それを予見すべき立場にあったこと、つまり、予見義務があったこと、更に、その結果を回避できる可能性があり、つまり、結果回避可能性があること、そして、最後に、その結果を回避する義務があること、つまり、結果回避義務があることを要件としていますと説明しております。どのように考えてもいいのですが、結局のところ、過失犯の構造としては、一定の不都合な危険の発生について、予見可能であったこと、それが予見すべき義務があったと言える状況であること、その上で、結果回避可能であったこと、そして、最後に、そのような結果を回避すべき義務があったとしていることのそれぞれの要件を満たして、初めて過失あったということになるのです（これらをすべて含める概念として、「**注意義務**」とか「注意義務違反」という言い方でひっくるめることもよくあります。)。

ですから、そのうちの一つでも満たされない場合には、過失はないということになって責任を問われることはありません。これが刑法上の過失犯の考え方です。

医療水準

過失の有無を検討するに当たって、主に、民事訴訟で発展してきた概念ですが、**医療水準**という概念があります。これは、過失の有無を判断するに当たって、当時の医療のレベルに照らして、十分な注意義務を尽くしたかどうかの判断基準として、医療水準を守った診療をしていたかどうかという観点で過失の有無を判断するものであります。この場合に注意義務を細かく分けて、予見可能性などとして検討する上では、当時の医療水準に照らして、予見可能であったかどうかという形などで使われることになります。

この点について、昭和57年3月30日最高裁判決（判例時報1039号66頁）では、「人の生命及び健康を管理すべき業務に従事する者は、その業務の性質に照らし、危険防止のため実験上必要とされる最善の注意義務を要求されるが（中略）、右注意義務の基準となるべきものは、診療当時のいわゆる臨床医学の実践における医療水準である」と述べられています。

ここでは、注意義務の内容として、「実験上必要とされる最善の注意義務」と表現されています。その基準は、問題とされた事象が発生した当時の医療水準に照らして判断すべきであるとしています。つまり、問題となった事象の発生が、当時の医療水準に照らして、予見可能であったとか、当該事象による不都合な結果を回避することが可能であったか、また、その義務を果たしていたかどうかなどという形で過失の有無等の判断に用いられるのであります。

ただ、この場合、本件最高裁判決が、「不当に高い注意義務を医師に課した場合には、医療現場からの医師の逃避や萎縮診療をもたらし、患者にとっても不利益な事態を招来することになり、他方、医師に不当に低い注意義務しか認めない場合には、医療現場の弛緩をもたらし、医師の怠慢の結果を患者に負担させることとなり、いずれも望ましいものではない。と判示していることが注目されます。

注意義務の程度は医療行為の実践に大きな影響を与えることから、角に高度な注意義務を負わせた場合には医療の萎縮を招き、また、逆に、過度に低い注意義務しか負わせなかった場合には、患者に大きな不利益をもたらすおそれが生じます。

そこで、本件最高裁判決は、「医師の注意義務の基準としての医療水準の問題は、このような患者と医師の利害を調節する重要な役割を果たすものである。そこで、医療水準をどのようなものとして理解するかであるが、最大の問題は、当該医師又は医療機関の置かれている社会的・経済的・地理的諸環境、研究機関に附属する大学病院であるか、地域の基幹となる国公立の総合病院であるか、小規模病院であるか、一般開業医の診療所であるかなどを医療水準の内容を決するについて考慮すべきであるか否か、換言すると、右の諸環境を医療水準決定の判断要素とすべきであるか否かにある。」と判示いたしました。

その結果、当該医療機関の置かれた現場の実情が、医療水準の判断に当たって、どの程度反映されるのかという点が大きな問題となってきたのでした。

そこで、この点の問題の検討を含めて、医療水準について述べた代表的な判例として、以下の各最高裁判決を例として挙げて説明いたします。

1　平成7年6月9日最高裁判決（民集49巻6号1499頁）

この判決の事案では、昭和49年12月に出生した未熟児Aが未熟児網膜症に罹患した場合において、その診療に当たった医療機関に対して、当時の医療水準を前提とした注意義務違反があるかどうか問題とされたものでありました。以下少々専門的になりますが、医療水準という概念を理解するためには必要であろうと思われますので、詳細に説明していきます。

(1)　未熟児網膜症の概要及び治療方法の発展の経緯

まず前提として、未熟児網膜症の概要及びその治療方法の発展の経緯については次のとおりであります。

ア　未熟児網膜症の発生機序及びその対処方法

未熟児網膜症（以下「本症」という。）は、在胎32週未満、出生体重1600グラム以下の未熟児に多く発生する未熟な網膜に起こる血管の増殖性変化を本態とする疾病であって、最悪の場合には、網膜剥離から失明に至ります。ここでいう「増殖性変化」というのは、要は、血管が異常な発達をして、それが網膜に悪影響を与えることであります。

本件事件当時の医学的見解として、その原因につき、患児の網膜血管の発達の未熟性を基盤とし、保育器内での酸素投与が引き金となって発症することがあることは否定できないとされていましたが、その正確な発症機序については当時は不明な点が多いとされていました。

現在では、その原因として、網膜の血管は在胎14週頃から成長を始め、36週頃に完成するところ、予定より早く生まれた新生児は、網膜血管が未完成で血液が不足しているため、新しい血管を作ろうとして血管内皮増殖因子と呼ばれる物質が過剰に生産されます。そして、その物質が新生血管と呼ばれる病的な組織、つまり、余分な血管でありますが、この発生を誘導し、増殖した組織によって網膜が引っ張られ、網膜剥離を引き起こすなどと説明されています（国立研究開発法人国立成育医療研究センターウェブサイト、日本小児眼科学会ウェブサイト等）。

本症についての我が国の研究や診断は、従来、オーエンスが昭和30年までに確立した分類法（本症の臨床経過を活動期、寛解期及び瘢痕期の三期に分けるもの）に従って行われてきましたが、昭和46年頃から、本症の病態についての研究が進み、上記分類に修正が加えられ、さらに急激に進行する激症型の存在も確認されるに至りました。

我が国においては、未熟児に酸素を投与することが少なかったため本症の発生は少なかったものの、本症の発生予防のための酸素投与の方法については、昭和40年代後半まで、一般的指針となるような統一見解はなく、酸素濃度を40％以下にとどめ、投与期間が極端に長くならないように注意するというのが一般臨床医の間での一応の指針となっていました。

イ　光凝固法の発見・施行

昭和42年秋の日本臨床眼科学会において、光凝固法を施行して病勢の進行を停止させることに成功した旨の報告がなされました。この光凝固法は、大雑把にいえば、レーザー光線を当てて、増殖した血管を焼いて固めるという方法のことであります。

その後、昭和46年頃から、各地の先駆的研究者によって光凝固法の追試が行われ、光凝固法が本症の進行を阻止する効果があるとの報告が相次ました。また、昭和47年頃には、本症の発生率が約10％であり、そのうち自然治癒するものが70％前後ある反面、急激に症状が悪化する症例があることも明らかになり、光凝固法について、上記の自然治癒率との関係から施術の適応について議論がされ、また、施術の適期等についてはなお研究を要することが指摘されながらも、その課題解明の努力が続けられていました。

ウ　厚生省研究班による光凝固法の治療基準の策定

このように光凝固法は、本症の治療について新しい局面を開きましたが、本症の病態、光凝固法の施術の適期等に関して研究者間で区々の報告がされるきらいがありましたので、厚生省は、昭和49年、本症の診断と治療に関する統一的基準を定めることを主たる目的として、本症の指導的研究者らによる研究班を組織しました。厚生省研究班は、昭和50年３月、当時における研究成果を整理し、最大公約数的な診断基準となるものを作成し、発表しました。そして、これは、同年８月、雑誌「日本の眼科」46巻８号に掲載されました。

上記の厚生省研究班報告は、本症を、主に耳側周辺に増殖性変化を起こし、活動期の経過が比較的緩徐で自然治癒傾向の強いⅠ型と、主に極小低体重児の未熟性の強い眼に起こり、初発症状から急速に網膜剥離に進むⅡ型に大別し、そのほかに両者の混合型もあるとしました。

そして、進行性の本症活動期病変に対して適切な時期に行われた光凝固法が本症の治療法として有効であることが経験上認められるとして、Ⅰ型については、活動期の三期に入り、更に進行の徴候があることを見極めて凝固治療をすべきであり、Ⅱ型については、血管新生期から突然網膜剥離を起こすことが多いので、治療の決断を早期に下さなければならず、無血管領域が広く全周に及ぶ症例では、血管新生と滲出性変化が起こり始め、後極部血管の紆曲怒張が増殖する徴候が見えたら直ちに凝固治療をすべきであるなど光凝固法の適応・適期・方法などについて一応の治療基準を示しました。

⑵　本件最高裁判決の事案の概要

未熟児Ａは、昭和49年12月11日午後２時８分、姫路市内のＳ病院において在胎31週、体重1,508グラムの未熟児として出生し、同日午後４時10分、Ｎ病院に転医し、小児科の「新生児センター」に入院しました。未熟児Ａの担当医は、小児科のＣ医師らでありました。未熟児Ａらは、転医の際、Ｎ病院との間で、未熟児Ａの保育、診断、治療等をすることを内容とする診療契約を締結しました。

Ｃ医師は、同日、未熟児Ａを保育器に収容し、昭和50年１月23日までの間、濃度が30％以下になるようにして酸素投与を開始し、症状を見ながら、保育器から出したりもしながら、その酸素濃度を調整して酸素投与し、その後、保育器から出した後も必要に応じて酸素ボックスを用いるなどして酸素吸入を継続しました。

この間、未熟児Ａは、昭和49年12月27日、Ｎ病院の眼科のＤ医師による眼底検査を受けましたが、同医師は、未熟児Ａの眼底に格別の変化がなく次回検診の必要なしと診断しました。その後、昭和50年２月21日の退院時まで眼底検査は全く実施されませんでした。

未熟児Ａは、退院後の同年３月28日、Ｄ医師による眼底検査を受け、異常なしと診断されたが、同年４月９日、同医師による再度の検査の際、眼底に異常の疑いありと診断され、同月16日、Ｃ医師に紹介されて、Ｋ病院の眼科において診察を受けたところ、既に両眼とも未熟児網膜症瘢痕期三度であると診断されました。未熟児Ａについては、その後の裁判時の視力は、両眼とも0.06という極度の弱視となりました。

⑶　本件の下級審である大阪高裁判決の概要

上記の事実関係を前提に、本件の下級審である大阪高裁判決は、次のとおりの判断を示し、昭和50年８月以前の段階では、光凝固法により治療を図ることは、当時の医療水準ということはできず、Ｎ病院の医師らには過失はないと判示しました。

すなわち、「医療に従事する者は、最善を尽くして患者の生命及び健康を管理する注意義務を負うが、その注意義務の基準は、診療当時のいわゆる臨床医学の実践における医療水準であり、医療従事者がこの義務に違反して患者の生命、身体を害する結果をもたらした場合には、診療契約上の不完全履行の責任を問われるが、医療行為が医療水準に照らして相当と認められる限り、義務違反はなく責任を負うことはない。

未熟児に対する眼底検査は、光凝固法が未熟児網膜症の有効な治療方法であって、酸素投与をした未熟児については常に光凝固法の施術を念頭に置いて観察すべきことが医療水準として定着している場合に、光凝固法施術の適期を把握するのに必要な手段として機能するものであるところ、（中略）未熟児Ａが出生した昭和49年当時、光凝固法は、有効な治療法として確立されていなかったものであり、治療基準について一応の統一的な指針が得られたのは厚生省研究班の報告が医学雑誌に掲載された昭和50年８月以降であるから、Ｎ病院が本症を意識して、未熟児に対する眼底検査をし、本症の発生が疑われる場合に転医をさせていたとしても、担当医師において、未熟児に対し定期的眼底検査及び光凝固法を実施すること、あるいは、これらのために転医をさせることが法的義務として確立されていたものとすることはできない。

したがって、Ｃ医師及びＤ医師が生後16日に未熟児Ａの眼底検査を実施しただけで、その後退院まで実施せず、そのための転医をさせなかったからといって、右両医師に義務違反があるとはいえない。また、未熟児網膜症の臨床経過は多様で、これを的確に診断することは特別の修練と経験を積まなければ困難であるから、その経験のないＤ医師が未熟児Ａの診断時に本症の発生を確認することができなかったとしても、やむを得ない。」と判示しました。

つまり、昭和50年８月以前の段階では、光凝固法は確立した治療法とはなっておらず、それが医療水準であったから、そのような治療方法を採らなかったとしても、医師Ｃ及びＤには過失はないとしたのでありました。

(4)　本件最高裁判決の概要

しかしながら、本件最高裁判決は、上記大阪高裁の判断を否定し、審理のやり直しを命じて、本件を大阪高裁に差し戻しました。その理由は、次のとおりです。

ア　医療水準に関する一般的な概念

まず、一般論として、医療水準などに関し、本件最高裁は、次のように述べました。

すなわち、「被上告人〔Ｎ病院の経営者を指します。〕は、昭和49年12月11日午後４時10分に未熟児ＡがＳ病院からＮ病院に転医をするに際し、その法定代理人らとの間で、未熟児として出生した未熟児Ａの保育、診断、治療等をすることを内容とする診療契約を締結したのであるが、被上告人は、本件診療契約に基づき、人の生命及び健康を管理する業務に従事する者として、危険防止のために経験上必要とされる最善の注意を尽くして未熟児Ａの診療に当たる義務を負担したものというべきである（中略)。そして、右注意義務の基準となるべきものは、診療当時のいわゆる臨床医学の実践における医療水準である（中略）。」としました。

この医療水準の概念に関しては、先に述べた大阪高裁の判断内容と同様であります。

イ　医療水準に関する本件最高裁判決の判断内容

ただ、その医療水準の内容についての判断が異なりました。そこで示された判断は、次のようなものでありました。

すなわち、「そこで、診療契約に基づき医療機関に要求される医療水準とはどのようなものであるかについて検討する。

ある疾病について新規の治療法が開発され、それが各種の医療機関に浸透するまでの過程は、おおむね次のような段階をたどるのが一般である。

すなわち、まず、当該疾病の専門的研究者の理論的考案ないし試行錯誤の中から新規の治療法の仮説ともいうべきものが生まれ、その裏付けの理論的研究や動物実験等を経た上で臨床実験がされ、他の研究者による追試、比較対照実験等による有効性（治療効果）と安全性（副作用等）の確認などが行われ、この間、その成果が各種の文献に発表され、学会や研究会での議論を経てその有効性と安全性が是認され、教育や研修を通じて、右治療法が各種の医療機関に知見（情報）として又は実施のための技術・設備等を伴うものとして普及していく。疾病の重大性の程度、新規の治療法の効果の程度等の要因により、右各段階の進行速度には相当の差が生ずることもあるし、それがほぼ同時に進行することもある。また、有効性と安全性が是認された治療法は、通常、先進的研究機関を有する大学病院や専門病院、地域の基幹となる総合病院、そのほかの総合病院、小規模病院、一般開業医の診療所といった順序で普及していく。そして、知見の普及は、医学雑誌への論文の登載、学会や研究会での発表、一般のマスコミによる報道等によってされ、まず、当該疾病を専門分野とする医師に伝達され、次第に関連分野を専門とする医師に伝達されるものであって、その伝達に要する時間は比較的短いが、実施のための技術・設備等の普及は、当該治療法の手技としての難易度、必要とされる施設や器具の性質、財政上の制約等によりこれに要する時間に差異が生じ、通常は知見の普及に遅れ、右の条件次第では、限られた医療機関のみで実施され、一般開業医において広く実施されるということにならないこともある。

以上のとおり、当該疾病の専門的研究者の間でその有効性と安全性が是認された新規の治療法が普及するには一定の時間を要し、医療機関の性格、その所在する地域の医療環境の特性、医師の専門分野等によってその普及に要する時間に差異があり、その知見の普及に要する時間と実施のための技術・設備等の普及に要する時間との間にも差異があるのが通例であり、また、当事者もこのような事情を前提にして診療契約の締結に至るのである。したがって、ある新規の治療法の存在を前提にして検査・診断・治療等に当たることが診療契約に基づき医療機関に要求される医療水準であるかどうかを決するについては、当該医療機関の性格、所在地域の医療環境の特性等の諸般の事情を考慮すべきであり、右の事情を捨象して、すべての医療機関について診療契約に基づき要求される医療水準を一律に解するのは相当でない。そして、新規の治療法に関する知見が当該医療機関と類似の特性を備えた医療機関に相当程度普及しており、当該医療機関において右知見を有することを期待することが相当と認められる場合には、特段の事情が存しない限り、右知見は右医療機関にとっての医療水準であるというべきである。そこで、当該医療機関としてはその履行補助者である医師等に右知見を獲得させておくべきであって、仮に、履行補助者である医師等が右知見を有しなかったために、右医療機関が右治療法を実施せず、又は実施可能な他の医療機関に転医をさせるなど適切な措置を採らなかったために患者に損害を与えた場合には、当該医療機関は、診療契約に基づく債務不履行責任を負うものというべきである。また、新規の治療法実施のための技術・設備等についても同様であって、当該医療機関が予算上の制約等の事情によりその実施のための技術・設備等を有しない場合には、右医療機関は、これを有する他の医療機関に転医をさせるなど適切な措置を採るべき義務がある。」と判示しました。

つまり、医療水準については、その知見の普及や、個々の医療機関の特性等に配慮して考察すべきであり、全国一律に決せられるようなものではなく、個々の医療機関に応じて、新規の治療法に関する知見を有することを期待するのが相当といえるかどうかで判断すべきであるとしたのでありました。

ウ　上記理論の本件への当てはめ

その上で、本件の事案にその理論を当てはめるとどうなるのかについて、「これを本件についてみると、

i　光凝固法については、（中略）Z医師による施術の報告後、昭和46年ころから各地の研究者によって追試が行われ、右治療法が未熟児網膜症の進行を阻止する効果があるとの報告が相次いでいたところ、厚生省は、本症の病態や光凝固法の施術時期等に関する各地の研究者による研究成果を整理して、診断と治療に関する最大公約数的な基準を定めることを主たる目的として、昭和49年度厚生省研究班を組織し、右研究班は、昭和50年3月、進行性の本症活動期病変に対して適切な時期に行われた光凝固法が治療法として有効であることが経験上認められるとし、一応の診断治療基準を示した研究成果を発表した。

ii　N病院においては、昭和48年10月ころから、光凝固法の存在を知っていた小児科医のC医師が中心になって、未熟児網膜症の発見と治療を意識して小児科と眼科とが連携する体制をとり、小児科医が患児の全身状態から眼科検診に耐え得ると判断した時期に、眼科のD医師に依頼して眼底検査を行い、その結果本症の発生が疑われる場合には、光凝固法を実施することのできる兵庫県立こども病院に転医をさせることにしていた、

iii　N病院は、既に昭和49年には、他の医療機関で出生した新生児を引き受けてその診療をする「新生児センター」を小児科に開設しており、現に、未熟児Aも、同年12月11日にS病院で生まれたが、N病院の診療を受けるために転医をしたというのである。

そうすると、N病院の医療機関としての性格、未熟児AがN病院の診療を受けた昭和49年12月中旬ないし昭和50年4月上旬の兵庫県及びその周辺の各種医療機関における光凝固法に関する知見の普及の程度等の諸般の事情について十分に検討することなくしては、本件診療契約に基づきN病院に要求される医療水準を判断することができない筋合いであるのに、光凝固法の治療基準について一応の統一的な指針が得られたのが厚生省研究班の報告が医学雑誌に掲載された同年8月以降であるというだけで、未熟児Aが姫路日赤

の診療を受けた当時において光凝固法は有効な治療法として確立されておらず、Ｎ病院を設営する被上告人に当時の医療水準を前提とした注意義務違反があるとはいえないとした原審の判断には、診療契約に基づき医療機関に要求される医療水準についての解釈適用を誤った違法があるものというべきであり、右違法は原判決の結論に影響を及ぼすことが明らかである。」と判断しました。

つまり、本件最高裁判決は、上記大阪高裁判決が、Ｎ病院には、光凝固法による治療を実施できるだけの医療水準を満たしていたのかどうか明らかにせずに、昭和50年８月の厚生省研究班の報告以前には注意義務違反がないと一律に判断したのは違法であると判示し、本件を大阪高裁に差し戻したのでありました。

⑸　差戻審である平成７年12月４日大阪高裁判決（判例時報1637号34頁）

そこで、差戻審の大阪高裁判決では、Ｎ病院には、昭和49年当時、本症の治療法としての光凝固法の知見を有していたといえるし、少なくとも上記知見を有することを期待することが相当であったといえるから、上記知見は、Ｎ病院にとって医療水準であったといえると判断しました。そのため、医師Ｃらには、未熟児に対する眼底検査を、事情が許す限り生後できるだけ早い時期にしかも頻繁に実施し、その検査結果に基づき、時期を失せずに適切な治療を施すなり、本症の疑いがあれば兵庫県立こども病院に転医させて失明等の危険の発生を未然に防止すべき注意義務を負っていたものといえると判断され、過失が認められたのです。

この事件は、未熟児網膜症という疾病に対し、新しい知見や治療法が発見され、それが普及される過程における事件であるという特殊性があるものですが、医療水準という概念がどのように適用されるのかについて先例となるものであります。

2　平成8年1月23日最高裁判決（民集50巻1号1頁）

この判決の事案は、昭和49年９月に虫垂炎に罹患した少年Ｘ（当時７歳５か月）がＹ１病院で虫垂切除手術を受けたところ、手術中に心停止に陥り、蘇生はしたものの重大な脳機能低下症の後遺症が残ったことについて、Ｘとその両親がＹ１病院と手術を担当した医師Ｙ２らを相手に、債務不履行又は不法行為を理由に損害賠償を求めた事件であります。

ここで問題となったのは、麻酔薬の使い方でありました。本件の手術は、麻酔剤ペルカミンＳ（主成分はジブカイン）を用いた腰椎麻酔によって行われたものでありますが、麻酔を実施したのは手術当日の午後４時32分頃であり、執刀開始は午後４時40分でありました。しかしながら、その使用した麻酔剤の添付文書（能書）には、「副作用とその対策」の項に血圧対策として、麻酔剤注入前に１回、注入後は10分ないし15分まで２分間隔に血圧を測定すべきことが記載されていましたが、Ｙ２は、手術に当たり介助の看護師に５分ごとに血圧を測定して報告するよう指示していました。そのような間隔をあけた血圧測定による遅れが原因で、Ｘの症状の変化への対応が遅れ、そのためＸは心停止に陥ってしまったのでした。

この事案において、本件最高裁判決は、「人の生命及び健康を管理すべき業務（医業）に従事する者は、その業務の性質に照らし、危険防止のために実験上必要とされる最善の注意義務を要求されるのであるが（中略）、具体的な個々の案件において、債務不履行又は不法行為をもって問われる医師の注意義務の基準となるべきものは、一般的には診療当時のいわゆる臨床医学の実践における医療水準である（中略）。そして、この臨床医学の実践における医療水準は、全国一律に絶対的な基準として考えるべきものではなく、診療に当たった当該医師の専門分野、所属する診療機関の性格、その所在する地域の医療環境の特性等の諸般の事情を考慮して決せられるべきものであるが（中略）、医療水準は、医師の注意義務の基準（規範）となるものであるから、平均的医師が現に行っている医療慣行とは必ずしも一致するものではなく、医師が医療慣行に従った医療行為を行ったからといって、医療水準に従った注意義務を尽くしたと直ちにいうことはできない。」として、本件麻酔剤の能書の指示を守らなかった医師らには、「医療機関に要求される医療水準に基づいた注意義務を尽くしたものということはできない」として過失があるとしたのでした。

ここでは、医業に従事する者には、その業務の性質上、危険防止のために治療行為等の実施に当たって必要とされる最善の注意義務、これが第３章の民法で説明した**善良なる管理者の注意義務**の内容とされるものですが、その注意義務の判断基準となるものは、「診療当時のいわゆる臨床医学の実践における医療水準」とされるものになります。これは学術上の研究者などのレベルでの医療水準まで高くなくてもよいものの、医療の実践の現場での水準となるものであります。そして、その基準は、全国一律ではなく、その医療機関の性質、例えば、大学病院と個人の開業医とでは当然に異なるレベルとしての医療水準を考えればよいものの、ただ、だからといって現に行っている医療慣行と一致するものではなく、それ以上のものが医療水準となることもあり得るとし、本件では、簡単に守ることのできる麻酔薬の能書に従った医療行為を実施しなかったのは、それと異なる医療慣行があったとしても、それをもって医療水準に基づいたことにはならないとしたものであります。

3　医療水準と刑事上の過失

もっとも、上記各判決の考え方は、あくまで民事判決での理解であり、医療水準に満たない診療行為が直ちに刑事上の過失レベルになるということにはならないと考えるべきであります。ただ、刑事上の過失を考えるに当たっても、このような医療水準に照らして、当時の医療関係者の行為が注意義務を怠ったと言えるか、具体的には、医療水準に照らして、予見義務を怠ったと言えるか、結果回避義務を怠ったと言えるかという形などで検討されることになります。

福島県立大野病院事件の概要

ここで、刑事医療過誤として、大きな問題となった事件を紹介し、医師の過失についてどのように考えるべきかについて検討してみましょう。

この福島県立大野病院事件では、産婦人科医師の手術の際の手当ての仕方が適切であったかどうかが問題になりました。

ここで起訴されたＡ医師は、福島県立大野病院において、産婦人科医師として医療業務に従事しておりました。そして、Ａ医師は、この病院に出産のために入院していたＢ（当時29歳）の執刀医として帝王切開手術を担当することになりました。

このＢは、帝王切開手術歴１回を有する前置胎盤患者でありました。ここでいう「前置胎盤」というのは、「胎盤が正常より低い位置（膣に近い側）に付着してしまい、そのために胎盤が子宮の出口（内子宮口）の一部／全部を覆っている状態を『前置胎盤』と言います。全分娩のおおよそ１％弱を占めています。通常、経膣分娩（下からのお産）では赤ちゃん→胎盤の順に出てきますが、前置胎盤では、胎盤が赤ちゃんよりも下（膣）側にあります。胎盤→赤ちゃんの順に下から出てしまうと、胎盤が出る時に大出血してしまい、また、胎盤が出た時点で赤ちゃんは『胎盤からの栄養が途切れ』『自分はまだ子宮内にいるから呼吸もできず』という状態になってしまいます。したがって、前置胎盤の場合には、ほぼ100％が帝王切開分娩です。」（公益社団法人日本産婦人科学会ウェブサイト）というものであります。

その上、術前検査において、Ｂには、前回の帝王切開をした部分への胎盤の付着が認められました。

そのような状況の中、Ａ医師は、平成16年12月17日午後２時26分頃から、この大野病院において、Ｂの帝王切開を実施したのですが、同日午後２時37分頃に女児を娩出した後、Ｂの胎盤を子宮から剥離しようとした際、胎盤が子宮に癒着してしまっているのを認めました。そこで、Ａ医師は、同日午後２時50分頃までの間、右手指を胎盤と子宮の間に差し入れて胎盤を剥離しようとしたり（これを「用手剥離」と言います。）、医療器具を用いて胎盤の癒着部分を剥離しようとしました。しかしながら、その結果、胎盤剥離面から大量出血をさせてしまい、Ｂを死亡させてしまいました。

ここでは、Ａ医師は、胎盤が子宮に癒着していることを認識したのでありますから、このような場合、胎盤の剥離を継続すれば、子宮の胎盤剥離面から大量に出血し、Ｂの生命に危険が及ぶおそれが予見できたはずであるので、直ちに胎盤の剥離を中止して子宮摘出手術等に移行すべき義務があったのに、それを怠ったことが過失であるとして起訴されたのでした。つまり、胎盤を子宮から剥離することに伴う大量出血によるＢの生命の危険を未然に回避すべき業務上の注意義務があるのに、これを怠ったとして刑事責任の追及がなされたのでした。

この事件では色々な点で争われましたが、これまでに説明してきた過失犯の構造に関するものとしては、①出血についての予見可能性の有無や、②大量出血による死亡という結果を回避するための措置として、剥離行為を中止して子宮摘出手術に移行すべき義務という結果回避義務の有無などが問題となりました。

まず、①の出血の予見可能性ですが、これを肯定する見解としては、次のような主張が考えられます。すなわち、A医師は、本件手術前の検査で、Bが帝王切開手術既往の前置胎盤患者であり、その胎盤が前回帝王切開創の際の子宮切開創に付着し、胎盤が子宮に癒着している可能性が高いことを予想していた上、本件帝王切開の過程において、児娩出後に容易に胎盤が剥離せず、癒着胎盤を無理に剥がすと、大量出血、ショックを引き起こし、母体死亡の原因になることを、産婦人科関係の基本的な医学文献の記載等から知っていたのであるから、胎盤の剥離を継続すれば、子宮の胎盤剥離面から大量に出血し、本件患者の生命に危険が及ぶおそれがあることを予見することが可能であったとの主張があり得るでしょう。

これに対し、出血の予見可能性を否定する見解としては、癒着胎盤であることを認識したとしても、前置胎盤及び癒着胎盤の場合、用手剥離で出血があることは当然であり、出血を見ても剥離を完遂することで、子宮収縮を促して止血を期待し、その後の止血措置をするのが我が国の医療の実践であるから、大量出血を予見したことにはなり得ないと主張することが考えられましょう。

次に、②の結果回避義務については、これを肯定する見解としては、次のような主張が考えられます。すなわち、A医師が胎盤剥離を継続すれば、大量出血により、Bを失血死、ショック死させる蓋然性、危険性が高いことを十分に予見できた上、子宮摘出手術等に移行することが容易であったことに照らせば、癒着胎盤であると認識した以上、直ちに胎盤剥離を中止して子宮摘出手術等に移行することにより、Bの死亡という結果を回避する義務があった、そして、このような義務を課したとしても、それが本件当時の医学的準則である以上、不可能を強いるものではないとの主張が考えられるでしょう。ここでいう「医学的準則」とは、いわば医師であれば誰でも行動の指針とする規範ともいうべきもので、平たく言えば、医学上の常識といってもよいかと思われます。

つまり、本件に即して言えば、癒着胎盤であると分かれば、医師であれば、誰でも無理に剥離させれば大量出血に至ることは分かる以上、直ちに剥離を中止して、子宮摘出をすべきであり、そのように行動すべきことを義務づけても不可能を強いるものではないことから、この場合には、Ｂの生命を守るべきＡ医師としては、剥離中止義務と子宮摘出手術への移行義務が課されているのであって、この場合のＡ医師は、その結果回避義務を怠ったと主張するでしょう。

これに対し、結果回避義務の存在を否定する見解としては、癒着胎盤で胎盤を剥離しないのは、開腹前や、たとえ開腹後であっても、その癒着の程度が特に強固であると判明した場合であるか、胎盤剥離を試みても癒着していて最初から用手剥離ができない場合などであって、一旦、用手剥離を開始し得た後は、出血をしていても胎盤剥離を完了させ、子宮の収縮を期待するとともに止血操作を行い、それでもコントロールできない大量出血をする場合に初めて子宮を摘出することになるのであって、この手順に沿っている限り、剥離中止義務はなく、また、子宮摘出手術への移行義務も存しないし、これが我が国の臨床医学の実践であるとの主張が考えられるでしょう。

平成20年8月20日福島地裁判決（判例時報2295号３頁）の内容

上記の各主張に対して、本件福島地裁判決はどのような判断を示したのでしょうか。

まず、①の出血の予見可能性について、本件判決は、次のように述べて、予見可能性を肯定しています。

すなわち、「癒着胎盤を無理に剥がすことが，大量出血，ショックを引き起こし，母体死亡の原因となり得ることは，被告人が所持していたものも含めた医学文献に記載されている。通常の胎盤では，胎盤剥離の際に脱落膜から剥離して，その後の子宮収縮によって血管の止血効果が働くのに対し，癒着胎盤を剥離した場合は，絨毛組織が直接筋肉に接しているため，剥離した部分の絨毛間腔から出血する。また，癒着により子宮筋の厚さが薄くなっているため，子宮収縮が悪くなり，収縮による止血が働きにくいことにより，出血多量となるおそれがあると説明されている。したがって，癒着胎盤と認識した時点において，胎盤剥離を継続すれば，現実化する可能性の大小は別としても，剥離面から大量出血し，ひいては，本件患者の生命に危機が及ぶおそれがあったことを予見する可能性はあったと解するのが相当である。」と判示しました。なお、ここでいう「絨毛組織」とは、胎盤の胎児側の構成組織のことであります。

この判決では、要するに、医学文献によれば、癒着胎盤を剥離した場合には、出血多量になることが記載されているのである以上、医師としては、胎盤剥離を継続すれば、剥離面から大量出血が起きて、患者の生命に危険が及ぶことは予見可能であったとしたのでした。

次に、②の結果回避義務については、本件判決は、概ね、次のように述べて、その義務の存在を否定しました。

すなわち、「実際のところ、癒着胎盤の剥離を開始した後に剥離を中止し、子宮摘出手術等に移行した具体的な臨床症例は一件も見出されていない。また、医学文献における本件に関する医療措置の概要としては、用手剥離を行う前から胎盤の癒着が強固なものであることが明確である場合、あるいは剥離を試みても全く胎盤剥離できない場合については、用手剥離をせずに子宮摘出をすべきという点では、概ね一致が見られるものの、用手剥離開始後に癒着胎盤であると判明した場合に、剥離を中止して子宮摘出を行うべきか、剥離を完了した後に止血操作や子宮摘出を行うのかという点については、医学文献から一義的に読みとることは困難である。」として、胎盤剥離開始後に剥離を中止して子宮摘出手術に移行すべきであると明確に示したものは、臨床例としても、文献上においてもいずれも存在しないので、用手剥離開始後に剥離を中止して子宮摘出に移行すべきかということについては必ずしも明らかではないと判示しております。

その上で、「臨床に携わっている医師に医療措置上の行為義務を負わせ、その義務に反したものには刑罰を科す基準となり得る医学的準則は、当該科目の臨床に携わる医師が、当該場面に直面した場合に、ほとんどの者がその基準に従った医療措置を講じていると言える程度の、一般性あるいは通有性を具備したものでなければならない。なぜなら、このように解さなければ、臨床現場で行われている医療措置と一部の医学文献に記載されている内容に齟齬があるような場合に、臨床に携わる医師において、容易かつ迅速に治療法の選択ができなくなり、医療現場に混乱をもたらすことになるし、刑罰が科せられる基準が不明確となって、明確性の原則が損なわれることになるからである。」と判示しました。ここで言う「齟齬」とは食い違いのことであり、「明確性の原則」とは、第５章で説明しましたように、刑罰を科すためには、その要件等が明確に示されていなければならないという原則であります。

要するに、この判決では、医師らの間では、癒着胎盤の剥離を開始した後に剥離を中止し、子宮摘出手術等に移行すべき義務があると広く認識されているようなことはないし、そのような認識に基づく臨床例が存在するといったこともない以上、これが医学的準則ということにはならず、そうであるなら、Ａ医師に胎盤剥離を中止する義務があったとは言えないとして、結局、Ａ医師には結果回避義務がないことから過失はなく、無罪と判断したものでありました。

信頼の原則

刑法上の過失犯の概念に関連して、「**信頼の原則**」という概念があります。これは、自分が法規等を遵守して行動する以上、相手もそれに従って行動してくれるはずで、それを逸脱した行動に及ぶ可能性を考慮しなくてもよく、それを逸脱した行動を相手方がとったことによって事故等が起きた場合には、自分に対する過失犯の成立が否定されるという考え方であります。

分かりやすい例で言えば、自動車を運転して道路を走行している場合、誰もが信号の表示を遵守して走行するものと信じてよく、自らの進路が青色信号であれば、それに従って走行している以上、赤色信号を無視して進行してくる車両の存在を予見したり、それを予見して回避する措置を講じる必要はなく、仮に、赤色信号を無視した車両が進入して事故が起きた場合には、たとえ左右道路からの侵入車両の有無等に注意を払っておらず、その点で過失犯の構成要件を満たしたとしても、自らには過失責任は存在しないと評価されることになります。

これを医療の現場に当てはめて考えると、例えば、チーム医療がなされる場合、自らが法規等を遵守し、適正かつ責任をもって担当職務を遂行している以上、別の担当者が自らの責任を全うしてくれるものと信頼し、その信頼が許容される範囲内においては、当該担当者の責任範囲内の行為については適正になされるものと信頼してよく、あえてその行為内容について詮索することなく適正妥当なものとの前提で行動して差し支えないという考え方を示すことになります。

具体的に言えば、手術に用いるメスや鉗子などの手術用具に滅菌処理をして使用可能な状態にしておくのは看護師の業務であって、それを信頼して執刀医が当該メスを用いたところ、実は看護師が滅菌処理を怠っていて、患者が敗血症等に感染したという事態が起きたとします。このような場合、看護師の過失責任はもちろん認められますが、執刀医に過失責任を問うことはおそらく無理でしょう。そんなことまで医師が確認しなければならないということでは、およそ手術などできなくなってしまうからです。

このような場合には、看護師が基本的な業務を遂行してくれてメスの滅菌処理をしてくれているはずであると信頼してよく、執刀医については、看護師の業務遂行に対する信頼の原則が認められ、そのチェックをしなくても、そのことで執刀医の過失責任を問われることはないという結果になるのです。

ただ、これとは別に、最新式の手術用の器械が導入されおり、その操作等が修練した医師でないとできないようなものであった場合、それが的確に作動するかどうかを看護師にチェックさせただけで、医師自らは何もせずに、そのまま手術で用いたところ、実は整備不良があって的確に作動せずに患者の動脈を傷つけて大出血をさせてしまったというケースを考えてみましょう。このような場合には、当該器械の扱いに慣れた医師でないと作動状況の適切な確認などはできないものと思われます。そのような状況であるにもかかわらず、看護師任せにすることは、自らの責任を放棄しているに等しいことであって、信頼の原則の前提である、自らは法規等を遵守して適切に行動していることの前提を欠くことになると言えるでしょう。したがって、このような場合は、信頼の原則が適用されることにはなりません。

ただ、実際のところ、チーム医療の参加者間で、どこまで信頼の原則が適用されるのかは問題となります。

次の事例を基にして考えることにしましょう。

横浜市立大学病院における患者取り違え事件の概要

これは、平成11年1月11日、横浜市立大学医学部付属病院において、心臓手術（以下「Ａ手術」と言います。）を受ける予定だった74歳の男性患者（Ｘ）と、肺手術（以下「Ｂ手術」と言います。）を受ける予定だった84歳の男性患者（Ｙ）を取り違えて、病状と無関係な手術が行われた医療事故に関するものであります。

この事件においては、Ａ手術の主務的立場にあった執刀医S_1とＢ手術の主務的立場にあった執刀医S_2、Ａ手術担当の麻酔医M_1と、Ｂ手術担当の麻酔医M_2、更に、患者引継ぎの際に取り違えた当事者である看護師K_1及びK_2の合計６名について、いずれも業務上過失傷害罪に問われたものであります。

本件では、病棟の看護師（K_1）が１人で患者２名を手術室に引き継いだ際、受け取った手術室の看護師（K_2）に明確に患者の名前を告げず、同看護師（K_2）も明確に確認しなかったため、両患者を取り違え，手術の介助担当の看護師らをして誤った手術室に搬送させました。

各手術における手術の関係者は、執刀医が３名ずつ、麻酔医が２名ずつ、看護師が２～３名ずつおり、それらの者のほか、見学等で入室した医師を含めると、両手術室には合計二十数名がいました。

実際のところ、両患者の容貌は相当に異なっており、手術中の病状の所見は、手術前の検査結果等と全く異なっていたにもかかわらず、誤った手術が最後まで行われました。

なお、本件では、麻酔医（M_1）が、ＹをＸと軽信して麻酔導入後、外見的特徴や病状の相違等から、同一性に疑念を抱き、他の医師らにその疑念を告げ、電話により看護師をして病棟看護師にXが手術室に搬送されたか否かを問い合わせましたが、他の医師からは取り合ってもらえなかったとの経緯があります。

本件では、S_1、S_2、M_1、M_2、K_1、K_2の６名が起訴されましたが、その６名を含む18名（病院長を含む。）が**送検**されていました（「送検」とは、警察において被疑者として立件され、検察庁に送られることであります。なお、これに関しては第９章で詳しく説明いたします。）。

ただ、このとき、M_1の疑念を摘み取った医師らは、不起訴にされています。

本事件における問題点

チーム医療における、患者の同一性確認について、手術に関与する医療関係者（執刀医、麻酔医、看護師）が負う義務の内容・程度はどの程度のものであるのか問題となります。また、その際の信頼の原則の適用についてどのように考えるべきかも問題となります。さらに、患者の同一性について疑いが生じた場合、どの程度の確認措置を採れば注意義務を尽くしたと言えるのかなども同様に問題となります。

なお、チーム医療で事故が発生した場合の刑事処罰の在り方、すなわち、起訴された６名は、本当に責任のある者を対象として起訴されているのか、その選択は形式にとらわれすぎていないか、M_1の疑念を摘み取った医師ら（M_1の指導的立場にあり在室していた麻酔医、助手として執刀していた主治医２名）を不起訴にしておきながら、M_1に禁錮を求刑したことが実態に沿った処理と言えるのかなども検討すべき事柄であると言えるでしょう。

横浜地裁平成13年9月20日判決
（判例タイムズ1087号296頁）の内容

1　主　　文

この判決では、麻酔導入後、患者の外形的特徴や検査所見から患者の同一性について疑いを持った麻酔医（M_1）については無罪といたしました。

これに対し、患者を取り違えて受け取った手術室の看護師（K_2）については、禁錮１年執行猶予３年の判決を、他の起訴された医師等（S_1、S_2、M_1、K_1）については、それぞれ30万円ないし50万円の罰金刑に処しました（なお、求刑は、執刀医・麻酔医についてはいずれも禁錮１年６月、看護師についてはいずれも禁錮１年でした。）。

2　争点についての判断内容

⑴　チーム医療における患者の同一性確認義務について

本件横浜地裁判決は、本件チーム医療における、患者の同一性確認義務について、次のとおり判示しました。

①　手術はチーム医療としてなされており、各自がそれぞれ役割を分担し、その分担を誠実に努めることが予定されている。

②　容貌等の外見的特徴による患者の同一性確認は、高度の医療知識や技量等を必要とするものではなく、その能力の点では医師でも看護師でも差がなく、病棟からの患者の搬送当初から同一性を確認することが要求され、当該病院でも通常実践されていた。

③　手術室入室前の方が、患者確認が容易で格別の困難もないが、手術室入室後は、暗示性が強く、医師は手術に集中しているため、所見の違いから取り違えに気付く契機はあるにせよ、気付くことの困難性が増す。

④　全国的には取り違えの事故が起こっているが、数は少なく、当該病院でも、同一時刻の手術等により取り違えの危険はあったが、これまでに事故もなく、予見可能性は高くなかった。

⑤　当該病院では、通常、搬送過程で、病棟看護師と手術部看護師との間の声掛けなどによって同一性確認がなされ、続いてカルテ等が引き渡され、手術部看護師や麻酔医が姓での呼び掛けをし、これらが相まって患者確認に相当の役割を果たしてきた。

旨判示しており、チーム員による患者確認に関する各自の役割を認めるなど、信頼の原則の適用をうかがわせるようなものでありましたが、これを踏まえて、各人の責任について、以下のとおりに判示しました。

⑵　執刀医S_1について

患者の同一性の確認については、日頃患者に接する主治医や看護師の方が執刀医より長けており、このように他に有効な手段がある以上、麻酔導入前に入室するか否かは、執刀医の裁量の範囲に属するとしました。

Ｘの執刀医であったS_1は、Ｘの主治医ではないので、入室時には、特段の事情がない限り、同一性を確認する義務はなく、入室後に、術前検査の結果との著しい違いを知りながら手術を継続した点についてのみ過失ありとして責任を負うとしました。

⑶　執刀医S_2について

S_1と同様、執刀医としての麻酔導入前の同一性確認義務を否定しましたが、S_2は患者Ｙの主治医であり、患者の容貌等をよく知るものであるから、入室時期に見合った確実な確認方法を採るべきであり、自らの入室後は進んで同一性を確認する義務があるとしました。

したがって、これを怠った点と、術前検査の結果との違いを知りながら手術を継続した点を過失と認めて責任を負うとしました。

⑷　麻酔医M_1について

麻酔医M_1は、麻酔導入前にＹに声掛けをしており、意識混濁等のうかがわれない患者であれば、同一性確認は、麻酔科の慣行から見て一般的な方法である声掛けが不十分であるとは言えず、それ以上の問診の必要はなく、外見的特徴については、本件の患者両名は多数の患者の中では大きく見れば似ているとさえ言えるし、暗示性が強い上、ヘアーキャップ等で判別困難であり、かかる不確かな方法より、声掛けやカルテ等が確認として劣るとは言えず、外見的特徴から同一性に気付かなかったことは、注意義務違反と言えないとしました。

また、同一性に疑問を持った後の措置につき、病棟への問い合わせは取り違え防止としては不十分であったことは否めないが、麻酔科の指導医師らに疑義を訴えたのに、在室していた主治医の発言等により、疑義が解消してしまっており、最も若い医師の一人である被告人の問題提起は正当に評価されるべきであって、病棟への問い合わせの不十分さを補って余りあり、先輩医師らが検査の食い違いにつき医学的説明ができるとして執刀を開始した以上、自己の思い違いと思ったとしても無理からぬところであり、先輩医師らは同一性確認に関してより豊富な情報量を持ち、M_1を指導補佐すべき立場にあるのに、安易な発言でM_1の疑問を排斥し、これら在室者の罪が問われず、正当な問題提起や相応の努力をしたM_1に更に義務を課すのは過酷にすぎるとして、注意義務は尽くされているとしました。したがって、結果回避義務を尽くしていることから、結果回避義務違反はなく、過失はないとしたものであります。

(5)　麻酔医M_2について

麻酔医の麻酔導入前の過失につき、M_1と同様、容貌等の同一性確認をしなかったことについては注意義務違反とまでは言えないとしたものの、フランドルテープが貼付されていたことやカルテと異なる手術痕の点で異常を認識すべきであり、患者の同一性を確認する義務があったとして、過失責任を認めました。なお、フランドルテープというのは、心臓のまわりの冠動脈を広げ血流量を増やし、心臓に酸素などを補給することで、全身の血管抵抗を減らして心臓の負担を軽くする薬を塗ったテープであって、通常、心臓病の患者に用いられるものでありますから、肺の手術をする患者に貼られていたら、それはおかしいと感じなければいけないということであります。

また、M_2が研修医であったことについては、そのような立場であっても正式に医師免許を取得し、患者の治療等に当たっていた以上、そのことをもって責任が軽減されるということにはならないとしました。

(6)　看護師K_1について

患者引き渡しの際、同一性を確認して一人ずつ確実に搬送して引き渡すか、仮に２名を同時に搬送する場合は、患者の氏名等を一名ずつ確実に伝え、カルテ等を同時的に引き渡して取り違えを防止する義務があると判示しました。

同一時間帯の手術予定患者を遅滞なく搬送して引き渡す必要上、患者両名を同時に搬送したのに、交換ホールで患者両名の姓を同時に告げたのみで、Xを引き渡した際にK_2にその氏名を確実に伝えず、K_2の指示に漫然と従い、Xのカルテを引き渡す前に、Yについてもその氏名を伝えることなく引き渡し、その後に両名のカルテを手渡した過失により、患者両名を誤った手術室に搬送させたことに重大な過失があるものと認定しております。

(7)　看護師K_2について

患者両名を受け取った際、氏名等を患者ごとに確認し、カルテ等を同時に受け取るなどして、取り違えを未然に防止する義務があると判示しました。

Ｘの引き渡しを受けた際、K_1がＹの姓を告げたものと思い、曖昧さを残したまま，ＸをＹとして受け取り、かつ，Ｘのカルテの引き渡しを済ませていないのに、K_1に２人目の患者Ｙを引き続き引き渡すように指示し、同患者の名前を聞かないまま同患者ＹがＸではないかとして引き渡しを受けた過失により、患者両名を誤った手術室に搬送させたことに重大な過失があると認定しております。

東京高裁平成平成15年3月25日判決（東京高等裁判所判決時報刑事54巻1～12号15頁）の内容

1　主　　文

６名全員の関係で控訴され、控訴審判決は、事実誤認や量刑不当を理由に６名全員の関係で一審判決を破棄し、一審無罪であったM_1を罰金25万円に、その他の５名を罰金50万円としました。

2　争点についての判断内容

(1)　チーム医療における患者の同一性確認について

患者の取り違えの可能性がある大規模病院においては、その防止について、病院全体が、組織的に確実な同一性確認のシステムを構築すべきであり、医師や看護師のチーム医療の中でも、同一性確認の責任・役割の分担を取り決め、チーム全員にその分担を周知徹底すべきであると判示しました。

患者の同一性確認は、医療行為を正当化する大前提であり、医師・看護師の初歩的・基本的な注意義務であって、病院全体が組織的なシステムを構築し、チーム医療においても役割分担を取り決め、周知徹底することが望ましく、これらの状況を欠いていた本件の事実関係を前提にすると、手術に関与する医師、看護師等の関係者各人がその職責や持ち場に応じて責任を持って重畳的に同一性を確認する義務があり、遅くとも患者の身体への侵襲である麻酔導入前に最優先して同一性が確認されるべきであるとして、各人の義務と過失につき、以下のとおり判示しました。

⑵　執刀医S_1について

執刀医は、手術の最高かつ最終の責任者であり、その他の医師や看護師は全てその補助等の立場にあるから、執刀医には麻酔導入前に患者確認の手立てを講じる義務があり、自分で入室しなくとも、助手や主治医を立ち会わせるなど手立てが可能であり、また、麻酔導入前に注意義務を尽くさずに麻酔導入後に入室した場合には、執刀を開始する前に進んで患者の同一性を確認する義務があるとしました。そして､これを怠ったとして過失を認めました。

⑶　執刀医S_2について

S_1と同様、麻酔導入前の同一性確認義務及び過失を認め、そのことは主治医であるか否かを問わないとしました。

⑷　麻酔医M_1について

麻酔導入前については,手術中の患者の全身状態を管理する麻酔医として、患者への問い掛けや容貌等の外見的特徴等、患者の状況に応じた適切な方法で同一性を確認する注意義務があり、患者の姓だけを呼び、更には姓に挨拶等を加えて呼ぶ方法は不十分であり、また、M_1は術前回診等をしており、容貌等を意識的に慎重に確認していれば取り違えに気づけたはずであるので、過失があるとしました。

麻酔導入後については、患者を取り違えたまま麻酔を導入した場合であっても、患者の同一性を確認する注意義務があり、患者の同一性を疑うべき所見等があれば、これを慎重に検討して早期に発見し、患者に対する侵襲をできるだけ少なくする義務があるとしました。

本件では、頭髪の色及び形状、歯の状態、手術室での検査結果等が、いずれもXのものと相違し、患者の同一性に疑念を抱いたのであるから、自ら又は手術を担当する他の医師や看護師らをして病棟及び他の手術室に問い合わせるなどして患者の同一性を確認し、患者の取り違えが判明した場合には、Yに対する手術の続行を中止するとともに､直ちに連絡して,Xに対する誤った手術をも防止し、事故発生を未然に防止する義務があったのに、同一性に疑念が生じた後も、他の医師らにその疑念を告げ、電話により介助担当看護師をして病棟看護師にＸが手術室に搬送されたか否かを問い合わせはしたが、他の医師からは取り合ってもらえず、病棟からＸを手術室に搬送した旨の電話回答を受けただけであるのに、その身体的特徴を確認するなどの措置を採ることなく、麻酔を継続し、Ｘの現在する手術室に取り違えを連絡する機会を失わせた過失があると認定され、第一審の無罪が破棄されて有罪とされたものであります。

⑸　**麻酔医M_2について**

M_1と同様、麻酔医としての麻酔導入前、導入後の同一性確認の義務を認め、過失を肯定しました。

⑹　**看護師K_1について**

第一審の認定事実どおり、患者引き渡しの際、同一性を確認して１人ずつ確実に搬送して引き渡すか、仮に２名を同時に搬送する場合は、患者の氏名等を１名ずつ確実に伝え、カルテ等を同時的に引き渡して取り違えを防止する義務があるとし、過失があることは明らかであるとしました。

⑺　**看護師K_2について**

患者両名を受け取った際、氏名等を患者ごとに確認し、カルテ等を同時に受け取るなどして、取り違えを未然に防止する義務があるとした点は第一審判決どおりでありました。ただ、第一審判決が同人だけを罰金刑ではなく執行猶予付禁錮刑したことについては、他の被告人とさほど刑責の違いはないとして、K_2についても罰金刑としました。

最高裁第二小法廷平成19年３月26日決定
（刑集61巻２号131頁）の内容

１　主　　文

本件で上告したのは麻酔導入後に患者の同一性に疑問を抱いた麻酔医（M_1）だけでありましたが、その上告は棄却されました。したがって、控訴審判決のとおり罰金25万円で確定、つまり、最終的に裁判が終了いたしました。

2　争点についての判断内容

⑴　チーム医療における患者の同一性確認義務について

本件最高裁決定は、「医療行為において，対象となる患者の同一性を確認することは，当該医療行為を正当化する大前提であり，医療関係者の初歩的，基本的な注意義務であって，病院全体が組織的なシステム構築し，医療を担当する医師や看護師の間でも役割分担を取り決め，周知徹底し，患者の同一性確認を徹底することが望ましいところ，これらの状況を欠いていた本件の事実関係を前提にすると，手術に関与する医師，看護師等の関係者は，他の関係者が上記確認を行っていると信頼し，自ら上記確認をする必要がないと判断することは許されず，各人の職責や持ち場に応じ，重畳的に，それぞれが責任を持って患者の同一性を確認する義務」があると判示しました。

そして、この同一性の確認は、「遅くとも患者の身体への侵襲である麻酔の導入前に行わなければならないものというべきであるし，また，麻酔導入後であっても，患者の同一性に疑念を生じさせる事情が生じたときは，手術を中止し又は中断することが困難な段階に至っている場合でない限り，手術の進行を止め，関係者それぞれが改めてその同一性を確認する義務がある。」としています。

⑵　M_1の刑事責任について

本件最高裁決定は、「①麻酔導入前にあっては，患者への問い掛けや容ぼう等の外見的特徴の確認等，患者の状況に応じた適切な方法で，その同一性を確認する義務があるものというべきであるところ，上記の問い掛けに際し，患者の姓だけを呼び，更には姓にあいさつ等を加えて呼ぶなどの方法については，患者が手術前に極度の不安や緊張状態に陥り，あるいは病状や前投薬の影響等により意識が晴明でないため，異なった姓で呼び掛けられたことに気付かず，あるいは言い間違いと考えて言及しないなどの可能性があるから，上記の呼び掛け方法が同病院における従前からの慣行であったとしても，患者の同一性の確認の手立てとしては不十分であったというほかなく，患者の容貌その他の外見的特徴なども併せて確認しなかった点において，②更に麻酔導入後にあっては，外見的特徴や経食道心エコー検査の所見等から患者の同一性に疑いを持つに至ったところ，他の関係者に対しても疑問を提起し，一定程度の確認の措置は採ったものの，確実な確認措置を採らなかった点において，過失があるというべきである。」とし、さらに、「他の関係者が被告人の疑問を真しに受け止めず，そのために確実な同一性確認措置が採られなかった事情が認められ，被告人としては取り違え防止のため一応の努力をしたと評価することはできる。しかしながら，患者の同一性という最も基本的な事項に関し相当の根拠をもって疑いが生じた以上，たとえ上記事情があったとしても，なお，被告人において注意義務を尽くしたということはできないといわざるを得ない。」として、M_1の上告を棄却しました。

取り違えの過失に対する裁判所の考え方

結局のところ、患者の取り違えという最も基本的な誤りに対しては、裁判所は、相当に厳しい注意義務を課しているということが言えるでしょう。患者を取り違えるおそれはどんな手術にもあるのですから、その誤りに関する予見可能性は当然に認められますし､それを予見する義務は手術をする以上、どんな場合にもあるでしょう。そして、それを回避するための措置は、様々にあるのであって、それが無理ということは考えられないことから、回避可能性はあるものと考えられますし、取り違えがあってよいという場合は絶対にありませんから、回避義務は当然に認められます。そうなると、取り違えに関与して、それ相当の立場であれば、必ず刑事責任を問われるということになります。

これは医療技術の程度とか、治療方法の選択、更には、治療の可能性に対する高度な判断とかいう医療レベル上の問題ではなく、純粋に、基本的な注意を怠ったか否かというレベルの話ですから､過失の大小はともかくとして、過失それ自体を否定するということにはならないでしょうし、信頼の原則が働くような場面でもないと言えるでしょう。

たしかに、M_1にしてみれば、自分はこれだけ結果回避のために尽力したのだから、結果回避義務を尽くしたというように考えるのはもっともでしょう。私もM_1に過失がないとは思いませんが、だからと言って起訴するまでに値するかというと、若干思うところはあります。しかしながら、取り違えられた両患者は、その後、相当な期間にわたって誤手術のために苦しんだのであり、そのことが仕方のないことであるとは誰も言えないと思われ、そうであるならM_1の責任も決して軽くはないとも評価できると思います。

ただ、そうなるとM_1の疑問をつみ取ってしまった他の医師らの刑事責任もM_1と同程度にはあるのではないかとの疑問も出てくると思います。

これらについては、実際の証拠関係に依拠しますから、判決文だけから判断しきれるものでもありません。皆さんが自分であったらどのように行動しただろうかと考えるきっかけになればよいものと思っております。

手術により患者の命を救う仕事は崇高で偉大なものである反面、人の命を預かる職務は逆に大きな責任を負わされているということを理解しておくべきでしょう。

第8章
刑　法（4）
——刑　罰　論——

はじめに

刑法は、これまで説明してきた構成要件などを定めているほか、その違反者に対する刑罰の内容についても定めております。具体的には、刑法９条以下で色々な刑について規定されております。

ここでは、そもそもなぜ刑罰が必要であるのかということからスタートし、刑法で規定されている刑罰の内容などについて説明したいと思います。

なぜ刑罰が必要なのか——応報刑論と目的刑論——

刑罰の必要性に関しては、犯罪という悪事を行った者に対する非難として加えられる苦痛．報いとして必要であると考える立場（**応報刑論**）と、犯罪行為者等に対する再犯防止のための必要な手段であると考える立場（**目的刑論**）とがあります。

1　応報刑論

応報刑というと、一般的には、報復とか仕返しのようなものを連想しがちであります。その極端なものはハンムラビ法典の「目には目を歯には歯を」という同害報復でしょう。しかし、法学の領域では、応報刑はそのようには理解されておらず、次のように責任に応じた反作用に過ぎないものと考えられています。

すなわち、応報刑と呼ばれる概念は、ドイツのカントにより唱えられたものであり、それは犯人に対する刑罰について、犯罪者の過去の犯罪行為に対し、責任の程度（裏を返せば、非難の程度）に見合った苦痛を与えることを目的とする考え方であります。つまり、行為者が違法な行為を思いとどまることができたのに、あえて行ったという事実について、行為者に対し、道義的非難を加えるというものであります。したがって、応報刑の立場では、量刑は発生した結果の大小だけでは決められず、犯罪行為が故意によるか不注意によるものかの差異に応じて量刑は異なってきます。その意味で、責任と刑罰の均衡が図られなければならないと考えられています。

また、応報刑論の中には、**絶対的応報刑論**と**相対的応報刑論**があるとされています。このうちの絶対的応報刑論は、犯人は犯罪を行ったことを理由として刑罰を科されるのであって、刑罰には何らの目的はないとする考え方であります。これに対して、相対的応報刑論は、刑罰に応報の側面があることは確かであるものの、それのみで刑罰を正当化することはできず、応報によって何らかの合理的目的を追求する場合にのみ、刑罰は正当化されるという考え方をいうものとされています。

2 目的刑論

応報刑論に反対して唱えられるようになったのが目的刑論であります。目的刑論は、刑罰は苦痛であり、害悪でありますから、単に犯罪への応報は正義であるといった考え方だけでは正当化することはできず、**犯罪予防**という合理的な目的を持つ場合にのみ初めて正当化されるとする論理であります。簡単に言えば、そもそも刑罰は、人々の犯罪抑止及び犯罪者の再犯抑止という社会的に有益な目的を達成する手段であるから、だからこそ刑罰が社会的に許容される所以であるするものであります。

この犯罪予防目的は、更に**一般予防**と**特別予防**に分けられます。

まず、罪を犯した者が今後犯罪を行わないように刑罰を科すとするのが特別予防で、これには犯罪者に対し教育を行うことにより二度と犯罪をさせないよう図るように教育して矯正する効果と、犯罪傾向が強い者を一定期間社会から追放・隔離することにより一般社会に悪影響が生じないように図る効果を意図しているものであります。

これに対し、一般予防は、犯罪予備軍的な者たちに対し、刑罰規定が存在し、現に処罰が行われて刑罰規定が機能していることを明らかにして威嚇する効果と、一般市民に対しては、法への信頼を構築する効果とが含まれているとするものであります。

3　応報刑論と目的刑論の問題点

⑴　応報刑論の問題点

応報刑論は、人々の素朴な感情に訴えかけるものであり、被害感情の回復には効果的と思われる理論でありますが、これには批判もあります。応報刑論では、行為者が犯罪を敢行するかどうかはその自由な判断に委ねられているという、自由意思による一定の行為の選択と決定が前提となっていますが、そもそも人が完全なる自由意思を持つことが科学的に立証されたと言えるかという根本的な疑問が呈されています。

ただ、一般的には、人は自分の意思で行動を決することができるものと理解されていると私は思っております。

⑵　目的刑論の問題点

目的刑論においては、刑罰は非難とは無関係であり、刑罰と責任の均衡は否定される上、犯罪予防の目的が存在すれば刑を科すことの正当性が認められるということになると思われます。そうした考え方からは、刑罰が犯罪者の危険性を除去する福祉的な性格を持つものなら積極的に刑罰を適用しようという考え方に傾斜しやすくなるおそれがあるほか、量刑が犯罪の重さとアンバランスなものになる可能性、つまり、軽い罪しか犯していないのに、犯罪予防のために重い刑が科せられるおそれがあるのではないかと批判されております。

4　在るべき刑罰理論

現在の刑罰理論の主流の考え方は、応報刑論を基本に置きながらも、目的刑論の長所を取り入れ統合する相対的応報刑論であると思われます。

すなわち、刑罰が応報であることを認めつつも、刑罰は同時に一般予防や特別予防の効果が期待できるものでなくてはならないとするものであります。換言すれば、刑罰は過去の行為への非難を通じて将来の犯罪を予防するものであると考えるものであります。

これを懲役などの自由を奪う刑、これを**自由刑**と言いますが、これに即して言えば、まず、刑罰を受ける者は、拘禁されることにより、社会生活の自由を奪われ、また、懲役による刑務作業が強制される場合には、一定の苦痛を伴い、被害者を含めた一般人の応報感情を満足させることになります。また､そのことが一般人に対して罪を犯すものではないと威嚇する効果があり、これによって一般予防作用をもたらすことになると言えましょう。さらに、自由刑の執行により、犯罪者は社会から隔離されるので、その間、再犯の危険から社会が守られることになるとともに、当該犯罪者自身にも、受刑することで反省の機会が与えられ、かつ、刑務所内での社会復帰に向けた総合的な処遇が実施されることになります。そうすることで犯罪者の改善更生が強く促され、社会に戻ってからも再犯に至るのを防ぐという特別予防作用をもたらすこととなると考えられます。

刑法が規定する刑罰制度

刑法は、９条において、

第九条　死刑、懲役、禁錮、罰金、拘留及び科料を主刑とし、没収を付加刑とする。

と規定して、刑罰として、**死刑**、**懲役**、**禁錮**、**罰金**、**拘留**、**科料**及び**没収**という７種類の刑罰を設けております。そして、死刑から科料までを**主刑**、つまり、それら自体だけで独立して言い渡すことのできる刑であり、没収は**付加刑**、つまり、何か他の刑を言い渡す際に併せて言い渡すことのできる刑であります。

なお、令和４年６月、刑法改正がなされ、刑罰の懲役と禁錮を廃止して一本化し、「拘禁刑」が創設されました。刑務作業が義務化される懲役と、そのような義務はない禁錮の区別をなくすためであります。このような改正が行われたのは、再犯防止を進めるため、刑務作業に縛られずに、受刑者の特性に応じた柔軟な処遇ができるようにする必要があり、更生や円滑な社会復帰を目指すためであります。

ただ、この改正が施行されるのは、３年ほど先とされておりますので、当面は、従来の制度が維持されることから、本書においても、従来の制度に基づいて説明しておきます。

以下、それぞれの刑罰ごとに説明することといたします。

死　　刑

1　現行死刑制度の概観

死刑とは、生命の剥奪を内容とする刑罰であり、究極の峻厳な刑罰であることから、「極刑」とも呼ばれます。刑法では、殺人罪など12種類の刑について死刑が定められております。

死刑の執行方法について、刑法11条１項は、

第十一条　死刑は、刑事施設内において、絞首して執行する。

と規定しています。具体的に絞首するという方法、つまり、首を吊るという方法で死刑を執行するとしているのです。ちなみに、ここで規定されている**刑事施設**というのは、刑事収容施設及び被収容者の処遇に関する法律（以下「**刑事収容施設法**」と言います。）で定められている施設でありますが、この条文でいう刑事施設は具体的には**拘置所**であります。拘置所というのは、逮捕された被疑者や公判を受ける被告人等を収容する法務省の施設であります。

拘置所は、**刑務所**と違って有罪とされた者を収容するわけではないので、刑務所のように外部との連絡などが厳格に規制されるということはありません。

この死刑制度が憲法に違反するかどうかは、ずっと以前から裁判上で争われております。特に、絞首という方法が憲法36条に規定する

第三十六条　公務員による拷問及び残虐な刑罰は、絶対にこれを禁ずる。

という規定に反するのではないかとして問題にされてきました。ただ、そのような主張に対し、最高裁は古くから合憲であるという立場を堅持しており、

現在まで変わっておりません。

具体的には、昭和23年3月12日最高裁判決（刑集2巻3号191頁）では、弁護人が刑法の死刑の規定は憲法36条に違反すると主張したことに対し、「死刑は、（中略）まさに窮極の刑罰であり、また冷厳な刑罰ではあるが、刑罰としての死刑そのものが、一般に直ちに同條にいわゆる残虐な刑罰に該当するとは考えられない。ただ死刑といえども、他の刑罰の場合におけると同様に、その執行の方法等がその時代と環境とにおいて人道上の見地から一般に残虐性を有するものと認められる場合には、勿論これを残虐な刑罰といわねばならぬから、将来若し死刑について火あぶり、はりつけ、さらし首、釜ゆでの刑のごとき残虐な執行方法を定める法律が制定されたとするならば、その法律こそは、まさに憲法第三十六條に違反するものというべきである。前述のごとくであるから、死刑そのものをもつて残虐な刑罰と解し、刑法死刑の規定を憲法違反とする弁護人の論旨は、理由なきものといわねばならぬ。」として、現在の絞首の方法による死刑制度は憲法に違反するものではないと判示しているのであります。

そして、刑法11条2項は、

2　死刑の言渡しを受けた者は、その執行に至るまで刑事施設に拘置する。

と規定しており、死刑の言渡しを受けた者は、執行まで刑事施設、具体的には、先に述べた拘置所に収容されます。死刑の言渡しを受けた者は、刑の執行として拘禁される受刑者とは異なり、死刑という刑の執行を待つために収容されているという立場ですから、刑務所ではなく、拘置所に収容されるのです。

ただ、そのように拘置所に収容されている間、常に大きな精神的動揺と苦悩のうちにあると考えられることから、その処遇に当たっては、人道的観点からも、その者が心情の安定を得られるようにすることに留意するものとし、必要に応じ、民間の篤志家の協力を求め、その心情の安定に資すると認められる助言、講話その他の措置を執るものとされています（刑事収容施設法32条）。また、死刑の言渡しを受けた者に対しては、その動静及び心身の状況を注意深く観察しつつ、個別に適切な処遇を行うため、単独室において処遇することとされ、その処遇は、原則として、昼夜、居室において行うものとし、居室外においても、相互に接触させてはならないとされております（同法36条）。

さらに、死刑の言渡しを受けた者の外部との連絡等については、親族や、重大な利害に係る用務の処理のために必要な者（例えば、弁護士などが該当します。）、心情の安定に資すると認められる者（例えば、宗教家などが該当します。）については、面会及び信書の発受、つまり、手紙のやり取りですが、それが許されるものの、それ以外の者については、死刑の言渡しを受けた者の精神的安定を損なわないようにするために一定の制限がされております。具体的には、交友関係の維持その他面会等を許す必要があり、かつ、刑事施設の規律・秩序を害するおそれがないと認めるときに、刑事施設の長の裁量により、許すことができるとされています（刑事収容施設法120条、139条）。面会や信書の発受を許す場合の回数の制限ですが、面会については１日１回、信書の発受については１日１通を最低保障としています。

また、刑の言渡しを受けた者が心神喪失状態にあるときや女子であって懐妊しているときには法務大臣の命令によってその執行が停止されます（刑事訴訟法479条）。ただ、これは死刑の執行がされないというだけで、釈放されたりするわけではありません。こうした例外を除き、死刑の執行は、法務大臣の命令によって、判決確定の日から原則として６か月以内にしなければならないとされています（同法475条）。ただ、再審の請求等を度々行っている者もいることなどから、執行までに何年も経過するなど長期間を要する場合も決して珍しくはありません。

そして、法務大臣の命令があると５日以内に執行をしなければなりません（同法476条）。また、死刑の執行の際には、検察官、検察事務官及び刑事施設の長又はその代理者が立ち会い、非公開で行われます（同法477条）。

2　死刑の適用基準

死刑の適用については、昭和58年７月８日最高裁判決（刑集37巻６号609頁）、これは被告人の名前から、いわゆる**永山事件判決**と呼ばれるものでありますが、ここで最高裁は、死刑判決を宣告する基準として、「犯行の罪質、動機、態様ことに殺害の手段方法の執拗性・残虐性、結果の重大性ことに殺害された被害者の数、遺族の被害感情、社会的影響、犯人の年齢、前科、犯行後の情状等各般の情状を併せ考察したとき、その罪責が誠に重大であつて、罪刑の均衡の見地からも一般予防の見地からも極刑がやむを得ないと認められる場合には、死刑の選択も許されるものといわなければならない。」旨判示して、考慮されるべき重要な量刑上の要素を列挙した一般的な基準を示しました。なお、この事件では、被告人は、拳銃を用いて４名を射殺しております。そして、上記の基準に当てはめて被告人に対して死刑が言い渡されたのです。

この永山事件判決が示した量刑基準は、死刑適用の一般的基準として、その後の最高裁判決でも踏襲されてきております。例えば、平成18年６月20日最高裁判決（裁判集刑289号383頁）、これは、いわゆる**山口県光市母子殺害事件**と呼ばれるものでありますが、この判決では、上記永山事件判決が示した一般的基準を踏雲した上で、特に酌量すべき事情の有無について検討を行い、「本件において殺害についての計画性がないことは，死刑回避を相当とするような特に有利に酌むべき事情と評価するには足りないものというべきである。」とし、被告人が、犯行当時18歳になって間もない少年であったことや、犯行の際の計画性がなかったことなどは、死刑を選択するかどうかの判断に当たって相当の考慮を払うべき事情ではあるものの、死刑を回避すべき決定的な事情であるとまでは言えず、本件犯行の罪質、動機、結果の重大性及び遺族の被害感情等と対比・総合して判断する上で考慮すべき一事情にとどまるというべきであるなどと判示しております。

なお、この事件の被告人の犯行は、主婦を強姦目的で殺害した上姦淫し、さらに、その場で生後11か月の同女の長女をも殺害するなどしたというものであり、最終的に死刑が確定しております。

ただ、近時において死刑の適用上、大きな問題となっているのは、被害者の数であります。年少者一名を被害者とする極めて残虐な手口による殺人等事件において、第一審裁判所において、裁判員裁判が実施されて死刑が言い渡されたにもかかわらず、控訴審においてこれを破棄して無期懲役に減刑される事件が相次ぎました。国民の声を司法に反映させるという趣旨で裁判員制度が導入されたにもかかわらず、控訴審裁判所の裁判官だけの判断により裁判員裁判で言い渡された死刑判決を覆すことが妥当であるのかという問題が提起されているのです。

3　死刑の科刑状況及び執行状況

近時30年間の第一審裁判所における死刑の科刑状況を見ると、平成元年は２名、同２年は２名、同３年は３名、同４年は１名、同５年は４名、同６年は８名、同７年は11名、同８年は１名、同９年は３名、同10年は７名、同11年は８名、同12年は14名、同13年は10名、同14年は18名、同15年は13名、同16年は14名、同17年は13名、同18年は13名、同19年は14名、同20年は５名、同21年は９名、同22年は４名、同23年は10名、同24年は３名、同25年は５名、同26年は２名、同27年は４名、同28年は３名、同29年は３名、同30年は15名、令和元年は18名、同２年は３名となっています（各年版の『犯罪白書』及び『令和３年版犯罪白書』40頁）。

これを見ると、平成12年頃から同19年までの間の数値が高いことが分かりますが、これはその時期が近時に我が国において、極めて治安が悪化した時期だったからであり、その時期は、殺人、強制性交等、強盗なども多発した時期であったのです。

その執行状況でありますが、法務省の発表として、平成29年中に執行された者は４名であり、同年12月27日現在で、未執行で収容中の死刑囚は122人であります。また、平成30年では、15人の死刑が執行されていますが、そのうちの13人は、地下鉄サリン事件を引き起こしたオウム真理教のメンバーでありました。

4　死刑存廃論

平成29年末現在、原則として死刑を法律上廃止している国は113か国、事実上死刑の執行をしないことなどで廃止していると同様に考えられる国は29か国、死刑を存置している国は56か国といわれております（アムネスティ・インターナショナルのウェブサイト）。死刑を廃止している国としてはEU諸国などがあり、死刑を存置している国としては、日本、米国、中国、インドなどといったところであります。

国際的には、平成元年、国連総会において、市民的及び政治的権利に関する国際規約（B規約）に関して、いわゆる「死刑廃止条約」が採択され、同３年にこれが発効しましたが、我が国や米国などは、その採択に当たって反対投票をしており、同条約を批准しておりません。

また、国連においては、平成９年以降、人権委員会において、死刑存置国に対し死刑廃止条約の早期批准等を求める決議が採択され、平成19年及び同20年には、総会において、死刑存置国に対し死刑の廃止を目的として死刑執行の猶予を確立することなどを求める決議が採択されています。しかしながら、種々の国際会議における各国の投票態度等から判断すれば、死刑の存廃に関する各国の考え方はいまだ様々に分かれており、国際的に一致した意見があるとは言えないと考えられます。

一方、我が国の世論の状況を見ると、平成26年に実施された内閣府による世論調査によれば、死刑制度に関して、「死刑もやむを得ない」と回答した人が80.3％に上ったのに対し、「死刑は廃止すべきである」と回答した人は9.7％にとどまっております。この結果に照らせば、国民は死刑存知を支持していることが明らかであります。

死刑廃止論の主たる論拠としては、①死刑は国家による殺人であり、人道に反し認められない、②死刑の威嚇力は論証されておらず、一般予防機能があるか疑問である、③死刑は憲法が禁ずる残虐な刑罰に当たる、④誤判の可能性がある以上、死刑が執行された場合にはその回復が不可能であるなどといった主張がされています。

これに対し、死刑存置論の主たる論拠としては、①極悪非道な犯罪者には死刑をもって臨むべきであるとの国民一般の法的確信・正義感は尊重されるべきである、②死刑の一般予防機能を完全に否定することはできないし、社会の応報感情を満足させ、法秩序に対する国民の信頼を保持する機能も重要である、③死刑が直ちに残虐な刑罰であるとは言えない、④誤判の問題は死刑に限らず裁判制度全体として考えるべき問題であり、誤判を前提に死刑の存廃を論ずるのは裁判制度の否定に至るものであるなどといった主張がなされています。

我が国の政府は、「死刑制度の存廃は、我が国の刑事司法制度の根幹にかかわる重要な問題であるから、国民世論に十分配慮しつつ、社会における正義の実現等種々の観点から慎重に検討すべき問題と考えている。我が国では、国民世論の多数が極めて悪質、凶悪な犯罪については死刑もやむを得ないと考えており、多数の者に対する殺人、誘拐殺人等の凶悪犯罪がいまだ後を絶たない状況等にかんがみると、その罪責が著しく重大な凶悪犯罪を犯した者に対しては、死刑を科することもやむを得ず、死刑を廃止することは適当でないと考えている。」と説明しております。

自由刑の種類

自由刑とは、自由の剥奪を内容とする刑罰であり、刑法は、懲役、禁錮、拘留の３種を定めています。いずれも受刑者を刑事施設に収容することを内容とするものであります。

まず、懲役については、刑法12条１項において、

第十二条　懲役は、無期及び有期とし、有期懲役は、一月以上二十年以下とする。

と定められているように、**無期懲役**と**有期懲役**の２種類があり、有期懲役については、その期間を最低１か月で最高を20年とするとしています。

そして、懲役が他の自由刑と異なるのは、刑務所の中で刑務作業が課される点であり、刑法12条２項は、

２　懲役は、刑事施設に拘置して所定の作業を行わせる。

と規定しています。ここでいう「刑事施設」は、刑務所を指しています。具体的な刑務作業の内容等については後に詳しく説明いたします。

次に、禁錮については、刑法13条１項において、

第十三条　禁錮は、無期及び有期とし、有期禁錮は、一月以上二十年以下とする。

と定められているように、**無期禁錮**と**有期禁錮**の２種類があり、有期禁錮については、有期懲役と同様に、その期間を最低１か月で最高を20年とするとしています。ただ、実際のところ、皆さんが無期禁錮などという刑を見るこ

とはまずありません。というのは、無期禁錮が法定刑で定められているのは、**内乱罪**に関する刑法77条1項1号だけで、

第七十七条　国の統治機構を破壊し、又はその領土において国権を排除して権力を行使し、その他憲法の定める統治の基本秩序を壊乱することを目的として暴動をした者は、内乱の罪とし、次の区別に従って処断する。
一　首謀者は、死刑又は無期禁錮に処する。

との規定しかないからです。したがって、そもそも内乱罪が適用されて起訴されたような事例は、第二次世界大戦後、1件もないと思われますし、実際のところ、無期禁錮が言い渡された事例は、私も長く検察官をしていましたが、一度も見たことはありませんでした。

有期禁錮は、懲役と同様に受刑者を刑事施設に収容しますが、作業を行わせない点で懲役と区別されます。すなわち、刑法13条2項は、

2　禁錮は、刑事施設に拘置する。

とだけ規定し、懲役のように、「所定の作業を行わせる」と書かれていないので、所定の作業が義務として課されることはありません。ただ、法律上は、禁錮受刑者の申出により、刑務作業に就くことが許されております（刑事収容施設法93条）。実際のところ、ほとんどの禁錮受刑者は、その申出により刑務作業に従事しています。平成29年3月31日現在で、禁錮受刑者のうち88.8％が刑務作業に従事しております。

さらに、拘留は、刑法16条において、

第十六条　拘留は、一日以上三十日未満とし、刑事施設に拘置する。

と規定されており、1日以上30日未満の短期間の収容に係るものであります。具体的には、軽犯罪法違反の罪等の軽微な犯罪に対する刑として定められています。

無期懲役

無期懲役は、生存して収容されている間、継続して刑務作業に従事することが科せられる刑であります。

近時30年間に第一審裁判所において言い渡された無期懲役の科刑状況は、平成元年は46名、同２年は17名、同３年は32名、同４年は34名、同５年は27名、同６年は45名、同７年は37名、同８年は34名、同９年は33名、同10年は47名、同11年は72名、同12年は69名、同13年は88名、同14年は98名、同15年は99名、同16年は125名、同17年は119名、同18年は99名、同19年は74名、同20年は63名、同21年は69名、同22年は46名、同23年は30名、同24年は39名、同25年は24名、同26年は23名、同27年は18名、同28年は25名、同29年は21名、同30年は15名、令和元年は18名、同２年は12名となっています（各年版の『犯罪白書』及び『令和３年版犯罪白書』40頁）。

この数値を見ると、平成11年から同21年頃までの間の数値が高いことが分かりますが、先に死刑のところで述べたように、その間はに我が国の治安が極度に悪化した時期で、凶悪犯罪を含めた犯罪数が多くなっていたからであります。

ちなみに、平成28年末現在で収容されているの無期懲役囚は1,815人であります。

ただ、実際のところ、死ぬまで刑務所に入っている無期懲役受刑者ばかりではありません。そのうちのかなりの数の受刑者が仮釈放制度により、釈放されているのが実態です。刑法28条によれば、

> 第二十八条　懲役又は禁錮に処せられた者に改悛の状があるときは、（中略）無期刑については十年を経過した後、行政官庁の処分によって仮に釈放することができる。

と規定しており、無期懲役又は無期禁錮に処せられた者について、10年の経過後には、仮釈放を許すことができることになっています。ただ、実際には、10年程度で仮釈放がされることはなく、平成29年11月「無期刑の執行状況及び無期刑受刑者に係る仮釈放の運用状況について」（法務省ウェブサイト）に

よれば、平成29年に仮釈放が許された受刑者９名の平均在所期間は31年９月であります。

ただ、仮釈放が許された場合、**保護観察**は終身続くことになります。ここでいう「保護観察」とは、犯罪者が、一般社会の中で改善更生を図ることを目的とする制度であり、そのため法務省保護局に所属する職員である**保護観察官**や**保護司**による指導と支援を行うものであります。

このような無期懲役における仮釈放に関して、仮釈放を許さない、いわゆる本当の意味での**終身刑**の導入が、重罰化を求める立場から、あるいは、死刑廃止を求める立場から死刑の代替刑として議論されることがあります。しかしながら、そのような刑は、社会復帰の望みがなく生涯拘禁されるという受刑者に絶望感を抱かせる苛酷な刑罰であるとの意見や、長期間の拘禁により受刑者の人格が破壊されるとの意見が示されるなど、刑事政策上、問題が多い刑であるとの批判がある上、諸外国でも現にこれを採用している国は比較的少数にとどまっていると言われています。

具体例を挙げるとすれば、米国フロリダ州で起きたブラックウェルダー事件は、こうした死刑や終身刑の在り方について考えるに当たって、私たちに深刻な問題を突き付けました。ジョン・ブラックウェルダーは、1996年にフロリダ州内で10歳の男児を誘拐して性的暴行を加えたとして起訴され、過去に性犯罪歴があったことなどから、1998年に仮釈放なしの終身刑が確定しました。しかし、その服役中の2000年６月、他の服役囚を刑務所内のベッドに縛り付け、首を絞めて殺害しました。

ブラックウェルダーは、犯行を認め、「一生刑務所に閉じこめられる人生には耐えられない。生涯の牢生活から逃れるには、この方法しかなかった。（死刑の執行承認の署名をする）州知事に自殺を助けてもらうことにした。」との動機を述べました。彼は、その望みどおりに死刑判決を受け、2004年５月に執行されましたが、その２日前にメディアのインタビューに応じ、「殺した相手には謝罪するが、こんな人生は終わりにしたかった。」との心境を語っておりました。執行当時、彼は49歳でありました。「緩慢な死刑」などとも評される仮釈放なしの終身刑と死刑とでは、どちらが重く残酷な刑罰というべきなのか、深く考えさせられる事件であります。

有期懲役・有期禁錮

1　受刑状況

有期懲役と有期禁錮を合わせた受刑者の数は、平成28年12月31日現在で、男性４万4,911人、女性4,116人であります。そして、その罪の内訳ですが、平成28年において、男性は、窃盗が約32％、覚醒剤取締法違反が約26％と、60％近くがこの２つの罪で占められており、その他には、詐欺が約10％、傷害が約４％などとなっており、比率は少なくなりますが、殺人や傷害致死なども含まれます。また、女性では、窃盗が約45％であり、それに続いて覚醒剤取締法違反が約36％と、この２つで80％を超える状態であります。

男性の窃盗には侵入盗、いわゆる空き巣なども多いのですが、女性の窃盗は圧倒的に万引きです。万引きを何度も繰り返して、その結果、刑務所に収容される結果となる人が多いのです。また、覚醒剤取締法違反には、覚醒剤を販売することによる処罰などもありますが、多くの受刑者は、覚醒剤の自己使用、つまり、覚醒剤を自分の身体に注射することについての処罰としての懲役が圧倒的であります。

2　刑務作業の内容

有期懲役は、前述しましたように、刑法12条２項で、「所定の作業」を行わせるとしていますが、実際にはどのような作業が課せられているのでしょうか。

刑務作業は、できる限り、受刑者の勤労意欲を高め、これに職業上有用な知識及び技能を習得させるように実施するものとされています。具体的には、**生産作業**（木工、印刷、洋裁、金属等）、**自営作業**（炊事、清掃、介助、施設修繕等の刑事施設の運営に必要な作業）及び**職業訓練**に分かれており、受刑者の適性に応じて、職種が指定されます。

実際にどのようなものが生産されているかは、法務省矯正局の関連団体である矯正協会の**刑務作業協力事業**が**CAPIC**（Correctional Association Prison Industry Cooperation）という名称で実施されており、このCAPIC製品は、法務省や各刑務所で販売されており、極めて高品質な製品が比較的安価で入手することができます。また、そのような購入が刑務作業の売上につながることから、矯正事業に協力することにもなるでしょう。平成29年度は、その売上が約50億円に上っておりますが、20年ほど前には、その約3倍を売り上げておりました。売上が減少したのは、刑務作業で作られるタンスなどの比較的高価な製品があまり売れなくなったからと報道されております（平成30年8月14日毎日新聞）。

もっとも、平成23年6月からは、上記の職種のほかに、**社会貢献作業**というものが加えられました。これは、公園等の除草作業などの賃金をもらわないボランティアとしての労務提供作業であり、社会に貢献していることを実感させることにより、その改善更生や円滑な社会復帰を期待するものであります。平成28年において、社会貢献作業に従事した受刑者数は296人に上っています。

矯正指導及び作業を行う時間は、これらを合算して一日につき8時間を超えない範囲内とされています。土曜日、日曜日、祝日、年末年始等には、炊事、食事の配給又は、畜産に関する作業その他その性質上連日行うことが必要な作業を除き、作業は実施しておりません。残業が続く会社の社会人に比べれば、はるかに作業時間は厳格に守られております。

作業の収入は、すべて国の収入となりますが、作業に従事した受刑者に対しては、**作業報奨金**が支給されます。この作業報奨金は、作業に対する賃金ではなく、勤労意欲の促進を図るための奨励金や釈放後の更生に役に立たせるための更生資金としての性格を有するものであります。作業報奨金は、通常は、釈放時に支給されていますが、家族への送金や被害者への弁償などの場合には、収容されている間でも使うことができます。

この作業報奨金の支給額ですが、平成28年度では、一人1か月当たり、平均で4,320円であります。この金額については、ちょっと低いのではないか、もう少し与えてもよいのではないかとの意見が多く出されております。この点に関して、受刑者に対しては、作業報奨金ではなく、一般労働者と同水準の賃金を支払うべきであるとの主張もあります。しかしながら、賃金制を採用するとなると、通常の賃金支払の原則に従って、その労働により刑務作業の収益に貢献した程度に応じて報酬を受けることになります。そうなると、職業訓練のように本来収益を目的としていない職種に従事している受刑者や、高齢や何らかの障害により、生産性の低い労働しかできない受刑者には十分な報酬が支払われないという結果をもたらすことになります。しかしながら、収益にはあまり貢献できなかったとしても、本人が努力した場合には、勤労意欲を高めるという観点からは報酬を支払ったほうが好ましいのでありますから、刑務作業を本人の矯正のためのものであるという位置づけからは、企業原理に基づく賃金制を採用することは妥当ではないと考えられます（川出敏裕＝金光旭『刑事政策［第２版］』〈2018年、成文堂〉193～194頁）。

職業訓練は、受刑者に職業に関する免許や資格を取得させ、又は、職業に必要な知識や技能を習得させることを目的として行う訓練であります。具体的にどのような職業訓練が実施されているのかと言いますと、平成28年度では、フォークリフト運転、溶接技術、自動車整備、情報処理技術、介護福祉等の25種目が実施され、１万3,789人がそれを修了し、そのうち、7,993人が公的な資格又は免許を取得しております（「矯正の現状」法曹時報60巻11号〈2008年〉404頁）。

3　短期自由刑の問題

一般的に、概ね６月未満の懲役又は禁錮の場合を指して**短期自由刑**と称されることがありますが、このような短期の自由刑を科すことの妥当性については、矯正の効果より弊害のほうが多いとして、古くから議論されてきた問題があります。

すなわち、短期自由刑については、かねてより、①短期間の自由刑は、受刑者の改善更生には時間的に不十分だが（つまり、改善的処遇を展開する時間的余裕がなく、威嚇力、つまり、処罰を恐れさせる効果にも乏しい。）、悪化させるには十分である（つまり、短期間でも家族や社会と断絶させられることで社会復帰を困難とし、その多くが初犯者であるのに、かえって刑事施設内での悪風感染により悪いことを学習してしまう。）、②行刑実務に多大の負担を掛け、多額の経費を必要とする（つまり、一人の受刑者を収容して処遇を始めるための手間は短期刑であると長期刑であるとで同じであるにもかかわらず、短期自由刑はすぐに終わってしまう。）のに対して、それに見合う十分な効果がないなどといった主張がなされてきました。

しかしながら、近年では、これまでは短期自由刑の弊害が強調され過ぎていたのではないかと反省し、むしろ、短期自由刑の意義を再評価する見解、すなわち、①短期自由刑の弊害とされる事項は、ほぼ長期自由刑にも妥当し、むしろ長期の場合の方がその弊害が著しい、②受刑者の処遇技法が改善されるに伴って、短期間に（short）、厳格な（sharp）、感銘力（shock）を与え得る短期自由刑の効用が見直されつつあり、特に、初犯者、若年者、過失犯等には有効である、③罪刑均衡の要請上、短期自由刑を廃止するのは妥当ではない（つまり、軽い罪であっても刑務所に収容すべき犯罪については収容すべきなのであり、重い罪の場合と比べて、軽い罪だからといって処罰しなくていいということにはならない。）などといった見解が有力になっております。

実務上も、短期自由刑の存在を前提としつつ、その内容や執行方法の改善、例えば、適切な生活指導と教育訓練の充実等の処遇内容の改善等に議論が移っている状況にあります。

ちなみに、平成28年の第一審裁判において、６月未満の懲役・禁錮の実刑が言い渡された人員は512名であります。

４　刑罰として懲役以外に禁錮が設けられていた理由

前述したように、刑法改正により懲役と禁錮の区別はなくなりましたが、そもそもどうしてそのような区別がなされていたのかについて説明しておきます。

懲役と禁錮とを区別する背景には、政治犯や過失犯といったいわゆる非破廉恥犯、つまり、道徳的観点からの非難がそれほど強くない犯罪に対しては、破廉恥犯に適用される懲役刑と異なる刑をもって処遇すべきであるとの考え方が存しているからです。こうした観点から、自由刑の規定の仕方においても、政治犯については、内乱罪（刑法77～79条）、つまり、政治的信条などから国家の転覆を図る犯罪ですが、この罪には禁錮のみが定められておりますし、過失犯についても、業務上失火罪（同法117条の２）には禁錮のみが、業務上過失致死傷罪（同法211条）等には禁錮が選択的に法定されているのです。

このような懲役と禁錮の区別に関しては、これを廃止して、拘禁刑に統一すべきとの見解、**区別不要論（自由刑単一化論）**があります。そして、実際にそのように改正されました。

この自由刑単一化論の論拠は様々に主張されておりますが、その理由とするところは、①懲役と禁錮の区別は受刑者の個性に応じた処遇の個別化の理念に反する、②破廉恥罪と非破廉恥罪の区別は曖昧で、このような道徳的評価を刑法に持ち込むのは過度のモラリズムである、③作業を課す懲役をより重い刑とするのは労働蔑視に由来する思想である、④禁錮受刑者のほとんどが申出により作業に従事している現状からしても区別の実益がないなどといった主張がされております。

そして、懲役と禁錮の区別を廃止するのであれば、そのいずれに統一すべきであるのかという問題が次に出てきますが、これは要するに、自由刑の内容として義務的な作業を盛り込むべきかどうかの議論になります。

この点に関しては、一方では、自由刑の内容を社会生活の自由の剥奪として純化し、作業の強制を否定した上で、作業その他の処遇を受刑者の同意と納得の下に実施すべきとする見解と、他方では、作業が改善更生につながる重要な矯正処遇方法の一つであり、これを原則として受刑者の義務とすることが、その改善更生に資するところが大きいとの見解があります。その対立は、刑務作業の効用を認めて全ての自由刑について刑務作業を課すか、それとも、自由の剥奪だけを刑罰の内容とすべきかという考え方の違いに由来するものであります。

これらの見解に反対する見解は、従来の懲役と禁錮を区別することには意味があるとするものであります、この見解を**区別維持論（自由刑多元論）**と言いますが、これの主たる論拠としては、懲役・禁錮の区別は、伝統的に認められてきたところであり、禁錮は、もともと非破廉恥的犯罪に対する名誉拘禁、つまり、犯罪者に対して拘禁はするものの、卑下した扱いをしないという刑罰ですが、そのような刑罰として誕生したものであるところ、犯罪を破廉恥的なものと非破廉恥的なものに分けることは、現在においても国民の道義観念の中に根差していることから、刑の種類においても、犯罪に対する道義的評価の差を明らかにする必要があるとする主張や、政治犯に対して特別の考慮を払う制度を置くことは民主主義の理念に合致するなどといった主張などが出されておりました。

ただ、結論としては、何度も説明していますように、刑務作業を課さない拘禁刑へと変更されたのです。

5　不定期刑の問題

不定期刑とは、例えば、「懲役○年に処す」というように、その収容される期間、つまり、刑期を確定させて言い渡す**定期刑**に対立する概念であり、自由刑の刑期を裁判宣告に際して終局的に確定させず、刑罰の執行をする段階で、その経過をみて事後的に刑期を決定する刑罰のことであります。

この不定期刑には、裁判において全く刑期を定めずに言い渡す**絶対的不定期刑**と、裁判において刑期の上限（長期）と下限（短期）を定めて言い渡す**相対的不定期刑**とがあります。絶対的不定期刑については、裁判の際に、いったい自分に何年の刑が科されるのか不明になるため、刑罰の内容を予め決めておかなければならないという罪刑法定主義に抵触することになります。したがって、絶対的不定期刑が採用されるということはありません。それゆえ、通常、不定期刑と言えば、相対的不定期刑を指すことになります。

この不定期刑の発展の歴史を見てみますと、もともとはヨーロッパで生まれた概念でしたが、制度的には米国で発展しました。1869年に、ミシガン州で制定された、いわゆる三年法は、売春婦について3年以下の不定期拘禁を許すという法律であり、1877年には、ニューヨーク州のエルマイラ矯正院で16歳以上30歳未満の受刑者に対する不定期刑制度が実施されました。さらに、1946年には、少年に対する刑罰として全米に普及し、成人についても38の州と連邦刑法が不定期刑を採用するに至りました。

しかしながら、1960年代後半から、実際に刑期を決定する仮釈放委員会の裁量権の行使が不公平であり、定期刑よりも収容が長期化するなどといった批判が加えられ、不定期刑廃止運動が展開されることとなり、1970年代後半以降、メイン州を皮切りに多くの州で不定期刑を廃止しております。

我が国では、定期刑が原則でありますが、例外的に、**少年**に対しては、不定期刑を科すのが原則となっております。ちなみに、少年とは、少年法2条1項により、「20歳に満たない者」とされております。そして、同法52条1

項が、

> 第五十二条　少年に対して有期の懲役又は禁錮をもつて処断すべきときは、処断すべき刑の範囲内において、長期を定めるとともに、長期の二分の一（中略）を下回らない範囲内において短期を定めて、これを言い渡す。この場合において、長期は十五年、短期は十年を超えることはできない。

と規定して、少年に対して、有期の懲役又は禁錮をもって刑を言い渡すときは、その刑の範囲内において、刑の短期と長期を定めるとして（ただし、短期は10年、長期は15年を超えることはできない。）、不定期刑を採用しています。

こうした少年の不定期刑は、少年の持つ可塑性、つまり、柔軟に変わり得るという性質に富むのが少年であるから、その高い更生の可能性に期待し、自由刑の教育的機能を重視して、少年受刑者をできるだけ早期に釈放して社会復帰を図るため、下限の刑期が終了すれば釈放して社会への復帰の道を開こうとしているものであります。したがって、不定期刑の長期は、責任の上限に対応して設定されるものでありながらも、その短期は、より早期の釈放を可能とするために設定されるものと言われております。

このような不定期刑については、受刑者の改善更生の度合いに応じて、一定の幅の中から適切な刑期の決定を可能とするものとして、刑罰個別化の要請に合致し、特別予防の見地から望ましい制度との考えがある一方、刑期が不定であることは受刑者の心理状態を不安定にさせ、処遇の有効性にも疑問があるなどといった批判もあります。

執行猶予

1　刑の猶予制度が設けられた理由

裁判所は、有罪の裁判をする場合、必ず刑の言渡しをしなければなりませんが、刑を言い渡すに当たり、情状によって必ずしも現実に刑を執行する必要がないと考えられる場合には、自らの裁量によって一定の期間その刑の執行を猶予することができます。この制度が**刑の執行猶予**であります。

そして、この制度の特徴として、刑法27条は、

第二十七条　刑の全部の執行猶予の言渡しを取り消されることなくその猶予の期間を経過したときは、刑の言渡しは、効力を失う。

と規定して、無事に猶予期間を過ごすことができれば、例えば、懲役３年という刑が言い渡されていたとしても、それは言い渡されていなかった、つまり、懲役３年という刑を受けたことはないものとして扱うということを言っているのです。したがって、猶予期間が無事に経過するように改善更生に努めることが期待されるのです。

また、逆に、その猶予期間内に再度の犯罪に及んだ場合には、刑法26条において、

第二十六条　次に掲げる場合においては、刑の全部の執行猶予の言渡しを取り消さなければならない。（中略）

一　猶予の期間内に更に罪を犯して禁錮以上の刑に処せられ、その刑の全部について執行猶予の言渡しがないとき。（後略）

と規定されており、猶予期間内に更に罪を犯して禁錮以上の刑に処せられると元々の執行猶予が付された刑が取り消されて、その刑について服役しなければならなくなる上、新たな刑も併せて服役しなければならなくなることから、こういったことが威嚇となり、二度と罪を犯すことがないようにと善良な日常生活を送ることが期待されるというわけなのです。

また、従来から、犯罪者を刑務所に収容することは、社会からの厳しい視線を招き、また、俗に「刑務所帰り」などと呼ばれて、犯罪者の社会復帰を妨げ、再び社会に適応することを困難にさせる場合があることがつとに指摘されてきました。そのため、そのような弊害を避けるためにも、裁判における執行猶予が積極的に使われてきたのであります。

このように、執行猶予では、刑の言渡しをした際、情状によって、一定期間その執行を猶予し、先に述べましたように、その期間を無事経過したときは刑の言渡しはその効力を失うとされていることから、実刑による弊害を避けるとともに、条件に違反した場合には刑が執行されるという心理強制によって、犯罪者の自覚に基づく改善更生を図るものであって、刑の言渡しに

より刑罰を科しているとの効果を維持しながら、無用の刑の執行を避け、犯罪者の自力更生の促進を合理的に追求する特別予防のための制度として、極めて有用なものと考えられております。

そのため、刑の執行猶予は積極的に適用されており、執行猶予率（第一審で有期の懲役・禁錮に処せられた者のうち執行猶予に付された人員の占める率）を見ると、戦前の大正６年では10.9％、昭和17年で18％でありましたが、戦後の昭和28年には45.9％と上昇し、更にその後も上昇を続け、昭和52年には60％を超え、平成19年は59.1％となり、平成28年では61.2％に至っております。

なお、この執行猶予は、後述する罰金刑についても刑の執行猶予をすることができるのですが、実際のところ、罰金刑の執行猶予はほとんど使われませんので、懲役・禁錮を説明した後のこの箇所で説明することにいたします。

2　刑の執行猶予が適用されるための要件

この刑の執行猶予が適用されるための要件については、第１章でも触れておりますが、刑法25条１項で、

> 第二十五条　次に掲げる者が三年以下の懲役若しくは禁錮（中略）の言渡しを受けたときは、情状により、裁判が確定した日から一年以上五年以下の期間、その刑の全部の執行を猶予することができる。
> 一　前に禁錮以上の刑に処せられたことがない者
> 二　前に禁錮以上の刑に処せられたことがあっても、その執行を終わった日（中略）から五年以内に禁錮以上の刑に処せられたことがない者

と規定されております。

ここでは、まず、執行猶予を付することができる人的条件として、そもそも被告人自身において、①前に禁錮以上の刑に処せられたことがない者であるか、②前に禁錮以上の刑に処せられたことがあっても、その執行を終わった日から５年以内に禁錮以上の刑に処せられたことがない者でなければなりません。ですから、全く前科のない人であれば問題はありませんが、前科があっても、それが罰金であれば、それは禁錮より軽い刑ですから、上記①の要件を満たすことになります。また、②の関係で、「５年以内禁錮以上の刑

に処せられたことがない」というのは、前の刑の執行終了日から今回の刑の言渡しまでの間に、禁錮以上の刑に処せられることなく、５年以上の期間が経過していることを言います。

そして、そのような人的条件を満たす被告人であって、裁判所が、言い渡そうとする刑が３年以下の懲役か禁錮である場合には執行猶予を言い渡すことができ、その場合には、その情状に応じて、１年以上５年以下の範囲内で猶予期間が併せて言い渡されることになります。

また、同条２項では、

> ２　前に禁錮以上の刑に処せられたことがあってもその刑の全部の執行を猶予された者が一年以下の懲役又は禁錮の言渡しを受け、情状に特に酌量すべきものがあるときも、前項と同様とする。ただし、次条第一項の規定により保護観察に付せられ、その期間内に更に罪を犯した者については、この限りでない。

と規定されております。

これは、先に述べた執行猶予を付してもらえる人的条件を更に広げたもので、前に禁錮以上の刑に処せられたことがあっても、その刑に執行猶予が付けられていた場合には、その執行猶予中の者には、再度の執行猶予を付することができる余地があるということを意味しています。既に、禁錮以上の刑を執行猶予付きで受けていながら、その猶予期間中に再度犯罪に及んだ者に対して、もう一度、執行猶予を付してもらえるチャンスを提供したものであります。

ただ、再度の執行猶予を付するには、その言い渡される刑が、１年以下の懲役か禁錮という軽い刑の場合でなければならず、しかも、その犯行の情状を特に酌んであげることができるような場合でなければならないのです。

しかしながら、それでも、その猶予期間中に保護観察を受けていた場合には、保護観察を受けていながら再び犯罪に及ぶのでは、もはや再度の執行猶予を付するのは適当でないので、それは、但書で対象外とするということを規定しています。

この保護観察に関して、刑法25条の２第１項では、

第二十五条の二　前条第一項の場合においては猶予の期間中保護観察に付することができ、同条第二項の場合においては猶予の期間中保護観察に付する。

と規定され、「前条第一項」、つまり、先に述べた25条１項の場合においては、その猶予期間中に保護観察に「付することができ」るとしております。これはできるという表現ですから、裁判官が保護観察を付しても付さなくてもよく、その裁量でどちらもできますということであるのに対し、「同条第二項」、つまり、後に述べた25条２項の場合においては、保護観察に「付する」と規定していることから、裁判官は、必ず保護観察を付けなければならないということになります。万一、この25条２項の場合でありながら、裁判官が保護観察を付けるのを忘れたりしたら、それは違法な判決となって、控訴審等で取り消されることになります。

いずれにせよ、このようにして保護観察が付けられた場合には、その間の再犯に対しては再度の執行猶予を付することはできませんということは先に述べたとおりです。

なお、前述した刑法改正において、この執行猶予が付けられる要件も若干の変更がなされており、保護観察に付されていても再度の執行猶予が付けられる場合などがあり得ることになりましたが、それらの説明は若干煩雑になるので、ここでは割愛いたします。

3　類似の他の猶予制度

刑の執行猶予は、判決を言い渡す段階で、一旦処罰を猶予し、無事に一定期間を経過した場合には刑を科さないとする制度でありますが、我が国の刑法は、別の段階ではありますが、同じように刑罰を科さない制度を持っておりますので、それらの制度も併せて説明しておきます。具体的には、**起訴猶予**、**仮釈放**などの制度であります。

まず、起訴猶予は、捜査段階で検察官が起訴をするかどうか判断する際の猶予制度であります。犯罪事実が認められるものの、被疑者が既に十分に反省しており、また、被害者も宥恕するなど、あえて刑罰を求めるための裁判手続を採る必要はないと考えられるような場合に、検察官が起訴を猶予して、無用な裁判による刑の言渡しの弊害を避け、刑事司法の運用を妥当ならしめるための制度であります。この制度については第９章で詳しく説明いたします。

さらに、仮釈放は、「改悛の状」、つまり、十分に反省していると認められる状況があり、改善更生が期待できる懲役又は禁錮の受刑者を刑期満了前に釈放し、残った刑期の期間（仮釈放期間）中は保護観察に付して、円滑な社会復帰を促進するものであります。これは、いわば刑の執行段階で、残刑の執行を見送り、無事に社会内で過ごすことによって刑の執行がされなくなるものですから、残りの刑の執行を猶予する制度と見てよいでしょう。

４　刑の一部執行猶予制度の新設

刑法は、以前は、刑の執行を猶予する場合、その一つの刑の全部について執行猶予にするか、そうでなければ実刑にしなければならないとされており、刑の一部についてだけ執行猶予に付するということは制度的にできませんでした。しかしながら、平成25年６月に成立した刑法等の一部を改正する法律により、**刑の一部執行猶予制度**が導入され、平成28年６月１日から施行されております。これはどのような猶予制度であるのかと言いますと、例えば、懲役３年の判決を言い渡す際、そのうちの２年は実刑とし、残りの１年は、３年間執行を猶予するという判決を言い渡すことになるものであります。

なぜ、このような制度が創設されたのかと言いますと、従来の仮釈放制度では、その仮釈放期間中は保護観察に付されますので、仮釈放された受刑者が適切に社会復帰できるように指導、支援をすることができます。しかしながら、仮釈放される受刑者は、身元引受人がいたり、また、刑務所内で善行を保持していたなどの、いわば受刑者の中では優等生であるのです。これに対し、仮釈放がされずに満期出所する受刑者は、身元引受人もおらず、また、刑務所内での生活態度も必ずしも良好ではなかった者などもおり、こちらの受刑者ほど、社会内に戻した際に、適切な指導、支援が必要な対象であります。ところが、このような受刑者には仮釈放の際のような保護観察を付けることはできません。というのは、言い渡された刑をすべて済ませたのですから、これ以上、国家が何か口を出すことはできないからです。そうなると、最もフォローが必要な受刑者ほど、それがなされないというジレンマに悩むことになります。そこで、このような事態を打破するため、慶応義塾大学法学部の太田達也教授が一部執行猶予制度を提唱し、法務省もそれに賛同してこの制度が新しく作られたのでした。

ですから、この制度では、最初から刑の満期が来る前に受刑者を社会内に戻すこととしており、その満期が到来するまでの期間、上記の例で言えば1年間は保護観察に付することで、刑務所内での教育と、社会内での指導等をリンクさせることとしたものであります。特に、薬物犯罪に手を染めた犯罪者は再犯のおそれが高く、社会内に戻した際に再び誘惑に負けないように対応させるためにも、保護観察官等が指導して良好な社会生活が送れるように支援することが期待されております。

具体的には、刑法27条の2第1項は、

第二十七条の二　次に掲げる者が三年以下の懲役又は禁錮の言渡しを受けた場合において、犯情の軽重及び犯人の境遇その他の情状を考慮して、再び犯罪をすることを防ぐために必要であり、かつ、相当であると認められるときは、一年以上五年以下の期間、その刑の一部の執行を猶予することができる。

一　前に禁錮以上の刑に処せられたことがない者（後略）

と規定されており、通常の執行猶予の規定とかなりよく似た規定となっております。ただ、「犯情の軽重及び犯人の境遇その他の情状を考慮して、再び犯罪をすることを防ぐために必要であり、かつ、相当である」という要件が付けられており、再犯を防止するために必要であって、それが相当であるという場合に限定して、刑の一部執行猶予を認めるとしているのです。

ちなみに、平成28年中に、一部執行猶予判決の言渡しを受けた人員は、合計で1,007名であり、そのうちの941名が薬物使用に関係した犯罪によるものであります。

そして、刑法27条の3第1項では、

第二十七条の三　前条第一項の場合においては、猶予の期間中保護観察に付することができる。

と規定しておりますが、これは先に述べたように、裁判官において保護観察を付するかどうかは裁量でありますが、実際には、すべての一部執行猶予判決において、保護観察が付けられているものと思われます。

罰　　金

1　基本原則

刑法15条は、罰金刑について、

第十五条　罰金は、一万円以上とする。（後略）

と規定しており、１万円以上の一定額の金銭を国に納付させる刑罰を設けております。これに対し、それ以下の金額の刑罰として、刑法17条は、科料について、

第十七条　科料は、千円以上一万円未満とする。

と規定しており、1,000円以上１万円未満の金銭を国に納付させる刑罰を設けております。これらの罪を総称して**財産刑**と言います。なお、科料については後で述べます。

どうして罰金刑が設けられたのかと言えば、罰金は犯罪者の金銭を剥奪することによって生ずる苦痛を手段として、未だ犯罪に及ばない一般人に対しても、罰金を科すという威嚇によって犯罪を止めさせようとすることのほかに、実際に犯罪に及んだ者に対しては、財産上の損害を受けたという心理的ショックないし訓戒的作用、つまり、もう二度とこのようなことをしてはいけないと思わせる作用によって、犯罪者の規範意識を覚醒させて、その将来の犯罪を予防しようとしたからであります。

しかしながら一方で、罰金は、これを科せられることを予想して、罰金を一種の税金であるとか必要経費であるというように考える者に対しては効果が少なく、その機能を十分には果たし得ないことになります。ここに罰金の限界があります。それゆえ、罰金刑は、規範意識の鈍磨した犯罪者や改善教育を必要とする犯罪者に対しては不適当な刑罰であって、比較的軽い罪を犯

した初犯者や過失犯、あるいは利欲心の強い犯罪者に対してのみ適当な刑罰であると言われております。

また、罰金刑には、犯罪者の財産状態による刑罰効果の不平等という本質的な短所があり、犯罪者の貧富の差によって著しい不平等が生ずることも有り得る刑罰であるとの批判もあります。

刑法上、先に述べましたように、罰金は１万円以上でありますが、刑法が定める罰金の最高額は、競売等妨害罪（96条の３）、わいせつ物頒布罪（175条）及び贈賄罪（198条）の250万円であります。ただ、特別法には、もっと高額な罰金が定められているものもあり、例えば、不正競争防止法22条１項１号の罪については、10億円以下の罰金というものが定められております。これは、海外で使用するために営業秘密を盗んだりした場合などに法人に対して適用されるものであります。

なお、罰金刑は、刑罰の中で最も多用されており、例年の裁判確定人員の約90％を占めていると思われます。ちなみに、平成28年において、罰金が確定した人員は、26万3,099人であります。

2　労役場留置

言い渡された罰金を払わなかった場合にはどうなるのでしょうか。刑法18条１項は、

> 第十八条　罰金を完納することができない者は、一日以上二年以下の期間、労役場に留置する。

と規定して、罰金を完納できない者は刑事施設である労役場に留置され、懲役の受刑者等と同様の取扱いを受けることになります（刑事収容施設法287条１項、288条）。これを**労役場留置**と呼び、法的には**換刑処分**と言います。罰金という刑に換えて処分するものだからです。

そして、その場合の留置期間は、１日以上２年以下の期間であります。そして、刑法18条４項は、

> ４　罰金（中略）の言渡しをするときは、その言渡しとともに、罰金（中略）を

完納することができない場合における留置の期間を定めて言い渡さなければならない。

と規定しており、罰金を言い渡すときは、留置期間をも定めて併せて言い渡さなければなりません。実務上は、長期２年以内に収まるように、一定の割合により罰金の額を日数に換算して留置の期間を定める方法が一般的であり、例えば、主文で、「罰金50万円に処する。その罰金を完納することができないときは、金１万円を１日に換算した期間被告人を労役場に留置する。」などと言い渡され、50日間の労役場留置期間が定められることになります。

拘留・科料

拘留は、１日以上30日未満の短期の自由刑として、刑事施設に拘置されるものであり、拘置所で受刑することになります。また、科料は、先にも述べましたように、1,000円以上１万円未満の低額な財産刑であります。ちなみに、科料で処罰する場合、現在では、9,900円か9,000円で処理されている例が多いようです。

平成28年中に、拘留に処せられた者は５名、科料に処せられた者は1,962名でありました。

これらの罪が規定されているのは、刑法では、208条の暴行罪等がありますが、例えば、暴行罪では、

第二百八条　暴行を加えた者が人を傷害するに至らなかったときは、二年以下の懲役若しくは三十万円以下の罰金又は拘留若しくは科料に処する。

と規定されております。これは暴行の程度が著しいものから、極めて軽微なものまで広く暴行罪の対象としていることから、怪我をしていないのは当然ですが（怪我をしたら傷害罪になりますので。）、その中でも軽く手が当たった程度のものなどが拘留又は科料の対象と考えられるでしょう。

ただ、実際のところ、暴行罪で拘留又は科料として処分された例はほとんどないと思います。というのは、その程度の暴行であれば、通常であれば起

訴猶予となって起訴の対象にされないからです。

実際のところ、拘留や科料が使われることが多いのは、軽犯罪法違反の場合であります。同法１条は、法定刑として拘留と科料しか定めていないことから、この法律違反に対しては、処罰する上では、拘留又は科料しかないからであります。

もっとも、拘留という刑罰が科せられた事件で、これまでもっとも著名な事件は、現職の判事補、つまり、裁判官ですが、この人が検事総長、これは検察庁のトップでありますが、その名前をかたって総理大臣に偽電話をしたという事件でしょう。これは昭和56年11月30日最高裁決定（刑集35巻８号797頁）の事案ですが、軽犯罪法１条15号が

十五　官公職（中略）を詐称し（中略）た者

に該当する者を処罰の対象としていることから、被告人である当該判事補の行為がこれに該当するか問題となったものです。

そして、本件最高裁決定では、「軽犯罪法一条一五号にいう官職の詐称には、自己の同一性については正しく表示しながら単に官職のみを潜称する場合のみならず、当該官職にある特定の人物をその官職名とともに名乗る場合も含まれると解すべきである。本件のいわゆる偽電話テープに現われた被告人の言辞を総合すれば、被告人は自己を検事総長の布施であると称したことが認められるから、被告人が検事総長の官職を詐称したものとして同号の罪の成立を認めた原審の判断は、相当である。」と述べられており、いわゆるロッキード事件の捜査に口出しをしようとして当時の三木総理大臣に対し、自分がＡという名の判事補であるにもかかわらず、検事総長の布施という人物であると言って偽電話としたことが、軽犯罪法１条15号にいう官名詐称に該当するとしたものでした。

そして、その結果、この判事補に対しては、拘留29日の刑罰が科されたのでした。

没収・追徴

刑法19条１項は、没収の対象とすることができるものとして、４つの例を挙げております。つまり、

第十九条　次に掲げる物は、没収することができる。

と規定した上で、

一　犯罪行為を組成した物
二　犯罪行為の用に供し、又は供しようとした物
三　犯罪行為によって生じ、若しくはこれによって得た物又は犯罪行為の報酬として得た物
四　前号に掲げる物の対価として得た物

と規定しております。

このうち１号の「犯罪行為を組成した物」としては、偽造文書行使罪、つまり、偽造された文書を本当に本人が作成した文書であるかのように装って使った場合の犯罪ですが、この場合における偽造文書や、賭博罪において賭けた金銭、贈賄罪において渡した賄賂の現金などが挙げられます。

次に、２号の「犯罪行為の用に供し、又は供しようとした物」としては、殺人の際に用いたナイフ、放火の際に使ったマッチなどが挙げられます。

また、３号の「犯罪行為によって生じ、若しくはこれによって得た物又は犯罪行為の報酬として得た物」としては、文書偽造罪における偽造文書、通貨偽造罪の偽造通貨、賭博により得た金銭、恐喝によって得た金品、盗品等譲受け罪、つまり、盗まれた物と分かって受け取ったことについての罪ですが、これによって得た盗品、殺人の報酬として得た現金などが挙げられます。

最後に、４号は、３号に該当する物の対価として得た物が挙げられ、具体的には、譲り受けた盗品を売って得た現金などが挙げられます。

ただ、それらの物は、刑法19条２項において

２　没収は、犯人以外の者に属しない物に限り、これをすることができる。ただ

　し、犯人以外の者に属する物であっても、犯罪の後にその者が情を知って取得
　したものであるときは、これを没収することができる

と規定されているように、犯人以外の者の所有でない場合に限り没収できるのが原則であり、ただ、上記３及び４号に該当する物については、刑法19条の２の

第十九条の二　前条第一項第三号又は第四号に掲げる物の全部又は一部を没収することができないときは、その価額を追徴することができる。

との規定に基づき、**追徴**、つまり、没収する物に相当する代金を金銭として徴収することができるとされています。

このようにして、犯罪によって得た物や利得は、犯罪者の手元に残らないようにしようとしているのです。

第9章
刑事訴訟法
――犯罪捜査――

はじめに

皆さんは、警察等が行う**犯罪捜査**について、どのような根拠に基づいてそれが実施されているのかご存知でしょうか。これは刑事訴訟法（略して「**刑訴法**」という言い方で呼びます。）という法律に基づいて、その中で与えられた権限と制約に従って実施されているのです。ですから、捜査に関わる警察官等は、刑事訴訟法の知識の習得が不可欠とされています。もし間違った捜査をしてしまった場合は、せっかく捕まえた犯人を釈放せざるを得ないなどの事態を迎えてしまいます。

ここでは、犯罪捜査に関して刑事訴訟法がどのような手続を用意しているのか、また、それに対して、被疑者にはどのような権利が保障されているのかなど、捜査に関する規定について説明したいと思います。

今日の我が国の犯罪情勢

刑事訴訟法の規定の説明をする前に、そもそも我が国の現在の犯罪情勢はどのようなものであるのか検討しておきます。つまり、治安は良好なのか、そうでないのか、また、治安は良くなっているのか、悪くなっているのかなど、犯罪捜査の対象となる犯罪情勢を知っておくことは重要なことでありますので、ここで説明しておきます。なお、この犯罪情勢などを教えてくれるものとしては、**犯罪白書**という書物が最良、最高であります。これは法務省法務総合研究所が毎年発行しているものであり、その中の研究部という組織が作成しているものであります。発行に当たっては、内閣の承認まで必要とされるほど信頼性が高いものであり、我が国の犯罪情勢や犯罪者の処分状況等を検討する上では不可欠の資料を提供してくれるものであります。しかし、だからと言って決して難しい書物ではありません。図表やグラフを多用しており高校生ぐらいで十分に理解できるように記載してあります。是非、皆さんにも一読をお勧めします。

そこで、『令和３年版 犯罪白書』に基づいて、我が国の犯罪情勢を解説いたします。昭和21年から令和２年までの間、犯罪の発生状況は大きく変化してきました。犯罪が起きたかどうかは、**認知件数**という数値が指標になります。これは、窃盗などの被害に遭った際に警察に届ける被害届や、死体が発見されてそれが殺人事件であることが警察に判明することなど、それらによって警察等が犯罪の存在を認知する、つまり、知ることで犯罪件数を算定するものであります。

そして、その認知件数の変化ですが、戦後間もないころは、一時的に一つのピークを迎えますが、その後、経済の発展とともに落ち着いてきて減少傾向となりました。しかし、昭和55年頃から緩やかに上昇傾向となった後、平成８年頃からは急激に認知件数が増えました。**窃盗**を含めた**刑法犯**では、昭和50年頃は120～130万件程度であったものが、平成８年頃には170～180万件にまで増えた後、平成14年には、これが285万件を超えるまでに至ったのでした。この状態は、まさにマッターホルンのようなピークが見られたのでした。

ただ、その後、平成15年以降は、徐々に減少してゆき、現在まで連続して前年より減少を続け、平成28年は99万件余りと、戦後初めて100万件を下回るといった状態になったのです。要するに、戦後最低の認知件数ということになりますから、それだけ犯罪が起きていない、つまり、治安が良くなったということなのです。

中でも刑法犯の７割を超える犯罪が窃盗であるところ、その減少が認知件数の減少に大きな影響を与えています。具体的に言えば、平成14年頃には200万件以上あった窃盗の認知件数が令和２年には約41万件と戦後最小となり、ピーク時の５分の１にまで減ったからでした。

治安情勢についての諸外国との比較

では、我が国の治安状況は、他の国と比較してどのようなものでしょうか。**国連薬物犯罪事務所**（United Nations Office on Drugs and Crime）が発表している犯罪情勢に関する調査（United Nations Survey of Crime Trends and the Operations of Criminal Justice Systems）に基づく統計によって比較・検討することにします。

まず、各国における**殺人**の発生件数及び発生率の推移については、**表１**のとおりであります（『令和３年版 犯罪白書』21頁）。

表１　各国における殺人の発生件数及び発生率の推移

(2014年～2018年)

① 日本

年　次	発生件数	発生率
2014年	395	0.3
2015	363	0.3
2016	362	0.3
2017	306	0.2
2018	334	0.3

② フランス

年　次	発生件数	発生率
2014年	792	1.2
2015	1,012	1.6
2016	874	1.4
2017	824	1.3
2018	779	1.2

③ ドイツ

年　次	発生件数	発生率
2014年	716	0.9
2015	682	0.8
2016	963	1.2
2017	813	1.0
2018	788	0.9

④ 英国

年　次	発生件数	発生率
2014年	589	0.9
2015	652	1.0
2016	789	1.2
2017	809	1.2
2018	…	…

⑤ 米国

年　次	発生件数	発生率
2014年	14,164	4.4
2015	15,883	4.9
2016	17,413	5.4
2017	17,284	5.3
2018	16,214	5.0

ここでは、これまでに述べてきた認知件数とは異なり、**発生件数**という用語が用いられています。これは、国連薬物犯罪事務所の統計上、警察において「記録された事件の件数及び被害者の数（Recorded Offences and Victims）」

のうち、未遂事件を除いた「殺害された被害者」の数が「殺人」の発生件数として計上されているからと説明されております。これに対し、我が国においては、「殺人」の発生件数として、警察において認知した殺人（刑法199条）だけでなく、殺人に類似した犯罪として刑法に規定されている**自殺関与**及び**同意殺人**（同法202条）の既遂事件の被害者数が発生件数として計上されており、統計上数値比較ができるようにしたものであります。

また、**発生率**とは、人口10万人当たりの発生件数のことであります。そもそも発生件数は、それぞれの国の人口数にも影響するものでありますから、単純な比較は困難でありますが、発生率を比較してみても、我が国の発生率が群を抜いて低いことが判明するところであります

次に、各国における**強盗**の発生件数及び発生率の推移に関し、国連薬物犯罪事務所の上記統計によれば、**表２**のとおりであります（『令和３年版 犯罪白書』22頁）。

表２　各国における強盗の発生件数及び発生率の推移

（2014年～2018年）

①　日本

年　次	発生件数	発生率
2014年	3,056	2.4
2015	2,426	1.9
2016	2,332	1.8
2017	1,852	1.5
2018	1,787	1.4

②　フランス

年　次	発生件数	発生率
2014年	114,093	177.7
2015	104,116	161.5
2016	104,439	161.5
2017	100,080	154.3
2018	…	…

③　ドイツ

年　次	発生件数	発生率
2014年	45,475	55.8
2015	44,666	54.6
2016	43,009	52.3
2017	38,849	47.0
2018	…	…

④　英国

年　次	発生件数	発生率
2014年	52,556	80.3
2015	53,270	80.9
2016	61,440	92.7
2017	79,212	118.7
2018	…	…

⑤　米国

年　次	発生件数	発生率
2014年	322,900	101.3
2015	328,100	102.3
2016	332,800	103.0
2017	320,600	98.6
2018	…	…

ちなみに、我が国における「強盗」の発生件数としては、警察において認知した強盗（刑法236条）だけでなく、それに関連する犯罪として、内容はさておいて罪名だけ挙げておきますが、**強盗予備**（同法237条）、**事後強盗**（同法238条）、**昏酔強盗**（同法239条）、**強盗致死傷**（同法240条）、当時の**強盗強姦**及び同**致死**（同法241条）の認知件数の合計が計上されています。

この比較を見ても、我が国の強盗の発生率が極めて低いことが明らかになるでしょう。

犯罪捜査機関

犯罪の捜査をする機関には、どのような組織があるのでしょうか。まず、捜査をする主体である捜査機関について説明いたします。

そもそも捜査機関として、警察がこれに該当するということは誰でも分かると思いますが、それ以外に重要な役割を担うのは、**検察庁**に所属する**検察官**と**検察事務官**（この２つを合わせて「検察官等」とも言います。）であります。

検察庁は、法務省に属する組織で、**最高検察庁**、**高等検察庁**、**地方検察庁**などの階層的組織により構成されています。実際の捜査を担当するのは地方検察庁、俗に、**地検**と呼ばれる組織であります。地検の中でもマスコミ等にときどき登場するのは、**東京地検特捜部**でしょう。これは、地検の中にいろいろな部署、例えば、警察から送られてくる事件を捜査する**刑事部**や、裁判所での公判審理に立ち会う**公判部**などのほかに、検察官独自で捜査をする部署として**特別捜査部**、俗に、**特捜部**と呼ばれますが、そのような部署などがあり、中でも特捜部は政治家の汚職事件などで時々マスコミ等に登場する部署です。なお、検察官の役割については、後で詳しく説明いたします。

このように検察官等も自ら捜査するのですが、我が国の犯罪の捜査は圧倒的に警察が行っておりますので、まず、警察組織の中における警察官の役割などから説明いたします。

刑訴法189条１項は、

第百八十九条　警察官は、（中略）司法警察職員として職務を行う。

と規定しており、刑訴法上、警察官は、**司法警察職員**という名称で呼ばれます。これは、**司法警察員**と**司法巡査**とに分けられます（刑訴法39条３項）。具体的には、警察官の階級は、下から、巡査、巡査部長、警部補、警部、警視、警視正などとなっておりますが、この階級の巡査が刑訴法上の司法巡査であり、巡査部長以上は、司法警察員になります。

司法警察員には、刑訴法上、種々の権限が与えられておりますが、司法巡査は、司法警察員を補助して個々の事実行為的な捜査を行うことができるにとどまります。具体的に、司法警察員のみが行うことができる捜査上の権限としては、**通常逮捕**の際の**逮捕状**請求権限（刑訴法199条２項：但し、司法警察員のうちでも警部以上）、**捜索差押許可状**等の**令状**の請求権限（同法218条４項）、逮捕された被疑者を**釈放**又は**送致**する権限（同法203条、211条、216条）、**告訴・告発**等の受理権限（刑訴241条等）等であります。それらの内容については、また後で詳しく説明いたします。

このような警察官は、**一般司法警察職員**と呼ばれますが、実は、警察官と検察官等以外にも捜査をする組織があり、それは、**特別司法警察職員**と呼ばれます。これは、刑訴法190条において、

> 第百九十条　森林、鉄道その他特別の事項について司法警察職員として職務を行うべき者及びその職務の範囲は、別に法律でこれを定める。

と規定されております。つまり、警察は全ての犯罪を捜査する責任と権限があるのですが、特定の限られた分野については、その分野を担当する行政庁の職員についても犯罪捜査の権限が刑訴法上与えられており、それについては、個別に法律で定めますということなのです。

ここに含まれる具体的な行政庁の職員としては、刑務所などの刑事施設内で起きた犯罪、例えば、受刑者同士の喧嘩などがありますが、その犯罪捜査を担当する**刑務官**等や、労働基準法等に違反する罪、例えば、賃金不払などの犯罪などの捜査を担当する**労働基準監督官**、更には、海上における犯罪捜査を担当する**海上保安官**や、麻薬等の薬物に関する犯罪捜査を担当する**麻薬取締官**など挙げられます。なお、最後に述べた麻薬取締官は、薬物の専門家である必要性から薬学部を出て薬剤師となった者が多く採用されております。

これら特別司法警察職員は、その捜査を担当する分野においては、一般司法警察職員である警察官と同様に、被疑者を逮捕するなどの**強制捜査**を行うことができます。

ただ、この特別司法警察職員と類似し、実際に捜査を行っているようにみえる行政庁の職員があります。これは世間ではよく特別司法警察職員と混同されていますので、ここで説明しておきます。

具体的には、第４章で説明しました脱税などの**税法違反事件**の調査をする行政機関として、**国税査察官**などがあり、また、違法な株取引などの**金融商品取引法違反事件**の調査をする**証券取引等監視委員会**の職員があり、さらに、**独占禁止法違反事件**の調査をする**公正取引委員会**の職員などが挙げられます。これらの行政機関は、自らが担当する分野での各種の法令違反の嫌疑があるとき（これを**犯則事件**と呼びます。）、その違反事実の内容を明確にするための調査権が与えられております。その調査権の行使が、実質的には捜査に近い機能を有しておりますが、被疑者を逮捕するなどの刑訴法上の捜査機関としての権限は与えられておりません。あくまでその調査権も行政上の処分を行うために認められているものであります。

もっとも、当該行政機関の職員が、ある犯則事件について調査した上、その違反が刑事処罰に相当すると判断する場合、例えば、国税査察官が脱税の疑いで調査したところ、それが非常に悪質な場合などには、行政上の処分としての税金の追加徴収にとどまらないと考え、刑事処罰が必要であると判断した場合には、検察官に告発することとなります。そして、そこに至るまでの過程において、必要な調査を検察官等の捜査機関と合同で実施することがありますが、これが外形的には当該行政機関の職員も捜査をしているかのように見えるものであります。

検察官及び検察事務官の役割

警察官は交番のおまわりさんに代表されるように、皆さんの中で非常になじみがある存在だろうと思いますが、検察官について正確に理解されておられる方はそれほど多くはないのではないかと思います。この検察官は、**検事**

と**副検事**に分かれております。

まず、検事の多くは、司法試験に合格した者の中から採用されております。司法試験に合格した後、司法修習という法律家としての訓練を受けて最終的な試験に合格した者は、裁判官、検察官及び弁護士になることができます。この資格は、**法曹資格**と呼ばれ、この資格を有している者は等しく取り扱われますので、基本的に裁判官と検事は給与面等でも同等の扱いを受けます。ですから、以前は、裁判官から一定期間、検察官になって検察庁で勤務し、その後また、裁判官に戻るとか、その逆として、検察官から一定期間裁判官となって裁判所で勤務し、その後また検察官に戻るということもよく行われておりました。なお、検事の人数ですが、平成29年では、全国で1,865人であります。

これに対して、副検事というのは、検察事務官等から副検事採用試験に合格した者がなりますが、検察官としては刑訴法上検事と同等であります。ただ、取り扱う事件については、検事に比べて比較的軽い罪の事件、例えば、道路交通法違反事件や自動車事故に関する事件等が多いという傾向はあります。なお、副検事の人数ですが、平成29年では、全国で899人であります。

そして、このような検察官の役割ですが、刑訴法は、検察官を捜査、起訴の中心的な存在として扱っております。つまり、刑訴法において、検察官は、捜査上許容されている権限は全て行使することができます。

そのため、検察官は、国家の刑事訴追機関として、刑事について公訴を提起、遂行することを主たる任務とするものでありますが、必要と認めるときは、いかなる犯罪についても捜査することができます（刑訴法191条１項）。したがって、司法警察員からの送られてくる事件、これを**警察送致事件**と言いますが、それはもちろんのこと、検察官だけで独自に捜査をすること、これを**検察官独自捜査事件**と言いますが、そのようなこともできるのです。この役割を主に担っているのが特捜部ですが、特捜部に限らず検察官であればどの部署に所属していようと独自に捜査することはあります。

次に、検察事務官の役割でありますが、検察事務官は、上司の命を受けて検察庁の事務をつかさどり、また、検察官を補佐し又はその指揮を受けて捜査を行うこととされております（刑訴法191条２項）。つまり、検察官の指揮を受けて捜査を行う検察官の補佐機関であります。

検察官と司法警察職員との関係

検察官と司法警察職員とは、それぞれ独立の捜査機関であって、両者の関係は原則として協力関係にあります。刑訴法192条は、

> 第百九十二条　検察官と（中略）司法警察職員とは、捜査に関し、互に協力しなければならない。

と規定しており、この規定が両者のそのような関係を表しております。

ただ、**訴追**若しくは**公訴提起**、つまりいずれも被疑者を起訴することですが、これを適正に行うための手段が捜査であり、検察官が公訴の主宰者であることから、検察官には、捜査を担当する司法警察職員に対する一定の指示権及び指揮権が与えられております。

刑訴法193条１項は、

> 第百九十三条　検察官は、その管轄区域により、司法警察職員に対し、その捜査に関し、必要な一般的指示をすることができる。（後略）

と規定し、**一般的指示権**について定めております。これは、公訴提起の責任者である検察官は、司法警察職員に対し、その行う捜査を適正にし、その他公訴の維持、遂行を全うするために必要な事項について、指示することができるものとしたものであります。要するに、この規定により、検察官は、捜査から公訴の提起、維持、遂行を含む全手続過程において、警察に対して、必要な事項の指示をすることができるということであります。

そして、同条２項は、

> ②　検察官は、その管轄区域により、司法警察職員に対し、捜査の協力を求めるため必要な一般的指揮をすることができる。

と規定しており、また別に**一般的指揮権**について規定しています。どうして二種類もの命令権が定められているのかということについては、先の一般的

指示権は、あくまで捜査全般について一般的に指示しておくためのものであり、この一般的指揮権というのは、より具体的に司法警察職員一般に対し、捜査の協力を求めるためにするものであります。

さらに、同条３項は、

> ③　検察官は、自ら犯罪を捜査する場合において必要があるときは、司法警察職員を指揮して捜査の補助をさせることができる。

と規定し、**具体的指揮権**について定めております。この規定に基づいて、検察官の捜査機能を充足させることができるのであり、検察官が司法警察員から送致を受けた事件について、補充する捜査を命じ、あるいは、公判継続中の事件について補充捜査を命じることもありますが、それらは、この具体的指揮権に基づくものであります。

捜査とは何か

では、具体的に、捜査とは何でしょうか。また、実際にどのようなことをするのでしょうか。刑事訴訟法189条２項は、

> ②　司法警察職員は、犯罪があると思料するときは、犯人及び証拠を捜査するものとする。

と規定し、同法191条１項は、

> 第百九十一条　検察官は、必要と認めるときは、自ら犯罪を捜査することができる。

と規定しております。

ここでいう「**捜査**」とは何を指すのでしょうか。一般的には、捜査とは、刑事事件について公訴の提起・追行の準備として、犯人の発見及び証拠の発見・収集を目的とする捜査機関の諸活動をいうとされています。要するに、犯人を起訴するための準備として、犯人を発見し、その犯罪の証拠の収集する活動のことであります。

捜査の端緒

先に述べた刑訴法189条２項で、「犯罪があると思料するとき」に捜査をすると規定してありましたが、警察官としても、そこに犯罪があるのだと認識しないことには捜査を開始することはできないわけです。では、どんな場合に犯罪があると認識できるのでしょうか。それが**捜査の端緒**と言われるもので、刑訴法にもいくつかそれに関連する規定が設けられております。

1　現行犯人等

例えば、**現行犯人**を発見した場合（刑訴法212条）は、そこに罪を犯した者がいるのですから、捜査を開始するのは当然でしょうし、また、**告訴**がされた場合（同法230条）も被害があったことが判明するのですから、同様に捜査を開始するのは当然です。なお、告訴とは、被害の申告をして犯人の処罰を求めることをいい、これに対し、**被害届**の提出の場合は、単に被害があったという事実の申告にとどまるという点で、告訴とは異なっています。もっとも、被害届であっても、それはもちろん捜査の端緒になります。さらに、**告発**（同法239条）もありますが、これは、被害者以外の者による犯罪事実の申告であり、犯人の処罰を求めることであります。なお、告訴・告発を受理することは司法警察員でなければできず、司法巡査ではできません。

その他に**職務質問**（警察官職務執行法２条）の際に犯人やその犯罪が判明することなどもありますが、ここでは、**変死体の検視**（229条）によって犯罪が判明し、捜査の端緒が得られる場合について説明することといたします。

2　変死体の検死

刑訴法229条１項は、

> 第二百二十九条　変死者又は変死の疑のある死体があるときは、その所在地を管轄する地方検察庁又は区検察庁の検察官は、検視をしなければならない

と定められており、**変死者**又は**変死の疑いのある死体**があるときは、検察官が検視をしなければならないとされています。

ここでいう**検視**とは、人の死亡が犯罪に起因するものであるかどうかを判断するため、五官の作用により死体の状況を見分（外表検査）する処分を言います。検視は、犯罪の有無を発見するために行われる捜査前の処分であって、捜査そのものではありません。

検視の対象は、「変死者」、「変死の疑いのある死体」でありますが、両者を併せて**変死体**と呼んでおります。それらはいずれも検視の対象となるので、両者を厳密に区別する実益は乏しいところです。要は、検視は、**自然死**（老衰死、通常の病死等）による死体以外の死体であって犯罪による死亡ではないと断定できないものについて実施されるものと理解すれば足りることであります。なお、このような変死体は、全国で年間２万体くらいあります。

この検視は、検察官が行うことになっておりますが、これは検視という行為の重要性を考慮して、警察官に担当させるのではなく、検察官の役割としたものと考えられています。ただ、実際のところ、刑訴法229条２項において、

② 検察官は、検察事務官又は司法警察員に前項の処分をさせることができる。

とされている規定に基づき、「前項の処分」、これが検視の実施ですが、これを司法警察員に命じてさせているのが通常であります。これは**代行検視**と呼ばれております。実際のところ、検察官が全ての検視を実施していたら、その人員からして検視に忙殺されることになりますし、検視の専門官を擁する警察に任せたほうが迅速かつ的確に検視がなされるからであります。ですから、検察官が直接に検視に赴くのは、警察署の留置場や刑事収容施設内での被疑者等の死亡の場合などに限られております。

そして、検視を行うに当たっては、既に変死体が存在するといういわば異常事態を前提とするものでありますから、次のような処分は、それが強制的性格を有する場合であっても、令状なくして実施することができると考えられています。

⑴ 変死体が存する場所に立ち入ること

通常、他人の家屋等に居住者の許可なく立ち入る場合には、後に述べますように、令状が必要になりますが、検視の場合には、令状なくして、当該場所に立ち入ることができるのであり、その際、住居者等の承諾がなくても差

し支えありません。

⑵　**変死体を検査すること**

眼瞼、口腔、肛門の内部を検査することができ、また、死体からの指掌紋の採取、死体の写真撮影などを行うことができます。また、検査のためには必要最小限の衣類の損壊も行ってよいとされています。

⑶　**所持品等を調査すること**

検視の目的上、死者の所持品はその身体と一体のものとして考えるべきものですから、所持品についても検査を行うことは許されると考えられております。

このようにして検視を実施した結果、その対象となった死体について犯罪によって死亡したとの嫌疑を認めた場合には、引き続き、**鑑定処分許可状**（刑訴法225条・168条１項）の発付を得て、大学の法医学教室において、当該死体の解剖を行います。これは、犯罪捜査のための解剖であって、**司法解剖**と呼びます。

捜査権限の根拠

先に述べたような捜査の端緒により、警察等は捜査を開始するのですが、では、警察等の捜査機関が捜査を行うことができる根拠はどこにあるのでしょうか。このようなことを検討しておかなければならないのは、警察等は、国家権力そのものであり、第２章で説明したように、その捜査活動は当然に国民の人権との衝突が予想されますので、法律上に明確な根拠がなければ行い得ないからです。

この点について、刑訴法197条１項本文は、

第百九十七条　捜査については、その目的を達するため必要な取調をすることができる。

とする規定を置いており、そして、ここでいう「**取調**」は、被疑者や、**参考人**、これは被害者や目撃者など被疑者以外の人のことを指しますが、それら関係者の**取調べ**を含めて広く捜査のための手段、方法を指すと考えられてい

ることから、この規定が根拠となって、警察や検察官等は捜査活動全般を実施できるものと解されております。

そして、同項但書は、

第百九十七条　（前略）　但し、強制の処分は、この法律に特別の定のある場合でなければ、これをすることができない。

と規定しており、ここでいう**強制の処分**、つまり、**強制捜査**は、刑訴法に特別の定めがある場合に限り行うことができるとされており、また、そのように規定されていることの反対解釈として、「強制の処分」によらない捜査、つまり、**任意捜査**は、法律の規定と関係なく実施できるということなり、そのような任意捜査が原則であるということまでも示しているのであります。それゆえ、強制の処分を伴わない任意捜査は、その手段、方法に制限がなく、捜査官の判断と裁量によって行うことができることとされています。

それでは、以下に強制捜査にはどのようなものがあり、また、任意捜査にはどのようなものがあるのか説明いたしましょう。

強制捜査の種類

刑訴法等に定められている強制捜査に関して、身体に対する強制の処分がされるものとして、**逮捕**、**勾留**があり、身体以外の財産等に対する強制の処分がされるものとして、**捜索**、**差押え**、**通信傍受**などがあります。

逮　　捕

逮捕には、**通常逮捕**、**緊急逮捕**及び**現行犯逮捕**の３種類があります。

1　通常逮捕

まず、通常逮捕については、刑訴法199条１項本文において、

第百九十九条　検察官、検察事務官又は司法警察職員は、被疑者が罪を犯したこ

とを疑うに足りる相当な理由があるときは、裁判官のあらかじめ発する逮捕状により、これを逮捕することができる。

と規定されていることに基づくもので、裁判官の発付する逮捕状により、被疑者を逮捕する場合であります。

ここで、通常逮捕の要件として求められているのは、「被疑者が罪を犯したことを疑うに足りる相当な理由」でありますが、これは、特定の被疑者が特定の罪を犯したことについて、相当な嫌疑が存在するということであります。

もっとも、個々の事件の態様、証拠の内容は千差万別であるため、「相当な理由」がどのようなものであるかについて明確な基準を定めることは困難であります。しかしながら、それは、少なくとも捜査官の単なる主観による嫌疑ではなく、客観的・合理的な根拠・資料の存在を要する、つまり、収集した捜査資料の全てに基づき、被疑者が当該罪を犯したことを相当高度に是認し得る嫌疑があると合理的に判断できると認められることであると解されております。

そして、その逮捕状請求手続でありますが、その請求権者は、刑訴法199条２項に記載されているように、検察官、警部以上の階級にある警察官及び司法警察員である特別司法警察職員に限られます。裁判官は、逮捕状請求書に基づいて、逮捕の理由や必要性について判断した後、逮捕状を発付することとなります。そのようにして、裁判官が逮捕状を発付した場合には、その逮捕状により、検察官等や司法警察職員は、被疑者を逮捕します（刑訴法199条１項）。そして、逮捕する際には、同法201条１項の

第二百一条　逮捕状により被疑者を逮捕するには、逮捕状を被疑者に示さなければならない。

との規定に基づき、被疑者に逮捕状を示して逮捕することになります。

そのようにして逮捕した後は、被疑者に**弁解の機会**を与えるなどの被疑者の権利保障のための手続をしなければなりません。司法警察員が逮捕した場合を例にとって説明しますが、刑訴法203条１項は、

第二百三条　司法警察員は、逮捕状により被疑者を逮捕したとき（中略）は、直ちに犯罪事実の要旨及び弁護人を選任することができる旨を告げた上、弁解の機会を与え、留置の必要がないと思料するときは直ちにこれを釈放し、留置の必要があると思料するときは被疑者が身体を拘束された時から四十八時間以内に書類及び証拠物とともにこれを検察官に送致する手続をしなければならない。

と規定しております。具体的には、被疑者に対して弁解の機会を与えるのですが、その際に、**犯罪事実の要旨**と**弁護人選任権**を告げた上、弁解内容を録取いたします。その上で、被疑者を**留置**するかどうか、つまり、身柄を拘束する必要性を判断し、これを不要である場合には直ちに釈放し、拘束する必要である場合には、48時間以内にその事件について**検察官送致**をしなければなりません。検察官送致とは、司法警察員が当該事件の捜査処理を検察官に委ねるために、被疑者と証拠類を一緒に検察官に送ることであります。

そして、検察官が司法警察員から送致された被疑者を受け取ったときは、刑訴法205条１項において、

第二百五条　検察官は、第二百三条の規定により送致された被疑者を受け取つたときは、弁解の機会を与え、留置の必要がないと思料するときは直ちにこれを釈放し、留置の必要があると思料するときは被疑者を受け取つた時から二十四時間以内に裁判官に被疑者の勾留を請求しなければならない。

と規定されており、24時間以内に、警察で実施されたような被疑者の権利保障のための手続を重ねて実施することになっております。つまり、検察官は、弁解の機会を与えてその弁解内容を録取する手続を執ります。なお、ここでは先の警察の場合と異なって、弁護人選任権の告知について規定されておりませんが、実際上、ここでも検察官は、弁護人先任権の告知をしております。

その上で、検察官は、留置の必要性について判断し、不要であれば直ちに釈放し、必要であれば24時間以内に**勾留請求**をいたします。勾留については後に説明いたします。

なお、同条２項で

②　前項の時間の制限は、被疑者が身体を拘束された時から七十二時間を超えることができない。

と規定されているように、逮捕当初から起算して、その時間は72時間を超えることはできないこととされています。

２　緊急逮捕

次に、緊急逮捕については、刑訴法210条１項において、

第二百十条　検察官、検察事務官又は司法警察職員は、死刑又は無期若しくは長期三年以上の懲役若しくは禁錮にあたる罪を犯したことを疑うに足りる充分な理由がある場合で、急速を要し、裁判官の逮捕状を求めることができないときは、その理由を告げて被疑者を逮捕することができる。この場合には、直ちに裁判官の逮捕状を求める手続をしなければならない。逮捕状が発せられないときは、直ちに被疑者を釈放しなければならない。

と定められていることによるもので、一定の重大な犯罪による場合には、事後に裁判官の逮捕状を求めることとして、あらかじめ被疑者を逮捕できるとしたものであります。

ちなみに、ここでの対象となる罪は、「死刑又は無期若しくは長期３年以上の懲役若しくは禁錮にあたる罪」とされており、その法定刑の下限は「長期３年」でありますから、「……した者は３年以下の懲役に処する。」というように規定されている罪、例えば、刑法130条の住居侵入罪であれば、

第百三十条　正当な理由がないのに、人の住居（中略）に侵入し（中略）た者は、三年以下の懲役又は十万円以下の罰金に処する。

と規定されておりますが、この罪などもこれに該当することになります。

また、ここでは「犯したことを疑うに足りる充分な理由がある場合」とされており、逮捕状の場合の「相当な理由」と異なり、「充分な理由」が要求されています。この「充分な理由」は当然に「相当な理由」より一層濃厚な嫌疑があることを要求するものであります。

実際の逮捕の手続としては、検察官、検察事務官又は司法警察職員が逮捕状なしで、被疑者を逮捕できますが、その際、被疑者に対しては、被疑事実の要旨と、急速を要して逮捕状を求めることができないことを告げなければなりません。

そして、その上で、逮捕した後、直ちに逮捕状を請求する手続をしなければなりません。この場合の逮捕状請求手続は、通常逮捕の場合と異なり、検察事務官及び司法巡査も請求することができます。この場合には、刑訴法199条２項のような請求者の資格についての制限がされておりませんし、そもそも既に令状なしで被疑者が逮捕されている以上、できるだけ早く逮捕状を求める手続をとらなければならないからであります。ただ、理屈の上ではそうですが、実際のところ、緊急逮捕の際の逮捕状請求手続を司法巡査や検察事務官がするということはないでしょう。

３　現行犯逮捕

次に、現行犯逮捕については、刑訴法213条は、

第二百十三条　現行犯人は、何人でも、逮捕状なくしてこれを逮捕することができる。

として、現行犯逮捕について規定しており、誰でも逮捕することが許されております。これは、緊急を要する場面であり、その現場にいる一般人に逮捕手続を委ねる必要性が高い上、犯罪が目前で行われるなど犯人の特定や犯罪事実の存在が明らかであるのが通常ですから、あえて令状を要求したり、また、警察官であることなどを要求する必要はないと考えられるからであります。

そして、現行犯人の要件については、同法212条１項において、

第二百十二条　現に罪を行い、又は現に罪を行い終つた者を現行犯人とする。

と規定されております。

このうち「現に罪を行い」というのは、逮捕者の目前において犯罪の実行行為を行いつつある場合を言い、「現に罪を行い終わった」とは、犯罪の実

行を終了した直後における犯人のことを言います。

現行犯逮捕の手続は、逮捕状なしで誰でも逮捕できることのほか、通常逮捕などの場合と異なって、逮捕理由たる被疑事実を告げる必要はありません。

そして、一般人が現行犯人を逮捕した場合は、直ちに、検察官又は司法警察員に犯人を引き渡さなければなりませんし（刑訴法214条）、司法巡査が一般人から現行犯人を受け取ったときは、速やかにこれを司法警察員に引き渡さなければなりません（同法215条1項）。なお、その後の手続は、全て通常逮捕の場合と同様であります（同法216条）。

勾　　留

被疑者の**勾留**とは、逮捕された被疑者の身柄を更に継続して拘束するための裁判及びその執行を言います。具体的には、逮捕後、更に、逃走防止などの必要性があって、被疑者の身柄を確保しておく必要がある場合に、裁判官の令状により、被疑者の身柄を拘束するものであります。

この勾留のための要件は、刑訴法60条1項において、

第六十条　裁判所は、被告人が罪を犯したことを疑うに足りる相当な理由がある場合で、左の各号の一にあたるときは、これを勾留することができる。
一　被告人が定まつた住居を有しないとき。
二　被告人が罪証を隠滅すると疑うに足りる相当な理由があるとき。
三　被告人が逃亡し又は逃亡すると疑うに足りる相当な理由があるとき。

と規定されており、「罪を犯したことを疑うに足りる相当な理由」と、それに加えて、上記各号に規定されている要件のどれか一つを充たす必要があります。

このうち1号の「定まった住居」という要件については、形式的な判断によるのではなく、その実態に則して判断すべきであります。例えば、昭和43年5月24日東京地裁判決（判例タイムズ222号242頁）では、「被疑者らにおいて氏名、住居を黙秘するため、裁判所、検察官においてその住居を認知しえない場合には、たとえ客観的には被疑者らに定まつた住居があるとしても、

刑事訴訟法六〇条一項一号にいう『被疑者に定まった住居を有しないとき』に当たるものと解するのが相当である。」としています。

また、2号の「罪証を隠滅すると疑うに足りる相当な理由があるとき」とは、証拠を隠滅する行為、具体的には、証人に対して不正な働きかけを行ったり（そうなると証人が適切に証言できなくなるからです。）、嘘の証拠物を作り出したりするような行為を指しますが、具体的には、虚偽の契約書を偽造するなどした場合には、裁判官の最終的な判断を誤らせたりする具体的な危険性があるからそれを防止するために勾留されるということです。

さらに、3号の「逃亡し又は逃亡すると疑うに足りる相当な理由があるとき」とは、裁判所から見て、被告人の所在が不明となり、これに対して、呼び出しをかけたりすることができなくなるおそれがあるときを指すと考えられます。

この勾留請求の手続は、検察官のみがなし得るところ（刑訴法204条、205条、211条及び216条）、検察官が勾留請求書を作成して裁判官に提出することによってなされます（刑事訴訟規則139条１項）。そして、勾留請求がなされた場合、裁判官は、まず、**勾留質問**を実施しなければなりません。すなわち、刑訴法61条は、

第六十一条　被告人の勾留は、被告人に対し被告事件を告げこれに関する陳述を聴いた後でなければ、これをすることができない。但し、被告人が逃亡した場合は、この限りでない。

と規定しており、これが勾留質問と呼ばれるもので、勾留をする上で必要不可欠な手続であります。要は、裁判官自ら被疑者の弁解を聞くわけです。

そして、裁判官は、勾留の理由がないと認める場合などを除いて、速やかに勾留状を発付しなければなりませんし（刑訴法207条５項本文）。また、逆に勾留状を発しないとするときは、直ちに被疑者の釈放を命じなければなりません（同項但書）。

そして、上述した手続により勾留状が発付された場合には、検察官の指揮により、検察事務官又は司法警察職員が勾留状を執行いたします（刑訴法70条）。その際の執行方法は、刑訴法73条２項における

② 勾留状を執行するには、これを被告人に示した上、できる限り速やかに、かつ、直接、指定された刑事施設に引致しなければならない。

との規定に従うことになります。

このようにして執行された勾留の期間は、勾留請求をした日を含めてこの日から10日間であります（刑訴法208条１項）。ただ、やむを得ない事由があるときは、勾留期間の延長を請求することができますが、その延長期間は、10日を超えることはできません（同条２項）。

そして、この勾留に対しては、その理由を明らかにすることを求める権利が認められております。これは憲法34条の規定に基づくものであり、勾留理由開示請求といわれます。つまり、刑訴法82条１項は、

第八十二条　勾留されている被告人は、裁判所に勾留の理由の開示を請求することができる。

と規定しており、勾留されている理由の開示を求める権利を設けております。なお、この条文は、「被告人」となっておりますから、起訴後の勾留理由の開示についてでありますが、起訴前の「被疑者」についても準用されており、実際にも、勾留決定が出されて間もなくの段階において最も多く勾留理由開示請求がなされている実情にあります。

そして、この勾留理由開示は、刑訴法83条１項で、

第八十三条　勾留の理由の開示は、公開の法廷でこれをしなければならない。

と規定されているように、公開の法廷でなされ、その際、同法84条１項で、

第八十四条　法廷においては、裁判長は、勾留の理由を告げなければならない。

と規定されているように、担当した裁判官から勾留の理由が告げられることになります。

捜索・差押え

まず、**捜索**とは、人の身体や住居などにつき、証拠物等を探したり、隠れている被疑者の発見を目的として探すことなどが許容される強制処分であります。次に、**差押え**とは、所有者や保管者などから、証拠物等を強制的に取り上げる処分であります。なお、捜索は、差押えの前提となる場合が多く、両者は事実上密接な関係があるので、実務上は、捜索・差押えと一括して使われています。

この捜索・差押えは強制捜査であるのですが、①裁判官の発する令状による場合と、強制捜査であるにもかかわらず、②そのような令状を必要としない場合とがあります。

まず、①の場合でありますが、刑訴法218条１項前段は、

> 第二百十八条　検察官、検察事務官又は司法警察職員は、犯罪の捜査をするについて必要があるときは、裁判官の発する令状により、差押え、（中略）捜索（中略）をすることができる。

と規定しています。

まず、この令状が発付されるための要件として、条文上、「犯罪の捜査をするについて必要があるとき」とされていますが、これは、「犯罪の態様、軽重、差押物の証拠としての価値、重要性、差押物が隠滅毀損されるおそれの有無、差押によつて受ける被差押者の不利益の程度その他諸般の事情に照らし」て判断されるべきものであり（昭和44年３月18日最高裁決定〈刑集23巻３号153頁〉）、単に捜査のために必要であるというにとどまらず、強制処分である捜索・差押えによらなければ捜査の目的を達することができない場合でなければならないとされています。

次に、②の場合でありますが、これは、逮捕に伴う捜索・差押えの場合であります。これまで述べてきた通常逮捕、緊急逮捕及び現行犯逮捕のいずれの場合においても、逮捕する場合において必要がある場合には、令状なくして捜索・差押えができることとされています（刑訴法220条１項、３項）。そして、その際に、令状なしで許容される処分としては、同法220条１項１号

では、

一　人の住居又は人の看守する邸宅、建造物若しくは船舶内に入り被疑者の捜索をすること。

と規定されていることから、例えば、逮捕状を取得して通常逮捕をしようとしている場合などにおいては、令状なしで他人の住居等に立ち入って意義者を探すことが許されるということであり、また、同項２号では、

二　逮捕の現場で差押、捜索（中略）をすること

と規定されておりますから、例えば、被疑者を逮捕した場合に、その着衣や鞄などから所持品などを探し出して、それを捜査機関が領得することを許容するということであります。

捜索差押令状を請求できるのは、検察官、検察事務官及び司法警察員であります（刑訴法218条４項）。

その上で、裁判官が捜索差押令状を発付する際には、刑訴法219条１項において、①被疑者若しくは被告人の氏名、②罪名、③差し押さえるべき物、④捜索すべき場所、身体若しくは物、⑤有効期間、⑥その期間経過後は差押え、捜索に着手することができず令状はこれを返還しなければならない旨、⑦発付の年月日などを記載した上、裁判官が、これに記名押印しなければならないとされております。

この要件を欠いた捜索差押令状は当然に無効なものとなります。近時、しばしば問題となったのは、裁判官の押印を忘れて発付された令状により捜索・差し押さえを実施したり、逮捕したりしたケースが見られたということであります。よく誰も気づかなかったのだと思いますが、後になってそのことが分かり、それらの実施された手続は全て無効な令状でなされたことになり、つまりは令状なしに実施されたことになるため、当然、違法になります。したがって、差し押さえた物は返還しなければなりませんし、逮捕した被疑者は釈放しなければなりません。

捜索差押令状により必要な処分をすることができるのは、検察官、検察事務官及び司法警察職員でありますが、令状は処分を受ける者に示さなければ

なりません（刑訴法222条１項、110条）。もっとも、処分を受ける者が不在の場合には、地方公共団体の職員等を立ち会わせることで足ります（刑訴法222条１項、114条２項）。また、その際には、同法111条１項において、

> 第百十一条　差押状（中略）又は捜索状の執行については、錠をはずし、封を開き、その他必要な処分をすることができる。（後略）

と規定されているように、捜索･差押えを実施する上で、必要な処分として、場合によっては鍵を破壊することや、ドアを破るなどということも許容されております。

通信傍受

通信傍受とは、端的に言えば、電話の内容を本人たちの了解を得ることなく令状に基づいて聞いてしまうことであります。

刑訴法222条の２は、

> 第二百二十二条の二　通信の当事者のいずれの同意も得ないで電気通信の傍受を行う強制の処分については、別に法律で定めるところによる。

として、通信傍受について規定し、別に、犯罪捜査のための通信傍受に関する法律（これを「**通信傍受法**」と呼びます。）によって、その手続等が定められております。

これは、通信の当事者のいずれの同意も得ないで電気通信の傍受を行う強制処分であり、この法律は、平成11年に制定されたものでありますが、平成28年６月、大規模な改正が行われました。その結果、通信傍受の対象とする犯罪を広げるなど、現代型の犯罪に対処できるようになっております。

任意捜査の種類及びその内容

先に述べたように、任意捜査は、捜査機関の裁量に任されているものであり、その方法に制限はありません。もっとも、刑訴法が任意捜査として想定

しているものもあり、それらについては、以下のとおりであります。

1　被疑者の取調べ

刑訴法198条１項は、

第百九十八条　検察官、検察事務官又は司法警察職員は、犯罪の捜査をするについて必要があるときは、被疑者の出頭を求め、これを取り調べることができる。但し、被疑者は（中略）何時でも退去することができる。

と規定しており、任意での被疑者の取調べを実施することができます。これは「出頭を求め」という記載から明らかなように、逮捕、勾留などの身柄拘束をされている被疑者ではなく、自由に活動できる被疑者に対するものであります。

このような被疑者を**在宅被疑者**と言います。

そして、本条但書で明らかなように、このような被疑者は、逮捕等をされているわけではないので、来るのを拒むことも、何時でも退去、つまり、勝手に帰ることも認められております。

一方、取調べ自体は、逮捕、勾留された被疑者についても同様に実施しておりますが、逮捕、勾留された被疑者については、供述を拒否したり、黙秘したりすることは許容されておりますものの、取調べを受けること自体については、**取調べ受忍義務**があると解されていますので、勝手に取調室から帰るなどということはできません。

2　参考人の取調べ

刑訴法223条１項は、

第二百二十三条　検察官、検察事務官又は司法警察職員は、犯罪の捜査をするについて必要があるときは、被疑者以外の者の出頭を求め、これを取り調べ（中略）ることができる。

と規定しており、任意での参考人の取調べを実施することができます。

3　領　　置

刑訴法221条は、

第二百二十一条　検察官、検察事務官又は司法警察職員は、被疑者その他の者が遺留した物又は所有者、所持者若しくは保管者が任意に提出した物は、これを領置することができる。

と規定しており、犯行現場などに遺留されたり、被疑者や参考人が任意に提出した物を預かって証拠として用いることなどができます。

4　鑑定嘱託及び鑑定

刑訴法223条１項は、

第二百二十三条　検察官、検察事務官又は司法警察職員は、犯罪の捜査をするについて必要があるときは、被疑者以外の者（中略）に鑑定（中略）を嘱託することができる。

と規定しており、捜査上必要がある場合には、捜査官が特別の学識経験のある第三者に対し、その学識経験に基づいた実験法則の報告又は具体的事実についての判断の報告をすることを嘱託することができるのであります。これ自体は任意捜査でありますが、鑑定を実行するについては、令状を必要とする強制捜査に該当することがあります。例えば、先に述べました司法解剖などでは、死体を解剖するという行為が、鑑定に必要な強制処分であり、そのための許可として、裁判官から鑑定処分許可状の発付をしてもらいます（刑訴法225条）。

5　通訳、翻訳の嘱託

刑訴法223条１項は、

第二百二十三条　検察官、検察事務官又は司法警察職員は、犯罪の捜査をするについて必要があるときは、被疑者以外の者（中略）に（中略）通訳若しくは翻訳を嘱託することができる。

と規定しており、被疑者が外国人である場合の取調べとか、海外との取引が捜査上問題となることがあり、そのような場合には関係する書類が外国語で記載されていることもあるので、捜査上必要がある場合には、通訳若しくは翻訳を嘱託することができるとされています。

６　公務所又は公私の団体に対する必要事項の照会

刑訴法197条２項は、

> 捜査については、公務所又は公私の団体に照会して必要な事項の報告を求めることができる。

と規定されており、これは非常によく使われている規定であります。そして、この照会を受けた者には、報告する義務があると解されております（河上和雄ほか編『大コンメンタール刑事訴訟法［第２版］第４巻』〈2012年、青林書院〉〔163頁〔馬場義宣＝河村博〕〕）。つまり、「報告を求められた公務所・団体は，原則として報告すべき義務を負う（中略）。本項によって報告がなされた場合には，法的義務に基づくものであるので，国家公務員法，地方公務員法などの規定による守秘義務に違反しないものと解されている。」（松尾浩也監修『条解 刑事訴訟法［第４版］増補版』〈2016年、弘文堂〉374頁）と考えられているものであります。

したがって、例えば、交通事故の被害者である入院患者や通院患者の病状について、警察官や検察官から、本条項に基づいて照会がなされることがありますが、それに対して報告することは法的義務であるので、速やかに回答していただきたいと思います。この点について、患者の個人情報を漏洩するものと誤解している病院関係者等が多いので注意が必要です。捜査機関からの照会は、捜査上でしか用いられませんので、個人情報がいたずらに外に流出することはあり得ない上、病状等が悪化しているなどの事情は、当該患者や事故の被害者の実情として、証拠上分かるようにして裁判官に伝えておかないといけない情報だからです。刑訴法にこのように明示されているのですから、法的な義務として、それに応えて報告することは全く問題のないことであると認識していただきたいと思っております。

被疑者の防御権――弁護人との接見交通権――

被疑者には、第2章で説明した憲法上保障された権利としての黙秘権や弁護人選任権などが認められているほか、刑訴法では、弁護人との**接見交通権**を細かく規定しております。

刑訴法39条1項において、

> 第三十九条　身体の拘束を受けている被告人又は被疑者は、弁護人又は弁護人を選任することができる者の依頼により弁護人となろうとする者（中略）と立会人なくして接見し、又は書類若しくは物の授受をすることができる。

と規定され、身体の拘束を受けている被告人又は被疑者は、弁護人等と立会人なくして接見し、又は書類若しくは物の授受をする権利が認められております（なお、ここでいう「弁護人等」とは、弁護人及び弁護人選任権者の依頼を受けているものの、まだ選任の手続をしていない状況下で弁護人になろうとする者を言います。）。

この場合、被疑者と弁護人等の接見を禁止することはできません。ただ、同条3項では、

> ③　検察官、検察事務官又は司法警察職員（司法警察員及び司法巡査をいう。以下同じ。）は、捜査のため必要があるときは、公訴の提起前に限り、第一項の接見又は授受に関し、その日時、場所及び時間を指定することができる。但し、その指定は、被疑者が防禦の準備をする権利を不当に制限するようなものであつてはならない。

と規定しており、ここでは、捜査機関は、弁護人等から接見の申し出があった場合には、接見をさせなければならないことと、「捜査のため必要があるとき」は、弁護人等からの接見の申し出に対して、公訴の提起前に限り、接見等の日時、場所及び時間を指定することができる（これには検察官だけでなく、検察事務官又は司法警察職員も指定権者に含まれます。）ことを規定しています（但し、その指定の際、被疑者が防御の準備をする権利を不当に制限するようなものであってはなりません〈同項但し書〉。）。

なお、「捜査のため必要があるとき」とは、現に被疑者を取調べ中であるとか（取調べを間近に控えている場合も含みます。）、実況見分、検証等に被疑者を立ち会わせる必要があるなど捜査の中断による支障が顕著な場合を言います。

検察官の事件処理

上述したように、警察から事件送致を受け、必要な捜査が尽くされた後、検察官は、当該事件についてどのような処分を行うのでしょうか。

この場合の検察官の最終的な処分としては、公訴を提起するかどうか、つまり、被疑者を起訴するかどうか、また、別の言い方では、**公判請求**ともいわれますが、これについて判断することになります。具体的には、裁判で有罪が宣告される見込みがあるかどうか、そのための証拠は十分かどうかなどを検討いたします。

そして、起訴するとなった場合には、検察官は、刑訴法256条１項により、

第二百五十六条　公訴の提起は、起訴状を提出してこれをしなければならない。

と規定されているように、裁判所に**起訴状**を提出して行われます。

そして、このような公訴の提起に関して、刑訴法247条は、

第二百四十七条　公訴は、検察官がこれを行う。

と規定しており、公訴の権限は、国の機関である検察官が有し（**国家訴追主義**）、被害者などの一般人が起訴することはできません（**私人訴追の禁止**）。また、この公訴権、つまり、公訴を提起する権限は、検察官が独占しており、司法警察職員などの他の機関が起訴することはできません（**起訴独占主義**）。もっともこの点については、**検察審査会**による**起訴議決**に基づく公訴提起（検察審査会法41条の６、41条の９及び41条の10）などの例外があります。これは検察官の不起訴処分が不当であって、起訴すべきと検察審査会が判断した場合になされる起訴手続であります。

ただ、起訴して被疑者が有罪となる見通しが得られた場合であっても、刑

訴法248条は、

> 第二百四十八条　犯人の性格、年齢及び境遇、犯罪の軽重及び情状並びに犯罪後の情況により訴追を必要としないときは、公訴を提起しないことができる。

と規定して起訴しないことを認めております。このような制度を**起訴便宜主義**と言いますが、別の言い方で言えば、これは第８章で述べた起訴猶予処分であります。

諸外国においては、検察官において有罪の見通しが得られた事件については、起訴を強制する考え方、これを**起訴強制主義**と言いますが、そのような法制度を採用する国も多くあります。それは、検察官に裁量で起訴、不起訴を決める権限を与えると、その裁量をめぐって汚職がなされるおそれがあり、その防止のために、一律に起訴させるという考え方があるからです。

これに対し、我が国では、むしろ検察官に起訴、不起訴の裁量を与えて、被疑者の更生が見込まれたり、被害者の被害回復等が得られたりした場合には、あえて起訴する必要性が低くなることから、いたずらに公訴提起を強制するよりは不起訴にしたほうが刑事司法制度としても円滑に機能するという観点から、このような起訴猶予の権限が検察官に与えられているのです。つまり、検察官は、捜査した結果、犯罪の証明が十分であると認めた場合でも、上記条文に記載されたような事情を考慮して起訴しないことが認められているのであります。

実際のところ、被疑者の更生を期待するという面でも、我が国のすぐれた制度であるとして、我が国の起訴猶予制度はよく海外でも紹介されております。

そこで、検察官は被疑者を起訴猶予にするに当たって、具体的には、次のような事柄を考慮しています。

まず、①被疑者の性格等に関しては、被疑者の素行、習慣、知能程度、経歴、前科前歴の有無、常習性の有無等を、②被疑者の年齢等に関しては、若年か老年かなどを、③被疑者の境遇に関しては、家庭状況、職業、生活環境、交友関係、両親その他の監督保護者の有無、住居及び定職の有無等を、④犯行自体に関しては、法定刑の軽重、被害の程度、犯行の動機・原因・方法・

手口、犯行による利得の有無、主犯的立場か従犯的立場か、当該犯罪が社会に与えた影響等を、⑤、犯行後の情況に関しては、反省悔悟の有無・程度、被害者に対する謝罪や弁償の有無・程度、被害感情の有無・程度等を、それぞれ十分に検討し、その上で、起訴すべきか、起訴猶予にすべきかどうかを総合的に検討して決しております。

つまり、刑罰を科さないことが被疑者の社会復帰を容易にして、その改善更生を図ることができるかどうか、また、刑罰を科さなくても社会秩序の維持を図ることができるかどうかなどを十分に配慮して起訴猶予にするかどうか決めているのであります。

公判請求・起訴猶予の処分状況

『平成29年版 犯罪白書』によれば、平成28年において、検察庁全体で終局処理人員の総数は、112万4,506人であり、そのうち公判請求された者は、８万7,735人、起訴猶予とされた者は、63万5,593人となっております。

第10章
医　事　法

はじめに

医事法は、医療に関する法規を総合して呼ぶ際の名称であって、医事法という名前の法律があるわけではありません。これには、**医療法**、**医師法**、**歯科医師法**、**薬剤師法**、**保健師助産師看護師法**などの医療関係者のための法律が多々含まれています。ここでは、皆さんが今後それら法律によって規制される資格及び業務等をこなす上で必要と思われる事項を中心に、また、それに付随して知っておいた方がよいと思われる事項について説明したいと考えています。

皆さんがプロになるために必ず必要となる法律等ですから、この機会に正確に理解できるように努めてください。

医療法の目的

医療法は、医療に関する基本的な事項を定めた法律です。医療法１条にこの法律が制定された目的が記載されておりますが、そこには、

第一条　この法律は、医療を受ける者による医療に関する適切な選択を支援するために必要な事項、医療の安全を確保するために必要な事項、病院、診療所及び助産所の開設及び管理に関し必要な事項並びにこれらの施設の整備並びに医療提供施設相互間の機能の分担及び業務の連携を推進するために必要な事項を定めること等により、医療を受ける者の利益の保護及び良質かつ適切な医療を効率的に提供する体制の確保を図り、もつて国民の健康の保持に寄与することを目的とする。

と規定されています。長々と記載されておりますが、要は、**医療を受ける者**、つまり、患者ですが、「医療を受ける者の利益の保護」と、「良質かつ適切な医療を効率的に提供する体制の確保」を図るために、この法律を制定したということであります。そして、それらが確保されることにより、「国民の健康の保持に寄与」、つまり、国民が健康でいられるように貢献することですが、それを最終的な目的とするということであります。

そして、その手段として、①医療を受ける者による医療に関する適切な選択を支援するために必要な事項、つまり、どのような**病院**、**診療所**及び**助産所**等の**医療提供施設**を選んだらよいのかなどの選択のための判断の資料を提供するために必要な事項等、②医療の安全を確保するために必要な事項、つまり、治療行為などにおいて事故や間違いが起きないようにするために必要な事項等、③病院、診療所及び助産所の開設及び管理に関し必要な事項、これは文字通り、病院等の開設などに当たって必要な事項等であり、更に、④これらの施設の整備並びに医療提供施設相互間の機能の分担及び業務の連携を推進するために必要な事項、つまり、病院同士の連携などを推進することなどの事項等について規定することにより、先に述べました「医療を受ける者の利益の保護」と、「良質かつ適切な医療を効率的に提供する体制」を整備、確保しようとしているのです。

このうち、①、③及び④については、従来から規定として挙げられておりましたが、②については、平成26年６月18日に医療法が改正されて、新たに盛り込まれた**医療事故調査制度**などに関するものですので、これは後で別に取り上げて詳しく説明いたします。なお、この改正法は、平成27年10月１日から施行されております。

医療法における医療を受ける者による医療に関する適切な選択を支援するために必要な事項

まず、①医療に関する適切な選択を支援するために必要な事項については、医療法６条の２第１項において、

医療法における医療を受ける者による医療に関する適切な選択を支援するために必要な事項

第六条の二　国及び地方公共団体は、医療を受ける者が病院、診療所又は助産所の選択に関して必要な情報を容易に得られるように、必要な措置を講ずるよう努めなければならない。

として、国や地方公共団体に対して、医療を受ける者が医療に関する適切な選択を支援するために必要な情報を容易に得られるように、病院等に関して必要な措置を講ずる、つまり、必要な手当てをすることを求めております。

また、同条２項は、医療提供施設の管理者等に対し、

２　医療提供施設の開設者及び管理者は、医療を受ける者が保健医療サービスの選択を適切に行うことができるように、当該医療提供施設の提供する医療について、正確かつ適切な情報を提供するとともに、患者又はその家族からの相談に適切に応ずるよう努めなければならない。

と規定して、当該医療提供施設の提供する医療について、正確かつ適切な情報を提供するとともに、患者又はその家族からの相談に適切に応ずるよう努めなければならないとしております。

ただ、その一方で、広告をする場合には、医療法６条の５第１項は、

第六条の五　何人も、医業若しくは歯科医業又は病院若しくは診療所に関して、文書その他いかなる方法によるを問わず、広告（中略）をする場合には、虚偽の広告をしてはならない。

と規定しており、広告をすることは医療情報を提供するという観点から許容されるとしても、虚偽の広告による誤った情報の提供を禁止しております。

そして、この規定に違反した場合ですが、医療法87条１号は、

第八十七条　次の各号のいずれかに該当する者は、六月以下の懲役又は三十万円以下の罰金に処する。

一　第六条の五第一項（後略）

と規定して、６月以下の懲役等の処罰が科せられることになります。

医療法における病院、診療所及び助産所の開設及び管理に関し必要な事項

次に、③病院、診療所及び助産所の開設及び管理に関し必要な事項については、医療法７条以下に規定が設けられております。

まず、その前提として、医療法は、病院等について、定義規定、つまり、どのようなものが病院となるのかなどを条文上で定めておりますので、それらを先に見ておきます。

1　病　　院

まず、病院について、医療法１条の５第１項前段は、

第一条の五　この法律において、「病院」とは、医師又は歯科医師が、公衆又は特定多数人のため医業又は歯科医業を行う場所であつて、二十人以上の患者を入院させるための施設を有するものをいう。

と定義づけておりますから、医師らが医業等を行う場所で、20人以上の患者を入院させるための施設が病院であります。

そして、病院のうちでも、一定の要件を満たしたものは、**地域医療支援病院**と呼ばれます。それは、同法４条１項において、

第四条　国、都道府県、市町村、（中略）社会医療法人その他厚生労働大臣の定める者の開設する病院であつて、地域における医療の確保のために必要な支援に関する次に掲げる要件に該当するものは、その所在地の都道府県知事の承認を得て地域医療支援病院と称することができる。

一　他の病院又は診療所から紹介された患者に対し医療を提供し、かつ、当該病院の建物の全部若しくは一部、設備、器械又は器具を、当該病院に勤務しない医師、歯科医師、薬剤師、看護師その他の医療従事者（以下単に「医療従事者」という。）の診療、研究又は研修のために利用させるための体制が整備されていること。

二　救急医療を提供する能力を有すること。

三　地域の医療従事者の資質の向上を図るための研修を行わせる能力を有すること。（中略）

四　厚生労働省令で定める数以上の患者を入院させるための施設を有すること。（後略）

などと規定されており、それらの要件を満たす場合には、都道府県知事の承認を得て地域医療支援病院と称することができます。なお４号の「厚生労働省令で定める数」とは200床であります。

また、医療法４条の２第１項は、**特定機能病院**について、

第四条の二　病院であつて、次に掲げる要件に該当するものは、厚生労働大臣の承認を得て特定機能病院と称することができる。

一　高度の医療を提供する能力を有すること。

二　高度の医療技術の開発及び評価を行う能力を有すること。

三　高度の医療に関する研修を行わせる能力を有すること。（中略）

六　厚生労働省令で定める数以上の患者を入院させるための施設を有すること。（後略）

などと規定された要件を満たし、厚生労働大臣の承認を得た場合には、特定機能病院と称することができます。ちなみに、６号の「厚生労働省令で定める数」とは400床であります。

２　診　療　所

診療所とは、医療法１条の５第２項で、

２　この法律において、「診療所」とは、医師又は歯科医師が、公衆又は特定多数人のため医業又は歯科医業を行う場所であつて、患者を入院させるための施設を有しないもの又は19人以下の患者を入院させるための施設を有するものをいう。

と定義づけておりますから、先の病院とは異なり、そもそも患者を入院させるための施設がないか、あっても19人以下の患者を入院させるための施設が診療所であります。

3　助　産　所

助産所とは、同法２条１項で、

> 第二条　この法律において、「助産所」とは、助産師が公衆又は特定多数人のためその業務（病院又は診療所において行うものを除く。）を行う場所をいう。

と定義づけておりますから、助産師が助産を行う場所であって、病院と診療所以外で行う場合の場所のことであります。

なお、助産所には規模の制限があり、同条２項で、

> ２　助産所は、妊婦、産婦又はじよく婦十人以上の入所施設を有してはならない。

とされています。

4　医療提供機関の名称使用制限

医療法３条１項は、

> 第三条　疾病の治療（助産を含む。）をなす場所であつて、病院又は診療所でないものは、これに病院、病院分院、産院、療養所、診療所、診察所、医院その他病院又は診療所に紛らわしい名称を附けてはならない。

として、病院等でないものについては、病院等と間違うような紛らわしいような名称を附してはならないとされております。

これに違反した場合は、医療法89条１号により、20万円以下の罰金に処せられます。

5　病院等の開設

医療法７条１項は、

> 第七条　病院を開設しようとするとき（中略）は、開設地の都道府県知事（中略）の許可を受けなければならない。

と規定し、病院を開設しようとするときは、都道府県知事の**許可**が必要とされます。なお、「**許可**」とは、法律的に言えば、法令で一般的に禁止されて

いる行為について、特定の場合に限ってその禁止を解除する、つまり許容するという意味です。つまり、病院の開設は一般的には禁止されているのですが、都道府県知事が病院開設の申請に対し、それを許容しようと判断した場合に、禁止されている病院開設を解除し、申請による病院開設を認めるということが「許可」の意味なのです。

また、同法８条は、

> 第八条　臨床研修等修了医師、臨床研修等修了歯科医師又は助産師が診療所又は助産所を開設したときは、開設後十日以内に、診療所又は助産所の所在地の都道府県知事に届け出なければならない。

と規定しており、臨床研修等修了医師等が診療所等を開設する場合には、開設後10日以内に都道府県知事に**届出**をすることが義務づけられております。病院の場合は、都道府県知事の許可が必要でしたが、診療所などの場合は、それより手続的に簡単な届出だけでできることとなっています。

なお、この「届出」とは、法令で定められている特定の行為について、一定の事項を、あらかじめ行政官庁へ通知することであります。つまり、診療所を開設しようという場合に、あらかじめ要求されている届出事項を都道府県知事に届ければよいということであり、特に、都道府県知事による許可等が必要とされているわけではないということを意味しています。

先の「許可」との大きな違いは、「許可」は、申請を受けた行政官庁の判断により「許可」されたり、「不許可」とされたりしますが、「届出」は、行政官庁が判断することはなく、必要な要件を満たした書類を届け出さえすれば、それで全て終了となる点にあります。

医療法における病院等の施設の整備並びに医療提供施設相互間の機能の分担及び業務の連携を推進するために必要な事項

次に、④病院等の施設の整備並びに医療提供施設相互間の機能の分担及び業務の連携を推進するために必要な事項については、医療法１条の４第３項などに規定されております。

まず、同条項では、医療提供施設において診療に従事する医師等に対して、

3　医療提供施設において診療に従事する医師及び歯科医師は、医療提供施設相互間の機能の分担及び業務の連携に資するため、必要に応じ、医療を受ける者を他の医療提供施設に紹介し、その診療に必要な限度において医療を受ける者の診療又は調剤に関する情報を他の医療提供施設において診療又は調剤に従事する医師若しくは歯科医師又は薬剤師に提供し、及びその他必要な措置を講ずるよう努めなければならない。

と規定して、医師らに対し、他の医療提供施設への患者の紹介などや、調剤に関する情報を薬剤師等に提供するなどの行為を勧めております。

また、同条４項では、病院等の管理者に対し、

4　病院又は診療所の管理者は、当該病院又は診療所を退院する患者が引き続き療養を必要とする場合には、保健医療サービス又は福祉サービスを提供する者との連携を図り、当該患者が適切な環境の下で療養を継続することができるよう配慮しなければならない。

と規定して、病院等の管理者に対し、保健医療サービス等の提供者と連携して患者の療養の継続についての配慮を求めております。

また、医療提供体制の確保のために、医療法30条の４第１項は、

第三十条の四　都道府県は、基本方針に即して、かつ、地域の実情に応じて、当該都道府県における医療提供体制の確保を図るための計画（以下「医療計画」という。）を定めるものとする。

と規定して、都道府県が**医療計画**を定めるものとし、同条２項において、その内容に関し、

2　医療計画においては、次に掲げる事項を定めるものとする。

一　（中略）

二　（中略）

三　医療連携体制における医療提供施設の機能に関する情報の提供の推進に関

する事項

四　生活習慣病その他の国民の健康の保持を図るために特に広範かつ継続的な医療の提供が必要と認められる疾病として厚生労働省令で定めるものの治療又は予防に係る事業に関する事項

五　次に掲げる医療の確保に必要な事業（中略）に関する事項（中略）

イ　救急医療

ロ　災害時における医療

ハ　へき地の医療（後略）

と規定し、生活習慣病等の治療や予防に関する事業や、災害時における医療等の事業などを達成するために医療連携体制を推進することなどを医療計画の内容にすることを定めております。

医師法に係る任務及び資格要件

1　任　　務

医師とは何のために存在すべきなのかについては、医師法１条において、

第一条　医師は、医療及び保健指導を掌ることによつて公衆衛生の向上及び増進に寄与し、もつて国民の健康な生活を確保するものとする。

と規定されていることから、医師には「公衆衛生の向上及び増進に寄与」することが任務として与えられ、その結果として「国民の健康な生活」の確保が期待されているのです。そして、その任務遂行のための手段として、高度な専門知識と技術を駆使して、「医療と保健指導」を担当してくださいということであります。

2　資格要件

医師の資格要件でありますが、医師法２条に

第二条　医師になろうとする者は、医師国家試験に合格し、厚生労働大臣の免許を受けなければならない。

と規定されています。ここでいう**免許**という概念は、法的には一般的に禁止

されている行為について、特にその禁止を解除して当該行為を許容するという意味で使われるものであります。したがって、この場合も、医師としての行為は、一般的には禁止されている行為であるものの、医師国家試験に合格すれば、厚生労働大臣がその禁止を解除して医師としての行為を許容するということで、それを「免許」と表現しているのです。なお、先に出てきた「許可」とどう違うのかと思われるかもしれませんが、法的にはほぼ同じものと考えてもらえばよいと思います。あえて言えば、両方とも「許可」なのですが、人的な資格等に関するものは免許という言い方がされることが多いということです。

そして、その免許については、同法６条２項は、

２　厚生労働大臣は、免許を与えたときは、医師免許証を交付する。

と規定して医師免許証を交付されますが、その効力の発生としては、同条１項において、

第六条　免許は、医師国家試験に合格した者の申請により、医籍に登録することによつて行う。

と規定されているように、**医籍**に登録することによって免許が効力を有することになります。そこで、この医籍とはどのようなものかと言いますと、同法５条により、

第五条　厚生労働省に医籍を備え、登録年月日、（中略）処分に関する事項その他の医師免許に関する事項を登録する。

と規定されていますから、要するに医籍とは、厚生労働省に備えられて、登録年月日や、後に述べます処分に関する事項等が記載された帳簿であります。具体的には、医師法の内容を更に細かく規定している政令である医師法施行令４条において、

第四条　医籍には、次に掲げる事項を登録する。
　一　登録番号及び登録年月日

二　本籍地都道府県名（日本の国籍を有しない者については、その国籍）、氏名、生年月日及び性別
三　医師国家試験合格の年月
四　（中略）処分に関する事項
五　（中略）再教育研修を修了した旨
六　（中略）臨床研修を修了した旨
七　その他厚生労働大臣の定める事項

と規定され、以上の各事項を記載することになっています。

なお、不正な手段により医師免許を取得した者に対しては、医師法は、刑事罰をもって臨むこととしており、同法31条１項において、

第三十一条　次の各号のいずれかに該当する者は、三年以下の懲役若しくは百万円以下の罰金に処し、又はこれを併科する。
（中略）
二　虚偽又は不正の事実に基づいて医師免許を受けた者

と規定しており、「虚偽又は不正の事実に基づいて医師免許を受けた者」に対しては、３年以下の懲役等に処することとしています。

具体的には、医師国家試験において不正行為を行って合格を得た場合などが挙げられます。

3　欠格事由

医師としての資格を得るための要件として、先に挙げた医師国家試験に合格することのほか、次のような欠格事由を有しないことが求められます。

まず、**絶対的欠格事由**と呼ばれるもので、医師法３条では、

第三条　未成年者には、免許を与えない。

と規定されており、第３章で説明しましたように、民法上、行為能力が制限される者である、未成年者に対しては、医師免許は与えられません。

次に、**相対的欠格事由**と呼ばれるもので、医師法４条では、

第四条　次の各号のいずれかに該当する者には、免許を与えないことがある。
　一　心身の障害により医師の業務を適正に行うことができない者として厚生労働省令で定めるもの
　二　麻薬、大麻又はあへんの中毒者
　三　罰金以上の刑に処せられた者
　四　前号に該当する者を除くほか、医事に関し犯罪又は不正の行為のあつた者

と規定されており、これらに該当する者についても基本的には医師免許は与えられません。ただ、この条文では、「与えないことがある」という規定の仕方をしておりますので、この各号に該当しても、先の医師法３条の場合と異なって絶対的にダメというわけではなく、法的には、与えられないことも、与えられることもあるということであります。

以下、この各号の内容について、個別的に説明しておきます。

まず、１号の「厚生労働省令で定めるもの」の内容ですが、医師法施行規則１条において、

第一条　医師法（中略）第四条第一号の厚生労働省令で定める者は、視覚、聴覚、音声機能若しくは言語機能又は精神の機能の障害により医師の業務を適正に行うに当たつて必要な認知、判断及び意思疎通を適切に行うことができない者とする。

と規定されていますから、視覚等の障害により、医師の業務を適正に行うに当たって必要な認知、判断等を適切に行えない者ということになります。

次に、２号の麻薬等の中毒者であります。このような薬物の中毒者に医師免許が与えられないのはむしろ当然だろうと思われます。

また、３号の「罰金以上の刑に処せられた者」というのは、罰金、懲役又は禁錮の刑に処せられたことがある者であります。懲役や禁錮で実刑になればもちろん該当しますが、執行猶予が付されても、その猶予期間中は懲役又は禁錮を言い渡された状態ですから、この３号に該当します。ただ、第８章で説明しましたように、猶予期間を無事に経過すれば、その言渡しは効力を失いますから、罰金以上の刑に処せられたことにはなりません。

最後に、４号の「医事に関し犯罪又は不正の行為のあつた者」であります

が、これは、後で述べます医師法の禁止規定に違反するなどの犯罪を行った者や、医事に関する不正行為としては、診療報酬等に関して不正又は不当な請求に関与した場合などが考えられるでしょう。

4　取消等の処分

上記の欠格事由に該当することが分かった場合には、医師免許の取消しなどがなされます。すなわち、医師法7条1項は、

> 第七条　医師が第四条各号のいずれかに該当し、又は医師としての品位を損するような行為のあつたときは、厚生労働大臣は、次に掲げる処分をすることができる。
> 一　戒告
> 二　三年以内の医業の停止
> 三　免許の取消し

とされており、「処分をすることができる」とされていますから、免許の取消しなどがなされるかどうかは任意であります。つまり、これらの場合に処分するかどうか、また、処分するにしても1号から3号までのどれにするかは、厚生労働大臣の判断に委ねられるということであります。

ここでは医師法4条に該当する場合のほか、**医師としての品位を損するような行為**があった場合も、1号から3号までの処分の対象とされています。では、ここでいう「医師としての品位を損するような行為」とはどのような行為を指すのでしょうか。よく挙げられる例としては、瀕死の重傷者に対して不当に高額な治療をしたり、患者に対していかがわしい行為をしたり、患者の貧富によって極端に治療内容が異なるような行為をした場合などがあります。

そして、それらに該当した場合において、最も重い処分としては、免許の取消しになりますし、そこまではいかないとしてもかなり重い処分が相当とされた場合には、3年以内の期間を定められての**医業の停止**という処分を受けます。ここでいう「医業」とは、業として、つまり、反復継続の意思をもって行われる**医行為**、つまり、医療行為を行うことを指します。なお、医行為

については、後で詳しく説明いたします。

もっとも軽い場合でも**戒告**、つまり、懲戒処分として反省するよう戒めることを申し渡されることがあるということであります。

歯科医師法に係る任務及び資格要件

1　任　　務

歯科医師とは何のために存在すべきなのかについては、歯科医師法１条において、

> 第一条　歯科医師は、歯科医療及び保健指導を掌ることによつて、公衆衛生の向上及び増進に寄与し、もつて国民の健康な生活を確保するものとする。

と規定されておりますことから、歯科医師には「公衆衛生の向上及び増進に寄与」することが任務として与えられ、その結果として「国民の健康な生活」の確保が期待されているのです。そして、その任務達成の手段として、高度な専門知識と技術を駆使して、「歯科医療と保健指導」を担当してくださいということであります。

2　資格要件

これについては、先に医師法のところで述べたことに関し、医師を歯科医師、医師国家試験を歯科医師国家試験、医籍を歯科医籍、医師免許証を歯科医師免許証などと言い換えれば全て同じであります。

3　欠格事由及び取消し等の処分

これについても医師法で述べたことと同様であります。

薬剤師法に係る任務及び資格要件

1　任　　務

薬剤師とは何のために存在すべきなのかについては、薬剤師法１条におい

て、

第一条　薬剤師は、調剤、医薬品の供給その他薬事衛生をつかさどることによつて、公衆衛生の向上及び増進に寄与し、もつて国民の健康な生活を確保するものとする。

と規定されておりますことから、薬剤師には「公衆衛生の向上及び増進に寄与」することが任務として与えられ、その結果として「国民の健康な生活」の確保が期待されているのです。そして、その任務達成の手段として、高度な専門知識と技術を駆使して、「調剤、医薬品の供給その他薬事衛生」を担当してくださいということであります。

2　資格要件

これについては、先に医師法のところで述べたことに関し、医師を薬剤師、医師国家試験を薬剤師国家試験、医籍を薬剤師名簿、医師免許証を薬剤師免許証などと言い換えれば全て同じであります。

3　欠格事由及び取消し等の処分

これについても医師法で述べたことと同様であります。

保健師助産師看護師法に係る任務及び資格要件

この法律では、保健師、助産師及び看護師についてそれぞれ規定されておりますが、看護師を例にとって説明することとします。

1　本法の目的

保健師助産師看護師法（以下「本法」と言います。）１条は、

第一条　この法律は、保健師、助産師及び看護師の資質を向上し、もつて医療及び公衆衛生の普及向上を図ることを目的とする。

と規定しており、看護師等の資質を向上させ、「医療及び公衆衛生の普及及

び向上」を図るために設けた法律であることを明らかにしています。

2　資格要件

本法では、看護師等の定義を設けており、同法５条において、

第五条　この法律において「看護師」とは、厚生労働大臣の免許を受けて、傷病者若しくはじよく婦に対する療養上の世話又は診療の補助を行うことを業とする者をいう。

とされています。

そして、その資格要件でありますが、同法７条３項において、

３　看護師になろうとする者は、看護師国家試験に合格し、厚生労働大臣の免許を受けなければならない。

とされおり、この点については、医師法で述べたところと同様であり、その他の点についても、医師を看護師等、医籍を看護師籍等、医師免許証を看護師免許証等と言い換えれば全て同じであります。

3　欠格事由及び取消し等の処分

本法では、医師法等で定められていたような絶対的欠格事由は設けられておりません。したがって、未成年者等であっても、法的には看護師等になることができます。

また、相対的欠格事由については、医師法等と規定の仕方は若干異なりますが、実質的には同様の内容の欠格事由が設けられております。

なお、取消し等の処分については、医師法等の場合と同様であります。

医師法における医業

1　独占的に医業を行い得る権能

医師法17条は、

第十七条　医師でなければ、医業をなしてはならない。

と規定しており、医師の業務として、医業を独占的に行うことを認めています。また、それを補完するため、同法18条は、

第十八条　医師でなければ、医師又はこれに紛らわしい名称を用いてはならない。

と規定して、医師以外には医師などという名称を使用することを禁じております。

ここでいう「医行為」ですが、通常の医療行為が含まれるのはもちろんですが、法的に正確に言えば、医師の専門的知識技能をもってするのでなければ、保健衛生上危害が生じるおそれがある行為といわれております。

これらの規定に基づき、医師は、名称上も業務上も、医業をなすことが許容されているのです。

2　無免許医業に対する刑罰

このように医師でなければ医業をなしてはならないとされているところ、無免許で診療等をした者に対しては、医師法31条１項１号は、

第三十一条　次の各号のいずれかに該当する者は、三年以下の懲役若しくは百万円以下の罰金に処し、又はこれを併科する。
　一　第十七条の規定に違反した者

と規定しており、３年以下の懲役等に処せられることになります。また、医師などという名称を勝手に使って医師法18条に違反した場合には、医師法33条の２第１号により50万円以下の罰金に処せられることになります。

ただ、これまでにも無免許で医業に及ぶ犯罪行為は数多く見られます。いくつか裁判例を挙げましょう。

⑴　平成14年10月30日東京地裁判決（判例時報1816号164頁）

この判決の事案は、レーザー脱毛を医師でない者が行ったとして、医師法17条違反に問われたものであります。

この判決で認定された罪となるべき事実は、概ね次のとおりであります。「被告人両名は、東京都港区内において、脱毛サロン『X』三田店を夫婦で経営するものであるが、従業員C子、同D子及び同E子と共謀の上、医師でないのに、平成13年５月31日ころから平成14年３月14日ころまでの間、同店内において、業として、F子、G子、H子、I子ほか多数の者に対し、多数回にわたり、店内に設置したレーザー脱毛機器を使用して、その手甲、膝、口、脇等の皮膚にレーザー光線を照射して体毛の毛根部を破壊する方法による脱毛の医行為を行い、もって、医師でないのに、医業を行ったものである。」

そして、このようなレーザー脱毛が医行為に該当することについて、同判決は、「そのレーザー照射により真皮、皮下組織等に膠原線維変性等の影響が生じうるもので、火傷等の皮膚障害が発生する危険性を有し、レーザー脱毛の施術に当たっては、被施術者の体調、皮膚の色、毛の太さ等を考慮して照射量、照射時間等を決定し、施術後に問題が生じれば消炎剤、抗生物質等の薬剤投与が必要となるなど、医学の専門知識及び技能がなければ、保健衛生上人体に危害を及ぼすおそれがあると認められるから、医行為に該当すると解される」としています。レーザー脱毛が人体の健康に悪影響を与える可能性は十分に認められるのですから、医行為に該当するとした判断は正当なものと言えるでしょう。

⑵　平成21年９月10日大阪地裁判決（公刊物未登載）

この事案は、診療所を経営する被告人が、肥満の女性を痩せさせるためにマジンドールを処方していたところ、従業員の看護師にその処方をさせていたことが医師法17条に違反したとされるものであります。この事案も、上記イの事案と同様に、医師がそれ以外の者と共犯になることで、医師に対しても医師法17条違反が成立するとされたものであります。

この判決で認定された罪となるべき事実は、概ね次のとおりであります。

「被告人は、大阪市中央区内おいて，『メディカルサロン○○』を経営していた医師であるが，同サロンの責任者であったAらと共謀の上，同人らは医師でないのに，同人らにおいて，平成17年６月24日頃から同18年９月28日頃までの間，前後22回にわたり，上記メディカルサロン等において，Bほか５名に対し，薬事法上の処方箋薬であるサノレックス（主成分マジンドール）

（以下同じ）及びラエンネック（主成分プラセンタ）を処方する医行為を行い、もって，医師でない者が医業をした。」

この事案では、被告人は、初回の診察は自ら又は依頼した別の医師によってなされていましたが、２回目以降は、上記Ａらに任せて、自らは全く診察せずにマジンドールを処方させていたものでありました。

この判決に対しては、被告人は、控訴したものの、控訴審である平成22年３月12日大阪高裁判決（公刊物未登載）でも上記大阪地裁判決と同様の判断がなされて被告人の控訴は棄却され、更に、その後、平成24年５月18日最高裁決定（公刊物未登載）でも同様に上告は棄却されて、上記大阪地裁判決の内容のとおりで最終的に確定しております。

⑶　令和２年９月16日最高裁決定（刑集74巻６号581頁）

ア　事案の概要

この最高裁決定の事案は、医師でない者が他人の身体に刺青（又は「入れ墨」、「タトゥー」とも表記される。）を入れた行為が医師法17条違反であるとして起訴されたものであります。

第一審の平成29年９月27日大阪地裁判決（判例時報2384号129頁）では、被告人に対し、刑罰として罰金15万円を言い渡したが、その際、この判決で認定された被告人の犯行内容は、概ね次のとおりであります。

被告人は、医師でないのに、業として、平成26年７月６日頃から平成27年３月８日頃までの間、大阪府吹田市内のタトゥーショップにおいて、４回にわたり、Ａほか２名に対し、針を取り付けた施術用具を用いて前記Ａらの左上腕部等の皮膚に色素を注入する医行為を行い、もって、医業をなした。

イ　上記大阪地裁が刺青施術行為を医行為であるとした理由

このような刺青を入れる行為を医行為であるとする理由について、本件大阪地裁判決は次のように述べています。

すなわち、「被告人が行った施術方法は、タトゥーマシンと呼ばれる施術用具を用い、先端に色素を付けた針を連続的に多数回皮膚内の真皮部分まで突き刺すことで、色素を真皮内に注入し、定着させるといういわゆる入れ墨である。このような入れ墨は、必然的に皮膚表面の角層のバリア機能を損ない、真皮内の血管網を損傷して出血させるものであるため、細菌やウィルス等が侵入しやすくなり、被施術者が様々な皮膚障害等を引き起こす危険性を有している。具体的には、入れ墨の施術を原因として、急性炎症性反応、慢第４章　医療行為等の主体たり得ない無資格者に対する規制24性円板状エリテマトーデス、乾癬、扁平苔癬、皮膚サルコイド反応や肉芽腫等が発生する危険性が認められる。また、前記のとおり、入れ墨は色素を真皮内に注入するものであることから、施術に使用される色素に重金属類が含まれていた場合には（ただし、現在流通している色素に重金属類が含まれていることは少ないとされている。）、金属アレルギー反応が生じる可能性があるし、重金属類が含まれていなくとも、色素が人体にとって異物であることに変わりはないため、アレルギー反応が生じる可能性がある。さらに、入れ墨の施術には必然的に出血を伴うため、被施術者が何らかの病原菌やウィルスを保有していた場合には、血液や体液の飛散を防止したり、針等の施術用具を適切に処分するなどして、血液や体液の管理を確実に行わなければ、施術者自身や他の被施術者に感染する危険性があるのみならず、当該施術室や施術器具・廃棄物等に接触する者に対しても感染が拡散する危険性もある。以上のとおり、本件行為が保健衛生上の危害を生ずるおそれのある行為であることは明らかである。」などとして、本件刺青施術行為が医行為であることは明らかであるとしました。

刺青の危険性を医学的観点から詳細に述べており、これが医師によってなされるのでなければ、被施術者の健康等の保健衛生上の危険が生じる行為であると判断し、これが医行為に該当するとした理由の説得性は十分であると思われます。

ウ　本件における裁判の経過

本件大阪地裁判決に対し、被告人が控訴したところ、平成30年11月14日大阪高裁判決（判例時報2399号88頁）は、医行為とは、「医療及び保健指導に属する行為の中で、医師が行うのでなければ保健衛生上危害を生ずるおそれのある行為をいう。」と解した上で、被告人の行為は、医師が行うのでなければ皮膚障害等を生ずるおそれはあるが、医療及び保健指導に属する行為ではないから、医行為に当たらないとし、結局、被告人の行為は医行為には該当しないことから無罪を言い渡しました。

その後、更に、上告審である本件最高裁決定においても、同様に、被告人に対し、医師法違反は成立しないとして無罪とされたものであります。

エ　本件最高裁決定において刺青施術行為が医行為ではないとされた理由

ⅰ　まず、「医行為」の定義に関して、本件最高裁決定は、次のとおり判示しました。

すなわち、「医師法は、医療及び保健指導を医師の職分として定め、医師がこの職分を果たすことにより、公衆衛生の向上及び増進に寄与し、もって国民の健康な生活を確保することを目的とし（1条）、この目的を達成するため、医師国家試験や免許制度等を設けて、高度の医学的知識及び技能を具有した医師により医療及び保健指導が実施されることを担保する（2条、6条、9条等）とともに、無資格者による医業を禁止している（17条）。

このような医師法の各規定に鑑みると、同法17条は、医師の職分である医療及び保健指導を、医師ではない無資格者が行うことによって生ずる保健衛生上の危険を防止しようとする規定であると解される。

したがって、医行為とは、医療及び保健指導に属する行為のうち、医師が行うのでなければ保健衛生上危害を生ずるおそれのある行為をいうと解するのが相当である。」と判示しました。

ここで重要なポイントは、医行為が、単に、「医師が行うのでなければ保健衛生上危害を生ずるおそれのある行為」であるだけでなく、それが「医療及び保健指導に属する行為」に含まれるものでなければならないとした点であります。つまり、被施術者にとっていかに危険な行為であっても、それが「医療及び保健指導に属する行為」と認められなければ、「医行為」に該当せず、それゆえ、誰がそのような危険な行為をしても法は放置してよいと解釈することになるのであります。

ⅱ　そして、本件最高裁決定は、上記の医行為の概念を前提として、どのような行為が医行為に該当するかの判断に当たって、次のとおり判示しました。

すなわち、「ある行為が医行為に当たるか否かを判断する際には、当該行為の方法や作用を検討する必要があるが、方法や作用が同じ行為でも、その目的、行為者と相手方との関係、当該行為が行われる際の具体的な状況等によって、医療及び保健指導に属する行為か否かや、保健衛生上危害を生ずるおそれがあるか否かが異なり得る。また、医師法17条は、医師に医行為を独占させるという方法によって保健衛生上の危険を防止しようとする規定であるから、医師が独占して行うことの可否や当否等を判断するため、当該行為の実情や社会における受け止め方等をも考慮する必要がある。

そうすると、ある行為が医行為に当たるか否かについては、当該行為の方法や作用のみならず、その目的、行為者と相手方との関係、当該行為が行われる際の具体的な状況、実情や社会における受け止め方等をも考慮した上で、社会通念に照らして判断するのが相当である。」と判示しました。

つまり、医行為に該当するかどうか判断の対象となった行為について、それが実際に医行為として法律上認められるかどうかは、当該行為の目的、相手方との関係、その際の具体的状況などによって、「医療及び保健指導に属する行為」か否かなどが判断され、また、その際には、当該行為の実情や社会での受け止め方をも考慮する必要があると述べたものであります。

iii そのような判断基準を示した上、本件での刺青施術行為が「医行為」に該当するか否かについて、次のとおり判示しました。

すなわち、「以上に基づき本件について検討すると、被告人の行為は、彫り師である被告人が相手方の依頼に基づいて行ったタトゥー施術行為であるところ、タトゥー施術行為は、装飾的ないし象徴的な要素や美術的な意義がある社会的な風俗として受け止められてきたものであって、医療及び保健指導に属する行為とは考えられてこなかったものである。また、タトゥー施術行為は、医学とは異質の美術等に関する知識及び技能を要する行為であって、医師免許取得過程等でこれらの知識及び技能を習得することは予定されておらず、歴史的にも、長年にわたり医師免許を有しない彫り師が行ってきた実情があり、医師が独占して行う事態は想定し難い。このような事情の下では、被告人の行為は、社会通念に照らして、医療及び保健指導に属する行為であるとは認め難く、医行為には当たらないというべきである。タトゥー施術行為に伴う保健衛生上の危険については、医師第1款　無資格者による医行為・歯科医行為に対する医師法及び歯科医師法の規制に独占的に行わせること以外の方法により防止するほかない。」と判示しました。

つまり、彫り師によるタトゥー施術行為は、社会的にも歴史的にも単なる社会的風俗であって、「医療及び保健指導に属する行為」とは考えられてこなかったもので、医師に独占して行わせるべきものとして社会的に認識されてきたわけではないことなどを理由として、「医療及び保健指導に属する行為」に該当しないことから、「医行為」に該当しないとしたものであります。それゆえ、タトゥー施術行為により生じ得る保健衛生上の危険については、医師以外の者にやらせることを前提に対策を講じるようにと述べたものであります。

iv　このような最高裁決定の考え方は、刺青施術行為を医師法違反として処罰の対象としないことで、実質的には社会的に放置するということほかならないと思われます。実際のところ、刺青施術行為には被施術者に対する健康被害が起きる危険性があることは分かっているものの、それについては、医師に実施させる以外の方法による規制として、別に立法等でまかなうべきであるとしたのです。

しかしながら、少なくとも、当面、誰でも自由に刺青施術行為が許容されることになったことから、実際に、被施術者に健康被害が起きたとしても、その施術者を医師法違反として処罰することはできないし、結局、そのような被害防止対策としての立法作業等が遅いからとして関係部署だけが批判されることになるのかもしれませんが、このような最高裁の考え方が果たして妥当であるかは大いに疑問に思われます。

(4)　平成9年8月4日東京高裁判決（判例タイムズ960号287頁）

この判決の事案は、医師でない被告人が、医療設備もほとんどないアパートの一室で豊胸手術を行ったところ、被施術者が死亡してしまったというものであります。この事案で被告人に対して医師法17条違反が成立することは当然ですが、それ以外にも、被告人に対しては、**傷害致死罪**でも起訴されており、これも有罪とされ、懲役５年の実刑が言い渡されております。

ここで、どうして医療行為をした被告人が、それがたとえ医師でなく医師法違反は当然にしても、死亡した結果に対し、傷害致死罪に問われるのはなぜでしょうか。なぜ、単なる過失致死罪や業務上過失致死罪ではないのでしょうか。

そもそも傷害致死罪は、刑法205条において、

> 第二百五条　身体を傷害し、よって人を死亡させた者は、三年以上の有期懲役に処する。

と規定されおり、他人の身体を傷害し、その結果、死亡させたことで成立する犯罪です。この傷害致死罪が成立するためには、他人の身体を「傷害」しなければならないのですが、ここでいう「傷害」とは、刑法204条に、

> 第二百四条　人の身体を傷害した者は、十五年以下の懲役又は五十万円以下の罰金に処する。

と規定されている**傷害罪**にいう「傷害」であります。

そうなるとすると、本件のように医療行為をしようとして被施術者を死亡させた場合において、それが傷害致死罪に該当するということは、その前提として医療行為自体が傷害罪にいう「傷害」行為に該当するからという論理の流れになります。そうであるなら、医師が手術をしているのは、いつでも傷害罪の「傷害」という構成要件に該当するのかという疑問が生じることになると思います。

実は、刑法の解釈としての通説的見解では、身体に対する侵襲、つまり、傷をつけることになる医療行為は、刑法204条の傷害罪の「傷害」という構成要件を満たすものと考えられております。もちろん、治療目的で、医学的に適正な手段で行われた治療行為は、そもそも身体の生理的機能を悪化させるものではないから、「傷害」に当たらないとして、傷害罪の成立を否定する見解もありますが、主流の考え方としては、それは身体に対する侵襲であるので、「傷害」に当たると考えられております（島田聡一郎＝小林憲太郎『事例から刑法を考える［第３版］』〈2014年、有斐閣〉199頁〔島田聡一郎〕）。

ただ、被施術者の同意がある場合には、刑法的には、**被害者の同意**は違法性阻却事由の一つと考えられますので、傷害罪の構成要件には該当するものの、違法性が阻却されて、つまり、違法性がないことになりますから、第5章で説明しましたように、犯罪の成立要件である、構成要件該当性、違法性及び有責という要件のうち、違法性の要件を欠くことになって犯罪は成立しないことになります。

もっとも、一般的に言って、治療（医療）行為は、正当なものと認められる限り、仮に被害者の同意がなかったとしても、**正当業務行為**として、刑法35条の

第三十五条　法令又は正当な業務による行為は、罰しない。

という規定により違法性が阻却されます。それゆえ、犯罪が成立することはありません。

では、この豊胸手術の事案では、当然に、被施術者は、手術を受けることに同意しているはずですから、被害者の同意がある場合として、違法性が阻却され、傷害致死罪が成立しないのではないかという観点からの検討が必要になります。

そもそも治療（医療）行為は、正当なものと認められる限り、先に述べましたように、正当業務行為として違法性が阻却されることになりますが、無免許での医療行為では、正当業務行為とは認められないでしょう。それゆえ、被害者の承諾がない場合には、違法性が阻却されることはなく、傷害罪が成立することになります。

もっとも、豊胸手術のような美容整形手術は、一般には疾病の治療行為とは言えないので、たとえ正規の医師が実施したとしても、正当業務行為により違法性が阻却されるものではなく、被施術者の同意（承諾）を根拠として違法性が阻却される場合があるにとどまるものと解されております（判例タイムズ960号287頁）。

そこで、本件の平成9年8月4日東京高裁判決の事案では、弁護側は、この手術を行うことにつき、被害者の承諾が存在したのでありますから、傷害致死罪については、本件行為の違法性が阻却されて、無罪であると主張して

いました。

このような主張に対し、本件東京高裁判決は、「被害者Ａが身体侵害を承諾した場合に、傷害罪が成立するか否かは、単に承諾が存在するという事実だけでなく、右承諾を得た動機、目的、身体傷害の手段･方法、損傷の部位、程度など諸般の事情を総合して判断すべき」として、単に、被害者が承諾すればそれで全てOKというわけにはいきませんよということを述べた上、関係証拠によれば、

⑴　被害者Ａは、本件豊胸術を受けるに当たり、被告人がフィリピン共和国における医師免許を有していないのに、これを有しているものと受取って承諾したものであること、

⑵　一般的に、豊胸手術を行うに当たっては、①麻酔前に、血液･尿検査、生化学的検査、胸部レントゲン撮影、心電図等の全身的検査をし、問診によって、既往疾患・特異体質の有無の確認をすること、②手術中の循環動態や呼吸状態の変化に対応するために、予め、静脈ラインを確保し、人工呼吸器等を備えること、③手術は滅菌管理下の医療設備のある場所で行うこと、④手術は、医師または看護婦の監視下で循環動態、呼吸状態をモニターでチェックしながら行うこと、⑤手術後は、鎮痛剤と雑菌による感染防止のための抗生物質を投与すること、などの措置をとることが必要とされているところ、被告人は、右①、②、④及び⑤の各措置を全くとっておらず、また、③の措置についても、滅菌管理の全くないアパートの一室で手術等を行ったものであること、

⑶　被告人は、Ａの鼻部と左右乳房周囲に麻酔薬を注射し、メス等で鼻部及び右乳房下部を皮切し、右各部位にシリコンを注入するという医行為を行ったものであること、

などの事実が認められることに照らし、「右各事実に徴すると、被告人がＡに対して行った医行為は、身体に対する重大な損傷、さらには生命に対する危難を招来しかねない極めて無謀かつ危険な行為であって、社会的通念上許容される範囲・程度を超えて、社会的相当性を欠くものであり、たとえＡの承諾があるとしても、もとより違法性を阻却しないことは明らかであるといわなければならない」と判示し、弁護側の主張を認めませんでした。

本件のような豊胸手術おいて、いくら被害者が承諾したとしても、無免許医師による劣悪な医療環境下での手術であり、死に至る危険性が高かったことなどを考慮すれば、違法性を阻却するとはおよそ考えられないでしょう。したがって、本件で医師法17条違反と傷害致死罪が成立することは明らかであると言えます。

医師法における医師の義務

医師法は、医師に対して医業を行うことを認める一方、種々の義務を課しております。以下、個々の義務の内容について説明いたします。

1　診療義務（応召義務）

医師法19条１項は、

第十九条　診療に従事する医師は、診察治療の求があつた場合には、正当な事由がなければ、これを拒んではならない。

と規定しており、これは**診療義務**とか**応召義務**とかいわれるものでありますが、医師が診察治療を求められた場合には、**正当な事由**がない限り、これを拒むことはできないとされ､患者を診療することが義務づけられております。

これは医師としての職業倫理から導き出される義務であり、したがって、これに違反して診療を拒否したとしても、これに関する刑罰が医師法に設けられていない以上、処罰されることはありません（第５章で説明しました罪刑法定主義によるものです。）。しかしながら、正当な事由がないのに、何度も診察を拒否するようなことが続けば、それは医師としての品位を損なうことになり､先に述べた医師免許取消し等の処分を受けるおそれがあるでしょう。

また、ここでいう「正当な事由」とは、自らが疾病等により他人を診療できる状態にないとか、他の患者の診療中であるとか、社会的にみてやむを得ないとされるようなものでなければなりません。単に、他の約束があるからなどといった個人的な事情だけでは、正当な事由とは認められないと思われます。

2　処方せん・診断書等交付義務

医師法19条２項は、

> ２　診察若しくは検案をし、又は出産に立ち会つた医師は、診断書若しくは検案書又は出生証明書若しくは死産証書の交付の求があつた場合には、正当の事由がなければ、これを拒んではならない。

と規定され、診断書等の交付義務が定められております。これは当該医師でなければ作成、交付することができない証明文書である以上、患者等からの請求に対して応じることを義務づけたものであります。なお、**検案**とは、法的には、医師が死因等を判定するために死体の外表等を検査することをいうのですが、要するに、医師の診察を受けずに死亡した者の死体について、死亡事実を医学的に確認することであります。

ただ、この違反についても特に罰則は定められておりません。

また、処方せんについても同様に交付義務があり、医師法22条は、

> 第二十二条　医師は、患者に対し治療上薬剤を調剤して投与する必要があると認めた場合には、患者又は現にその看護に当つている者に対して処方せんを交付しなければならない。ただし、患者又は現にその看護に当つている者が処方せんの交付を必要としない旨を申し出た場合及び次の各号の一に該当する場合においては、この限りでない。
> 一　暗示的効果を期待する場合において、処方せんを交付することがその目的の達成を妨げるおそれがある場合
> 二　処方せんを交付することが診療又は疾病の予後について患者に不安を与え、その疾病の治療を困難にするおそれがある場合
> 三　病状の短時間ごとの変化に即応して薬剤を投与する場合
> 四　診断又は治療方法の決定していない場合
> 五　治療上必要な応急の措置として薬剤を投与する場合
> 六　安静を要する患者以外に薬剤の交付を受けることができる者がいない場合
> 七　覚醒剤を投与する場合
> 八　薬剤師が乗り組んでいない船舶内において薬剤を投与する場合

と規定して、上記各号に該当しない場合には、処方せんを交付する義務を課しております。なお、この義務に違反した場合には、医師法33条の２第１号

により50万円以下の罰金に処せられることになります。

このような処方せん交付義務を認める一つの理由として、**医薬分業制度**を推進させるためということがあります。つまり、医師の義務は、診断とそれによる処方せんの交付までであって、薬剤を調剤して患者等に渡し、服薬指導をするのは、薬剤師の役割とするものであります。この制度の効果として、かかりつけ薬局において薬歴管理を行えば、複数診療科受診による重複投薬等の確認ができること、患者が自分に投与される薬の内容を知る機会が増えること、病院薬剤師の外来調剤業務が軽減されるというメリットがあることなどが挙げられております。

ただ、それらの診断書や処方せん等の交付の前提として、医師が自ら診察等をすることが求められます。すなわち、医師法20条は、

第二十条　医師は、自ら診察しないで治療をし、若しくは診断書若しくは処方せんを交付し、自ら出産に立ち会わないで出生証明書若しくは死産証書を交付し、又は自ら検案をしないで検案書を交付してはならない。但し、診療中の患者が受診後二十四時間以内に死亡した場合に交付する死亡診断書については、この限りでない。

と規定しており、自ら診察しなければ治療をしてはならないとしたほか、自ら診療しないで診断書又は処方せんを交付することを禁じ、さらに、自ら出産に立ち会わないで出生証明書等を交付したり、自ら検案をしないで検案書を交付することを禁じているのです。これは実際に診察した医師でなければ患者のことが正確にわかりませんから診察しないで治療をしてはならないとするのは当然でありますし、また、診断書等の証明書や処方せんも、その証明内容や処方内容の正確性を担保するためには、直接に診察等をした医師でなければならないとしたのです。なお、この義務に違反した場合には、医師法33条の２第１号により50万円以下の罰金に処せられることになります。

もっとも診療中の患者が受診後24時間以内に死亡した場合に交付する死亡診断書については、近い時期に医師が患者を診ているのですから、死亡には立ち会っていなくても死亡が確認できる以上、死亡診断書を交付することは差し支えないとされています。ただ、この条文は、「24時間以内に死亡した

場合に交付する死亡診断書については」という書き方をしているため、その反対解釈として、24時間を超えて交付する死亡診断書があり得ることを示しています。しかしながら、患者の受診後24時間を超えてから死亡した場合に交付できる死亡診断書がどのようなものか、その条件等について記載がないので全く分かりません。そもそも死亡した状態であれば、その死体を自ら検案して死体検案書を交付すべきであるということを本条の本文で記載しているのですから、死亡後は、原則どおり死体検案書の交付になるはずです。したがって、最後に診察をしてから24時間以上を経過し、死亡診断書を出せる場合というのはどのような場合か想定しがたいところがあると思われます。

しかしながら、厚生労働省の行政解釈、つまり、担当行政庁としての解釈としては、この点について、平成24年８月31日（医政医発0831第１号）厚生労働省医政局医事課長通知「医師法第20条ただし書の適切な運用について」によれば、「１．医師法20条ただし書は、診療中の患者が診察後24時間以内に当該診療に関連した傷病で死亡した場合には、改めて診察をすることなく死亡診断書を交付し得ることを認めるものである。このため、医師が死亡の際に立ち会っておらず、生前の診察後24時間を経過した場合であっても、死亡後改めて診察を行い、生前に診療していた傷病に関連する死亡であると判定できる場合には、死亡診断書が交付できること。２．診療中の患者が死亡した後、改めて診察し、生前に診療していた傷病に関連する死亡であると判定できない場合には、死体の検案を行うことになる。この場合において、死体に異状があると認められる場合には、警察署に届け出なければならない。」としております。

3　異状死体等届出義務

医師法21条は、

第二十一条　医師は、死体又は妊娠四月以上の死産児を検案して異状があると認めたときは、二十四時間以内に所轄警察署に届け出なければならない。

と規定しており、死体又は妊娠４月以上の死産児を検案して異状があると認めたときは、24時間以内に所轄警察署に届け出なければならないこととされております。なお、この義務に違反した場合にも、医師法33条の２第１号により50万円以下の罰金に処せられることになります。

ここでいう「死体を検案して異状があると認めたとき」とは、どのような状態をいうのでしょうか。これについては、昭和44年３月27日東京地裁八王子支部判決（刑事裁判月報１巻３号313頁）は、次のとおり判示しております。

すなわち、「医師法にいう死体の異状とは単に死因についての病理学的な異状をいうのではなく、死体に関する法医学的な異状と解すべきであり、したがつて死体自体から認識できる何らかの異状な症状乃至痕跡が存する場合だけでなく、死体が発見されるに至つたいきさつ、死体発見場所、状況、身許、性別等諸般の事情を考慮して死体に関し異常を認めた場合を含むものといわねばならない。何故なら医師法が医師に対し前記のごとき所轄警察署への届出義務を課したのは、当該死体が純然たる病死（自然死）であり、且つ死亡にいたる経過についても何ら異状が認められない場合は別として、死体の発見（存在）は応々にして犯罪と結びつく場合があるところから、前記のごとき意味で何らかの異状が認められる場合には、犯罪の捜査を担当する所轄警察署に届出させ、捜査官をして死体検視の要否を決定させるためのものであるといわねばならないからである。そしてこの事は当該医師が病院を経営管理し、自ら診療中である患者の死体を検案した場合であつても同様であり、特に右患者が少くとも24時間をこえて医師の管理を離脱して死亡した場合には、もはや診療中の患者とはいい難く、したがつてかかる場合には当該医師において安易に死亡診断書を作成することが禁じられている（医師法20条参照）のであるから、死体の検案についても特段の留意を必要とするといわねばならない。」と述べております。

つまり、死体に関する法医学的な観点から異状の有無を判断すべきであり、死体が発見される状況等に関して何らかの異常が認めた場合には、ここでいう「異状を認めたとき」に該当するとしているのです。そして、24時間を超えて医師の管理を離れて死亡した場合には、自らが診療中の患者であっても届出義務があるとしたのです。

ところでこの判決の事案は、次のようなものでありました。「関係証拠によれば、Ａは、被告人の経営管理していたＢ病院の入院患者で、被告人自ら診療していたものであるが、死亡前約２日間右病院を脱走して所在不明となつていたこと、生前には特段死亡する病因はなかつたこと、同女が死体となつて発見された場所は前認定のとおり右病院の北方約500米離れた高尾山中の沢の中で、附近は人家はなく、人通りも殆んどない高尾山の登山路にかかつた丸木橋の近くであること、同女が相当老令であることが認められ、以上のごとき事情に徴すれば被告人が検案したＡの死体に関し異状があつたことは明白であるといわねばならない」というものでありました。このような事案では、Ａの死体には異状が認められるというべきでしょう。

ただ、このような医師の届出義務を課すにしても、その死因に自己の過失が影響しているような場合、つまり、第７章で説明した刑事医療過誤の当事者になる場合などで、自分が業務上過失致死の刑事責任を問われるおそれがあるのに、届出を義務づけることは、いわば罪を犯したことを申告させるに等しいとして、第２章で説明しました憲法38条の

第三十八条　何人も、自己に不利益な供述を強要されない。

という規定に反するのではないかとして問題になります。

この点について、平成16年４月13日最高裁判決（刑集58巻４号247頁）では、次のように判示して憲法違反にはならないとしています。

すなわち、「本件届出義務は，警察官が犯罪捜査の端緒を得ることを容易にするほか，場合によっては，警察官が緊急に被害の拡大防止措置を講ずるなどして社会防衛を図ることを可能にするという役割をも担った行政手続上の義務と解される。そして，異状死体は，人の死亡を伴う重い犯罪にかかわる可能性があるものであるから，上記のいずれの役割においても本件届出義務の公益上の必要性は高いというべきである。他方，憲法38条１項の法意は，何人も自己が刑事上の責任を問われるおそれのある事項について供述を強要されないことを保障したものと解されるところ（中略）、本件届出義務は，医師が，死体を検案して死因等に異状があると認めたときは，そのことを警察署に届け出るものであって，これにより，届出人と死体とのかかわり等，犯罪行為を構成する事項の供述までも強制されるものではない。また，医師免許は、人の生命を直接左右する診療行為を行う資格を付与するとともに，

それに伴う社会的責務を課するものである。このような本件届出義務の性質、内容・程度及び医師という資格の特質と、本件届出義務に関する前記のような公益上の高度の必要性に照らすと，医師が，同義務の履行により，捜査機関に対し自己の犯罪が発覚する端緒を与えることにもなり得るなどの点で，一定の不利益を負う可能性があっても，それは，医師免許に付随する合理的根拠のある負担として許容されるものというべきである。」として、結局、「死体を検案して異状を認めた医師は，自己がその死因等につき診療行為における業務上過失致死等の罪責を問われるおそれがある場合にも，本件届出義務を負うとすることは，憲法38条１項に違反するものではないと解するのが相当である。」としたものでした。医師の社会的使命からすれば、自己の業務上過失致死罪の捜査の端緒を与えることになっても届出義務それ自体はやむを得ないものと言えましょう。

なお、第７章で説明した福島県立大野病院事件では、医師法21条違反も起訴されておりました。自らの過失により死亡させたとして、それは異状のある死体であると判断されたからでありました。

しかしながら、この点について、前記平成20年８月20日福島地裁判決は、「医師法21条は，医師が，死体や妊娠４月以上の死産児を検案して異状があると認められたときは,24時間以内に所轄警察署に届け出なければならないと定めている。ここで同条にいう異状とは，同条が，警察官が犯罪捜査の端緒を得ることを容易にするほか，警察官が緊急に被害の拡大防止措置を講ずるなどして社会防衛を図ることを可能にしようとした趣旨の規定であることに照らすと，法医学的にみて，普通と異なる状態で死亡していると認められられる状態であることを意味すると解されるから，診療中の患者が，診療を受けている当該疾病によって死亡したような場合は，そもそも同条にいう異状の要件を欠くと言うべきである。

本件において，本件患者は，前置胎盤患者として，被告人から帝王切開手術を受け，その際，子宮内壁に癒着していた胎盤の剥離の措置を受けていた中で死亡したものであるが，被告人が，癒着胎盤に対する診療行為として，過失のない措置を講じたものの，容易に胎盤が剥離せず，剥離面からの出血によって，本件患者が出血性ショックとなり，失血死してしまったことは前記認定のとおりである。そうすると，本件患者の死亡という結果は，癒着胎盤という疾病を原因とする，過失なき診療行為をもってしても避けられなかった結果と言わざるを得ないから，本件が，医師法21条にいう異状がある場合に該当するということはできない。」として、医師法21条違反も成立せず、この点についても無罪としたのでした。

もっとも、医師法21条については、何が異状であるのかの判断に迷うことも少なくなく、上記の大野病院の例もそうですが、特に診療中の患者の死亡の場合には、警察への届出をしなければならないのかどうかについて、同条の規定は必ずしも明確な基準とはなり得ないとの問題もありました。しかも、この違反については先に述べましたように50万円以下の罰金という刑事罰が設けられていることもあって、届出の当否の判断に現場の医師らが困惑することもあったのが実情のようでした。

そのため、先に申しました医療法の改正により、そのような死亡事例については**医療事故**として、**医療事故調査・支援センター**への報告が義務づけられるようになりました。ただ、この新たな義務が課せられたということはあっても、医師法21条の届出義務がなくなったわけではありません。なお、これらの点については、後に医療事故調査制度のところで詳しく説明いたします。

4　療養方法等指導義務

医師法23条は、

> 第二十三条　医師は、診療をしたときは、本人又はその保護者に対し、療養の方法その他保健の向上に必要な事項の指導をしなければならない。

と規定しており、患者やその家族等に対して、療養の方法等について指導をすることを義務づけております。ただ、このような義務はあくまで理念的なものでありますから、これに違反したからといって刑罰をもって臨むのは相当ではありませんから、特に刑罰は定められておりません。

なお、この義務は、刑罰の対象とはされていないものの、このような義務が医師法で課せられているということは、これを守ることが診療契約上の善良なる管理者の注意義務を果たすことになります。その意味で、民事上の責任が追及される場合に、療養方法等を適切に指導したかどうかは、診療契約上の責任を果たしたか、つまり、債務不履行となるかどうかという点で問題となります。

具体的にこのような説明義務を尽くしたかどうか問題となった事案として、平成13年11月27日最高裁判決（民集55巻6号1154頁）が挙げられます。これは、乳がんの手術に当たり、当時医療水準として未確立であった乳房温存療法について医師の知る範囲で説明すべき診療契約上の義務があるとされた事案であります。

すなわち、乳がんの手術に当たり、当時医療水準として確立していた胸筋温存乳房切除術を採用した医師が、未確立であった乳房温存療法を実施している医療機関も少なくなく、相当数の実施例があって、乳房温存療法を実施した医師の間では積極的な評価もされていること、当該患者の乳がんについて乳房温存療法の適応可能性のあること及び当該患者が乳房温存療法の自己への適応の有無、実施可能性について強い関心を有することを知っていたなどの事実関係の下においては、当該医師には、当該患者に対し、その乳がんについて乳房温存療法の適応可能性のあること及び乳房温存療法を実施している医療機関の名称や所在をその知る範囲で説明すべき診療契約上の義務があるとされたものでありました。

また、類似の説明義務を尽くしたかどうか問題となった事案として、平成14年9月24日最高裁判決（裁判集民207号175頁）も挙げられます。これは、医師が末期がんの患者の家族に病状等を告知しなかったことが診療契約に付随する義務に違反するとされた事例であります。

この事案において、本件判決は、「医師は，診療契約上の義務として，患者に対し，診断結果，治療方針等の説明義務を負担する。そして，患者が末期的疾患にり患し余命が限られている旨の診断をした医師が患者本人にはその旨を告知すべきではないと判断した場合には，患者本人やその家族にとってのその診断結果の重大性に照らすと，当該医師は，診療契約に付随する義務として，少なくとも，患者の家族等のうち連絡が容易な者に対しては接触し，同人又は同人を介して更に接触できた家族等に対する告知の適否を検討し，告知が適当であると判断できたときには，その診断結果等を説明すべき義務を負うものといわなければならない。なぜならば，このようにして告知を受けた家族等の側では，医師側の治療方針を理解した上で，物心両面において患者の治療を支え，また，患者の余命がより安らかで充実したものとなるように家族等としてのできる限りの手厚い配慮をすることができることになり，適時の告知によって行われるであろうこのような家族等の協力と配慮は，患者本人にとって法的保護に値する利益であるというべきであるからである。

これを本件についてみるに，Ａの診察をしたＦ医師は，前記のとおり，一応はＡの家族との接触を図るため，Ａに対し，入院を１度勧め，家族を同伴しての来診を１度勧め，あるいはカルテに患者の家族に対する説明が必要である旨を記載したものの，カルテにおけるＡの家族関係の記載を確認することや診察時に定期的に持参される保険証の内容を本件病院の受付担当者に確認させることなどによって判明するＡの家族に容易に連絡を取ることができたにもかかわらず，その旨の措置を講ずることなどもせず，また，本件病院の他の医師らは，Ｆ医師の残したカルテの記載にもかかわらず，Ａの家族等に対する告知の適否を検討するためにＡの家族らに連絡を取るなどして接触しようとはしなかったものである。このようにして，本件病院の医師らは，Ａの家族等と連絡を取らず，Ａの家族等への告知の適否を検討しなかったものであるところ，（Ａの家族である）被上告人Ｃ及び同Ｅについては告知を受けることにつき格別障害となるべき事情はなかったものであるから，本件病院の医師らは，連絡の容易な家族として，又は連絡の容易な家族を介して，少なくとも同被上告人らと接触し，同被上告人らに対する告知の適否を検討すれば，同被上告人らが告知に適する者であることが判断でき，同被上告人らに対してＡの病状等について告知することができたものということができる。そうすると，本件病院の医師らの上記のような対応は，余命が限られていると診断された末期がんにり患している患者に対するものとして不十分なものであり，同医師らには、患者の家族等と連絡を取るなどして接触を図り，告知するに適した家族等に対して患者の病状等を告知すべき義務の違反があったといわざるを得ない。その結果，被上告人らは，平成３年３月19日にＺ大学医学部附属病院における告知がされるまでの間，Ａが末期がんにり患していることを知り得なかったために，Aがその希望に沿った生活を送れるようにし，また，被上告人らがより多くの時間をAと過ごすなど，同人の余命がより充実したものとなるようにできる限りの手厚い配慮をすることができなかったものであり，Aは，上告人に対して慰謝料請求権を有するものということができる。」と判示しております。

5　診療録作成・保管義務

医師法24条１項は、

> 第二十四条　医師は、診療をしたときは、遅滞なく診療に関する事項を診療録に記載しなければならない。

と規定して、診療録、つまり、カルテを作成して診療に関する事項を記載しなければならないとされております。

そして、同条２項において、

> 2　前項の診療録であつて、病院又は診療所に勤務する医師のした診療に関するものは、その病院又は診療所の管理者において、その他の診療に関するものは、その医師において、五年間これを保存しなければならない。

と規定されており、カルテについては５年間の保存義務が病院等の管理者に課せられております。

これら１項及び２項の義務に違反した場合は、医師法33条の２第１号により50万円以下の罰金に処せられることになります。

6　インフォームド・コンセントに関する義務

この義務は医師法に規定されているものではなく、医療法１条の４第２項に、

> 2　医師、歯科医師、薬剤師、看護師その他の医療の担い手は、医療を提供するに当たり、適切な説明を行い、医療を受ける者の理解を得るよう努めなければならない。

と規定されていることによるものであって、医師に限らず医療の担い手は、患者の理解を得るように努める義務があるとされております。このような**インフォームド・コンセント**を得られるように努力するというのは、これも理念的なものですから、特に刑罰をもって臨むというようなことはされておりませんが、それでも、患者との間の信頼関係は重要なものですから、これが得られるように最大限の努力をすべきでしょう。

7　守秘義務

これは刑法上に定められている秘密漏示罪に関するもので、刑法134条1項は、

> 第百三十四条　医師、薬剤師、医薬品販売業者、助産師（中略）又はこれらの職にあった者が、正当な理由がないのに、その業務上取り扱ったことについて知り得た人の秘密を漏らしたときは、六月以下の懲役又は十万円以下の罰金に処する。

と規定されております。なお、ここでいう「医師」には歯科医師も含まれると解されておりますが（前田雅英編集代表『条解刑法［第2版］』〈2007年、弘文堂〉368頁）、看護師は掲げられていない以上、看護師は刑法での秘密漏示罪の主体とはなりません（これも第5章で説明した罪刑法定主義によるものです。）。

しかしながら、看護師も医師らと同様に患者の秘密に接するのですから、看護師であればそれを漏らしても差し支えないというのはいかにも不都合だと思われます。

そのため、保健師助産師看護師法42条の2は、

> 第四十二条の二　保健師、看護師又は准看護師は、正当な理由がなく、その業務上知り得た人の秘密を漏らしてはならない。保健師、看護師又は准看護師でなくなつた後においても、同様とする。

と刑法の秘密漏示罪と同様の規定を設けた上、同法44条の3第1項において、

第四十四条の三　第四十二条の二の規定に違反して、業務上知り得た人の秘密を漏らした者は、六月以下の懲役又は十万円以下の罰金に処する。

と規定して、医師らと全く同様の刑罰を定めております。ですから、看護師が正当な理由なく、業務上知り得た秘密を洩らした場合には、刑法ではありませんが、保健師助産師看護師法により、医師らが秘密を洩らした場合と全く同じ処罰がされることになります。

歯科医師法における歯科医業及び歯科医師としての義務

1　独占的に歯科医業を行い得る権能

歯科医師法17条は、

第十七条　歯科医師でなければ、歯科医業をなしてはならない。

と規定しており、歯科医師の業務として、歯科医業を独占的に行うことを認めています。また、それを補完するため、同法18条は、

第十八条　歯科医師でなければ、歯科医師又はこれに紛らわしい名称を用いてはならない。

と規定して、歯科医師以外には歯科医師などという名称を使用することを禁じております。

ここでいう「歯科医行為」ですが、通常の歯科医療行為が含まれるのはもちろんですが、法的に正確に言えば、医師法のところで述べたように、歯科医師の専門的知識技能をもってするのでなければ、保健衛生上危害が生じるおそれがある行為と言われております。

これらの規定に基づき、歯科医師は、名称上も業務上も、歯科医業をなすことが許容されているのです。

2　無免許歯科医業に対する刑罰

このように歯科医師でなければ歯科医業をなしてはならないとされている

ところ、歯科医師法29条１項１号は、

> 第二十九条　次の各号のいずれかに該当する者は、三年以下の懲役若しくは百万円以下の罰金に処し、又はこれを併科する。
> 一　第十七条の規定に違反した者

と規定しており、３年以下の懲役等に処せられることになります。このように無免許で歯科医業に及ぶ犯罪行為に関しては、昭和55年９月１日札幌地裁判決（判例時報987号135頁）が参考になると思います。

この判決の事案は、歯科技工士が歯科医師の関与なく勝手に行った、問診、印象採得、咬合採得、試適、装着等の行為が歯科医師法17条に違反するとされたものであります。もっとも、歯科技工士に対しては、歯科技工士法20条において、

> 第二十条　歯科技工士は、その業務を行うに当つては、印象採得、咬合採得、試適、装着その他歯科医師が行うのでなければ衛生上危害を生ずるおそれのある行為をしてはならない。

と規定して、歯科技工士には、印象採得、咬合採得、試適、装着等が禁じられている上、それらが歯科医行為に該当するものであり、歯科医師法17条と歯科技工士法20条が憲法に違反しないということなどについても、既に昭和34年７月８日最高裁判決（刑集13巻７号1132頁）が、次のとおり判示しております。

すなわち、「思うに、印象採得、咬合採得、試適、嵌入が歯科医業に属することは、歯科医師法17条、歯科技工法20条の規定に照し明らかであるが（中略）、右施術は総義歯の作り換えに伴う場合であつても、同じく歯科医業の範囲に属するものと解するを相当とする。けだし、施術者は右の場合であつても、患者の口腔を診察した上、施術の適否を判断し、患部に即応する適正な処置を施すことを必要とするものであり、その施術の如何によつては、右法条にいわゆる患者の保健衛生上危害を生ずるのおそれがないわけではないからである。されば、歯科医師でない歯科技工士は歯科医師法17条、歯科技工法20条により右のような行為をしてはならないものであり、そしてこの制

限は、事柄が右のような保健衛生上危害を生ずるのおそれなきを保し難いという理由に基いているのであるから、国民の保健衛生を保護するという公共の福祉のための当然の制限であり、これを以て職業の自由を保障する憲法22条に違反するものと解するを得ないのは勿論、同法13条の規定を誤つて解釈したものとも云い難い。」として、この被告人たる歯科技工士に対し、歯科医師法違反として有罪とした高裁判決が妥当であるとした上、歯科技工士に対し、印象採得、咬合採得、試適、嵌入等の行為を歯科医行為として、歯科医師にしかできないこととした歯科医師法17条及び歯科技工士法20条は憲法22条や13条に違反するものではないとしたのであります。

このように、歯科技工士による型取り等の行為が歯科医業に属し、右行為を行った歯科技工士を歯科医師法違反に問うことが合憲であって、適法であることについては、既に、上記最高裁判決により解決ずみの問題でありました。

しかしながら、この札幌地裁判決の被告人は、そのような判例理論を百も承知の上で、歯科医師に対して従属的な地位にある歯科技工士の現状を不満とし、歯科技工士の地位の向上を求めて、あえて歯科医師法違反に問われる行為を公然と行い、いわば判例理論に挑戦し、その変更を迫ろうとしたものでありました。しかしながら、本件札幌地裁判決は、上記最高裁判決と同様の考え方から、被告人の行為は、歯科医師でなければできない歯科医行為であるとして有罪としたのでした。

そして、この判決で認定された罪となるべき事実は、概ね次のとおりであります。

「被告人は、歯科技工士の免許を受け、歯科技工の業務に従事していたものであるが、歯科医師でないのに、昭和53年７月24日頃から同年12月２日頃までの間、前後約89回にわたり、札幌市北区内の歯科技工所において、業として、Ａほか25名に対し、問診、印象採得、咬合採得、試適、装着等の行為をなし、もって、歯科医師でないのに歯科医業をなしたものである。」

3　歯科医師法における歯科医師の義務

これについては、先に医師法で述べたところと全く同じであります。

薬剤師法における薬剤師の業務

薬剤師法19条は、

第十九条　薬剤師でない者は、販売又は授与の目的で調剤してはならない。ただし、医師若しくは歯科医師が（中略）自己の処方せんにより自ら調剤するとき（中略）は、この限りでない。

と規定しており、医師や歯科医師が自ら調剤する場合などを除いては、販売又は授与の目的で調剤できるのは薬剤師だけであると定めております。なお、ここでいう「販売」は有償で譲渡する場合、つまり、普通に売る場合であり、「授与」は、無償で譲渡する場合、つまり、ただであげる場合であると考えればよいでしょう。

いずれにせよ、他人に渡すつもりで調剤をすることは薬剤師の独占的な権能と言えるわけです。そして、その違反に対しては、薬剤師法29条において、

第二十九条　第十九条の規定に違反した者（医師、歯科医師及び獣医師を除く。）は、三年以下の懲役若しくは百万円以下の罰金に処し、又はこれを併科する。

と規定して、医師法違反による無免許医業の場合と同様の刑罰をもって臨むこととしております。

また、薬剤師業務の規制を補完するために、薬剤師法20条は、

第二十条　薬剤師でなければ、薬剤師又はこれにまぎらわしい名称を用いてはならない。

として、薬剤師という名称を勝手に使ったり、それとまぎらわしい名称の使用などを禁じております。この規定に違反した場合には、薬剤師法32条５号により50万円以下の罰金に処せられることになります。

薬剤師法における薬剤師等の義務

1　調剤義務（応調剤義務）

薬剤師法21条は、

第二十一条　調剤に従事する薬剤師は、調剤の求めがあつた場合には、正当な理由がなければ、これを拒んではならない。

と規定され、調剤の要請があった場合には、正当な拒否理由がなければ、これに応じて調剤をしなければならないという義務が課せられています。もっとも、ここでは、「調剤に従事する薬剤師」とされていますから、その対象となる薬剤師は、薬局、病院等で実際に調剤業務に従事している者であって、研究所や製薬会社等に勤務する薬剤師は、その対象にはなりません。

これは医師の応召義務と同様に、薬剤師としての職業倫理から導き出される義務であり、したがって、これに違反して調剤を拒否したとしても、薬剤師法にこれに関する刑罰が設けられていない以上、処罰されることはありません。しかしながら、正当な事由がないのに、何度も調剤を拒否するようなことが続けば、それは薬剤師としての品位を損なうことになり、薬剤師免許取消し等の処分を受けるおそれがあると言わざるを得ないでしょう。

また、ここでいう「正当な事由」とは、自らが疾病等により調剤できる状態にないとか、他の患者の調剤中であるとか、社会的にみてやむを得ないとされるようなものでなければなりません。単に、他の約束があるからなどとった個人的な事情だけでは、正当な事由とは認められないと思われます。

2　薬局等指定場所での調剤義務

薬剤師法22条は、調剤の場所に関して、

第二十二条　薬剤師は、医療を受ける者の居宅等（中略）において医師又は歯科医師が交付した処方せんにより、当該居宅等において調剤の業務（中略）を行う場合を除き、薬局以外の場所で、販売又は授与の目的で調剤してはならない。ただし、病院若しくは診療所（中略）の調剤所において、その病院若しくは診療所（中略）で診療に従事する医師若しくは歯科医師又は獣医師の処方せんによつて調剤する場合及び災害その他特殊の事由により薬剤師が薬局において調剤することができない場合その他（中略）特別の事情がある場合は、この限りでない。

と規定しており、患者の自宅等で調剤する場合、病院等の調剤所で調剤する場合及び災害等により薬局で調剤できない特別の事情がある場合を除いて、薬局以外の場所での調剤を禁じております。これは調剤行為の安全性、正確性等を確保するために薬局での調剤を求めているものであります。

この規定に違反した場合には、薬剤師法30条２号において、

第三十条　次の各号のいずれかに該当する者は、一年以下の懲役若しくは五十万円以下の罰金に処し、又はこれを併科する。
一　（中略）
二　第二十二条、第二十三条又は第二十五条の規定に違反した者

と規定されていますので、１年以下の懲役等の刑罰に処せられることになります。

３　処方せんによる調剤義務

薬剤師法23条１項は、

第二十三条　薬剤師は、医師、歯科医師又は獣医師の処方せんによらなければ、販売又は授与の目的で調剤してはならない。

と規定して、処方せんに従った調剤が義務づけられているほか、同条２項は、

２　薬剤師は、処方せんに記載された医薬品につき、その処方せんを交付した医師、歯科医師又は獣医師の同意を得た場合を除くほか、これを変更して調剤してはならない。

と規定して、医師らの同意がなければ勝手に処方せんの記載と異なった調剤を行ってはならない義務が課せられています。

これらの規定に違反した場合には、先に示しました薬剤師法30条２号にお

いて、１年以下の懲役等の刑罰に処せられることになります。

もっとも、処方せん中に疑義のある部分があった場合には、同法24条において、

第二十四条　薬剤師は、処方せん中に疑わしい点があるときは、その処方せんを交付した医師、歯科医師又は獣医師に問い合わせて、その疑わしい点を確かめた後でなければ、これによつて調剤してはならない。

と規定して、疑問を解消してから調剤をするようにとされています。なお、この規定に違反して調剤をした場合は、薬剤師法32条６号によって、50万円以下の罰金に処せられることになります。

４　調剤された薬剤の表示義務

薬剤師法25条は、

第二十五条　薬剤師は、販売又は授与の目的で調剤した薬剤の容器又は被包に、処方せんに記載された患者の氏名、用法、用量その他厚生労働省令で定める事項を記載しなければならない。

と規定して、調剤した薬剤の容器等に患者の氏名や用法等を記載しなければならないとされています。これは調剤された薬剤の誤用を防ぐためのものであります。薬剤師がこの記載を怠った場合には、先に示した薬剤師法30条２号により１年以下の懲役等の刑罰に処せられることになります。

５　情報の提供及び指導義務

薬剤師法25条の２は、

第二十五条の二　薬剤師は、調剤した薬剤の適正な使用のため、販売又は授与の目的で調剤したときは、患者又は現にその看護に当たつている者に対し、必要な情報を提供し、及び必要な薬学的知見に基づく指導を行わなければならない。

と規定し、これを**服薬指導**と言いますが、調剤した薬剤の適正な使用のために必要な情報を提供したり、指導したりすることが義務づけられております。

ただ、これに関する罰則はありません。

6　処方せんへの記入義務

薬剤師法26条は、

第二十六条　薬剤師は、調剤したときは、その処方せんに、調剤済みの旨（その調剤によつて、当該処方せんが調剤済みとならなかつたときは、調剤量）、調剤年月日その他厚生労働省令で定める事項を記入し、かつ、記名押印し、又は署名しなければならない。

と規定し、調剤をしたときに処方せんに必要事項を記入する義務を課しています。これは処方せんが適正に処理されたかどうかわかるようにするためであります。この義務に違反した場合は、薬剤師法32条６号によって、50万円以下の罰金に処せられることになります。

7　処方せん・調剤録保存義務

これらは必ずしも薬剤師に対する義務ではなく、「医薬品、医療機器等の品質、有効性及び安全性の確保等に関する法律」、これを略して、**医薬品医療機器等法**と呼びますが、この法律４条の許可を受けて薬局を開設した者に対して課せられる義務であります。薬局を開設する者は必ずしも薬剤師とは限りませんが、薬剤師が薬局を開設することも当然にありますので、薬剤師法で規定されているものであります。

まず、薬剤師法27条は、

第二十七条　薬局開設者は、当該薬局で調剤済みとなつた処方せんを、調剤済みとなつた日から三年間、保存しなければならない。

と規定して、薬局開設者は、処方済みとなった処方せんは調剤済となった日から３年間保管しなければなりませんし、また、薬剤師法28条１項は、

第二十八条　薬局開設者は、薬局に調剤録を備えなければならない。

と規定しておりますから、調剤録を備えなければなりません。

その上で、同条２項本文は、薬剤師に対し、

２　薬剤師は、薬局で調剤したときは、調剤録に厚生労働省令で定める事項を記入しなければならない。

と規定して、薬剤師に調剤内容を調剤録に記入することを義務づけております。

そして、薬局開設者は、同条３項により、

３　薬局開設者は、第一項の調剤録を、最終の記入の日から三年間、保存しなければならない。

と規定して、調剤録を最終記入の日から３年間保管しなければなりません。

なお、これらの義務に違反した場合は、薬剤師法32条６号によって、50万円以下の罰金に処せられることになります。

8　インフォームド・コンセントに関する義務及び守秘義務

これについては、医師法のところで述べたことと同様です。

保健師助産師看護師法における看護師の業務及び義務

保健師助産師看護師法（以下「本法」と言います。）31条１項は、

第三十一条　看護師でない者は、第五条に規定する業をしてはならない。ただし、医師法又は歯科医師法の規定に基づいて行う場合は、この限りでない。

と規定されており、本法５条の規定、すなわち、傷病者等に対する療養上の世話と診療の補助は、医師や歯科医師がする場合などを除いては、看護師でなければしてはならない業務とされております。

もっとも、本法31条２項は、

２　保健師及び助産師は、前項の規定にかかわらず、第五条に規定する業を行うことができる。

と規定され、保健師及び助産師は、看護師の業務を行うことができます。

そして、ここで規定されている「療養上の世話」は、医師の指導や指示は受けるものの、基本的には看護師の業務として独立して行い得るものであります。これに対し、「診療の補助」は、医師の指示を受けて医師の診療を手伝うことであります。

なお、この規定に違反して看護師の業務を行った者に対しては、本法43条1号において、

> 第四十三条　次の各号のいずれかに該当する者は、二年以下の懲役若しくは五十万円以下の罰金に処し、又はこれを併科する。
> 一　第二十九条から第三十二条までの規定に違反した者

と規定して、無免許での看護師の行為は、２年以下の懲役等の刑罰に処せられることになります。

そして、本法42条３第３項は、看護師の場合も医師等と同じく、

> ３　看護師でない者は、看護師又はこれに紛らわしい名称を使用してはならない。

と規定しています。そして、これに違反した場合は、本法45条の２第１号において、30万円以下の罰金に処せられることになります。

また、本法37条は、

> 第三十七条　保健師、助産師、看護師又は准看護師は、主治の医師又は歯科医師の指示があつた場合を除くほか、診療機械を使用し、医薬品を授与し、医薬品について指示をしその他医師又は歯科医師が行うのでなければ衛生上危害を生ずるおそれのある行為をしてはならない。ただし、臨時応急の手当をし、又は助産師がへその緒を切り、浣腸を施しその他助産師の業務に当然に付随する行為をする場合は、この限りでない。

と規定し、その本文において、看護師等は、主治医の指示がなければ、診療機械を使用するなど、医師等が行うのでなければ衛生上危害を生じるおそれのある行為をしてはならないという義務が課せられております。

しかしながら、本条但書において、臨時応急の手当をすることは認められ

ております。緊急事態であれば主治医の指示を待つことができないことも予想され、その場合には、医学的知識を有し必要な訓練を受けている看護師等に応急の手当を期待することが妥当だからであります。

なお、インフォームド・コンセントに関する義務及び守秘義務については、医師法のところで述べたとおりです。

医療事故調査制度

これは先に述べました医療法の目的に掲げられた②「医療の安全を確保するために必要な事項」に含まれるものであります。その目的に関しては、医療法６条の９において、

> 第六条の九　国並びに都道府県、保健所を設置する市及び特別区は、医療の安全に関する情報の提供、研修の実施、意識の啓発その他の医療の安全の確保に関し必要な措置を講ずるよう努めなければならない。

と規定して、国や地方公共団体に対して、医療の安全に関する情報の提供等をするための必要な措置を講ずる、つまり、必要な手当てをするように努めなさいということを定めております。

そして、そのための方策の一つとして、医療法６条の10第１項において、

> 第六条の十　病院、診療所又は助産所（中略）の管理者は、医療事故（当該病院等に勤務する医療従事者が提供した医療に起因し、又は起因すると疑われる死亡又は死産であつて、当該管理者が当該死亡又は死産を予期しなかつたもの（中略））が発生した場合には、（中略）遅滞なく、当該医療事故の日時、場所及び状況その他（中略）事項を第六条の十五第一項の医療事故調査・支援センターに報告しなければならない。

と規定して、**医療事故**の再発防止により医療の安全を確保するために、医療事故が起きた場合には、医療事故調査・支援センターへの報告を義務づけております。この場合、報告の対象となるのは、「当該死亡又は死産を予期しなかつたもの」に限定されておりますから、死亡等が予想されていた場合に

は、ここでいう医療事故には該当せず、この報告義務の対象外になるということであります。

ただ、病院としては、医療事故調査･支援センターに報告するだけでなく、自らも調査しなければなりません。すなわち、医療法６条の11第１項では、

第六条の十一　病院等の管理者は、医療事故が発生した場合には、（中略）速やかにその原因を明らかにするために必要な調査（以下この章において「医療事故調査」という。）を行わなければならない。

と規定されており、同条４項において、

４　病院等の管理者は、医療事故調査を終了したときは、厚生労働省令で定めるところにより、遅滞なく、その結果を第六条の十五第一項の医療事故調査・支援センターに報告しなければならない。

と規定して、医療事故調査・支援センターに調査結果を報告しなければならないとされております。

そして、この医療事故調査・支援センターについて、医療法６条の15第１項は、

第六条の十五　厚生労働大臣は、医療事故調査を行うこと及び医療事故が発生した病院等の管理者が行う医療事故調査への支援を行うことにより医療の安全の確保に資することを目的とする一般社団法人又は一般財団法人であつて、次条に規定する業務を適切かつ確実に行うことができると認められるものを、その申請により、医療事故調査・支援センターとして指定することができる。

と規定し、平成27年８月17日、**一般社団法人日本医療安全調査機構**が厚生労働大臣からその指定を受けております。

そして、この医療事故調査・支援センターは、医療法６条の16により、次のような業務を行うことになっています。すなわち、まず、同条１号では、

一　第六条の十一第四の規定による報告により収集した情報の整理及び分析を行うこと。

と規定されており、病院等の管理者が行った調査結果の報告内容を検討し、その分析等を行うとしています。

そして、同条２号では、

> 二　第六条の十一第四の規定による報告をした病院等の管理者に対し、前号の情報の整理及び分析の結果の報告を行うこと。

と規定されており、報告をした病院等の管理者に検討結果の報告をすることとされています。

また、同条３号では、

> 三　次条第一項の調査を行うとともに、その結果を同項の管理者及び遺族に報告すること。

と規定しておりますが、これは医療法６条の17第１項において、

> 第六条の十七　医療事故調査・支援センターは、医療事故が発生した病院等の管理者又は遺族から、当該医療事故について調査の依頼があつたときは、必要な調査を行うことができる。

と規定されているように、医療事故調査・支援センターは、病院等の管理者からであっても、遺族からであっても調査の依頼があった場合には、それらの者だけでは十分な調査ができないこともあるので、医療事故調査・支援センターとして、必要な調査を行うことを想定しています。

そして、そのような調査を行った場合には、先の６条の16第３号に規定されているように、病院等の管理者や遺族に報告することになるのです。

さらに、同条４号から７号では、

> 四　医療事故調査に従事する者に対し医療事故調査に係る知識及び技能に関する研修を行うこと。
> 五　医療事故調査の実施に関する相談に応じ、必要な情報の提供及び支援を行うこと。
> 六　医療事故の再発の防止に関する普及啓発を行うこと。
> 七　前各号に掲げるもののほか、医療の安全の確保を図るために必要な業務を

行うこと。

といった研修の実施、事故調査の相談や情報の提供、事故再発防止に関する普及啓発、医療の安全確保に必要な業務といった一般的な業務を行うことが規定されております。

そして、この新制度である医療事故調査制度の運用状況等については、平成30年（2018年）4月5日㈭付け「日医ニュース」の平成29年度都道府県医療事故調査等支援団体等連絡協議会・合同協議会における「医療事故調査制度の運用状況や課題を共有」によれば、医療事故調査制度の運用状況について、「本制度における医療事故は、おおむね毎日1件、月に30件というペースで報告されている」とし、平成30年2月末時点の制度開始からの累計では、①医療事故報告912件、②院内調査結果報告607件、③相談4,586件、④センター調査の依頼62件となったことが説明されたと報道されております。

そして、医師法21条の届出義務と、この医療事故調査・支援センターに対する報告義務との関係については、厚生労働省は、「医療事故調査制度に関するQ&A」をホームページ上に載せており、その中で、

Q26.　医療事故調査制度が施行されると医師法第21条に基づく届出のあり方は変わりますか？
A26.　施行時の段階（平成27年10月）で医師法第21条の届出義務の取り扱いに変更はありません。

と述べており、これまでどおり医師法21条の届出義務があるということになります。つまり、医療事故調査・支援センターに対する報告義務が新たに追加されたという理解が正しいものとなります。

ただ、正確に言えば、医師法21条の届出義務と医療事故調査･支援センターへの届出義務は、その対象内容が一致しているわけではないので異なることになります。

例えば、医師法21条は、死体等を検案して「異状がある」と認めたときには必要であるものの、医療事故調査･支援センターへの届出においては、「提供した医療に起因」することが必要であるため、第三者が病院に侵入して寝

ている患者を殴打して死亡させたような場合は、当然に死体に「異状がある」状態ですから、医師法21条による届出が必要ですが、「提供した医療に起因」するとは認められませんから、医療事故調査・支援センターへの届出は必要ありません。また、逆に、医師が患者の病状をよく診ていたものの、予想外に死亡してしまった場合には、死体に「異状がある」ものではないものの、その死因について遺族との間で紛争が起きることが予想されたりしますので、医師法21条の届出は不要であるものの、第三者による死因の解明を期待して、医療事故調査・支援センターへの届出をすることがあると言えましょう。

個人情報の保護及び例外

1　個人情報保護法の概要

医師等の医療関係者は、患者の**個人情報**に接することになり、その秘匿等が義務づけられます。その関係の規制をしているのが個人情報の保護に関する法律、略して**個人情報保護法**（以下「本法」と言います。）と呼ばれますので、ここでその内容等を説明しておきます。

まず、この法律の目的ですが、１条において、

第一条　この法律は、高度情報通信社会の進展に伴い個人情報の利用が著しく拡大していることに鑑み、個人情報の適正な取扱いに関し、基本理念及び政府による基本方針の作成その他の個人情報の保護に関する施策の基本となる事項を定め、国及び地方公共団体の責務等を明らかにするとともに、個人情報を取り扱う事業者の遵守すべき義務等を定めることにより、個人情報の適正かつ効果的な活用が新たな産業の創出並びに活力ある経済社会及び豊かな国民生活の実現に資するものであることその他の個人情報の有用性に配慮しつつ、個人の権利利益を保護することを目的とする。

と規定されております。要するに、個人情報の保護に関する施策の基本となる事項を定めたり、**個人情報を取り扱う事業者**の義務等を定めるなどして、個人の権利利益の保護に努めようということであります。

この中で医療関係者が関わるのは、「個人情報を取り扱う事業者」となった場合であり、その場合に、一定の義務が課されることから、その内容等を把握しておく必要があるということであります。

そもそも、まず、個人情報とは何であるかを明らかにしておかなければなりませんが、本法２条１項１号では、

第二条　この法律において「個人情報」とは、生存する個人に関する情報であって、 次の各号のいずれかに該当するものをいう。
一　当該情報に含まれる氏名、生年月日その他の記述等（中略）により特定の個人を識別することができるもの（後略）

と規定されております。要は、特定の個人を識別することができる情報ということになりますが、医療関係者が取り扱う書類等としては、カルテ、検査結果、レントゲン等の撮影フィルム、紹介状、処方せん、調剤録等が挙げられ、業務として取り扱うほとんどの書類等が特定の個人を識別しておりますので、それらはいずれも個人情報に該当することになります。ただ、この法律で規制の対象となる「個人情報」は、先の規定から明らかなように、「生存する個人に関する情報」でありますから、先に述べた医師法21条による届出の場合や、医療事故調査・支援センターへの届出の場合は、いずれも死亡した者を対象としておりますので、そもそもこの個人情報に関するものとはならず、本法の対象ともなりません。

では、医療関係者が本法の適用を受けるのはどのような場合なのでしょうか。そもそも個人情報を取り扱うことで規制の対象とされる者は、本法では、先に、「個人情報を取り扱う事業者」として条文に挙げられていた者、つまり、**個人情報取扱事業者**と呼ばれる者であります。具体的には、本法２条５項において、

５　この法律において「個人情報取扱事業者」とは、個人情報データベース等を事業の用に供している者をいう。

と規定され、そこに挙げられている**個人情報データベース等**とは、本法２条４項において、

4　この法律において「個人情報データベース等」とは、個人情報を含む情報の集合物であって、次に掲げるもの（中略）をいう。
一　特定の個人情報を電子計算機を用いて検索することができるように体系的に構成したもの（後略）

と規定されておりますから、要は、コンピュータで個人情報が検索できるようなデータベースを業務で使っている者が個人情報取扱事業者になるということです。そうであるなら、業務でパソコンを用いている医療関係者であれば、ほとんどがこの個人情報取扱事業者に該当することになります。ちなみに、この個人情報データベース等を構成する個人情報を**個人データ**と言います（本法２条６号）

では、そのような個人情報取扱事業者に対しては、どのような規制や義務が課されているのでしょうか。

本法15条１項は、

第十五条　個人情報取扱事業者は、個人情報を取り扱うに当たっては、その利用の目的（以下「利用目的」という。）をできる限り特定しなければならない。

と規定した上、本法16条１項において、

第十六条　個人情報取扱事業者は、あらかじめ本人の同意を得ないで、前条の規定により特定された利用目的の達成に必要な範囲を超えて、個人情報を取り扱ってはならない。

と規定しておりますから、取得した個人情報の利用目的をできるだけ特定し、つまり、治療等の目的以外には利用しないとし、その目的のために必要な範囲を超えて当該個人情報を利用してはならないという規制がされているのです。

そして、その目的外に不正に利用した場合などについては、本法83条において、

第八十三条　個人情報取扱事業者（中略）を自己若しくは第三者の不正な利益を図る目的で提供し、又は盗用したときは、一年以下の懲役又は五十万円以下の

罰金に処する。

と規定して、１年以下の懲役等の刑罰に処せられることになります。

２　許容される情報提供及び問題になるおそれがある情報提供

上述したように、個人情報取扱事業者においては、個人情報を特定された利用目的の範囲を超えて利用することが禁じられているほか、個人情報を第三者に提供することも制限されております。

すなわち、本法23条は、

第二十三条　個人情報取扱事業者は、次に掲げる場合を除くほか、あらかじめ本人の同意を得ないで、個人データを第三者に提供してはならない。
一　法令に基づく場合（後略）

と規定しており、法令に基づく場合など一定の場合以外には、本人の同意を得ずに個人データを第三者に提供してはなりません。

ただ、ここで留意しておくべきことは、「法令に基づく場合」には、個人データを本人の同意を得ることなく第三者に提供してよいということであります。具体的には、第９章で説明しましたように、捜査機関が患者の病状等を照会することがあり、そのような場合がこれに該当します。これは、刑訴法197条２項の

②　捜査については、公務所又は公私の団体に照会して必要な事項の報告を求めることができる。

という規定に基づくものでありますから、まさに「法令に基づく場合」であります。そして、この刑訴法197条２項の規定の解釈として、この照会を受けた者には、照会に対して回答する義務があることも先に述べたとおりであります。したがって、照会された病院等は照会に回答すべき義務を負うので、その回答は、本法に違反することも、刑法上の守秘義務に違反することもないと言えるのです。

したがって、このような照会に回答しても、そのことで責任を問われるこ

とは絶対にないと断言できます。この点について、先にも説明しましたが、誤解されておられる医療関係者も多いと思われますので、重ねて本法の解説に際しても述べることとした次第であります。

これに対し、捜査機関でない組織からの照会に対しては注意が必要です。例えば、弁護士法23条の２第１項前段は、

第二十三条の二　弁護士は、受任している事件について、所属弁護士会に対し、公務所又は公私の団体に照会して必要な事項の報告を求めることを申し出ることができる。

と規定し、また、同条２項において、

２　弁護士会は、前項の規定による申出に基き、公務所又は公私の団体に照会して必要な事項の報告を求めることができる。

と規定されていることに基づき、弁護士会から医療機関等に照会がされることがあり得ます（この照会を「23条照会」という言い方をすることがあります。）。しかしながら、弁護士会は、公的な団体ではなく、純粋な民間団体であり、そこに所属する弁護士は、民事事件であれば依頼者のために、刑事事件であれば被疑者・被告人という、いずれも純粋な私人の利益のために活動する者であります。そのような民間団体からの照会が、本法にいう「法令に基づく場合」と言えるかは問題であります。

例えば、交通事故の損害賠償などで紛争があり、その当事者の一方である被害者が事故のために入院中に、加害者側の弁護士から入院中の被害者の病状等について上記弁護士法に基づく照会がなされ、被害者本人の同意を得ずに回答した場合、その病状の有無、程度が民事訴訟上重要な争点となることもあるわけですから、このような照会に回答したことで、本法に規定する個人情報を漏洩したとして、本人から責任追及がなされる余地は十分にあり得るでしょう。したがって、このような弁護士会による照会については、本法にいう除外事由の一つである「法令による場合」にはならないと思われます。

この点について、平成28年10月18日最高裁判決（民集70巻７号1725頁）で示された判断が参考になります。この事案は、弁護士会の照会に応じなかっ

た民間会社に対し、これに応じなかったことが不法行為であるとして、弁護士会が当該民間会社に対して損害賠償を求めたものであります。

そして、そのような弁護士会の損害賠償請求に対し、本件最高裁判決は、その請求を認めませんでした。そして、弁護士法に基づく照会の法的性質について、「23条照会の制度は，弁護士が受任している事件を処理するために必要な事実の調査等をすることを容易にするために設けられたものである。（中略）弁護士会が23条照会の権限を付与されているのは飽くまで制度の適正な運用を図るためにすぎないのであって，23条照会に対する報告を受けることについて弁護士会が法律上保護される利益を有するものとは解されない。したがって，23条照会に対する報告を拒絶する行為が，23条照会をした弁護士会の法律上保護される利益を侵害するものとして当該弁護士会に対する不法行為を構成することはないというべきである。」として、弁護士会の照会に対して回答をしなくても不法行為にならない、つまり、照会を拒絶しても差し支えないという判断を示しているのです。

そのような法的性質である弁護士会の照会であるのなら、個人情報保護が当然に優先されるべきであり、本人の同意なくして、弁護士会の照会に応じるのは、後に本人からの損害賠償請求などの訴訟リスクを抱えることになると言えるでしょう。

実際にも、そのような弁護士会からの照会に対して、個人情報を回答してしまったため、当該個人からの損害賠償請求が認められた事案もあります。それは、昭和56年４月14日最高裁判決（民集35巻３号620頁）の事案であります。

この事案は、京都弁護士会が、所属するＡ弁護士の申出により京都市Ｆ区役所に23条照会をしたのですが、その際に照会した内容は、私人Ｂの前科等を照会するものであり、その照会文書には、照会を必要とする事由として、「中央労働委員会、京都地方裁判所に提出するため」とあったにすぎないというものでありました。

このような前科の照会を京都市Ｆ区役所にしたところ、同区役所がそれに応じて弁護士会にＢの前科等を報告したことに対し、Ｂが秘匿しておきたい個人情報を勝手に漏洩されたとして、京都市に損害賠償請求をしたものでありました（区役所は京都市の内部の組織です。）。

そして、本件最高裁判決は、「このような場合に、市区町村長が漫然と弁護士会の照会に応じ、犯罪の種類、軽重を問わず、前科等のすべてを報告することは、公権力の違法な行使にあたると解するのが相当である。（中略）本件報告を過失による公権力の違法な行使にあたるとした原審の判断は、結論において正当として是認することができる。」として、京都市に対して損害賠償請求を認めた高裁判決を是認、つまり、高裁が京都市に対してBに損害を支払えとした判断を了承したのです。

これは地方公共団体による弁護士会の照会に対する回答での問題ではありますが、ここの京都市を病院に置き換え、前科を病状に置き換えれば、同様の照会が病院等にされた場合の参考になるかと思います。

3　義務づけられている届出

これまで述べてきたように個人情報取扱事業者に該当する医療関係者は、患者等の個人情報の取り扱いに十分な注意が必要ですが、一方、他の法令により、そのような個人情報を含む情報の届出が義務づけられている場合があります。先に述べた医師法21条の届出や医療事故調査・支援センターへの届出以外にも種々の届出が医療関係者に求められておりますので、ここでそれらを整理しておくことといたします。

なお、これらの届出は、先に述べました守秘義務にも個人情報保護義務にも違反いたしません。これは守秘義務の根拠たる刑法の秘密漏示罪では、「正当な理由」がある場合には適用が除外されますから、法令に基づく届出である以上、「正当な理由」となることは明らかですし、個人情報保護法に関しても、この届出が除外事由としての「法令に基づく場合」であることも当然だからです。

ア　**死体解剖保存法**では、死体を解剖した者の届出義務として、同法11条において、

第十一条　死体を解剖した者は、その死体について犯罪と関係のある異状があると認めたときは、二十四時間以内に、解剖をした地の警察署長に届け出なければならない。

と規定されております。

イ　医薬品医療機器等法では、医薬品等の有害作用報告が求められており、同法68条の10第２項では、

２　薬局開設者、病院、診療所若しくは飼育動物診療施設の開設者又は医師、歯科医師、薬剤師、登録販売者、獣医師その他の医薬関係者は、医薬品、医療機器又は再生医療等製品について、当該品目の副作用その他の事由によるものと疑われる疾病、障害若しくは死亡の発生又は当該品目の使用によるものと疑われる感染症の発生に関する事項を知つた場合において、保健衛生上の危害の発生又は拡大を防止するため必要があると認めるときは、その旨を厚生労働大臣に報告しなければならない。

と規定されております。

ウ　食品衛生法では、食中毒に関しての報告を求められており、同法58条１項では、

第五十八条　食品、添加物、器具若しくは容器包装に起因して中毒した患者若しくはその疑いのある者（中略）を診断し、又はその死体を検案した医師は、直ちに最寄りの保健所長にその旨を届け出なければならない。

と規定されております。

エ　麻薬及び向精神薬取締法では、**麻薬中毒者**について届出を義務づけており、同法58条の２第１項では、

第五十八条の二　医師は、診察の結果受診者が麻薬中毒者であると診断したときは、すみやかに、その者の氏名、住所、年齢、性別その他厚生労働省令で定める事項をその者の居住地（中略）の都道府県知事に届け出なければならない。

と規定されております。

オ　母体保護法は、**人工妊娠中絶手術**をしたような場合には、その届出を義務づけており、同法25条では、

第二十五条　医師又は指定医師は、（中略）不妊手術又は人工妊娠中絶を行つた場

合は、その月中の手術の結果を取りまとめて翌月十日までに、理由を記して、都道府県知事に届け出なければならない。

と規定されております。なお、ここでいう「指定医師」とは、人口妊娠中絶等を行うことについて医師会から指定を受けた医師のことであります（同法14条）。

カ 感染症の予防及び感染症の患者に対する医療に関する法律（以下「**感染症法**」と言います。）は、医師が感染症を発見した際に届け出ることを義務づけており、同法12条1項では、

第十二条　医師は、次に掲げる者を診断したときは、（中略）第一号に掲げる者については直ちにその者の氏名、年齢、性別その他厚生労働省令で定める事項を、第二号に掲げる者については七日以内にその者の年齢、性別その他厚生労働省令で定める事項を最寄りの保健所長を経由して都道府県知事に届け出なければならない。

一　一類感染症の患者、二類感染症、三類感染症又は四類感染症の患者又は無症状病原体保有者、厚生労働省令で定める五類感染症又は新型インフルエンザ等感染症の患者及び新感染症にかかつていると疑われる者

二　厚生労働省令で定める五類感染症の患者（中略）

と規定されております。

ちなみに、**一類感染症**には、エボラ出血熱、ペストなどが、**二類感染症**には、ジフテリア、結核などが、**三類感染症**には、コレラ、腸チフス、腸管出血性大腸菌感染症、いわゆるO-157などが、**四類感染症**には、マラリア、狂犬病等が、**五類感染症**には、後天性免疫不全症候群、梅毒などがありますが（感染症法6条2項ないし6項）、それらの感染が患者にみられた場合に直ちに最寄りの保健所長を経由して都道府県知事に届け出る義務があります。また、**無症状病原体保有者**とは、感染症の病原体を保有している者であって当該感染症の症状を呈していないものであり（同条11項）、また、**新感染症**とは、人から人に伝染すると認められる疾病であって、既に知られている感染性の疾病とその病状又は治療の結果が明らかに異なるもので、当該疾病にかかつた場合の病状の程度が重篤であり、かつ、当該疾病のまん延により国民の生

命及び健康に重大な影響を与えるおそれがあると認められるもの（同条９項）とされております。

それらの感染症の患者又は罹患していると疑われる者については、最寄りの保健所長を経由して都道府県知事への届出が求められているのです。

キ　児童虐待の防止等に関する法律（以下「**児童虐待防止法**」と言います。）では、児童虐待を発見した場合の届出として、同法６条１項では、

> 第六条　児童虐待を受けたと思われる児童を発見した者は、速やかに、これを市町村、都道府県の設置する福祉事務所若しくは児童相談所又は児童委員を介して市町村、都道府県の設置する福祉事務所若しくは児童相談所に通告しなければならない。

と規定されており、医師に限らず看護師等もこの義務を負うことになります。なお、ここでは「通告」という表現が用いられておりますが、届け出ることで「通告」したことになりますので、同様の意味と考えて差し支えありません。なお、この通告をためらうことがないようにとの配慮から、同条３項では、

> ３　刑法の秘密漏示罪の規定その他の守秘義務に関する法律の規定は、第一項の規定による通告をする義務の遵守を妨げるものと解釈してはならない。

と規定して、児童虐待の通告が守秘義務に反するものではないと注意的に述べております。

ク　配偶者からの暴力の防止及び被害者の保護に関する法律では、配偶者からの暴力等を発見した場合の届出を規定しております。

もっとも、同法６条１項は、

> 第六条　配偶者からの暴力（中略）を受けている者を発見した者は、その旨を配偶者暴力相談支援センター又は警察官に通報するよう努めなければならない。

と規定しており、努力義務として通報を義務とはしておりませんし、また、同条２項は、

2　医師その他の医療関係者は、その業務を行うに当たり、配偶者からの暴力によって負傷し又は疾病にかかったと認められる者を発見したときは、その旨を配偶者暴力相談支援センター又は警察官に通報することができる。この場合において、その者の意思を尊重するよう努めるものとする。

と規定して通報をすることができるとして、これも義務とはしておりません。この場合、通報が必ずしも被害者にとって好ましくないと思う場合があることなどから、被害者の意思を尊重した上で、通報が可能であるとしているにとどめているのです。

第11章
医療研究者倫理

はじめに

ここでは、医療関係者のうちで研究業務に従事する方々に対して、研究者としてどのような倫理が求められるのかを述べたいと思います。

これに関しては、**研究公正**（Research Integrity）という概念が認められており、研究活動や発表において誠実かつ妥当な倫理基準を持ち、専門職の倫理綱領を遵守することを意味します（赤林朗ほか『入門･医療倫理Ⅰ［改訂版］』〈2017年､勁草書房〉374頁）。そして、研究者の不正行為(Research Misconduct)に対応するため、1992年（平成４年）、米国の国立衛生研究所は、部局を統合して研究公正局を設置し、科学研究の公正としては、誠実（honesty）、精度（accuracy）、効率（efficiency）及び客観性（objectivity）という共有価値が重要になると指摘しております。そこで、研究公正を維持するためには、研究内容の科学的合理性だけではなく、倫理原則に基づき、研究対象者に対する**人格尊重の原則**（Respect for Persons）、すなわち、研究対象たる人を単なる手段としてみるのではなく、十分にその人格を尊重して対応するなどの原則等を遵守し、そこから派生するインフォームド・コンセントの実施や、個人情報に対する守秘義務等も励行されることが必要であると説かれております（赤松ほか・同上）。

また、医学研究に対するものとしては、**ヘルシンキ宣言**が「人間を対象とする医学研究の倫理的原則」を示しております。この特徴としては、医師は医学研究の対象となる患者を含め、患者の健康や福祉及び権利を擁護する義務があり、研究の目標よりも研究対象者の権利と利益が優先されることなどを明らかにしたことが挙げられます。なお､このヘルシンキ宣言については、本章末尾にその全文を付記して掲載しておきます。

これらの研究倫理としての理念は、いずれもそのとおりでありますが、ただ、抽象的に法律に触れるような不正行為に出ることなく、道徳感、倫理感をもって研究に臨みましょうと推奨しても、ある意味それは当然のことであって、直ちにその実践につながるかは、必ずしも確実であるとは言えないところでありましょう。

そこで、実際にあった事件を題材にして、どのようなことで研究者がそのような誤った道に進んでしまったのか、どうすればそのような研究上の不正を防ぐことができたのかなど具体的な観点から研究倫理について考えたいと思います。

もっとも、倫理学理論には、不正などの防止に主眼を置く**予防倫理**と呼ばれるものと、より高尚な倫理観を求めるための**志向倫理**という呼び方で分ける考え方もあるようですが、ここでは、あくまで不正の防止に向けた予防倫理としての観点から述べ、⑴研究成果を求めることに関する不正と、⑵研究資金等の金銭を違法に受領することに関する不正とに分けて検討することとします。

まず、前者の⑴については、①ノバルティスファーマ社の社員がデータの捏造を行った**ノバルティス事件**、②**STAP細胞をめぐる論文不正事件**、③**旧石器時代の石器捏造事件**といった各事件を題材とし、それら事件の概要や問題点を俯瞰した上、それらの経験から研究不正を防止するために制定され、平成30年4月1日から施行された**臨床研究法**の内容を説明するなどして、医療研究者倫理を考えることといたします。

次に、後者の⑵については、①研究資金となる補助金の不正受給の問題や②賄賂を受け取るなどの収賄の問題などを取り上げて、医療研究者倫理を検討しようと思います。また、その際、①については、東大教授と東工大教授の詐欺事件を、②については、京大教授と千葉大助教授の収賄事件を紹介したいと思います。

研究成果を求めることに関する不正　その1――ノバルティス事件――

1　事案の概要

この事件は、京都府立医科大学等が主導して行われた降圧剤**バルサルタン**（商品名「**ディオバン**」）の**臨床試験**において、捏造された虚偽の実験データに基づいて、バルサルタンの効能として、本来的に有する降圧効果だけでなく、それにプラスアルファの別の効能もあるとして論文発表されたものであります。この事件によって、臨床試験に対する信頼が根底から揺らぐことになりました。この事件のメインの被疑者は、この降圧剤バルサルタンを販売している株式会社ノバルティスファーマ（以下、「ノバルティス社」と言います。）の社員であるＡという人物であります。

なお、この事件は、東京地検特捜部によって捜査がなされ、平成26年７月１日及び同月22日の２度にわたり、東京地裁に対し、Ａとノバルティス社が起訴されました。そして、平成29年３月16日、東京地裁において、Ａ及びノバルティス社に対して判決が言い渡されました。ここでの説明は、この判決書における事実認定及び同裁判での審理において法廷で述べられた検察官の冒頭陳述（これは検察官が法廷で立証しようとする事実関係を説明することです。）などの公判廷での立証活動や証拠などに基づいて述べることといたします。

2　Ａの経歴等

そもそも、どうしてこのような事件が、医師らによって実施される**臨床研究**の現場で、Ａによって引き起こされてしまったのでしょうか。以下、このＡという人物の人となりを含めた経歴等からお話しいたします。

Ａは、大学の工学部を卒業後、昭和50年、医薬品の製造、販売及び輸入等の事業を行う日本チバガイキー株式会社に入社しました。そして、当初は、医薬情報担当者、いわゆるMRとして営業等を担当しておりました。その後、独学で統計解析の知識を習得したことから、その知識を生かして、医師が実施する医師主導型の臨床試験のサポートをするようになりました。

そして、平成９年、同社のうちＡの所属する部門がノバルティス社に営業譲渡されたことで、Ａは、ノバルティス社に移籍しましたが、その後もＡは、以前と同様に統計解析の技術により臨床試験のサポートをするなどしておりました。

また、そのような業務の傍ら、Aは、平成14年、大阪市立大学非常勤講師に委嘱されました。

3　バルサルタンの概要

それでは、ここで、今回問題となる降圧剤バルサルタンがどのようなものであるのか簡単に説明しておきます。

これは**高血圧症治療薬**の一種なのですが、高血圧症治療薬は、その作用機序の違いなどから、**アンジオテンシンⅡ受容体拮抗薬**（以下「**ARB**」と略します。）、**カルシウム拮抗薬**（Calcium Channel Blocker, 以下「**CCB**」と略します。）、**ACE阻害薬**、**α遮断薬**、**β遮断薬**及び**利尿剤**といったものなどがあります。

ちなみに、ARBは、血管を収縮させる物質であるアンジオテンシンⅡが受容体に結合するのを阻害して血管を拡張させることにより血圧を下げるという効果をもつものであります。

そして、ノバルティス社は、万有製薬株式会社のロサルタン（商品名「ニューロタン」）、武田製薬株式会社のカンデサルタン（商品名「ブロプレス」）に次いで、国内発売３番手のARBとして、平成12年、「ディオバン」という商品名にしてバルサルタンを売り出しました。当時、バルサルタンを用いた高血圧症治療薬は、このディオバンだけでありました。

なお、これら高血圧症治療薬の中でARBについては、単なる降圧効果だけでなく、心臓、臓器及び血管等を保護する効果があるという仮説が海外の学者から提唱されていました。そのため、海外での研究機関だけでなく、国内の研究機関においても、その降圧を超えた効果を証明しようとしていました。具体的には、平成14年１月頃から、東京慈恵医科大学が「JIKEI HEART Study」というバルサルタンを使った医師主導型の臨床試験（以下「**JHS**」と言います。）を始めました。そのため、他の研究者もこれに追随してバルサルタンを用いた類似の臨床試験を行うようになりました。

4　ノバルティス社のバルサルタン販売戦略

ノバルティス社において、バルサルタンは、平成12年に発売された後、ARBの中ではカンデサルタンについで国内2位のシェアを占める看板商品になりました。そして、そのためにノバルティス社は、高額の宣伝費をつぎ込んでおり、平成13年度には約47億円、平成14年度には約52億円を費消しておりました。

そのような中で、ノバルティス社は、更にバルサルタンの売上を伸ばすため、平成14年秋頃から、「100B計画」と称して、バルサルタンの売上高1,000億円を目標とした販売促進活動を実施することとしました。そして、その戦略として、医師主導型の大規模臨床試験により、バルサルタンが降圧効果以外にも優れた効果を発揮することができるという事実を証明するに足るエビデンスを獲得し、それを広告に使用することでバルサルタンの売上を拡大しようと考えたのです。

そのため、ノバルティス社は、平成14年10月頃、医療品事業本部内に「ディオバン学術企画グループ」と称する販売促進のための組織を新設し、バルサルタンの降圧を超えた効果を証明してくれると思われる臨床試験に対しては、積極的に奨学寄附金を提供するようになりました。

具体的には、JHSに対して、奨学寄附金として年間3,000万円を拠出しておりました。

5　Aの臨床試験への関与の仕方

Aは、先にも述べましたように、統計解析の知識を生かして、医師主導型の臨床試験に参画してデータ解析等の業務に従事しておりました。そして、ノバルティス社の上記学術企画グループにも所属していたことから、JHSにも支援のために派遣され、その試験データの統計解析なども行っていました。ただ、Aは、それらの試験結果の発表の際には、自社製品を用いた臨床試験に関与していることを隠すため、大阪市立大学非常勤講師の肩書を得ていたことを利用し、「独立統計解析機関　大阪市立大学　A」などと名乗って、ノバルティス社の社員であることを隠しておりました。

このような癒着が疑われるような利害関係がある場合において、臨床試験の結果如何では医師らの利益と製薬会者の利益が対立することもあることから、そのような状況にあることを一般的に**利益相反問題**と呼んでおります。

6　JHSへのAの関与及びその解析結果

そして、Aが参画したJHSにおいては、ノバルティス社に有利な内容のエビデンスが作成されていました。このJHSの臨床試験では、登録した患者は、バルサルタンを追加投与する**バルサルタン投与群**と、ARB以外の降圧剤を追加投与して治療を行う**非ARB群**に均等に振り分けられ、主要な**心血管系イベント**（脳卒中、急性心筋梗塞、狭心症等）の発生数等が比較されました。その比較によってバルサルタンによる抑止効果を検証しようとしたのでした。

その際、被告人は、JHSの試験データを管理し、その取りまとめを行うとともに、その統計解析を担当しておりました。そして、その結果は、バルサルタン投与群と非ARB群との間で血圧値は揃っており、降圧効果は同等であったにもかかわらず、非ARB群に比して、バルサルタン投与群が主要な心血管系イベントの発生を有意に抑制したという、バルサルタンの降圧を超えた効果を示すものでありました。具体的には、心血管系イベントの数について、非ARB群の方がバルサルタン群より顕著に多かったのです。

このJHSにおいて、Aがデータを解析するに当たって、非ARB群のイベント発生数を水増ししたなどの疑いはありましたが、その点は、本件刑事事件における起訴の対象ではなかったので具体的に立証されてはおらず、また、裁判でもその点についての事実認定はされておりません。ただ、その研究結果は、後に述べますAに対する起訴事実と極めてよく似ているもので捏造等の疑いは濃厚であります。

そして、このJHSの結果は、平成18年９月、欧州心臓病学会で発表された後、「Lancet」という医学雑誌に論文として公式に発表されました。

しかしながら、この論文に対しては、当初からそのデータの信用性等に疑いがもたれており、多くの論文において批判されておりました、そして、平成25年７月30日、慈恵医科大学の調査委員会は、「JHSの血圧値のデータに人為的なデータ操作があった」などとする中間報告を発表しました。さらに、同年９月にはJHSの論文は撤回されました。この論文撤回という事実が、データに対する捏造などの不正行為をうかがわせるものと言えましょう。

7　京都府立医科大学によるバルサルタンを用いた臨床研究の開始

このような中で、平成15年４～５月頃、ノバルティス社と京都府立医大学との間で、JHSのようなバルサルタンを用いた大規模臨床試験を実施することになりました。ノバルティス社としては、医師主導型大規模臨床試験によってディオバンに付加価値を与えるエビデンスを創出することに更に力を入れておりました。この臨床試験は、「KYOTO HEART Study」（以下「KHS」と言います。）と呼ばれていました。

このKHSは、京都府立医大学附属病院及び関連病院31施設が参加して実施することになり、極めて大規模な臨床実験でした。その実験内容は、先のJHSと概ね同様ですが、改めて詳しく述べておきますと、糖尿病、喫煙習慣、虚血性心疾患又は脳血管障害の既往等の心血管疾患に関連するリスクファクター（特定の疾患に寄与する危険な要素）を１つ以上有するハイリスクの日本人高血圧症患者に対し、バルサルタン投与群と、ARB以外の降圧剤を用いた治療群、つまり、非ARB群ですが、これらを無作為に割り付けて観察し、両群間における心血管系イベントの発生率を比較検討するものでありました。

その際の主要な評価のポイントとしては、脳卒中、急性心筋梗塞、心不全、狭心症及び閉鎖性動脈硬化の発症や再発、大動脈解離の発症などといったイベントの発生について比較することであり、つまるところ、JHS同様に、バルサルタンによるこれら心血管系イベントの発生抑制効果を検証することを目的とした試験でありました。

また、このKHSの実施のために、ノバルティス社は、平成15年以降平成21年までの間に、京都府立医科大学等に毎年3,000万円から6,000万円の奨学寄附金を拠出しておりました。

8　KHSへのAの関与及び解析結果

そして、上記臨床試験における統計解析を支援するため、Aが参加することになりました。Ａは、電子データで入力された、患者の症例登録、イベント数などの種々のデータをメールで受信し、それを統計的に処理し、必要なグラフや表などの資料作成等に従事しておりました。

しかしながら、Ａが、実際に報告されたデータを基にして統計解析を行ったところ、主要評価ポイントにおけるイベントなどに関して、バルサルタン投与群と非ARB群との間で有意差がない、つまり、統計的に見て違いがあるとは言えないという状態になっていました。

Ａは、ノバルティス社内で、KHSでは大きな成果が見込めるなどと報告しており、JHSの結果と同様に、バルサルタンの降圧を超えた効果を示さないわけにはいかない状況下にありました。また、もし仮に、そのまま、バルサルタン投与群と非ARB群との間に有意差がないという結果を出してしまえば、ノバルティス社のバルサルタンの広告・販売戦略にも多大な悪影響が出ることが予想されました。そうなれば、ノバルティス社内における自らの評価の低下にもつながるものとＡは憂慮しました。

そのため、Ａは、遅くとも平成21年１月頃までには、KHSの結果として、バルサルタンの降圧を超えた効果を示すために、非ARB群のイベント数の水増しを行い、バルサルタンの上記効果を証明できる臨床試験結果とするように作為することを決意をするに至りました。

９　KHSでのＡの不正行為

そこで、Ａは、平成21年１月27日に開かれる委員会に提出する資料を作成するに当たって、上記主要評価項目に該当するイベントとして、非ARB群のイベント数が101件であったものを150件以上に水増しするなどすることによって、バルサルタン投与群と非ARB群との間に有意差があるとするようにデータの改ざんを行ったほか、関係する図表でも虚偽の記載をして上記委員会での判断を誤らせるように仕向けました。

その後も、Ａは、データの改ざんを続け、平成21年３～４月頃には、送付を受けた電子データにおいて、例えば、ある患者が「左大腿骨転子部骨折にて整形外科入院」というイベント発生の記載があったものを、「左大脳動脈梗塞外科入院」と勝手に書き換えて非ARB群のイベント数を水増しするなどしていました。

更には、カルテの記載などに全くイベントに該当する記載がないにもかかわらず、Aにおいて勝手にイベントが発生したとして捏造したものであることが明らかに判明するものとして44例があり、その内訳としては、非ARB群42例、バルサルタン投与群２例であり、そのうち脳卒中に関するものは、非ARB群は21例で、バルサルタン投与群は０でありました。

そして、Aは、このように捏造したデータに基づいて論文用の図表を作成して、担当の教授陣に送っておりました。

担当教授らは、まさかAがそのようなデータの捏造をしているとは思ってもいませんでしたので、バルサルタン投与群に明らかに降圧以外の効果が認められるとした内容の論文を作成し、この論文は、平成21年８月31日、「European Heart Journal」（以下、「EHJ」と言います。）という学術雑誌に掲載されました。

この論文の内容は、おおまかに言えば、「高血圧症患者3031名をバルサルタン投与群と非ARB群とに振り分け、心血管系イベントの発生抑制効果を調査したところ、主要項目の発生件数において、バルサルタン投与群は83件、非ARB群は155件であり、後者に比べて前者は心血管系イベントの発生を有意に抑制した、中でも、脳卒中、狭心症の発生が有意に抑制された。」というものでありました。

10　KHSの論文の効用

そして、この論文はノバルティス社において、ディオバンの販売上、非常にプラスになる内容でした。と言うのは、次のような理由があったからでした。

すなわち、ノバルティス社を含む製薬会社約70社が加盟する任意団体である日本製薬工業協会では、医療用医薬品の販売促進活動に関して一定のルールを定めておりました。つまり、会員各社が作成する販売促進用資料には、その内容を科学的根拠に基づく正確、公平かつ客観的なものにするという趣旨から、臨床比較試験の結果を広告に掲載するためには、厳正な審査がなされる学術雑誌に掲載された論文でなければならないとされていたのです。

そのため、ノバルティス社では、上記KHSの論文がEHJに掲載された後、その内容を広く広報するため、何度も大規模な講演会や座談会を開いて宣伝活動に努めた上、EHJの出版社からKHS論文を抜粋した別刷冊子を、英語版８万部、日本語版５万部を購入し、それらを使ってディオバンの販売促進に活用しておりました。このように捏造したデータを用いて作成された論文がディオバンの宣伝に使われていたのでした。

11　Aがノバルティス社から与えられた利益

このような大規模な臨床試験を成功裏に導き、主要大学の教授陣との間での良好な関係構築をしたことなどについてのＡの功績が認められ、平成21年11月頃、Ａは、ノバルティス社始まって以来の社長賞を受賞するという栄誉に浴しました。この受賞により、Ａは、記念品として時価70万円相当の高級腕時計を授与されたほか、１年８か月後の平成23年６月末の定年退職後も、それまでと同等の水準の年収（1,500万円以上）を維持した上で、２年間契約社員として雇用が継続されるという特典が与えられました。

一方、ノバルティス社は、KHSを実施した京都府立大学側に対し、前述したように、平成15年から同21年にかけて毎年多額の奨学寄附金を提供し続け、その合計は３億2,310万円ほどに上っておりました。

12　最初のサブ解析の実施

このようにKHSが大成功を収めたことから、ノバルティス社としては、そのデータを更に有効に活用したいと考え、そのデータに基づく**サブ解析**を実施したいと考えました。サブ解析とは、臨床試験で得られたデータを用いて、当該試験で本来の目的とした解析とは別の観点、例えば、患者の性別や既往歴、薬剤の併用状況等で、再度、群分けをし、データ解析をして別の観点からの効果等を明らかにするものであります。

具体的には、ノバルティス社は、平成22年４月から売り出すことにしていた「エックスフォージ配合剤」という新薬の販売のためにKHSのサブ解析を実施できないかと考えました。と言うのは、このエックスフォージ配合剤は、ARBのバルサルタンと、ARBとは異なる種類の高血圧症治療薬である

CCBのアムロピジンとの配合剤であったことから、バルサルタンとCCBを併用すればより効果が高いというエビデンスがサブ解析で得られれば、エックスフォージ配合剤の販売戦略上、極めて有効な手段となることが見込まれたからでした。これを便宜上「**CCBサブ解析**」と呼びます。

ただ、これを販売促進のために用いるためには、前述しましたように、その解析結果を論文にして発表してもらう必要がありました。そのため、Aは、KHSを実施した教授陣に対し、上記のCCBサブ解析の依頼をいたしました。そして、平成21年10月頃には、上記教授陣によるサブ解析論文執筆の了解を得ました。

13　CCBサブ解析におけるAの不正行為

そこで、Aは、平成22年1月頃までに、イベント数が水増しされたKHSの試験データを基にして、登録患者をCCBの投与の有無により、CCB投与群と非投与群に群分けをし、更に、両群をバルサルタン投与群と非ARB群とに分けて解析を行いました。

その際、Aは、CCB投与群に有利になるように、イベント発生のある症例を非CCB投与群に移すなどして恣意的に症例の群分けを操作し、適当にCCB投与の有無の群分けを行ったのです。具体的には、全登録患者3,031名をCCB投与群1,807名とCCB非投与群1,224名とに分けたのですが、前者の中には、一度もCCBが投与されていない者が129名も含まれているなど、およそ本来のデータとは乖離したものとなっておりました。結局、Aが提供したデータは、CCB投与群がCCB非投与群に比して、主要評価イベントや急性心筋梗塞の発生を有意に抑制したかのように改ざんしたものでありました。しかし、Aは、論文を執筆する教授陣に対しては、適切に群分けをした旨のメールをするなどした上、上記の改ざんに基づく図表などをメールで送るなどしておりました。

その結果、その改ざんされたデータが真実であると信じた教授陣は、BCCとバルサルタンを併用した場合は心血管系イベントを有意に抑制するものと考え、このサブ解析の結果を欧州心臓病学会で発表した上、平成23年1月16日、「リスクが高い高血圧患者に対してCCBとバルサルタンを併用した場合の心血管系イベントの抑制への効果」と題する論文を「Clinical and Experimental Hypertension」という学術雑誌に投稿いたしました。この論文を便宜上、「**CCB論文**」と呼ぶことにします。

そして、ノバルティス社は、このCCB論文をエックスフォージ配合剤の広告宣伝に大々的に使いました。

14　CADサブ解析の実施及びAの不正行為

また、平成23年１月頃、Aは、教授陣と相談の上、冠動脈疾患（Coronary Artery Disease、以下「**CAD**」と言います。）を有する患者を対象としたバルサルタンによる心血管系イベントの抑制効果を検証するサブ解析を実施することとしました。これを便宜上、「**CADサブ解析**」と呼びます。そのため、Aは、KHSの患者を冠動脈疾患の既往歴の有無で群分けした上、バルサルタン投与により心血管系イベントの発生が抑制されたかのように見せかけるため、非ARB群の患者に心不全のイベントがあったかのように水増しするなどのデータの捏造を行いました。そのような捏造がなされた結果、冠動脈疾患既往歴がある患者について、バルサルタ投与群の方が非ARB群より脳卒中の発生率が有意に低かったなどというおよそ真実とはかけ離れた虚偽のCADサブ解析がなされました。

しかしながら、そのようなAによる不正を知らない教授陣は、欧州心臓病学会で、このCADサブ解析の結果を発表した上、Aが作成した捏造されたデータによる図表等に基づき、平成23年10月16日、「冠動脈疾患を有する高リスク高血圧患者におけるバルサルタンの心・脳血管保護作用」と題する論文（これを「**CAD論文**」と呼びます。）を、「The American Journal of Cardiology」という学術雑誌に投稿しました。

そして、ノバルティス社は、この論文等を用いてバルサルタンの販売促進のための宣伝広告に使っておりました。

15　薬事法の禁止規定

このような広告宣伝活動が当時の薬事法（現在では、医薬品医療機器等法となっていますが。）66条１項において、

第六十六条　何人も、医薬品、医薬部外品、化粧品、医療機器又は再生医療等製品の名称、製造方法、効能、効果又は性能に関して、明示的であると暗示的であるとを問わず、虚偽又は誇大な記事を広告し、記述し、又は流布してはならない。

と規定されていることに照らし、内容が虚偽であるCCB論文及びCAD論文が、「医薬品の効能、効果に関する虚偽の記事を記述し」たことに該当することから違法と判断され、CCB論文に関しては平成26年７月１日に、CAD論文に関しては同月22日に、いずれも東京地裁に起訴されたものであります。

16　その他のAに対する疑惑

このように起訴された対象は、いずれもサブ解析であるCCB論文とCAD論文に係るものでありますが、Aは、その他にも多数の論文に対する捏造の関与が疑われております。

平成25年３月には、マスコミ報道により、KHSの統計解析者として関与し、論文にも名前が記載されていたAが実はノバルティス社の社員であることが社会に明らかにされました、そのため、ノバルティス社と京都府立医科大学が利益相反関係にあるにもかかわらず公表していなかったことが問題とされました。

また、Aの名前は、先に述べましたJHSの他にも、滋賀医科大学、千葉大学及び名古屋大学による別のディオバンの臨床研究の論文においても、ノバルティス社の社員であることを隠して、大阪市立大学大学院の統計解析者などとして記載されており、それら大学との間においても利益相反問題を公表していなかったことが明らかとなりました。

そして、Aが関与したそれらの論文は、いずれも撤回される結果となっております。

17　A及びノバルティス社に対する判決結果

しかしながら、このような重大な研究不正を引き起こし、起訴されたA及びノバルティス社に対して言い渡された前記東京地裁判決は、無罪という意外な結果でありました。

ただ、この判決においても、Ａのデータの捏造は認定されており、例えば、「被告人は、KHS主論文作成までの段階で、非ARB群に属する40症例のイベントを意図的に水増しし、イベントの発生数を改ざんしていた」、「本件各論文の作成に当たって種々の改ざんを行為を重ねた上で、改ざん後のデータを基にした図表等を研究者に提供し」などと判示されており、Ａの捏造行為は明白に認定されておりました。

しかしながら、本件判決は、薬事法の条文上の「記事」、「記述」、「流布」等の解釈として独特の見解を示したことから、法律上の判断として無罪としたものにすぎず（その解釈の当否については、細かな法律論になりますから、ここでは立ち入りませんが。）、Ａの行為が非難に値するものであることははっきり述べております。

なお、この事件は、最終的に最高裁でも無罪となりましたが、あくまで法律論によってそのような結論とされただけであって、被告人の行為が研究倫理上許容されたわけではないことを理解しておいて下さい。

研究成果を求めることに関する不正　その２――STAP細胞事件――

１　事案の概要

この事件は、国立研究開発法人理化学研究所（旧独立行政法人理化学研究所、以下「**理研**」と言います。）の研究員であったＢが、どのような細胞にも変化する能力を持つ**STAP細胞**を発見したとして発表した論文において、重要ないくつかの点において捏造などが疑われ、その結果、論文が撤回されただけでなく、そもそもSTAP細胞や**STAP現象**などというものは存在しないと科学的に結論づけられた科学史に残るスキャンダルであります。

ただ、この事件は、先のノバルティス事件と異なり、刑事事件として捜査されたわけではなく、理研内部での調査により捏造等の事実の一部だけが解明されたもので、真相に迫ることができないまま終了した事件であります。したがって、ここで述べることは、平成26年３月31日付け理研の「研究論文の疑義に関する調査委員会」作成に係る報告書、同年12月25日付け理研の「研究論文に関する調査委員会」作成に係る報告書等の理研による発表資料や、マスコミ報道などを総括した須田桃子著『捏造の科学者――STAP細胞事件――』（2018年、文藝春秋）を始めとする公刊物等を参考にし、客観的に認定し得る限度での事実に基づくものであります。

2　STAP細胞の概要

この事件は、平成26年1月28日の理研の記者会見から始まりました。ここでBという若い研究者がSTAP細胞という全く新しい万能細胞を発見したという発表が行われたのでした。

ここでいうSTAP細胞とは、Stimulus-Triggered Acquisition of Pluripotency Cellを略したものであり、和訳としては、**刺激惹起性多能性獲得細胞**と呼ばれます。つまり、動物のある細胞を弱酸性溶液に浸すなどの外的刺激を与えることで、再び**分化**する能力を獲得させた細胞のことであります。そして、そのように細胞に多能性を持たせた現象をSTAP現象と呼んでおりました。また、STAP細胞に増殖能力を持たせたものを**STAP幹細胞**と、さらに、胎盤形成に関与できるものは**ＦＩ幹細胞**と呼んでおりました、

ここでいう「分化」とは、発生の過程で、細胞・組織などが形態的・機能的に特殊化し、異なった部分に分かれることであり、このような過程は、一般には不可逆であって、一度分化した細胞は元の未分化な状態に戻れないと考えられております。それを可能にしたものであることが画期的であったわけです。

3　ES細胞及びiPS細胞の概要

もっとも、その例外となるものとしては、既に、京都大学の山中教授らが発見した**iPS細胞**や**ES細胞**があります。ここでSTAP細胞と比較するために、iPS細胞やES細胞がどのようなものであるのかを説明しておきます。

まず、ES細胞は、Embryonic Stem Cellを略したものであり、和訳では、**胚性幹細胞**といわれます。これは、受精卵が細胞分割した**胚盤胞**の**内部細胞塊**から取り出して培養した細胞で、多能性をもつ幹細胞であります。具体的には、受精卵が分裂してできる100個程度の細胞の塊、胚盤胞の中にある内部細胞塊をばらばらにほぐし、体外で培養を続けることによって作られます。

そして、胎盤以外の体のどのような細胞にも分化できる多能性をもったまま、無限に増殖できる人工的な培養幹細胞であります。

ただ、これは、受精卵を壊さねばならないという倫理的問題や、他人の胚性幹細胞から作ったものであるため免疫拒絶が避けられないという技術的問題があり、そのため臨床には利用しにくいという難点がありました。

そのため、上記山中教授らは、**体細胞**を初期化して多能性をもつ細胞を作る技術を研究し、成体の細胞にいくつかの遺伝子を人工的に導入してiPS細胞を作り出したのです。このiPS細胞は、induced Pluripotent Stem cellを略したもので、和訳としては、**人工多能性幹細胞**と呼ばれております。具体的には、成体から取った細胞に、ヤマナカファクターと呼ばれる、主として**転写因子**などの遺伝子を導入すれば、当該細胞は胚盤胞と同様の状態に初期化されて多能性をもつことが発見されたのでした。そして、これは自分の細胞でできるため、ES細胞の場合における免疫拒絶の問題も起きないものであり、再生医療の決め手となると考えられて発展してきたものであります。

4　STAP細胞の特徴

上記で述べた性質をもつiPS細胞に対して、STAP細胞は、遺伝子の導入などという手法によらず、単に、リンパ球から取り出した細胞を弱酸性溶液に短時間浸すという簡単な外的刺激を与えるだけで、動物細胞の分化した状態を無効にして初期化をすることができること、また、ES細胞と異なり、胎盤にも分化し得るものであることなどから、生命科学の常識を覆す大発見として報道されました。そして、その論文は、平成26年１月30日、世界的に有名な学術雑誌「Nature」に掲載されたのです（以下この論文を「**STAP細胞論文**」と言います。）。

その具体的な記者会見やSTAP細胞論文の内容としては、①マウスの脾臓からリンパ球を取り出し、それに酸性処理を行った上で培養すると万能性に関わる遺伝子が働き、細胞が緑色の蛍光を発する、②その細胞をマウスの皮下に移植すると、様々な組織を含んだ**テラトーマ**と呼ばれる良性の腫瘍ができる、そして、ここで様々な組織が含まれているということは、STAP細胞が様々な組織に分化するということを示すとされ、③緑色の蛍光を発した

STAP細胞をマウスの受精卵に移植し、そのマウスの子宮に戻すと、本来の受精卵に由来する細胞と、注入したSTAP細胞由来の細胞が全身に散らばって緑色の蛍光を発する**キメラマウス**ができたことから、STAP細胞が万能性を持つことが示され、さらに、その際、胎盤も緑色に光っており、STAP細胞が胎盤にも分化したという説明がなされたものであります。なお、ここでいう「**キメラ**」(chimera) というのは、生物学において、同一個体内に異なった遺伝情報を持つ細胞が混じっていることを言います。

5　STAP細胞のiPS細胞に対する優位性

また、そのような説明に際しては、特に、iPS細胞に対するSTAP細胞の優位性が強力に主張されており、そのための記者会見は、次のようなものでありました。これに参加した記者の記述によりますと、発表者が「iPS細胞との本質的な部分での違いについて時間を取りたい。」と述べた後、「新たな一枚の資料が配られた。」「重りのついた鎖でがんじがらめになった人（分化した体細胞）が、初期化によって鎖をとかれ、赤ちゃん（万能細胞）に変化する様子のイラストが描かれている。STAP細胞の場合は、外から金槌で刺激を与えらえられると鎖が一気に外れ、『自発的に』走って赤ちゃんの状態に戻るのに対し、iPS細胞の場合は鎖が付いたまま牛に引きずられ、『強制的に』赤ちゃんに戻る、という内容だ。」、「作成に係る日数はSTAP細胞が２～３日、効率も生き残った視細胞が30％以上と高いのに対し、iPS細胞は２～３週間、効率も0.1％などと記されていた。」（須田・前掲24頁）というように説明しており、いかにSTAP細胞がiPS細胞より優れているかを強調していたのです。

6　STAP細胞に対する疑惑

このように華々しく登場したSTAP細胞でしたが、間もなくのうちに、そのSTAP細胞論文に対して種々の疑惑が持ち上がってきました。

i　まずは、その論文に用いられている画像に疑義が出されました。別々の実験結果を示しているはずのキメラマウスの胎盤の画像２枚が酷似しているということが問題になりました。

つまり、STAP細胞論文の説明では、片方はES細胞に由来するキメラマウスで、もう一方はSTAP細胞に由来するキメラマウスであって、これらは違う実験による結果の画像であるにもかかわらず、それらがあまりに酷似していたのでした。

ii　次に、問題とされたのは、STAP細胞論文で使われている遺伝子の実験である**電気泳動**を示す画像の一部が切り貼りされているのではないかという疑惑でした。

「電気泳動」とは、DNAの複数の断片が混ざったサンプルを、ゲルと呼ばれる寒天中のレーンの端に流し込み、そこに電気をかけて泳がせる際にみられるDNAの動きであります。短いDNAほど速く、長いDNAほど遅く泳ぐので、断片ごとに泳動距離が違ってきます。その結果、レーンの所々に、各DNA断片を示すバンドと呼ばれる模様が現れ、当該サンプルに含まれていたDNAの種類が判明することになります。

このSTAP細胞論文では、STAP細胞がリンパ球から変化してできたことを立証するために、リンパ球と呼ばれる細胞の一種である**T細胞**（ここでいう「T」は胸腺を意味するThymusであります。）の電気泳動と、STAP細胞の電気泳動を比較しており、T細胞に特有の遺伝子の特徴（ここでは、「**TCR再構成**」と呼ばれています、なお、「TCR」とは、T Cell Antigen Receptorの略で、和訳では「**T細胞抗原受容体**」と言います。）を示すバンドが、STAP細胞のレーンにも同様に現れていればSTAP細胞がT細胞に由来するものである証拠の一つになるわけです。

ところが、この画像が切り貼りされており、T細胞に特有の遺伝子の特徴を示すバンドの位置と、STAP細胞のレーンのバンドの位置が一致するように調整された疑いが指摘されました。

iii　さらには、STAP細胞論文中の実験手法を示す記載の一部に、2005年に発表されたドイツの研究チームの論文と、20行にわたり一言一句同じ部分が発見され、STAP細胞論文上でコピーアンドペーストをしたことが明らかになるなどの問題が生じました。

iv　しかしながら、その後も、更に深刻な問題が発覚してきました。STAP細胞の万能性を証明するためのテラトーマに関して、STAP細胞論文で用いられた画像がBの博士論文で用いられた画像と酷似しているという問題でした。

博士論文における画像は、マウスの骨髄細胞を極細のガラス管に通して得られた細胞の画像であり、STAP細胞論文は、脾臓のリンパ球を弱酸性溶液に浸してできたSTAP細胞についての画像であって、両者は全く異なる実験に係るものでありながら、その両者の画像が酷似していたのです。

7　研究論文の疑惑に関する調査報告書の内容

⑴　これらの問題でマスコミなども紛糾してきたことから、理研は、調査委員会を設置し、平成26年３月31日付けの「研究論文の疑惑に関する調査報告書」としてまとめ、その調査結果を公表しました。

その結果として、上記ⅰで問題とされた２枚の画像は、同一の画像であり、他方は不要となったものを誤ってそのまま掲載してしまったものと認定され、不正行為とは認定されませんでした。

また、上記ⅲで問題とされたコピーアンドペーストについては、単なる引用先を記載するのを漏らしたもので、不正行為には当たらないと認定されました。

⑵　しかしながら、上記ⅱで問題とされた点については、上記調査報告書は、概ね次のとおり述べて、「改ざんに当たる不正行為」であると認定しております。

すなわち、「論文に掲載された画像が、２枚の別々に電気泳動されたゲルの写真から作成された合成画像であることは、画像の詳細な解析から間違いない。この論文で重要な役割を持つ（中略）細胞群２つに由来するサンプルが泳動された２つのレーンを含む複数のレーンの画像を、意図的に且つ軽微とは言いがたい約1.6倍の倍率で縦方向に引き伸ばした画像に、ポジティブコントロールの役割を持つ１つのレーンをコントラスト調整して配置することで合成している。加えて、当該１レーンの貼り付け操作において、科学的な考察と手順を踏まないでＴ細胞受容体遺伝子再構成バンドを目視で配置していることなどは、２枚の異なるゲルのデータをあたかも１枚のゲルで流したかのように錯覚させるだけでなく、データの誤った解釈を誘導する危険性を生じさせる行為である。（中略）研究者を錯覚させるだけでなく、データの誤った解釈へ誘導することを、直接の目的として行ったものではないとしても、そのような危険性について認識しながらなされた行為であると評価せざるを得ない。T細胞受容体遺伝子再構成バンドを綺麗に見せる図を作成したいという目的性をもって行われたデータの加工であり、その手法が科学的な考察と手順を踏まないものであることは明白である。よって、改ざんに当たる研究不正と判断した。」と述べられております。

本件調査報告書では、このような改ざんが行われた事実を認定しておりますが、その目的が誤った解釈への誘導ではないとか、図を綺麗に目的であるとの認定は、相当に疑問があるといわざるを得ないでしょう。

ただ、少なくとも、どのような目的であれ、このようなDNAの電気泳動のバンドを揃えるなどという行為が、改ざん行為であり、研究不正であると認定されたことは、今後、研究者を目指す人は心に刻んでおくべきことと言えましょう。

(3) また、上記**iv**で問題とされた点については、上記調査報告書は、概ね次のとおり述べて、「捏造に当たる不正行為」であると認定しております。

すなわち、「論文１（筆者注：STAP細胞論文を指します。）では生後１週齢のマウス脾臓由来細胞を酸処理することにより得られたSTAP細胞が用いられているが、他方、学位論文では生後３ないし４週齢の骨髄由来細胞を細いピペットを通過させる機械的ストレスをかけることにより得られたsphere細胞（球状細胞塊形成細胞）が用いられており、実験条件が異なる。Bは、この条件の違いを十分に認識しておらず、単純に間違えて使用してしまったと説明した。論文１の画像を解析すると学位論文と似た配置の図から画像をコピーして使用したことが認められた。また論文１の画像は、2012年4月にNature誌に投稿したものの採択されなかった論文にすでに使用されており、その論文においては、学位論文に掲載されている機械的ストレスによって得られたsphere細胞からの分化細胞の免疫染色画像３枚と、テラトーマのヘマトキシリン・エオジン染色画像３枚、並びに免疫染色データ画像３枚に酷似した画像が使用されていたことを確認した。Bは、その後Nature誌に再投稿するにあたり、酸処理により得られたSTAP細胞を用いた画像に一部差し替えを行っているが､その際にも､この画像の取り違えに気付かなかったと説明した。委員会では、実験ノートの記述や電子記録等から、上記各画像データの由来の追跡を試みたが、３年間の実験ノートとして２冊しか存在しておらず、その詳細とは言いがたい記述や実験条件とリンクし難い電子記録等からこれらの画像データの由来を科学的に追跡することは不可能であった。」という前提のもとに、同委員会では、次のような見解を述べました。

つまり､「Ｂが学位論文の画像に酷似するものを論文１に使用したものと判断した。データの管理が極めてずさんに行われていたことがうかがえ、由来の不確実なデータを科学的な検証と追跡ができない状態のまま投稿論文に使用した可能性もある。しかしながら、この２つの論文では実験条件が異なる。酸処理という極めて汎用性の高い方法を開発したという主張がこの論文１の中核的なメッセージであり、図の作成にあたり、この実験条件の違いをＢが認識していなかったとは考えがたい。また、論文１の画像には、学位論文と似た配置の図から切り取った跡が見えることから、この明らかな実験条件の違いを認識せずに切り貼り操作を経て論文１の図を作成したとのＢの説明に納得することは困難である。このデータはSTAP細胞の多能性を示す極めて重要なデータであり、Ｂによってなされた行為はデータの信頼性を根本から壊すものであり、その危険性を認識しながらなされたものであると言わざるを得ない。よって、捏造に当たる研究不正と判断した。」と述べております。

全く異なる実験から得られた画像でありながら、それを混同するということはおよそ考えられないと言うべきでしょう。しかも、それを学位論文から切り取った跡がみられるなら、なぜそのような行為をしなければならなかったのかの合理的な説明も必要かと思われます。いずれにしても、ここで前提とされているＢの説明はこの委員会の見解が示すように「納得することは困難」であると言えましょう。

このように自らの主張を裏づける最も重要な画像であるにもかかわらず、それを誤るということがあるのだろうかという疑問はありますが、少なくとも､この事案からは､いかに都合のよい結果が欲しくても､不正な行為によって仮装したものは、いずれ発覚するということであります。

８　STAP細胞論文の取下げ

このような調査結果を踏まえ、理研は、Ｂらに STAP 細胞論文の取り下げを勧告し、同論文は、平成26年７月２日付けで取り下げられました。

９　研究論文に対する調査報告書の内容

⑴　以上のように、STAP細胞論文には、上記委員会での調査においても、上述したような不正が発見されました。しかしながら、上記の調査結果では、Ｂによる論文上の改ざんや捏造は見つかっても、Ｂらが実験したことによりSTAP細胞を得たことや、そのようなSTAP現象が実際に存在するのかどうかなどは不明でした。また、STAP細胞の研究過程で使用された試料の遺伝子解析結果から、STAP細胞そのものに対する疑惑も生じていたので、理研は、「研究論文に対する調査委員会」を設置し、更に必要な調査を実施しました。

そして、同委員会は、平成26年12月25日付けで、「研究論文に対する調査報告書」を作成し、その内容を公表しました。

そこでは、Ｂらの作成したSTAP幹細胞は、ES細胞由来であると認定され、また、STAP細胞から作成されたとするキメラやテラトーマはES細胞に由来する可能性が高いと認定されました。

すなわち、「STAP論文に登場し理研に試料として残されていた３種類のSTAP幹細胞（FLS, GLS, AC129）は、今回の調査でいずれもES細胞（それぞれ FES1, GOF-ES, 129B6 F1ES1）に由来することが確実になった。（中略）この場合、STAP幹細胞やＦＩ幹細胞の作製時にES細胞が混入した可能性、ES細胞作製時にSTAP幹細胞やＦＩ幹細胞が混入した可能性、の２つの可能性が考えられるが、今回の場合はいずれもES細胞の方がSTAP幹細胞やＦＩ幹細胞より早い時期に樹立されている。よって、STAP幹細胞やＦＩ幹細胞の作製時にES細胞が混入したと認められる。また、STAP細胞やSTAP幹細胞から作製されたとされるキメラやテラトーマについても、残存試料を用いて上記のES細胞に固有のDNA塩基配列を検出した結果、すべて上記ES細胞のいずれかに由来することで説明できた。」として、すべてES細胞に由来するものと結論づけたのであります。

⑵　ただ、そうなるとSTAP細胞として作成されたものに、どのようにしてES細胞が混入したのか問題となります。

この点について、本報告書は、「これだけ何回もES細胞が混入したことは、培養器具の不注意な操作による混入の可能性も考えられるが、研究者の常識としては、誰かが故意に混入した疑いを拭うことができない。そこで、本調査委員会では、誰にES細胞混入の機会があったかを調査した。」としたのですが、Bの可能性が圧倒的に高いものの、当時の実験施設への関係者の出入りやその管理状況に照らせば、それ以外の者がES細胞を混入させる機会がないとは言えず、結局のところ、STAP細胞がES細胞に由来するものとまでは分かっても、それを誰がしたのかはわからないという結論に至ったのでした。このような結論については、捜査機関でない以上、やむを得ないものと言えるところでしょう。

⑶　その他の点についても、この報告書は科学的な見地から様々な検討を加えておりますが、研究倫理に関して、次のように述べていることが参考になると思われます。

すなわち、「STAP論文に関して、科学論文およびその基礎となった研究の問題点まで視野を広げると、ここで認定された研究不正は、まさに『氷山の一角』に過ぎない。たとえば、以下の４つの点をとってみても、非常に問題が多い論文と言える。

第一は、本調査により、STAP細胞が多能性を持つというこの論文の主な結論が否定された問題である。その証拠となるべきSTAP幹細胞、FI幹細胞、キメラ、テラトーマは、すべてES細胞の混入に由来する、あるいはそれで説明できることが科学的な証拠で明らかになった。STAP論文は、ほぼすべて否定されたと考えて良い。これだけ多くのES細胞の混入があると、過失というより誰かが故意に混入した疑いを拭えないが、残念ながら、本調査では十分な証拠をもって不正行為があったという結論を出すまでには至らなかった。これは、本調査委員会の能力と権限の限界でもあると考える。

第二は、論文の図表の元になるオリジナルデータ、特にB担当の分が、顕微鏡に取り付けたハードディスク内の画像を除きほとんど存在せず、『責任ある研究』の基盤が崩壊している問題である。最終的に論文の図表を作成したのはＢなので、この責任は大部分、Ｂに帰せられるものである。また、STAP幹細胞、FI幹細胞、キメラマウス、テラトーマなどについて、作製後の解析を行ったのも大部分がＢだが、その実験記録もほとんど存在しない。本当に行われたか証拠がない（行われなかったという証拠もない）実験も、いくつか存在する（細胞増殖率測定、Oct4-GFPを持つFI幹細胞の作製など）。

第三は、論文の図表の取り違え、図の作成過程での不適切な操作、実験機器の操作や実験法の初歩的な間違いなど、過失が非常に多いという問題である。これも、図の作成や実験を行ったＢの責任と考えられる。

第四は、このように実験記録やオリジナルデータがないことや、見ただけで疑念が湧く図表があることを、共同研究者や論文の共著者が見落とした、あるいは見逃した問題である。また、STAP幹細胞やキメラについて明らかに怪しいデータがあるのに、それを追求する実験を怠った問題もある。これらに関しては、STAP論文の研究の中心的な部分が行われた時にＢが所属した研究室の長であったＣと、最終的にSTAP論文をまとめるのに主たる役割を果たしたＤの責任は特に大きいと考える。

最後の問題について、もう少し詳しく考察したい。Ｂが実験記録を残さず、過失が非常に多いことを見逃した理由の１つは、プログレスレポートのあり方など、研究室運営のやり方に問題があったためではないだろうか。論文の共著者は論文原稿の最終版を全部読んで内容を承認する責任があるが、共著者全員がこの責任を果たしたのだろうか。STAP幹細胞が急に効率良くできるようになった時に、Ｃは、それまでSTAP細胞塊をバラバラにしていたのを、引きちぎって注入するように変更したためと説明した。しかし、ここで再び細胞をバラバラにして注入する対照実験をしていれば、ES細胞の混入を発見できた可能性がある。(中略)このような追及の甘さは、論文発表を焦ったからではないだろうか。特許や研究費獲得や著名雑誌への論文掲載は、本来、悪いものではないが、それに夢中になるあまり、研究の中身への注意がおろそかになったことはないだろうか。

以上のいずれかで適切な行動をとっていたら、STAP問題はここまで大きくならなかった可能性が高い。(中略)

では、このような不祥事がふたたび起きないようにするには、どうしたら良いだろうか。(中略)文科省のガイドラインには、『不正行為に対する対応は、研究者の倫理と社会的責任の問題として、その防止と併せ、まずは研究者自らの規律、および科学コミュニティ、研究機関の自律に基づく自浄作用としてなされなければならない。』と書かれている。本調査委員会の調査の基盤になった膨大な科学的検証データは、理研の研究者の熱意と努力によって収集されたものである。これを、STAP問題が生じた理研の内部から自浄作用が現れたと評価することもできる。また、理研だけでなく全ての研究者は、STAP問題を自分の研究室にも起こり得る問題と考え、今までよりいっそう思慮深い教育と研究室運営を行うべきだろう。不正防止が大きな流れになるためには、『捏造、改ざん、盗用』を重大な違反と考えるのは当然だが、それだけでなく『研究における責任ある行動』ないし『研究における公正さ』という観点から、より広い視野で研究者倫理を考え、教育を行う必要がある。そこで基礎となるのは、論文のインパクトファクターでも、獲得研究費の額でも、ノーベル賞の獲得数でもなく、自然の謎を解き明かす喜びと社会に対する貢献である。」と述べられておりますが、研究不正に対する問題とその対処については、この最後のパラグラフでの指摘に尽きると言っても過言ではないでしょう。

研究成果を求めることに関する不正　その3――旧石器捏造事件――

1　事案の概要

これは、医療とは直接の関係はありませんが、研究者の不正として大きく問題となったものでありますので、ここで取り上げることといたします。これが問題となったのは、今から20年近くも前の頃のことですから、まず、この事件の概要やその捏造が発覚した経緯などから説明したいと思います。

これは、NPO法人東北旧石器文化研究所の副理事長であったEという民間の考古学者が行った大規模な捏造事件です。このEという人物は、元々考古学に興味を持っていた民間の研究者であり、上記団体に所属しながら石器の発掘を行っていたものであります。

そのEの活動が脚光を浴びるのは、昭和49年(1974年)頃から以降のことで、宮城県内での石器の発掘によるものでありました。その後も、次々と石器を発見するのですが、その発見されたものが日本の旧石器時代史の争点であった、前期・中期旧石器時代といわれる時代の石器でありました。この頃の日本には、石器を用いるような原人はいなかったと考えられていたところ、この見解を覆し、その頃に既に石器を使える原人が日本に存在したとの論証に役立つ大発見をしたのでした。

結局、彼は、その後の25年間において、次々と同様の発見を続け、日本には、北京原人より古い日本原人が存在したということになったのです。

ただ、その発見のペースは驚異的であり、彼が次々と前期・中期旧石器時代の地層の中から石器を発見することから、「ゴッド・ハンド」と呼ばれるに至っておりました。そして、その業績によって多くの自治体などから表彰されるという事態をも迎えておりました。ちなみに、彼によって、埼玉県の秩父からは、原人の遺跡なるものが発掘され、そのため、秩父ではその原人を秩父原人と呼んで観光資源として利用するなど、いわゆる町おこしにも使われるようになっておりました。また、宮城県の座敷乱木遺跡は、平成９年７月には、国の指定史跡とされました。

２　日本考古学会の熱狂

そして、このようなＥの業績は、日本の古代史に熱狂的な関心を人々にもたらしましたが、当時の日本考古学会も強力に後押しをしていたのです。例えば、日本の縄文文化の研究者であるＦ大学教授は、「旧人から新人への交代劇には諸説あって、旧人は滅ぼされて地上から姿を消したという仮説が優勢である。けれども、今回の『日本原人』の発見は、彼らが日本列島に腰を据えて、相当程度の知的水準を獲得しながら旧人へと進化し、その末嫡が新人に変わったのではなかったかという仮説の有力な根拠となりそうな気配を見せている。」（平成12年３月14日付け毎日新聞夕刊）と発言するなど、世界にただ一つ日本だけが、原人が存在し彼らが進化したことで日本人が生まれたとする見解を後押ししていたのでした。

3　不正の発覚

ところが、あまりに都合よく発見が続くことに不審を抱いた関係者からの通報を受けて、毎日新聞社が張込みなどを行って、彼の行動を監視していたところ、彼が自分のポケットから石器を取り出し、それを発掘現場に埋めている姿が撮影されました。そして、平成12年11月、これが報道されたのでした。これで彼が旧石器の発掘を捏造していたことが判明し、彼が関与して発見された遺跡などについて、全て再調査が実施されることになりました。

Ｅの発見を全面的に後押ししていた日本考古学会も自ら調査に乗り出し、その結果、彼が関わった168遺跡における発掘はすべて捏造されていたことが判明したのでした。

この点に関して、日本考古学協会は、平成15年５月24日付け前・中期旧石器問題調査研究特別委員会の報告書において、「前・中期旧石器問題は、日本考古学界が初めて経験する衝撃的な事件であった。とくに考古学が自らの力で問題の所在を突きとめたのではなく、まさに毎日新聞のスクープによって眼を醒まされるまで太平の夢の中にいたという事実は重ねて大汚点となった。通常は考古学に関わる問題を逆に正しく発信すべき側に立つべきであったし、その危険な状態は2000年７月の段階で、インターネット上に具体的に論じられていたのに、真向から取り組む姿勢を欠いたことを、まず反省しなくてはならない。

その理由について、石器研究の基礎的な学力に問題があったことも確かな事実である。さらに重ねて、10万年単位で次々と古くなる遺跡がタイムマシーンのレールに乗った状況を思わせるほどに発見され続けて来たことの異常さすら許してしまっていた。それにしても世界的観点からみても、極めて重大な人類史に関わる遺跡に対する取り組みが慎重さを欠き、捏造を見逃してしまうほどの杜撰な発掘がまかり通ったことも悔やまれてならない。

こうした点は、明らかに日本考古学の信用を失わせるものであり、改めて厳しく戒めなくてはならない。」として、学会としての誤った対応についても深く反省が必要であることを示しています。

臨床研究法の概要

上記のような各研究不正がなされたことを背景に、特に、ノバルティス事件や、その後に類似の事件（武田製薬によるブロプレスに関する誇大広告事件）を契機として、臨床研究に対する法的規制の必要性が指摘され、平成29年の通常国会で**臨床研究法**が成立し、平成30年４月１日に施行されました。この法律によって、資金提供をする製薬会社等と研究者との間の関係が透明なものとなることが期待されています。

臨床研究法で規制の対象となるのは、医薬品の場合では、**製薬企業から資金提供を受けて行われる臨床研究**の場合と**未承認薬・適応外薬を使った臨床研究**の場合であります。臨床試験法ではこれらを「**特定臨床研究**」と呼び（同法２条）、研究の手続きなどを定めた「**臨床研究実施基準**」の順守義務を課しています（同法４条）。

そして、実施基準が研究を実施する医師に求める内容としては、研究計画書の作成、モニタリング・監査の実施、研究対象者への補償、利益相反管理計画の作成及び情報の公開など多岐にわたっております。特に、ノバルティス事件で大きな問題になった利益相反については、研究の責任者である医師が製薬企業の関与についての取り扱い基準（利益相反管理基準）を定め、実施医療機関の管理者や所属機関の長がチェックし、それに基づいて責任者である医師が実施計画を作成することなどを求めています。このような基準を遵守させることで、製薬会社等の資金提供者との間の癒着を防ぎ、真に国民のためになる研究がなされることが期待されているわけです。

この利益相反管理基準の内容として、具体的には、次の事項に一つでも該当した場合には、研究の責任者たる医師にはなれませんし、また、研究に関与する場合であっても、データ管理やモニタリング、統計・解析には従事することはできません。

すなわち、

⑴　研究と関わりのある企業の寄付講座に所属し、企業が拠出する資金から給与を得ている

⑵　研究と関わりのある企業から年間250万円以上の個人的利益を得てい

る

⑶　研究と関わりのある企業の役員に就任している

⑷　研究と関わりのある企業の株式を保有している

⑸　研究と関わりのある企業の医薬品に関係する特許を保有・出願している

といった事項が挙げられており、これらの場合には、当該企業との癒着がなされる危険性が高く、企業の利益を優先して研究するおそれがあるからであります。

研究成果を求めることに関する不正の原因及び対策

研究活動に従事する者であれば、その研究に関して社会的に評価される業績を残したいと考えるのは当然のことでありましょう。上記のSTAP細胞事件や旧石器捏造事件などは、その功名心が引き起こしたものと思われます。また、ノバルティス事件も社内的に評価をされたいという気持ちがあったと思われ、同様の側面がありますが、ただ、この事件は、金銭的な利欲もあったものと考えられます。

そのような不正を防止するためには、先に述べた臨床研究法のように、制度的に不正が行いにくいシステムを構築するというのも重要であります。ただ、そのようなシステムの対象とされていない研究などはいくらでもあるのであって、その場合には制度の効力が及ばないので無力であります。

結局のところ、このような研究結果を評価されたいという功名心は、一面、熱心に研究活動に従事させるエネルギーとなる正の側面があるものの、他面、そのためには手段を選ばないといった負の側面もあることになります。このような負の側面を生み出させないためにも、自制心が必要になりますが、功名心に駆られていた場合には、その自制心が十分に働かないおそれもあります。

そこで、どのようにしておけば自制心が働くかについて申し上げておけば、端的に言って、不正行為はいつか見つかってしまうものだということを肝に銘じておくべきではないかということであります。先に挙げた３つの事件は、いずれも不正行為が発覚しないものと思ってなされたはずですが、実際のところ、その不正が明らかにされてしまっております。ノバルティス事件は検察官の捜査によって、STAP細胞事件は理研の調査によって、旧石器捏造事件は毎日新聞の報道によって、いずれも白日の下にさらされたわけです。

ですから、皆さんにも、このような事件があったこと、そして、それが最後には不正が発覚してしまったこと、したがって、どんな不正でもいつかは必ずバレてしまうということをよく覚えておき、研究不正の誘惑にかられた際には、このことを思い出して自制してほしいと思う次第であります。

研究資金等の金銭を違法に受領することに関する不正　その1
――研究資金である補助金等を不正に受給する行為――

1　関係法令の規定の概要

研究費が国家からの補助金等による場合、それを不正に受給した場合には、「補助金等に係る予算の執行の適正化に関する法律」（以下「**補助金適正化法**」と言います。）に違反することになります。この法律の29条1項では、

> 第二十九条　偽りその他不正の手段により補助金等の交付を受け（中略）た者は、五年以下の懲役若しくは百万円以下の罰金に処し、又はこれを併科する。

と規定されており、これに違反することになります。ここでいう「**偽りその他不正の手段**」とは、補助金を請求する書類等に嘘の記載をするなど、適正な請求とは認められない不正行為を広く含むものであります。

また、その他にも刑法246条1項において、詐欺罪として、

> 第二百四十六条　人を欺いて財物を交付させた者は、十年以下の懲役に処する。

と規定されており、相手を騙して補助金をもらったのであれば、この詐欺罪が成立します。

先の補助金の不正受給として補助金適正化法違反が認められ、また、詐欺罪の成立も両方認められるという場合もありますが、この場合には、どちらで処罰するかは検察官の裁量で決められることになります。

では、実際にそれらの規定が適用された事案として、東大教授による詐欺事件と東工大教授による詐欺事件を以下に紹介いたします。

2　平成28年6月28日東京地裁判決（公刊物未登載）

⑴　これは東京大学教授である被告人が、同大学から研究費を騙し取ったとして詐欺罪に問われた事案であります。具体的に言えば、被告人は、平成21年８月から国立大学法人東京大学政策ビジョン研究センター教授の職にあったものでありますが、被告人が研究に従事していた平成21年度ないし同23年度厚生労働科学研究費補助金（以下「**科研費**」と言います。）及び平成21年度長寿医療研究委託事業に係る各研究事業に関して詐欺を働いたとされたものです。

その手段としては、被告人が実質的に経営するＡ社等の従業員等と共謀して,それらＡ社等が同大学からなんら業務の受託など受けていないのに、それがあるように装って、平成22年３月上旬頃から平成23年９月中旬頃までの間、東大の経理担当係員に対して、上記の各研究事業に関して、Ａ社等が東大から一定の業務を受注したかのように嘘の書類などを提出し、金額合計1,894万4,400円を騙し取ったというものでありました。また、被告人は、他の大学からも同様に300万円弱の補助金を騙し取っておりました。

⑵　この裁判において,被告人は、研究費を受けてＡ社に委託した業務は架空ではなかったと無罪を主張しました。

しかし、裁判所は、Ａ社が正当に受注したように装い、その上で、被告人のところに研究費の大半を還流させたと認定し、公費である科研費等は適正な執行が求められ、目的外使用、架空発注、条件違反、利益相反取引等の不正経理、不正支出は許されないとして詐欺罪の成立を認めました。

ただ、被告人が我が国における医療情報システムの研究開発に重要な役割を果たしたことや、長年にわたって築いた研究者としての地位と信用を失うなどの社会的制裁を受けていること等の被告人に有利な事情をも考慮した上で、最終的に本件判決は、被告人に対し、懲役３年の実刑判決を言い渡したものでありました。

⑶　実際のところ、懲役３年の実刑判決というのは、この種事件の判決と

しては、かなり重い量刑の部類に入るのではないかと思います。そこで、皆さんにどうして裁判所がこの事件で懲役３年という刑を選択したのか理解するために、「量刑の理由」として、本件判決が述べているところを紹介しようと思います。特に、ここで指摘されていることは、倫理的側面からしても、研究者にとってどのようなことが求められるのか明らかにされますから,非常に参考になると思います。これは以下のとおりであります。

i　被告人は、科研費等による業務の発注に関わる東京大学教授としての地位にあることや,共同研究者から業務の発注に関して相談を受けたことを利用して、本件各犯行に及んでいる。科研費等の支払審査は、研究者が、発注業務の内容や、発注先の選定、発注金額の決定等を適正に行っていると信頼することを前提としているところ、本件各犯行はこの研究者に対する信頼を逆手に取り悪用した巧妙な犯行であって、その態様は悪質である。また、３会計年度にわたり同様の行為を繰り返し、被害額も合計2,188万4,400円と多額に上っている。

被告人は本件各犯行を計画し、（中略）被告人が実質的に経営するＡ社の従業員等に指示して本件各犯行を実現した首謀者である上、東京大学及びほか一つの大学から関係会社に振り込ませた科研費等の約９割をＡ社が得ているところ、同社の代表者であった当時の被告人の妻に多額の役員報酬が支払われていたことからすれば、科研費等が被告人の私的利益のために用いられたことも認められる。

ii　被告人は、本件において各業務の成果物を実際に納品し、その対価の支払を受けただけである旨主張するが、その納品物自体、被告人が、既存の知識を共犯者に教示するとともに、被告人やＡ社が入手済みの資料や厚生労働省のホームページに掲載されている公開資料を参照するよう指示するなどして、報告書として体裁を整えさせ、或いは従前から無償で利用していたプログラムをレンタルしたこととするなどしたものである。結局、その契約自体、科研費等をＡ社に流すことを目的とした形式的なものにすぎないことからすれば、成果物が納品されている犯行があることを量刑上考慮することはできない。

iii　また、確かに、被告人が供述するとおり、諸外国と比較して、日本の研究費については､基本的に単年度主義で予算を執行しなければならない上、使途が細かく規制されすぎて硬直的であり、研究の実情に応じた支出をしにくく、他方でその研究成果に対する審査が甘いという問題があることについては、東京大学政策ビジョン研究センターのセンター長であった証人も述べるところである。しかし、そうであるからと言って、外形上の受注業者を介して科研費等を自らが実質的に経営する会社に流す本件のような詐欺行為が許されるものではなく、この点も被告人にとって有利な事情として考慮することはできない。

そして、被告人自身、自己の行為の正当性を主張するばかりで、およそ反省の態度は見られない。

以上の事情に照らせば,被告人の刑事責任は重いといわざるを得ない。

iv　他方で、被告人は、我が国における医療情報システムの研究開発に重要な役割を果たし、総務省の在宅高齢者向けの健康管理見守りケアシステムに関する実証研究事業において、被告人がPOAS理論に基づき開発を指導したシステムが高い評価を得ている。A社における医療システム開発の継続状況や、関係会社からA社に支払われた科研費等がA社の運営資金として被告人の研究､やシステム開発に充てられたことがうかがわれることからすると、本件は単に私的な利益を図るというだけでなく、被告人なりにPOAS理論に基づく研究やシステム開発を継続するという目的による犯行という面もあったと考えられる。

また、被告人は本件各犯行により,長年にわたって築いた研究者としての地位と信用を失った。このこと自体は当然のこととはいえ、既に被告人が相当程度の社会的制裁を受けているといえる。加えて、見るべき前科もないこと等被告人に対して酌むべき事情も存在する。

v　しかし、これらの事情も考慮しても、前記犯情の悪質性、結果の重大性に照らせば、被告人を主文の刑に処するのが相当と判断した。

(4)　たしかに、ここで述べられたような量刑事情を斟酌すれば、自分が実施的に経営している会社を使って科研費を長期間にわたって騙し取り、その金額も決して少額とは言えないものであることなどの悪質性に鑑みれば、懲役３年という実刑判決もいわば当然であると言えるところでしょう。

３　平成27年7月15日東京地裁判決（公刊物未登載）

⑴　これは,東京工業大学大学院生命理工学研究科教授であった被告人Ａが、試験試薬の製造・販売等を業とする会社の代表者であった被告人Ｂらと共謀して、約１年間にわたり、試験試薬等の代金名下に大学が管理する科学研究費補助金を騙し取ったという詐欺の事案であります。

具体的に言えば、被告人Ａらは、真実は、被告人Ｂの会社が被告人Ａの研究室に試験試薬等を納品した事実などないのにこれがあるかのように装って、その代金名目で同大学が管理する科学研究費補助金等を騙し取ることとし、平成20年10月頃から平成21年12月10日までの間、42回にわたり、同社が同研究室に納品した試験試薬等の代金を請求する旨の内容虚偽の請求書等を作成するなどした上､上記請求書等の内容が記載された購入依頼書を作成し、上記請求書等及び購入依頼書を同大学事務部会計課調達グループ等に送付して、同グループ等の職員らを騙して、実際に試験試薬等の代金債務がある旨誤信させたことにより、金額合計1,486万3,230円を被告人Ｂらが管理する振込入金させて詐取したというものであります。これは以下のとおりであります。

⑵　この事案において、被告人Ａらはその犯行を認めておりました。そこで、被告人Ａらにどの程度の刑を言い渡すかという量刑だけが問題となったのですが、本件判決は、被告人Ａを懲役３年、執行猶予５年、被告人Ｂを懲役２年、執行猶予４年に処するとしました。

ここでは、東工大教授であった被告人Ａに対して言い渡された「量刑の理由」について紹介しておきます。

i　本件は、被告人らが共謀の上、約１年間にわたり、大学院の教授職にあった被告人Ａの研究資金につき、所属していた大学に対し、納品した事実のない試験試薬等の代金名目で、継続的かつ常習的に、合計1,400万円以上の補助金を請求して瀬し取ったという詐欺の事案である。

ii　被告人らが騙し取った研究資金は、国や独立行政法人等から厳正な審査を経て交付された資金である。被告人らは、かかる公的資金を次年度予算が削減されることを回避して予算目的の制限を受けることなく自由に費消するために詐取してきたというのであり、大学での研究に相応の資金が必要であることはそのとおりであるとしても、その動機や経緯は酌量すべき余地に乏しい。弁護人らは、年度毎に研究費を使い切らなければならなかったという研究費制度の不備を指摘するが、上記のような研究費の性質に加え、被告人Ａが、騙し取った金を私的な目的にも費消していたことなどに照らすと、被告人らに有利に爵酌すべき事情とは言えない。

iii　犯行の手口は、請求額が一定額となると２社以上の相見積もりが必要となるため、これを避けようと請求額を抑えたり、大学が検収制度等の対策を講じた後は,実際には納品しない試験試薬等を大学に持ち込んで検収を受けて合格させるなど、発覚を免れるために巧妙な策を弄している。昨今、公的資金についての厳しい管理や運用が求められている中で、巧妙な手口によって多額の金員を継続的に騙し取った本件の犯行は、厳しい非難を免れない。

iv　その被害額は、合計1,400万円を超える大きなものである。犯行は、被告人Ａが所属していた大学の信頼を失墜させ、他の研究者の研究活動に対する信頼をも揺るがしたのであって、これらの社会的な影響も無視することはできない。

以上のような本件の犯情、とりわけその犯行態様や被害額に照らすと、被告人らの刑事責任には重いものがある。

v　他方、被告人Ａは,本件によって東京工業大学の名誉教授職を取り消され、勤務先の大学も退職して研究生活に終止符を打ち、各種の表彰も辞せざるを得なくなるなど、一定の社会的制裁を受けているが、本件の不正行為の性質にかんがみると、やむを得ないものと言える。

また、被告人Ａは、起訴された被害金額について被告人Ｂと折半して約743万円を被害弁償し、勤務先の大学からは懲戒解雇相当の処分を受け、退職金相当額である3,300万円余りを同大学に返納し、今後も必要な弁償をする意思を表明している。これらの点は、量刑上,相応に掛酌されるべき事情である。

被告人Ａは、今回の捜査や裁判を通じて本件の重大性や自己の軽率さを改めて認識し、罪を認めて反省の態度を示しており、前科前歴はない。

vi　以上の諸点を考慮すれば、被告人に対しては、社会内での更生の機会を与えるのが相当と考えられ、被告人らについては、主文の刑に処した上で、それぞれその刑の執行を猶予するのが相当であると判断した。

(3)　たしかに、この事件の被告人Ａについての犯情は、先の東大教授に比べれば、騙し取った金額も少なく、また、その期間も短い上、相当の金額を弁償しており、反省の情が見られていることなどに照らせば、ずっと軽いものと言えましょう。そのため、東大教授は実刑になったものの、東工大教授は執行猶予が付けられたという違いが出たのでした。

研究資金等の金銭を違法に受領することに関する不正　その2 ――賄賂を受け取るなどの収賄の問題――

1　関係法令の規定の概要

刑法197条１項前段は、

第百九十七条　公務員が、その職務に関し、賄賂を収受し、又はその要求若しくは約束をしたときは、五年以下の懲役に処する。

と規定しているように、賄賂を受け取ることが収賄罪として犯罪になるのは、基本的には、受け取った人が公務員である場合であります（もっとも、その例外もかなりあるのですが、細かな話になりますので、ここでは割愛いたします。）。

そこで、研究者が公務員となるのは、旧国立大学や公立大学の教授のような場合です。旧国立大学は、今は国立大学法人などとなっていますが、収賄など刑法の適用については、従来どおりの取扱いになっております。

そこで、国立大学法人の教授等による収賄事件としてどのようなものがあるのか検討し、ここでは京大教授による収賄事件と千葉大助教授による収賄事件を以下に紹介したいと思います。

2　平成27年２月26日東京高裁判決（高等裁判所刑事裁判速報集平成27年91頁）及び同26年２月17日東京地裁判決（公刊物未登載）

(1)　本件は、国立大学法人京都大学大学院薬学研究科ゲノム創薬科学分野教授であった被告人Ａが、研究機器等の販売納入業者（Ｘ社）の代表者である被告人Bから、その職務に関し、X社名義のクレジットカード利用の利益、海外旅行代金の利益等の供与を受け、自己の職務に関し賄賂を収受したという事件であります。

具体的には、京都大学大学院教授の被告人Aは、業者である被告人BからX社名義のクレジットカードを渡されて、それを飲み代の支払いなどに自由に使っておりました。その回数は、319回に及び合計金額は497万1,459円に上っておりました。その他に、家族連れの海外旅行代金として合計146万590円を支払ってもらい、また、新幹線の回数券代として合計約190万円を、商品券として約110万円分をもらっておりました。

⑵　この事実関係を見ただけでも、業者と相当に深い癒着があったことが分かると思います。そして、この東京地裁判決では、被告人Aに対して、懲役2年の実刑判決を言い渡した上、「量刑の理由」について、次のとおり述べております。これは以下のとおりであります。

i　本件は、京都大学大学院教授である被告人Aが、研究機器等の納入業者の代表取締役である被告人Bから、その職務に関し、賄賂の趣旨で、クレジットカードの利用の利益及びその使用分を含む合計943万9,749円相当の財産的利益（商品券等を含む。）の供与を受けたという贈収賄の事案である。

ii　本件利益提供は、かなりの長期間、継続的かつ多数回にわたって行われていた。供与されていた賄賂の合計金額もかなり多い上、その種類も、被告人Aの要請を踏まえ、多種多様に及んでいる。被告人Aは、被告人Bから長年にわたってクレジットカードを預けられ、それを多数回にわたって自由に使用するなどしており、研究者と出入り業者との強い癒着関係が背景にあったというべきである。実際にも、贈収賄が行われていた期間に、被告人Aは、高額研究機器の一般競争入札の案件等において、X社を受注業者に事実上選んでいて、A研究室では、X社の受注割合がかなり高かった。職務の公正さは著しくゆがめられ、国立大学法人における機器調達の適正さやその手段としての一般競争入札といった制度に対する信頼は大きく損なわれた。その犯行態様はかなり悪質である。

iii　被告人Aは、多額の予算を獲得できる立場にいることを悪用し、研究機器や物品等の納入に関し、以前からの出入り業者であったX社をひいきにする一方で、Ｘ社の従業員をあたかも自分の支配下にあるかのように扱い、社用車で送迎させたり、様々な雑用をさせたりするとともに、様々な財産的利益の提供を受ける中で、本件各犯行に及んでいる。金銭に何ら不自由していないのに、本件利益提供を自らの遊興、家族との飲食,子への援助等に、見境無く使用している。公的立場にいることを踏まえた分別が感じられない。利益提供を受け始めたきっかけが被告人Ｂの申し出にあったにしても、その後はあれこれ利益提供を要求するようになっていたのであって、これらの事情からすると、犯行に至る経緯やその動機に酌むべき余地はなく、強い非難に値する。

iv　被告人Ａは、自分勝手な論理をあれこれ申し述べて不合理な弁解に終始し、反省の態度を示しているとはいえない。（中略）

v　以上の諸事情によれば、本件は、同種事案の中でも違法性の高い悪質な事案である。被告人Ａに関しては、特に、強い非難に値するから、被告人Ａが日本の医学・薬学分野に貢献してきたことや今後の社会貢献を約束していることなどの事情を検討しても、被告人Ａに対しては主文のとおりの実刑に処するのが相当であると判断した。

⑶　たしかに上記判決のいう通り、業者との癒着は甚だしく、京大教授として、その責任は極めて重大だと思われ、実刑判決も当然であろうと思われます。

ただ、控訴審である本件東京高裁判決では、その後、贖罪寄付、つまり、罪を償うために各種の慈善団体などに寄付をすることですが、その寄付として1,400万円を支払ったことなどを評価して、実刑を破棄し、執行猶予付きの有罪判決に減刑しています。

３　平成５年６月４日東京地裁判決（判例タイムズ843号276頁）

⑴　本件は、国立千葉大学（当時）医学部助教授で同学部付属病院の中央放射線部部長であった被告人が、大型高額医療用機器の導入に関し、その販売業者から合計430万円余の賄賂を受け取ったという事案であります。

具体的には、約10日間にわたる米国海外旅行の招待を受け、その間の航空運賃、宿泊代等の費用合計143万8,100円や、そのためのトラベラーズチェック約43万円分をもらうなとした上、同様の海外旅行に関してトラベラーズチェックを約40万円分もらったり、旅行代金の違約金約200万円の肩代わりをしてもらうなどしておりました。

⑵　そして、この事件における「量刑の理由」は次のとおりです。

i　被告人は、本件当時、千葉大学医学部助教授であり、同学部附属病院の中央放射線部部長であって、同部で使用する大型高額医療用機器の導入に関して重大な権限を有しており、本来、その権限を公正かつ廉潔に行使すべき立場にあったにもかかわらず、医療用機器の販売業者であるＹ社の営業担当者らから、医療用機器導入に関し、海外旅行費用の負担等の合計４回にわたる賄賂の供与の申し出を受けるや、いずれも極めて安易にこれを収受したばかりか、その後、自己の権限を濫用し、全身用Ｘ線CTの導入に当たって、Ｙ社に種々の便宜を図ったものであり、また、その収受した利益も、合計433万7850円相当もの多額に上ることなどからすると、その犯情は極めて悪質である。

ii　さらに、本件が発覚したことにより、国立大学附属病院の医師と医療用機器販売業者との間の癒着の実態が明らかとなり、国立大学附属病院の医師に対する国民の信頼は裏切られ、その権威は著しく失墜させられたのであって、本件により被告人が社会に与えた影響は重大であるといわざるを得ない。加えて、本件の後、公務員である医師が医療用機器等の導入に関して業者から賄賂の提供を受けたとされる事件が少なからず摘発されていることは新聞等の報道するところであって、この種事犯の再発防止という一般予防の点も量刑上軽視することはできない。

iii　以上の事情に加え、被告人が公判廷において、賄賂の趣旨を否認して種々の不自然な弁解を繰り返し、本件犯行に対する真摯な反省の態度が見られないことなどからすると、被告人の刑責は重大であるといわなければならない。

iv　他方、被告人は、これまで医師、研究者等として、同病院において、長らく研究、教育、診療等に従事し、医学界のみならず、社会に対して多大の貢献をしてきたものと認められること、本件は新聞等で大きく報道され、被告人も既に相当程度の社会的制裁を受けていると認められることなど被告人Aに有利な事情も認められる。

v　以上のような被告人にとって有利、不利一切の事情を総合考慮すると、被告人に対し、その刑の執行を猶予するのが相当である。

(3)　この事案では、他の事案に比べても金額的にそれほど高額ではなく、また、その賄賂となる財物も現金等ではなく、旅行代金とそれに関連するトラベラーズチェックだけであったことなどを有利な情状として評価されて執行猶予が付されたものと思われます。

また、この千葉大学の事件とほぼ同時期に、横浜市立大学医学部の放射線科の教授の収賄が問題となりましたが、事件の構図はほぼ同様で、海外旅行代金を支払ってもらったこととトラベラーズチェックをもらったことが問題とされた収賄事件でした。

研究資金等の金銭を違法に受領することに関する不正の原因及び対策

この種の不正は、金銭欲に基づくもので、人が生きている限りついてまわる問題とも言えましょう。ただ、ジャン・ヴァルジャンのように貧困を原因として窃盗に及ぶというのであればまだしも、ここで見られる事件は、いずれも十分な収入や資産があるにもかかわらず、不正な手段を用いて金銭を獲得し、それを遊興費等に費消したというものであります。

このような事件を引き起こすということに関しては、人としての心の弱さという一面はあるかと思いますが、先にも述べましたように、どんな犯罪も必ずいつか発覚するのだということを、この種の不正の誘惑がある際には思い出していただきたいと思います。

上記の京大教授の事件において判決で述べられていたように、最初は、業者の方から誘いを受けて、それに応じたことから深みにはまっていくという状況もありますので、そのような危険な落とし穴が自分の人生にも待っているかもしれないという警戒心をも持っておくことは大切なことでありましょう。

〔付記〕

ヘルシンキ宣言

序文

1．世界医師会（WMA）は、特定できる人間由来の試料およびデータの研究を含む、人間を対象とする医学研究の倫理的原則の文書としてヘルシンキ宣言を改訂してきた。

本宣言は全体として解釈されることを意図したものであり、各項目は他のすべての関連項目を考慮に入れて適用されるべきである。

2．WMAの使命の一環として、本宣言は主に医師に対して表明されたものである。WMAは人間を対象とする医学研究に関与する医師以外の人々に対してもこれらの諸原則の採用を推奨する。

一般原則

3．WMAジュネーブ宣言は、「私の患者の健康を私の第一の関心事とする」ことを医師に義務づけ、また医の国際倫理綱領は、「医師は、医療の提供に際して、患者の最善の利益のために行動すべきである」と宣言している。

4．医学研究の対象とされる人々を含め、患者の健康、福利、権利を向上させ守ることは医師の責務である。医師の知識と良心はこの責務達成のために捧げられる。

5．医学の進歩は人間を対象とする諸試験を要する研究に根本的に基づくものである。

6．人間を対象とする医学研究の第一の目的は、疾病の原因、発症および影響を理解し、予防、診断ならびに治療（手法、手順、処置）を改善することである。最善と証明された治療であっても、安全性、有効性、効率性、利用可能性および質に関する研究を通じて継続的に評価されなければならない。

7．医学研究はすべての被験者に対する配慮を推進かつ保証し、その健康と権利を擁護するための倫理基準に従わなければならない。

8．医学研究の主な目的は新しい知識を得ることであるが、この目標は個々の被験者の権利および利益に優先することがあってはならない。

9．被験者の生命、健康、尊厳、全体性、自己決定権、プライバシーおよび個人情報の秘密を守ることは医学研究に関与する医師の責務である。被験者の保護責任は常に医師またはその他の医療専門職にあり、被験者が同意を与えた場合でも、決してその被験者に移ることはない。

10．医師は、適用される国際的規範および基準はもとより人間を対象とする研究に関する自国の倫理、法律、規制上の規範ならびに基準を考慮しなければならない。国内的または国際的倫理、法律、規制上の要請がこの宣言に示されている被験者の保護を減じあるいは排除してはならない。

11. 医学研究は、環境に害を及ぼす可能性を最小限にするよう実施されなければならない。
12. 人間を対象とする医学研究は、適切な倫理的および科学的な教育と訓練を受けた有資格者によってのみ行われなければならない。患者あるいは健康なボランティアを対象とする研究は、能力と十分な資格を有する医師またはその他の医療専門職の監督を必要とする。
13. 医学研究から除外されたグループには研究参加への機会が適切に提供されるべきである。
14. 臨床研究を行う医師は、研究が予防、診断または治療する価値があるとして正当化できる範囲内にあり、かつその研究への参加が被験者としての患者の健康に悪影響を及ぼさないことを確信する十分な理由がある場合に限り、その患者を研究に参加させるべきである。
15. 研究参加の結果として損害を受けた被験者に対する適切な補償と治療が保証されなければならない。

リスク、負担、利益

16. 医療および医学研究においてはほとんどの治療にリスクと負担が伴う。

人間を対象とする医学研究は、その目的の重要性が被験者のリスクおよび負担を上まわる場合に限り行うことができる。

17. 人間を対象とするすべての医学研究は、研究の対象となる個人とグループに対する予想し得るリスクおよび負担と被験者およびその研究によって影響を受けるその他の個人またはグループに対する予見可能な利益とを比較して、慎重な評価を先行させなければならない。

　リスクを最小化させるための措置が講じられなければならない。リスクは研究者によって継続的に監視、評価、文書化されるべきである。

18. リスクが適切に評価されかつそのリスクを十分に管理できるとの確信を持てない限り、医師は人間を対象とする研究に関与してはならない。

　潜在的な利益よりもリスクが高いと判断される場合または明確な成果の確証が得られた場合、医師は研究を継続、変更あるいは直ちに中止すべきかを判断しなければならない。

社会的弱者グループおよび個人

19. あるグループおよび個人は特に社会的な弱者であり不適切な扱いを受けたり副次的な被害を受けやすい。

　すべての社会的弱者グループおよび個人は個別の状況を考慮したうえで保護を受けるべきである。

20. 研究がそのグループの健康上の必要性または優先事項に応えるものであり、かつその研究が社会的弱者でないグループを対象として実施できない場合に限り、社会的弱者グループを対象とする医学研究は正当化される。さらに、そのグループは研究から得られた知識、実践または治療からの恩恵を受けるべきである。

科学的要件と研究計画書

21. 人間を対象とする医学研究は、科学的文献の十分な知識、その他関連する情報源および適切な研究室での実験ならびに必要に応じた動物実験に基づき、一般に認知された科学的諸原則に従わなければならない。研究に使用される動物の福祉は尊重されなければならない。

22. 人間を対象とする各研究の計画と実施内容は、研究計画書に明示され正当化されていなければならない。
研究計画書には関連する倫理的配慮について明記され、また本宣言の原則がどのように取り入れられてきたかを示すべきである。計画書は、資金提供、スポンサー、研究組織との関わり、起こり得る利益相反、被験者に対する報奨ならびに研究参加の結果として損害を受けた被験者の治療および／または補償の条項に関する情報を含むべきである。
　臨床試験の場合、この計画書には研究終了後条項についての必要な取り決めも記載されなければならない。

研究倫理委員会

23. 研究計画書は、検討、意見、指導および承認を得るため研究開始前に関連する研究倫理委員会に提出されなければならない。この委員会は、その機能において透明性がなければならず、研究者、スポンサーおよびその他いかなる不適切な影響も受けず適切に運営されなければならない。委員会は、適用される国際的規範および基準はもとより、研究が実施される国または複数の国の法律と規制も考慮しなければならない。しかし、そのために本宣言が示す被験者に対する保護を減じあるいは排除することを許してはならない。
　研究倫理委員会は、進行中の研究をモニターする権利を持たなければならない。研究者は、委員会に対してモニタリング情報とくに重篤な有害事象に関する情報を提供しなければならない。委員会の審議と承認を得ずに計画書を修正してはならない。研究終了後、研究者は研究知見と結論の要約を含む最終報告書を委員会に提出しなければならない。

プライバシーと秘密保持

24. 被験者のプライバシーおよび個人情報の秘密保持を厳守するためあらゆる予防策を講じなければならない。

インフォームド・コンセント

25. 医学研究の被験者としてインフォームド・コンセントを与える能力がある個人の参加は自発的でなければならない。家族または地域社会のリーダーに助言を求めることが適切な場合もあるが、インフォームド・コンセントを与える能力がある個人を本人の自主的な承諾なしに研究に参加させてはならない。

26. インフォームド・コンセントを与える能力がある人間を対象とする医学研究において、それぞれの被験者候補は、目的、方法、資金源、起こり得る利益相反、研究者の施設内での所属、研究から期待される利益と予測されるリスクならびに起こり得る不快感、研究終了後条項、その他研究に関するすべての面について十分に説明されなければならない。被験者候補は、いつでも不利益を受けることなしに研究参加を拒否する権利または参加の同意を撤回する権利があることを知らされなければならない。個々の被験者候補の具体的情報の必要性のみならずその情報の伝達方法についても特別な配慮をしなければならない。

　被験者候補がその情報を理解したことを確認したうえで、医師またはその他ふさわしい有資格者は被験者候補の自主的なインフォームド・コンセントをできれば書面で求めなければならない。同意が書面で表明されない場合、その書面によらない同意は立会人のもとで正式に文書化されなければならない。

　医学研究のすべての被験者は、研究の全体的成果について報告を受ける権利を与えられるべきである。

27. 研究参加へのインフォームド・コンセントを求める場合、医師は、被験者候補が医師に依存した関係にあるかまたは同意を強要されているおそれがあるかについて特別な注意を払わなければならない。そのような状況下では、インフォームド・コンセントはこうした関係とは完全に独立したふさわしい有資格者によって求められなければならない。

28. インフォームド・コンセントを与える能力がない被験者候補のために、医師は、法的代理人からインフォームド・コンセントを求めなければならない。これらの人々は、被験者候補に代表されるグループの健康増進を試みるための研究、インフォームド・コンセントを与える能力がある人々では代替して行うことができない研究、そして最小限のリスクと負担のみ伴う研究以外には、被験者候補の利益になる可能性のないような研究対象に含まれてはならない。

29. インフォームド・コンセントを与える能力がないと思われる被験者候補が研究参加についての決定に賛意を表することができる場合、医師は法的代理人からの同意に加えて本人の賛意を求めなければならない。被験者候補の不賛意は、尊重されるべきである。

30. 例えば、意識不明の患者のように、肉体的、精神的にインフォームド・コンセントを与える能力がない被験者を対象とした研究は、インフォームド・コンセントを与えることを妨げる肉体的・精神的状態がその研究対象グループに固有の症状となっている場合に限って行うことができる。このような状況では、医師は法的代理人からインフォームド・コンセントを求めなければならない。

そのような代理人が得られず研究延期もできない場合、この研究はインフォームド・コンセントを与えられない状態にある被験者を対象とする特別な理由が研究計画書で述べられ、研究倫理委員会で承認されていることを条件として、インフォームド・コンセントなしに開始することができる。研究に引き続き留まる同意はできるかぎり早く被験者または法的代理人から取得しなければならない。

31. 医師は、治療のどの部分が研究に関連しているかを患者に十分に説明しなければならない。患者の研究への参加拒否または研究離脱の決定が患者・医師関係に決して悪影響を及ぼしてはならない。

32. バイオバンクまたは類似の貯蔵場所に保管されている試料やデータに関する研究など、個人の特定が可能な人間由来の試料またはデータを使用する医学研究のためには、医師は収集・保存および／または再利用に対するインフォームド・コンセントを求めなければならない。このような研究に関しては、同意を得ることが不可能か実行できない例外的な場合があり得る。このような状況では研究倫理委員会の審議と承認を得た後に限り研究が行われ得る。

プラセボの使用

33. 新しい治療の利益、リスク、負担および有効性は、以下の場合を除き、最善と証明されている治療と比較考量されなければならない。

　証明された治療が存在しない場合、プラセボの使用または無治療が認められる、あるいは説得力があり科学的に健全な方法論的理由に基づき、最善と証明されたものより効果が劣る治療、プラセボの使用または無治療が、その治療の有効性あるいは安全性を決定するために必要な場合、そして、最善と証明されたものより効果が劣る治療、プラセボの使用または無治療の患者が、最善と証明された治療を受けなかった結果として重篤または回復不能な損害の付加的リスクを被ることがないと予想される場合。

　この選択肢の乱用を避けるため徹底した配慮がなされなければならない。

研究終了後条項

34. 臨床試験の前に、スポンサー、研究者および主催国政府は、試験の中で有益であると証明された治療を未だ必要とするあらゆる研究参加者のために試験終了後のアクセスに関する条項を策定すべきである。また、この情報はインフォームド・コンセントの手続きの間に研究参加者に開示されなければならない。

研究登録と結果の刊行および普及

35. 人間を対象とするすべての研究は、最初の被験者を募集する前に一般的にアクセス可能なデータベースに登録されなければならない。

36. すべての研究者、著者、スポンサー、編集者および発行者は、研究結果の刊行と普及に倫理的責務を負っている。研究者は、人間を対象とする研究の結果を一般的に公表する義務を有し報告書の完全性と正確性に説明責任を負う。すべての当事者は、倫理的報告に関する容認されたガイドラインを遵守すべきである。否定的結果および結論に達しない結果も肯定的結果と同様に、刊行または他の方法で公表されなければならない。資金源、組織との関わりおよび利益相反が、刊行物の中には明示されなければならない。この宣言の原則に反する研究報告は、刊行のために受理されるべきではない。

臨床における未実証の治療

37. 個々の患者の処置において証明された治療が存在しないかまたはその他の既知の治療が有効でなかった場合、患者または法的代理人からのインフォームド・コンセントがあり、専門家の助言を求めたうえ、医師の判断において、その治療で生命を救う、健康を回復するまたは苦痛を緩和する望みがあるのであれば、証明されていない治療を実施することができる。この治療は、引き続き安全性と有効性を評価するために計画された研究の対象とされるべきである。すべての事例において新しい情報は記録され、適切な場合には公表されなければならない。

第12章
医療従事者倫理

はじめに

医療の現場で勤務する医療従事者たる医師、歯科医師、薬剤師及び看護師等は、どのような倫理観をもって患者等に接すればよいか、治療等にはどのような意識で臨むべきであるのかなど、医療従事者の倫理に関する問題は幅広く、深いものがあります。

ここでは基本的な倫理上の原則を概観した上、検討事案を設定し、法的側面、倫理的側面などから、医療従事者としてどのようにすべきかなどについて問題提起をして考えてみたいと思います。

医療倫理の四原則

医療倫理の四原則とは、米国のT・ビーチャムらによって提唱された医療倫理原則であり、具体的には、①「自律的な患者の意思決定を尊重せよ」という**自律尊重原則**、②「患者に利益をもたらせ」という**善行原則**、③「患者に危害を及ぼすのを避けよ」という**無危害原則**、④「利益と負担を公平に配分せよ」という**正義原則**からなります。

この四原則の意義としては、次のような事項が挙げられます（赤林朗ほか『入門・医療倫理Ⅰ［改訂版］』〈2017年、勁草書房〉59頁）。すなわち、この四原則が発表された1970年代の米国は、医学や医療の問題に対して、場当たり的な対応しかできていなかったため、この四原則がそれらの問題について統一的な解決をもたらす基礎となりました。また、当時の医療は、無危害原則と善行原則のみが意識されており、自律尊重原則や正義原則の重要性が強調されたことのインパクトが大きかったと言えます。更に、この四原則の簡明さが医療の現場で受け入れやすいものでありました。

そのような意義をもつ四原則の各内容については、以下のとおりであります。

1 自律尊重原則

この自律尊重原則については、消極的責務と積極的責務に分けられると説明されております。まず、消極的責務としては、自律的行為は他人による支配的な制約に従うべきではないというものであり、積極的責務としては、患者が治療上の決定を下すために必要な情報を開示し、自律的な決定を促進することであります。つまり、患者の自律を尊重するということは、単に患者に決定の自由を与えるというだけにとどまらず、必要であれば、患者の自己決定の手助けをすることまで含まれるということと説明されております。

そして、この原則から導き出されることとして、医療関係者は真実を語るべきであること、他人のプライバシーを尊重すること、守秘義務を守ること、医的侵襲のための同意を得ること、依頼を受けた場合は、他人が重要な決定を下す援助をすることなどが挙げられております（赤林ほか・前掲『入門・医療倫理Ⅰ［改訂版］』60頁）。

2 善行原則

この善行原則は、他人のために行動すべきであるという道徳的責務であります。この原則は、最善の結果を得るために、利益と害悪とを比較考量することをも含んでおります。そして、この善行原則は、①害悪や危害を防ぐべきである、②害悪や危害をなくすべきである、③善をもたらしたりそれを促進すべきであるという３つの形をとるといわれております。

そして、この原則から、他人の権利を保護すること、他人に危害を及ぶのを防ぐこと、他人に危害を及ぼすと考えられる条件を取り除くこと、障害者を援助すること、危機に瀕した人を救助することなどが導き出されるとされています（赤林ほか・前掲『入門・医療倫理Ⅰ［改訂版］』62頁）。

3　無危害原則

この無危害原則は、危害を引き起こすのを避けるという規範、あるいは、害悪や危害を及ぼすべきではないということであると定義づけられております。無危害の責務としては、危害を加えないだけでなく、危害のリスクを負わせない責務も含まれております。

この原則からは、他人を殺してはいけない、他人に苦痛や苦悩を引き起こさせない、他人の能力を奪わない、他人に不快な思いをさせない、他人の人生から良いものを奪わないなどの理念が導き出されます（赤林ほか・前掲『入門・医療倫理Ⅰ［改訂版］』64頁）。

4　正義原則

この正義原則は、社会的な利益と負担は、正義の要求と一致するように配分されなければならないという原則であります。この原則は、形式的な面だけでなく、実質的な面においても実現されなければならないと考えられ、例えば、二人以上の個人を扱う際に、形式的に等しく扱うだけでなく、実質的にも等しく扱うことを求めるものであります。

この原則からは、各人に平等な配分をすることを要求する原則、各人の必要性や努力、貢献、功績の大きさに応じて配分を要求する原則、自由な市場取引に配分を委ねる原則等が導き出されます（赤林ほか・前掲『入門・医療倫理Ⅰ［改訂版］』66頁）。

ヒポクラテスの誓い

この**ヒポクラテスの誓い**（The Hippocratic Oath）は、医師らの倫理綱領として、つまり、倫理上の基本ルールですが、最も影響があるものと言われております。ヒポクラテスは、紀元前五世紀に生まれた古代ギリシャの医師であります。彼は、それ以前の呪術的医療を排し、科学的視点に基づく医学を発展させる基礎をつくったと言われ、「医学の父」と称されております。

このヒポクラテスの誓いは、紀元前四世紀頃の古代ギリシャでまとめられたものであり、医師が入門する際の誓約書などとしても用いられているものであります。これについては色々な訳があるようですが、ポピュラーなものとして、解剖学者小川鼎三氏によるものとして、以下の訳が広く用いられていると思われます。

すなわち、

- 私は能力と判断の限り患者に利益すると思う養生法をとり、悪くて有害と知る方法を決してとらない。
- 頼まれても死に導くような薬を与えない。それを覚らせることもしない。同様に婦人を流産に導く道具を与えない。
- 純粋と神聖をもってわが生涯を貫き、わが術を行う。
- 結石を切りだすことは神かけてしない。それを業とするものに委せる。
- いかなる患家を訪れるときもそれはただ病者を利益するためであり、あらゆる勝手な戯れや堕落の行いを避ける。女と男、自由人と奴隷のちがいを考慮しない。
- 医に関すると否とにかかわらず他人の生活について秘密を守る。
- この誓いを守りつづける限り、私は、いつも医術の実施を楽しみつつ生きてすべての人から尊敬されるであろう。もしこの誓いを破るならばその反対の運命をたまわりたい。

とするものであります。

このうち、最初の「患者に利益すると思う養生法をとり」という部分は、先に述べた善行原則に沿ったものであり、「悪くて有害と知る方法を決してとらない」という部分は、先に述べた無危害原則に沿ったものと言えましょう。また、「他人の生活について秘密を守る」というのは、現代の守秘義務そのものであり、これが紀元前四世紀に既に意識されていたということであります。

医の倫理綱領

上記のヒポクラテスの誓いがその後の近代医学の倫理綱領に強い影響を与え、世界各国で、ヒポクラテスの誓いを基にして独自に発展させた倫理綱領が制定されてきました。

我が国においても同様であり、平成12年に日本医師会は、**医の倫理綱領**を発表いたしました。具体的には、以下のとおりであります。

医学および医療は、病める人の治療はもとより、人びとの健康の維持もしくは増進を図るもので、医師は責任の重大性を認識し、人類愛を基にすべての人に奉仕するものである。

1．医師は生涯学習の精神を保ち、つねに医学の知識と技術の習得に努めるとともに、その進歩・発展に尽くす。
2．医師はこの職業の尊厳と責任を自覚し、教養を深め、人格を高めるように心掛ける。
3．医師は医療を受ける人びとの人格を尊重し、やさしい心で接するとともに、医療内容についてよく説明し、信頼を得るように努める。
4．医師は互いに尊敬し、医療関係者と協力して医療に尽くす。
5．医師は医療の公共性を重んじ、医療を通じて社会の発展に尽くすとともに、法規範の遵守および法秩序の形成に努める。
6．医師は医業にあたって営利を目的としない。

歯科医師の倫理綱領

また、歯科医師会も平成17年に**歯科医師の倫理綱領**を発表しました。これは以下のとおりであります。

われわれ歯科医師は、日頃より歯科医学および歯科医療の研鑽を通じて培った知識や技術をもって、人々の健康の回復と疾病の予防のために貢献するものである。

一、専門職として歯科医学と歯科医療の発展のために尽くし、医療倫理の実践に努める。
一、専門職であることを念頭に、法を遵守し適切な説明を行い、常に愛情を持って患者のために社会的使命を果たすように努める。
一、自己の知識、技術、経験を社会のために提供し、社会福祉および国民の健康向上のために努める。

薬剤師行動規範

また、日本薬剤師会は、平成９年に、それまであった**薬剤師倫理規定**を全面的に改訂しましたが、更に、平成30年１月、これを**薬剤師行動規範**と改めて発表しております。その内容は、以下のとおりであります。

薬剤師は、国民の信託により、憲法及び法令に基づき、医療の担い手として、人権の中で最も基本的な生命及び生存に関する権利を守る責務を担っている。この責務の根底には生命への畏敬に基づく倫理が存在し、さらに、医薬品の創製から、供給、適正な使用及びその使用状況の経過観察に至るまでの業務に関わる、確固たるの倫理が求められる。薬剤師が人々の信頼に応え、保健・医療の向上及び福祉の増進を通じて社会に対する責任を全うするために、薬剤師と国民、医療・介護関係者及び社会との関係を明示し、ここに薬剤師行動規範を制定する。

１　任務

薬剤師は、個人の生命、尊厳及び権利を尊重し、医薬品の供給その他薬事衛生業務を適切につかさどることによって、公衆衛生の向上及び増進に寄与し、もって人々の健康な生活を確保するものとする。

２　最善努力義務

薬剤師は、常に自らを律し、良心と他者及び社会への愛情をもって保健・医療の向上及び福祉の増進に努め、人々の利益のため職能の最善を尽くす。

３　法令等の遵守

薬剤師は、薬剤師法その他関連法令等を正しく理解するとともに、これらを遵守して職務を遂行する。

４　品位及び信用の維持と向上

薬剤師は、常に品位と信用を維持し、更に高めるように努め、その職務遂行にあたって、これを損なう行為及び信義にもとる行為をしない。

５　守秘義務

薬剤師は、職務上知り得た患者等の情報を適正に管理し、正当な理由なく漏洩し、又は利用してはならない。

６　患者の自己決定権の尊重

薬剤師は、患者の尊厳と自主性に敬意を払うことによって、その知る権利及び自己決定の権利を尊重して、これを支援する。

７　差別の排除

薬剤師は、人種、ジェンダー、職業、地位、思想・信条及び宗教等によって個人を差別せず、職能倫理と科学的根拠に基づき公正に対応する。

8　生涯研鑽

薬剤師は、生涯にわたり知識と技能の水準を維持及び向上するよう研鑽するとともに、先人の業績に敬意を払い、また後進の育成に努める。

9　学術発展への寄与

薬剤師は、研究や職能の実践を通じて、専門的知識、技術及び社会知の創生と進歩に尽くし、薬学の発展に寄与する。

10　職能の基準の継続的な実践と向上

薬剤師は、薬剤師が果たすべき業務の職能基準を科学的原則や社会制度に基づいて定め、実践、管理、教育及び研究等を通じてその向上を図る。

11　多職種間の連携と協働

薬剤師は、広範にわたる業務を担う薬剤師間の相互協調に努めるとともに、他の医療・介護関係者等と連携、協働して社会に貢献する。

12　医薬品の品質、有効性及び安全性等の確保

薬剤師は、医薬品の創製から、供給、適正な使用及びその使用状況の経過観察に至るまで常に医薬品の品質、有効性及び安全性の確保に努め、また医薬品が適正に使用されるよう、患者等に正確かつ十分な情報提供及び指導を行う。

13　医療及び介護提供体制への貢献

薬剤師は、予防、医療及び介護の各局面において、薬剤師の職能を十分に発揮し、地域や社会が求める医療及び介護提供体制の適正な推進に貢献する。

14　国民の主体的な健康管理への支援

薬剤師は、国民が自分自身の健康に責任を持ち、個人の意思又は判断のもとに健康を維持、管理するセルフケアを積極的に支援する。

15　医療資源の公正な配分薬剤師は、利用可能な医療資源に限りがあることや公正性の原則を常に考慮し、個人及び社会に最良の医療を提供する。

看護者の倫理綱領

日本看護協会師会は、平成15年に、それまでの**看護師の倫理規定**を改定し、その主体として、看護師だけでなく、保健師、助産師、看護師及び准看護士の４者を総称する呼称として「**看護者**」という名称を用いて、**看護者の倫理綱領**を発表しました。その内容は以下のとおりであります。

人々は、人間としての尊厳を維持し、健康で幸福であることを願っている。看護は、このような人間の普遍的なニーズに応え、人々の健康な生活の実現に貢献することを使命としている。

看護は、あらゆる年代の個人、家族、集団、地域社会を対象とし、健康の保持増進、疾病の予防、健康の回復、苦痛の緩和を行い、生涯を通してその最期まで、その人らしく生を全うできるように援助を行うことを目的としている。

看護者は、看護職の免許によって看護を実践する権限を与えられた者であり、その社会的な責務を果たすため、看護の実践にあたっては、人々の生きる権利、尊厳を保つ権利、敬意のこもった看護を受ける権利、平等な看護を受ける権利などの人権を尊重することが求められる。

日本看護協会の『看護者の倫理綱領』は、病院、地域、学校、教育･研究機関、行政機関など、あらゆる場で実践を行う看護者を対象とした行動指針であり、自己の実践を振り返る際の基盤を提供するものである。また、看護の実践について専門職として引き受ける責任の範囲を、社会に対して明示するものである。

1. 看護者は、人間の生命、人間としての尊厳及び権利を尊重する。
2. 看護者は、国籍、人種・民族、宗教、信条、年齢、性別及び性的指向、社会的地位、経済的状態、ライフスタイル、健康問題の性質にかかわらず、対象となる人々に平等に看護を提供する。
3. 看護者は、対象となる人々との間に信頼関係を築き、その信頼関係に基づいて看護を提供する。
4. 看護者は、人々の知る権利及び自己決定の権利を尊重し、その権利を擁護する。
5. 看護者は、守秘義務を遵守し、個人情報の保護に努めるとともに、これを他者と共有する場合は適切な判断のもとに行う。
6. 看護者は、対象となる人々への看護が阻害されているときや危険にさらされているときは、人々を保護し安全を確保する。
7. 看護者は、自己の責任と能力を的確に認識し、実施した看護について個人としての責任をもつ。
8. 看護者は、常に、個人の責任として継続学習による能力の維持・開発に努める。
9. 看護者は、他の看護者及び保健医療福祉関係者とともに協働して看護を提供する。
10. 看護者は、より質の高い看護を行うために、看護実践、看護管理、看護教育、看護研究の望ましい基準を設定し、実施する。

11. 看護者は、研究や実践を通して、専門的知識・技術の創造と開発に努め、看護学の発展に寄与する。
12. 看護者は、より質の高い看護を行うために、看護者自身の心身の健康の保持増進に努める。
13. 看護者は、社会の人々の信頼を得るように、個人としての品行を常に高く維持する。
14. 看護者は、人々がよりよい健康を獲得していくために、環境の問題について社会と責任を共有する。
15. 看護者は、専門職組織を通じて、看護の質を高めるための制度の確立に参画し、よりよい社会づくりに貢献する。

医療従事者としていかに対応すべきか　その1

次のような場合に、医療従事者としてどのような対応が望まれるのでしょうか。

1　検討事例(1)

Ａ医師は、当時の国立病院Ｘ医療センターで救急患者の治療等に当たっておりました。すると、平成15年４月18日午後８時30分頃、救急車で一人の女性患者Ｂが運ばれてきました。Ｂは、Ｘ医療センターに到着し、Ａ医師が診察した際には、意識は清明であったものの、少し興奮し、「痛くないの、帰らせて。」、「彼に振り向いてほしくて刺したのに、結局みんなに無視されている。」「よく手、切ったりして分かるの。大したことないから、もう帰る。」などと述べ、同棲相手と口論となったようで、自らの身体を刺傷し、その結果、右腰背部にナイフによるものと思われる刺創を負っておりました。その際、Ａは、その右腰背部刺創の長さが約３㎝あり、着衣に多量の血液が付着していたのを認めました。

Ａ医師は、上記刺創が腎臓に達していると必ず血尿が出ることから、Ｂに尿検査を実施する必要性について説明しましたが、Ｂは強くこれを拒みました。そのため、Ａ医師は、先にＣＴ検査等の画像診断を実施しましたところ、腎臓のそばに空気が入っており、腹腔内の出血はなさそうではあったものの、急性期のため未だ出血していないことも十分にあり得ると考え、やはり採尿が必要であると判断しました。

そこで、Ａ医師は、その旨Ｂを説得しました。しかし、Ｂは、「もう帰る。」などと言ってこれを聞こうとしませんでした。それでも、Ａ医師は、なおも約30分間にわたってＢに対し説得を続けていたところ、出血が止まらないので、止血のためにＢに麻酔をかけて縫合手術を実施することとしました。

そのため、麻酔をかけて縫合手術をすることをＢに説明しましたが、その際に採尿管を入れることをＢに告げました。これは当然に採尿することを意味するわけですが、Ｂは、特に拒絶するような態度を見せることなく、Ａ医師による麻酔の注射を受けました。

Ａ医師は、麻酔によるＢの睡眠中に、縫合手術を実施した上、カテーテルを挿入して採尿を行いました。すると、採取した尿から血尿は出ていなかったものの、Ａ医師は、Ｂが興奮状態にあり、刃物で自分の背中を刺したと説明していることなどから、薬物による影響の可能性を考ました。そこで、Ａ医師は、簡易な薬物検査を実施したところ、Ｂの尿中からアンフェタミンの陽性反応が出ました。なお、アンフェタミンは、覚醒剤の成分であります。

そこで、Ａ医師は、その後来院したＢの両親に対し、Ｂの傷の程度等について説明した上、Ｂの尿中から覚醒剤反応があったことを告げたところ、Ｂの両親は、「娘はまだ若いし、自分たちで立ち直るようにさせるから、警察に通報するのだけは止めてください。」、「先生は患者を治すのが仕事であって、患者を犯罪者にするのが仕事じゃないでしょう。それに医師としての守秘義務に反するでしょう。」などと言って、覚醒剤反応があったことを表ざたにしないで欲しいと泣きながら懇願しました。

①　さて、あなたがＡ医師であったら、どのように対応しますか。

②　また、Ａ医師の勤務先が民間のＹ病院であった場合で、結論は異なりますか。

2　事例①についての検討

この事例は、実際にあった平成17年７月19日最高裁決定（刑集59巻６号600頁）の事案を基にして、問題となるように私が若干修正したものであります。

この事例のように、医療従事者が患者の犯罪を認識することは、必ずしもめずらしいことではありません。特に、薬物を使用した患者が見つかることや、喧嘩の結果、双方が負傷して運び込まれることもまま見られるところではあります。

そのため、医療従事者としては、そのような場合に、いかなる対応が求められるのか、これを予め考えておくことは、患者の治療をスムーズにする上でも、また、患者との関係として倫理的にどのようなものが求められるのかを考える上でも、非常に重要なことであると思います。

⑴　告発義務に関する問題

そのためには、このような場合、まず、法的にどのような規制がなされているのかを知っておく必要があります。法的な規制は倫理という問題より優先しなければならないことだからです（そうでなければ自分が法律違反をすることになりますから。）。

まず、刑訴法239条２項は、

> ②　官吏又は公吏は、その職務を行うことにより犯罪があると思料するときは、告発をしなければならない。

と規定されております。ここでいう**告発**とは、第９章でも説明しましたが、被害者以外の者で、犯罪とは直接の関係のない第三者が、警察等の捜査機関に対して、犯罪事実を申告して、その犯人の処罰を求めることであります。

そして、そのような告発は、「その職務を行うことにより犯罪があると思料する」、つまり、職務中に犯罪があると思ったという場合ですが、そのような場合には、「告発をしなければならない」という義務が課されることになります。

そこで、ここでいう「官吏又は公吏」は誰を指すのかでありますが、官吏が国家公務員であり、公吏が地方公務員であります。つまり、それらの公務員が、職務を行った際に犯罪があると思った、つまり、犯罪を発見した場合には、その犯罪について警察等に連絡しなければならないということなのです。

そこで、本件の事例ですが、Ａ医師は、国立病院Ｘ医療センターで勤務していますから、国家公務員になります。そうであるなら、その職務である医療行為中に覚醒剤使用の犯罪を発見した以上、この場合、Ａ医師には、刑訴法上の告発義務が課せられているのではないかとして問題となります。

この条文を文字通り読めば、すなわち、第１章で述べた文理解釈ですが、官吏であるＡ医師がその医療行為という職務中に犯罪があると思料したわけですから、この条文にそのまま当てはまるのであり、したがって、Ａ医師には告発義務があるのではないかという見解には十分に理由があります。

実際に、この事案の第一審判決である平成16年７月８日東京地裁判決は、その判決の中で、「国家公務員は刑事司法の適正な運用を図るためにその職務を行うことにより犯罪があると思料するときは告発義務が課されているから（刑訴法239条２項）、覚醒剤取締法違反の疑いがあるような重大な公益に関わる犯罪に係る事実を知った公務員たる医師が警察にその旨を届け出たとしても法令による行為」であると判断しているように、この東京地裁判決はＡ医師には告発義務があるとしていますし、また、その控訴審である平成16年12月22日東京高裁判決は、その判決の中で、「一般に犯罪行為の捜査機関への通報、告発は社会的に正当な行為として許容されうる性質のものであることに加え、Ａ医師は国家公務員としての立場から告発義務を負っている」と述べており、明確にＡ医師に告発義務があることを認めております。

一方、これを肯定する見解の理由づけとして、医師には、一般人に禁止されている医療行為を特に許されたという免許制度に基づき、医師には公益性の観点から告発義務があるという説明がされることもあります。

もっとも、告発義務があるといっても、それを怠った場合についての刑罰は設けられておりませんので、処罰されるようなことはありません。

一方、これら判決等の見解とは異なり、Ａ医師には告発義務はないとする見解もあります。すなわち、刑訴法144条では、

> 第百四十四条　公務員又は公務員であつた者が知り得た事実について、本人又は当該公務所から職務上の秘密に関するものであることを申し立てたときは、当該監督官庁の承諾がなければ証人としてこれを尋問することはできない。

と規定して、公務員に職務上の秘密に関するものである場合には証言を拒否

することを認めていることと比較すると、後に法廷で証言を拒否できるような事項に関して犯罪が実行された場合、証言拒否ができるにもかかわらず、それを義務として告発をさせるというのは論理矛盾であるとして、刑訴法は、239条２項の規定があっても告発義務はないとしている見解もあります。

いずれの見解に立っても法的には成り立ち得ますので、皆さんが自分の見解として、どちらかの立場に立てばよいということであります。

そこで、Ａ医師には告発義務があるとする見解に立った場合、基本的には、告発することが法的な義務ですから、Ａ医師はＢから覚醒剤使用の反応が出たということを警察に通報するべきでしょう。この場合、いくらＢの両親から頼まれたといっても、Ａ医師には法律上の義務が課せられていると解釈する以上、それに従うのが国民の義務ですから、通報すべきだろうと思います。このような場合には、法的判断が倫理的判断より優先するべきだろうと思います。

これに対し、告発義務はないとする見解に立った場合には、告発するかしないかは、法的判断ではなく、Ａ医師の倫理的判断に委ねられることになります。この場合には、後で述べる②の問題のＡ医師が民間病院の医師であった場合と同様の判断になると思われます。

⑵　守秘義務に関する問題

では、告発義務があるとした場合、それに従って通報した行為は、Ｂの両親が言っていたように、医師としての守秘義務に反することはないのでしょうか。

実際のこの最高裁判決の事案では、そのような主張が弁護側から出されておりました。すなわち、Ｂは、その後、検察官により、覚醒剤使用の罪で起訴されたのですが、公判では、Ａ医師がＢの尿中から覚醒剤反応が出たことを警察官に通報した行為は、医師の守秘義務に違反していて違法であるとの主張がＢの弁護人から出されました。第10章で説明しましたように、医師には守秘義務が課せられておりますから、この場合も通報は許されないとするのが弁護人の主張だったのです。

しかしながら、第10章でも説明しましたように、医師には種々の届出義務が課せられており、その届出は守秘義務にも個人保護義務にも違反しないものであることは、そこで説明したとおりであります。

そして、告発義務が刑訴法上、A医師に課せられている以上、それは刑法35条の

第三十五条　法令又は正当な業務による行為は、罰しない。

とする規定のうち、「法令による行為」になりますから、この規定により、第５章で説明しましたように、違法性が阻却されて罰せられることはないという結論になります。

また、先に述べた本件の第一審判決である東京地裁判決でも、先に告発義務があることを説明した部分と重なりますが、「確かに、医師は守秘義務を負っているものの、他方で、国家公務員は刑事司法の適正な運用を図るためにその職務を行うことにより犯罪があると思料するときは告発義務が課されているから（刑訴法239条２項)、覚醒剤取締法違反の疑いがあるような重大な公益に関わる犯罪に係る事実を知った公務員たる医師が警察にその旨を届け出たとしても、法令による行為として違法な守秘義務違反と評価することはできないというべきである。」と述べて、告発義務がある以上、それに従うことは、「法令による行為」であるから、適法になると説明しております。

さらに、先に述べた本件の控訴審判決である東京高裁判決でも、先に告発義務があることを説明した部分と重なりますが、「一般に犯罪行為の捜査機関への通報、告発は社会的に正当な行為として許容されうる性質のものであることに加え、A医師は国家公務員としての立場から告発義務を負っていることにも徴すれば、被告人につき覚醒剤使用の疑いが濃厚に認められたこと、B医師があらかじめ被告人の両親に対し警察に報告することを告げ、両親も最終的にこれを了解した様子を示していたことなどの本件の事実関係の下においては、A医師の上記行為が守秘義務に反した違法な行為であるとはいえない」としております。これは、上記東京地裁判決で示された「法令による行為」であることに加えて、Bに覚醒剤使用の疑いが濃厚であったことや、Bの両親の了解を得たことなどを理由としており、それらの理由は、A医師の行為が正当なものであったことを示す理由づけですから、この東京高裁判決は、「法令による行為」であることに加えて、それが「正当な行為」であ

ることも理由にしているものと見られます。

なお、最初に述べておりますように、この事例は、実際にあった平成17年７月19日最高裁決定の事案を基にして若干修正したものですが、本当のところは、Ｂの両親は、Ａ医師の説明に最終的には納得したのであり、ここは私が倫理的な問題とするために修正したところであります。

このように告発義務があると解する以上、それに従って警察に通報した行為は、守秘義務に反することはありません。

３　事例②についての検討

⑴　告発義務がないことによる問題

では、Ａ医師が民間病院の医師であった場合はどうでしょうか。民間の医師であれば、「官吏又は公吏」に当たりませんから、刑訴法239条２項の告発義務は課せられておりません。また、先に申しましたが、国立病院の医師であっても同条項の告発義務はないと解する場合も同じことであります。

このような場合には、刑法239条１項が関わってきます。すなわち、同項は、

> 第二百三十九条　何人でも、犯罪があると思料するときは、告発をすることができる。

と規定しておりますが、犯罪を発見したような場合には、誰でも告発をすることが「できる」のであって、「しなければならない」ではありません。つまり、告発をするかしないか、つまり、警察に通報するかどうかは、その犯罪を発見した人の意思に委ねられているということであります。

そうなると民間病院に勤務するＡ医師は、Ｂの両親の依頼に応じて警察への通報を止めるべきかどうか選択を迫られることになります。少なくとも、告発をしなかったからといって法的に責められることはないのですから。

そこで、諺の一つに「窮鳥懐に入らずんば猟師もこれを撃たず」というものがあり、困っている患者であれば、それが罪を犯していようと、自らは保護する、つまり、警察に突き出さないという倫理観もあり得るだろうとは思います。倫理的には一つの選択肢であるとは思われます。

ただ、私自身は、この場合には、そのような考え方は適当ではないと思っ

ております。というのは、覚醒剤使用罪の重さを考えるべきだからです。覚醒剤使用罪は、覚醒剤取締法19条において、

第十九条　（前略）何人も、覚醒剤を使用してはならない。

と規定され、その罰則は、同法41条の３第１項第１号において、

第四十一条の三　次の各号の一に該当する者は、十年以下の懲役に処する。
　一　第十九条（使用の禁止）の規定に違反した者（後略）

と規定され、その刑罰として、10年以下の懲役という非常に重い罪が定められているのです。この10年以下の懲役という罪は、窃盗や詐欺と同じであり、つまり、巨額の現金を盗んだり、騙し取ったりした場合の犯人と同程度の悪質な犯罪とされているものなのです。また、第８章で説明しましたように、女性の覚醒剤使用による受刑者が非常に多いというのも重大な社会問題となっております。

そのような法的、社会的な事情を考慮するなら、いくらＢの両親から懇願されても、警察による捜査を通じて、Ｂの更生を願うべきだと、私は思います。もっとも、これに反対する見解があっても、私は、それはそれで一つの考え方であると思っております。皆さんが自分の頭で考えて、自分なりの倫理観を形成することが大切でしょう。

そこで、もし、警察に通報しないという判断をした場合には、Ｂの秘密を漏らしていないことから、これまで述べてきた守秘義務違反の問題は生じません。ただ、注意が必要なのは、犯罪があることを通報しないという消極的な行為だけであれば、これまで述べたことで特に問題になることはありませんが、警察に見つからないように積極的な行為に及んでしまった場合には、刑法上の問題が生じるということであります。

例えば、Ｂの犯罪を隠すために、薬物検査をしなかったことにしてしまうために覚醒剤反応が出たことをカルテから消してしまうとか、看護師に対してＢの尿から覚醒剤反応が出たことを言わないようにと口止めをするなどした場合には、刑法103条が

第百三条　罰金以上の刑に当たる罪を犯した者（中略）を（中略）隠避させた者は、三年以下の懲役又は三十万円以下の罰金に処する。

と定めている**犯人隠避罪**や、刑法104条が

第百四条　他人の刑事事件に関する証拠を隠滅し、（中略）若しくは変造し（中略）た者は、三年以下の懲役又は三十万円以下の罰金に処する。

と定めている**証拠隠滅罪**が成立してしまうおそれがあるからです。

まず、犯人隠避罪については、これは平たく言えば、犯人を匿う犯罪であり、ここでいう「**隠避**」という行為は、物理的に場所を提供して匿う場合（これは**犯人蔵匿罪**となり、先に（中略）とした中に規定されております。）以外で、警察等による発見等を妨げる一切の行為と考えられておりますから、看護師に口止めをする行為などは、これに該当するおそれがあります。

また、証拠隠滅罪は、**他人の刑事事件**、この場合であればBの覚醒剤使用事件ですが、これに関する証拠を**隠滅**、つまり、証拠をなくしてしまったり、**変造**、つまり、勝手に書き変えるなどした場合に成立します。したがって、カルテから検査に関する記載や、その検査結果を書き直すなどした場合には、この罪に該当するおそれがあります。

⑵　守秘義務に関する問題

告発義務がないとしても警察に通報するという判断をした場合においては、告発義務がないのであれば猶更のこととして、それに反して警察に通報するという行為が守秘義務に反するのではないかとして問題になります。先の告発義務があるとした場合に述べたことは、そのような義務がある以上、それが守秘義務に優先しても法令上求められているのだからやむを得ないだろうと言えましたが、ここでは、そのような義務がないのですから、義務もないのに、なぜわざわざ守秘義務に反することをするんだということが問題になるからです。

しかしながら、犯罪のない社会を実現することに協力することはあるべき国民として求められる行為の一種であると考えられますし、だからこそ、刑訴法239条１項は、「告発することができる」として犯罪の端緒を警察に提供

することを認めているのですから、たとえ守秘義務がなくても、警察等の捜査に協力することは刑法35条にいう「正当な行為」として許されると考えるべきでしょう。特に、覚醒剤の撲滅は我が国の刑事司法関係者の悲願であり、覚醒剤取締法１条は、「この法律は、覚醒剤の濫用による保健衛生上の危害を防止するため」という目的で制定されたことを明示しており、その目的に沿って協力する国民の行為は、守秘義務より優先することがあり得ると考えるべきだと思います。

この点について、清水真明治大学教授「臨床医の犯罪認知と捜査機関への通報」（明治大学法科大学院論集３号〈2007年〉235頁）によれば、「特別法上、医師に報告義務規定が定められていない事項であっても、医師が診療行為の過程で知り得た秘密を公的機関等に報告する行為については秘密漏示の違法性は阻却されるものと考えるべきであろう。確かに、医師が扱う患者の情報の多くは患者自身の精神・身体の健康状態、患者及び親族の生活状況や既往歴等、他者の監視・干渉を受けないことへの期待（privacyの期待）が合理性を有する情報が少なくはない。しかし、当該患者自身は勿論のこと、その疾病の性格如何によっては、不特定多数人に影響を及ぼしかねない情報を医師の医療行為においては入手し、扱うのであり、これらを如何なる事情の下でも一切、他に伝達することが許されないというのでは、医業の公益性はないがしろになってしまう。感染症患者を発見した場合、自傷他害の危険がある重度精神疾患者が施設外に出た場合等と同様に、規制薬物を自己使用していると思われる者を診療行為の過程で発見した場合、当該規制薬物の影響による法益侵害行為を防止する必要という社会公益性は極めて強いと考えるべきである。」と述べられていることが参考になると思います。

また、本件の最高裁決定は、この点について、「医師が、必要な治療又は検査の過程で採取した患者の尿から違法な薬物の成分を検出した場合に、これを捜査機関に通報することは、正当行為として許容されるものであって、医師の守秘義務に違反しないというべきである。」と判示しています。この最高裁決定では、Ａ医師に告発義務があるかどうかは明示的には触れられておらず、最高裁としてこの義務の存否についてどのように判断しているかはわかりませんが、どちらであれ、患者の尿から違法な薬物の成分を検出した場合に、これを捜査機関に通報することは、刑法35条の正当行為として許容されるとの判断を示し、守秘義務に反することはないとしたものであります。

医療従事者としていかに対応すべきか　その2

次のような場合に、医療従事者としてどのような対応が望まれるのでしょうか。

1　検討事例(2)

甲野花子は、昭和４年１月５日に出生し、昭和38年から「エホバの証人」の信者でありました。花子は、宗教上の信念から、いかなる場合にも輸血を受けることは拒否するという固い意思を有しておりました。花子の夫である甲野太郎は、「エホバの証人」の信者ではありませんでしたが、花子のそのような意思を尊重しており、花子の長男である甲野次郎は、その信者でありました。

一方、乙野太郎は、Ｄ病院に勤務していた医師でありましたが、乙野は、輸血を伴わない手術をした例を有することで広く知られておりました。このことは、「エホバの証人」の信者に協力的な医師を紹介するなどの活動をしている「エホバの証人」の医療機関連絡委員会（以下「連絡委員会」と言います。）のメンバーの間でも有名でした。

しかし、Ｄ病院においては、外科手術を受ける患者が「エホバの証人」の信者である場合、当該信者が、輸血を受けるのを拒否することを尊重し、できる限り輸血をしないことにしてはいたものの、輸血以外には救命手段がない事態に至ったときは、患者及びその家族の諾否にかかわらず輸血するという方針を採用しておりました。

花子は、平成４年６月17日、Ｆ病院に入院し、同年７月６日、悪性の肝臓血管腫との診断結果を伝えられましたが、同病院の医師から、輸血をしないで手術することはできないと言われたことから、同月11日、同病院を退院し、輸血を伴わない手術を受けることができる医療機関を探しました。

そこで、連絡委員会のあるメンバーが、平成４年７月27日、乙野医師に対し、花子は肝臓がんに罹患していると思われるので、その診察を依頼したい旨を連絡したところ、同医師は、これを了解し、同メンバーに対して、がんが転移していなければ輸血をしないで手術することが可能であるから、すぐ検査を受けるようにと述べました。

花子は、平成４年８月18日、Ｄ病院に入院し、同年９月16日、肝臓の腫瘍を摘出する手術（以下「本件手術」と言います。）を受けましたが、その間に、花子、太郎及び次郎は、乙野医師、並びにＤ病院に医師として勤務していたＧ及びＨ（以下、この３人の医師を「乙野医師ら」と言います。）に対し、花子は輸血を受けることができない旨を伝えました。次郎は、同月14日、乙野医師に対し、花子及び太郎が連署した免責証書を手渡しましたが、右証書には、花子は輸血を受けることができないこと及び輸血をしなかったために生じた損傷に関して医師及び病院職員等の責任を問わない旨が記載されていました。花子は、当時63歳でありましたが、手術をしなかった場合には、約１年間ほどの余命と見られていました。

ただ、乙野医師らは、花子らに対し、上述したＤ病院の方針である「輸血以外には救命手段がない事態に至ったときは、患者及びその家族の諾否にかかわらず輸血する」という方針を説明していませんでした。

乙野医師らは、平成４年９月16日、花子の手術をするに当たり、輸血を必要とする事態が生ずる可能性があったことから、その準備をした上で本件手術を実施しました。そして、乙野医師らが患部の腫瘍を摘出した段階で出血量が約2,245ミリリットルに達し、低血圧、頻脈等が顕著になったことから、乙野医師らは、輸血をしない限り花子を救うことができない可能性が高いと判断して輸血をしました。手術後の同年11月頃、乙野医師は、太郎らに花子に輸血をしたこと及びそれがやむを得なかったことについて説明しました。

花子は、Ｄ病院を退院した後、約５年間生存し、平成９年８月13日、死亡しました。

①　さて、乙野医師らの行為は果たして妥当なものであったのでしょうか。

また、事例を少し変えて、花子がＤ病院に入院するのを止めて自宅にいたところ、急に病状が悪化し、救急車でＧ病院に運び込まれました。そこで丙野医師が緊急手術することになりましたが、その際、救急車に同乗していた太郎から、花子は「エホバの証人」の信者だから絶対に輸血はしないでほしいと頼まれ、また、意識のあった花子もそれにうなづいておりました。しかし、丙野医師は、花子の生命に危険が迫っており、輸血をしないのでは手術ができないので、太郎や花子の依頼を無視して輸血した上で手術しました。その結果、花子は一命をとりとめました。

②　さて、丙野医師の行為は果たして妥当なものであったのでしょうか。

2　事例①についての検討

この事例は、平成12年２月29日最高裁判決（民集54巻２号582頁）の事案そのものであります。

⑴　問題の所在

この事例で考えなければならないのは、「エホバの証人」に輸血をしたことの当否ではありません。この事例の事実関係を前提にするのであれば、問題点は、**インフォームド･コンセント**であります。つまり、この花子は、「エホバの証人」として、輸血に拒否感を持っており、そのためには自己の生命、身体に害が生じてもやむを得ないと考えていたのですが、そのような考え方をもった患者に対して、万一の場合には輸血をすることがＤ病院の方針としてあるということを、乙野医師は明確かつ正確に花子に伝えたかということが問題となったのです。これをきちんと伝えた上で、Ｄ病院での治療を受けたのであれば、輸血を受けるかもしれないということを覚悟して手術を受けたのですから、信仰より治療を優先するという自らの判断を経ているため、少なくとも輸血をすることの倫理的な問題はほとんどなくなると思われます。

しかしながら、本件の事実関係からは、乙野医師による、そのような不利益を伝達する行為が明確には認められませんでした。そのようなこともあって、花子は乙野医師らに対する不法行為に基づく損害賠償請求をしたのでしょう（なお、花子は裁判の途中で亡くなっていますが、その裁判は相続人である太郎や次郎に承継されました。）。

ただ、乙野医師らは、万一の輸血が必要であるのは手術に臨む上で当然のことであり、花子の命を救うことが第一で、そのようなことまでの説明が必要であるとは考えていなかったのです。そのため概括的な説明となっておりました。そのため、必要なインフォームド・コンセントがなかったとして、この点が後の争点となったのでした。

⑵　インフォームド・コンセントとは

そもそも医療行為に関し、古典的には、医師が患者のために良かれと思って施術等を行うのは、医学的知識を持たない患者に対する医師の使命として当然のことであると考えられておりました。このような考え方は**パターナリズム**（paternalism）と呼ばれており、和訳としては、**温情的父権主義**などといわれるものであります。また、医学的には、「医師が患者のために、本人の意思と関わりなく、良かれと思って行う強制的介入」と考えられているものでありました。

しかしながら、インフォームド・コンセントは、このようなパターナリズムに反発するものであり、歴史的には、米国における医療事故訴訟において、患者の意に反したとされる施術等が法廷で争われて形成されてきた概念であります。その概念の形成過程において、「医療行為は患者の同意なく専断的に行われてはならない。この同意が意味のあるものであるためには、医療情報の開示と説明が不可欠である。」として、これにインフォームド・コンセントという名称がつけられたのです（浅井篤ほか『医療倫理』〈2002年、勁草書房〉59頁）。このような医師の患者に対する説明義務の背景には、患者の自己の生命・身体に関する自己決定権があるからと考えられております。

そして、その後もこの概念の明確化が図られ、インフォームド・コンセントとは、「医療者が求めに応じて医療行為を行う際に、病気の性質、医学的に最も勧められる医療内容とそれ以外に選択可能な代替治療、それぞれの利点とリスクなどについて、情報を開示し分かりやすく説明し、それを受けて患者が判断を下し、当の治療行為に対し同意を与えることである。」（同上）とされるに至っております。このような同意を得たことで初めて医師は、本来的に侵襲行為である医療行為を正当な権限をもって行うことが許されるのだと考えられております。

このようなインフォームド・コンセントの概念は、先に述べました四原則のうちの自律尊重原則に符合しますし、また、医の倫理綱領などにも取り入

れられているものであります。また、第10章で述べました医療法１条の４第２項において、

> ２　医師、歯科医師、薬剤師、看護師その他の医療の担い手は、医療を提供するに当たり、適切な説明を行い、医療を受ける者の理解を得るよう努めなければならない。

と規定されているように、インフォームド・コンセントを得られるように努力する義務を課した条文も平成９年の医療法改正により盛り込まれたものでありました。

⑶　説明義務の法的根拠

このようにインフォームド・コンセントは、医師ら医療従事者と患者との間の関係を律するものとして倫理的側面から論じられることが多いものでありますが、では、医療従事者がそれに反した場合には、法的側面からみてどのような責任を負うことになるのでしょうか。言い換えれば、インフォームド・コンセントの前提として医師に求められる、上記医療法の努力義務以上の説明義務の法的根拠はどこにあるのでしょうか。

先に説明しましたように、説明義務が患者の自己決定権に対するものであり、その自己決定権が、日本国憲法13条に規定する幸福追求権の一つとして認められる基本的人権であると考えるのであれば、そのような基本的人権を侵害することは許されるはずもないので、憲法上に説明義務が根拠づけられることになります。

また、自己決定権については、そこまで大仰に述べなくとも、民法上、人格権として、不法行為から保護されるべき利益として認められていると言えます。

さらに、民法上は、第３章で説明しましたように、診療契約は、民法656条による準委任契約でありますから、民法の委任の規定が準用され、同法645条で、

> 第六百四十五条　受任者は、委任者の請求があるときは、いつでも委任事務の処理の状況を報告し（中略）なければならない。

とする規定が適用されるので、この報告義務をもって説明義務の根拠とすることもできると思います。

くわえて、第10章で説明しました医師法23条の

第二十三条　医師は、診療をしたときは、本人又はその保護者に対し、療養の方法その他保健の向上に必要な事項の指導をしなければならない。

という規定も説明義務の法的根拠となり得るでしょう。

⑷　事例①についての裁判所の判断

ア　平成9年3月12日東京地裁判決（判例タイムズ964号82頁）

まず、第一審判決では、次のとおり判断が示されました。ちなみに、判決文中、原告というのが花子であり、被告というのが病院側で、乙野医師らであります。

まず、花子が主張していた、手術中にいかなる事態になっても輸血をしないとの特約を合意したとの点については、「医師が患者との間で、輸血以外に救命方法がない事態が生ずる可能性のある手術をする場合に、いかなる事態になっても輸血をしないとの特約を合意することは、医療が患者の治療を目的とし救命することを第一の目標とすること、人の生命は崇高な価値のあること、医師は患者に対し可能な限りの救命措置をとる義務があることのいずれにも反するものであり、それが宗教的信条に基づくものであったとしても、公序良俗に反して無効であると解される。」として、そのような合意が仮にされたとしても、第3章で説明しましたように、公序良俗に反して無効であるとしました。

たしかに、医師と患者の間で、万一の時に救命できる方法があるけれど、それは使いませんというような約束は、人命軽視も甚だしいものになりますから、この東京地裁判決がいうように公序良俗に反するものであり無効でありましょう。

次に、この判決は、乙野医師らの説明義務について次のとおり判示しました。

まず、「被告医師らが手術中いかなる事態になっても輸血を受け入れないとの原告の意思を認識していたことは明らかであり、被告医師らはその原告

の意思に従うかのように振る舞って原告に本件手術を受けさせたというべきであって、その結果として、本件輸血がされたことになる。したがって、原告は、被告医師らから手術中に輸血以外に救命方法がない事態になれば必ず輸血をすると明言されれば、本件手術を受けなかったはずであるから、被告医師らは、前記行為によって、原告が本件手術を拒否する機会を失わせ、原告が自己の信条に基づいて本件手術を受けるか受けないかを決定することを妨げたものである。」として、乙野医師らが説明義務に違反し、花子の自己決定権を侵害していることを明確に認定いたしました。

ただ、そのように説明義務に違反し、花子の自己決定権を侵害したとしても、これが法的に違法であるかどうかは、この花子が当時置かれていた状況によるとして、次のとおり判示しております。

すなわち、「そこで、被告医師らが手術中に輸血以外に救命方法がない事態になれば必ず輸血をするとは明言しなかったことが違法であるかどうかを検討する。

まず、手術は患者の身体を傷害するものであるから、治療を受けようとする患者は、当該手術を受けるかどうかを自分で決定することができると解される。この解釈は、患者がエホバの証人の信者であると否とに拘わらず、治療を受けようとする患者すべてに共通するものである。そして、患者が当該手術を受けるかどうかを決定するには、当該手術の内容・効果、身体に対する影響・危険及び当該手術を受けない場合の予後の予想等を考慮することが前提となるので、その反面として、患者に対し手術をしようとする医師は、当該手術の内容・効果、身体に対する影響・危険及び当該手術を受けない場合の予後の予想等を患者に対し説明する義務を負うものと解される。しかし、この説明義務に基づく説明は、医学的な観点からされるものであり、手術の際の輸血について述べるとしても、輸血の種類・方法及び危険性等の説明に限られ、いかなる事態になっても患者に輸血をしないかどうかの点は含まれないものである。」として、輸血をするかどうかについてまでの説明義務はないとしたのです。

そして、本件判決は、更に、「一般的に、医師は、患者に対し可能な限りの救命措置をとる義務があり、手術中に輸血以外に救命方法がない事態になれば、患者に輸血をする義務があると解される。ところが、患者がエホバの証人の信者である場合、医師から、手術中に輸血以外に救命方法がない事態になれば必ず輸血をすると明言されれば、当該手術を拒否する蓋然性が高く、当該手術以外に有効な治療方法がなく、手術をしなければ死に至る可能性の高い病気では、当該手術を受けないことが患者を死に至らしめることになる。そうとすれば、患者がエホバの証人の信者であって、医師に診察を求めた場合、医師は、絶対的に輸血を受けることができないとする患者の宗教的信条を尊重して、手術中に輸血以外に救命方法がない事態になれば輸血をすると説明する対応をすることが考えられるが、患者の救命を最優先し、手術中に輸血以外に救命方法がない事態になれば輸血するとまでは明言しない対応をすることも考えられる。そして、後者の対応を選んでも、医師の前記救命義務の存在からして、直ちに違法性があるとは解せられない。結局、この場合の違法性は、患者と医師の関係、患者の信条、患者及びその家族の行動、患者の病状、手術の内容、医師の治療方針、医師の患者及びその家族に対する説明等の諸般の事情を総合考慮して判断するべきものである。」と判示し、医師としての救命義務がある以上、説明義務の尽くし方が不十分であっても違法ではなく、その他の色々な事情を総合的に判断して決められるべきであるとし、結局、その総合的な判断をしても、乙野医師らには不法行為は認められないとして、花子の損賠賠償請求を認めませんでした。

ここでは、「エホバの証人」の信者である花子に万一の際には輸血をすることを説明するという対応も考えられるが、患者の救命を最優先し、その説明をしないことも許容されるとしているわけですが、このような考え方は、先に説明しましたパターナリズムの典型と言えるでしょう。この東京地裁の裁判官は、花子の命を救うことが第一であり、そのために説明義務を怠っても、それは人命の重要性を考えればやむを得ないと考えたものであります。

イ　平成10年２月９日東京高裁判決（判例時報1629号34頁）

この判決では、上記東京地裁判決とは立場を異にし、乙野医師らの説明義務違反を認定し、花子の訴訟を継続した相続人の太郎らの損害賠償請求を認めました。その判示するところは、次のとおりであります。

まず、前提となる事実認定として、この東京高裁判決は、乙野医師らは、できる限り輸血しないこととするが、輸血以外に救命手段がない事態になった場合には輸血する治療方針、すなわち、これを「相対的無輸血の治療方針」とこの判決では呼んでいますが、その治療方針を採用していながら、花子に対し、この治療方針に説明をしなかったという事実を明らかにしています。これは先の東京地裁判決の事実認定と同じです。

その上で、本件東京高裁判決は、「本件のような手術を行うことについては、患者の同意が必要であり、医師がその同意を得るについては、患者がその判断をする上で必要な情報を開示して患者に説明すべきものである。（中略）この同意は、各個人が有する自己の人生のあり方（ライフスタイル）は自ら決定することができるという自己決定権に由来するものである。乙野医師らは自己の生命の喪失につながるような自己決定権は認められないと主張するが、当裁判所は、特段の事情がある場合は格別として（自殺をしようとする者がその意思を貫徹するために治療拒否をしても、医師はこれに拘束されず、また交通事故等の救急治療の必要のある場合すなわち転医すれば救命の余地のないような場合には、医師の治療方針が優先される。）、一般的にこのような主張に与することはできない。すなわち、人はいずれは死すべきものであり、その死に至るまでの生きざまは自ら決定できるといわなければならない（例えばいわゆる尊厳死を選択する自由は認められるべきである。）。本件は、後腹膜に発生して肝右葉に浸潤していた悪性腫瘍（手術前の診断は、肝原発の血管性腫瘍、肝細胞癌、悪性後腹膜腫瘍等の疑い）であり、その手術をしたからといって必ずしも治癒が望めるというものではなかった（これは、現に当審係属中に花子が死亡したことによっても、裏付けることができる）。この事情を勘案すると、花子が相対的無輸血の条件下でなお手術を受けるかどうかの選択権は尊重されなければならなかった。なお、患者の自己決定は、医師から相当の説明がされている限り、医師の判断に委ねるというものでよいことはいうまでもなく、また、医学的知識の乏しい患者としては、そういう決定をすることが通例と考えられる。そして、相当の説明に基づき自己決定権を行使した患者は、その結果を自己の責任として甘受すべきであり、これを医師の責任に転嫁することは許されない（説明及び自己決定の具体的内容について、明確に書面化する一般的な慣行が生まれることが望ましい。)。

輸血（同種血輸血）は、血液中の赤血球や凝固因子等の各成分の機能や量が低下したときにその成分を補充することを主な目的として行われるものであり、ショック状態の改善、事故や手術の際の大量出血による生命の危険に対して劇的な効果を収め得る治療手段であるが、ときにウィルスや細菌などの病原体による感染症や免疫反応に起因する副作用などがある（中略)。したがって、医師が患者に対して輸血をする場合には、患者またはその家族にこれらの事項を理解しやすい言葉でよく説明し、同意を得た上で行うことが相当である（中略）とはいえるが、手術等に内在する可能性として同意が推定される場合も多く、一般的にそのような説明をした上での同意を得べきものとまではいえない。しかし、本件では事情が異なる。花子は、エホバの証人の信者であったところ、エホバの証人患者は、その宗教的教義に基づいて輸血を拒否することが一般的であるが、（中略）輸血拒否の態度に個人差があることを看過することはできない。（中略）医師は、エホバの証人患者に対して輸血が予測される手術をするに先立ち、同患者が判断能力を有する成人であるときには、輸血拒否の意思の具体的内容を確認するとともに、医師の無輸血についての治療方針を説明することが必要であると解される。」と判示しました。

これは先の東京地裁判決の考え方と対極的なものであり、個人の自己決定権を重視し、本件と全く関係のない尊厳死も認められるべきであるなどといったことまで言及するほど、この自己決定権の尊重を図るべきであるとしています。また、特に、輸血を拒否する「エホバの証人」に対しては、その配慮から輸血するかどうかの治療方針の説明は不可欠であるとしているのです。

また、この控訴審での裁判では、乙野医師らは、「花子の生命を守るためには、本件手術を実施せざるを得ないと考えていたところ、本件手術に関し輸血がどの程度必要であるのか輸血をしなければどうなるかについて説明すれば、花子が手術を拒否すると考えて、あえて説明をしなかったものであって、このような行為は正当であって許される。」と主張していました。これは先の東京地裁が、救命義務を優先する上で許容されるとしていた考え方と同様の立場に立つものでありました。

しかしながら、本件東京高裁判決は、「手術等に対する患者の同意は、各個人が有する自己の人生のあり方（ライフスタイルないし何に生命より優越した価値を認めるか）は自らが決定することができるという自己決定権に由来するものであるところ、右主張は、この自己決定権を否定し（中略）、いかなる場合であっても医師が救命（本件ではむしろ延命）のため手術を必要と判断すれば患者が拒否しても手術してよいとすることに成り兼ねないものであり、これを是認することはできない。すなわち、現状においては、ガン告知等医師の裁量によって説明の要否及び内容を判断すべき場合があることは確かであるが、本件については、前判示の病名、患者の意思の強固さ等の諸事情からいってそのような裁量によって説明をしないことが許される場合でないことは明らかである。」として、乙野医師らの主張を認めませんでした。

ウ　平成12年２月29日最高裁判決（民集54巻２号582頁）

以上のような下級審での審理を経て、乙野医師らが上告したため、本件最高裁判決が出されたのですが、同判決は、「本件において、乙野医師らが、花子の肝臓の腫瘍を摘出するために、医療水準に従った相当な手術をしようとすることは、人の生命及び健康を管理すべき業務に従事する者として当然のことであるということができる。しかし、患者が、輸血を受けることは自己の宗教上の信念に反するとして、輸血を伴う医療行為を拒否するとの明確な意思を有している場合、このような意思決定をする権利は、人格権の一内容として尊重されなければならない。そして、花子が、宗教上の信念からいかなる場合にも輸血を受けることは拒否するとの固い意思を有しており、輸血を伴わない手術を受けることができると期待してＤ病院に入院したことを乙野医師らが知っていたなど本件の事実関係の下では、乙野医師らは、手術の際に輸血以外には救命手段がない事態が生ずる可能性を否定し難いと判断した場合には、花子に対し、Ｄ病院としてはそのような事態に至ったときには輸血するとの方針を採っていることを説明して、Ｄ病院への入院を継続した上、花子医師らの下で本件手術を受けるか否かを花子自身の意思決定にゆだねるべきであったと解するのが相当である。

ところが、乙野医師らは、本件手術に至るまでの約一か月の間に、手術の際に輸血を必要とする事態が生ずる可能性があることを認識したにもかかわらず、花子に対してD病院が採用していた右方針を説明せず、同人及び太郎らに対して輸血する可能性があることを告げないまま本件手術を施行し、右方針に従って輸血をしたのである。そうすると、本件においては、乙野医師らは、右説明を怠ったことにより、花子が輸血を伴う可能性のあった本件手術を受けるか否かについて意思決定をする権利を奪ったものといわざるを得ず、この点において同人の人格権を侵害したものとして、同人がこれによって被った精神的苦痛を慰謝すべき責任を負うものというべきである。」として、東京高裁判決と同じく、説明義務違反を認めて、乙野医師らの行為は、民法715条の不法行為責任を負うとされたのでした（ただ、その認められた金額は、わずか55万円であり、これについては、太郎らが強く不満に思っておりました。）。

エ　本件各判決の比較・検討

本件では、東京地裁と、東京高裁及び最高裁との間で判断が正反対に異なる結果となりました。パターナリズムであるとの批判を受けても花子の命を救おうとした乙野医師らの行為に妥当性を認めるか、他の病院への転院の可能性を与えるなど、自己決定権を重視しようとするか、いずれに重きを置くかによって判断が分かれたものであります。

私は、どちらの考え方にも理由があり、いずれも筋の通った見解であると思います。最終的に乙野医師らは敗訴になりましたが、花子を救おうとした乙野医師らの医師としての姿は決して卑下されるものとは思いません。「病いを得て医療の場で主体性をとにかく失いがちな患者に、望まれる限り、可能な限りの主体性を確保するための仕組みがインフォームド・コンセントである。しかし具体的にそれがどのように展開され実現されるべきかについて、一定の共通見解があるわけではない。われわれはインフォームド・コンセントを自明のものと受け流すことなく、その奥行と制約とを探りつづけていかなければならない。」、「医療者の視点から離れてみたインフォームド・コンセントの価値を十分認識することは前提条件として必須である。医師が医学的に価値がある行為を重要視するのは、良かれ悪しかれ、極めて自然かつ避け難いことである。その事実を自覚した上で、自分が医学的パターナリズムに『毒されている』ことを自覚しつつ、かつ、それを患者に明らかにしつつ、自分が最良と思う行為を彼または彼女に勧めるべきであろう。」（浅井ほか・前掲『医療倫理』69～71頁）というのは、インフォームド･コンセントとパターナリズムの微妙なバランスを的確に捉えたものであり、真に傾聴すべき意見であると言えましょう。

3　事例②についての検討

この事例は、インフォームド・コンセントの適用が問題となるものではなく、率直に、患者を救命するためにその意思に反してなされる治療行為とこれを拒否する自己決定権の対立について、法的、倫理的にどのように考えるべきかが問われるものであります。

⑴　前記東京地裁判決及び東京高裁判決での判断内容

先に挙げた東京地裁判決でも輸血の適法･違法の問題には触れられており、次のとおり判示しております。

まず、東京地裁判決では、「本件輸血は、原告の意思に反するものである。しかし、本件手術において閉腹操作を完了した時点で術前に被告医師らが予測した以上の2,245ミリリットル余りの出血があり、原告が完全なショック状態までは至っていないが、進行性の機能障害へ進む過程にあったので、原告の生命を救うために、被告医師らは本件輸血をしたものであって、右のような状況では、本件輸血は、社会的に正当な行為として違法性がないというべきである。」と判示し、患者の意に反する治療行為であっても、患者の生命を救うためになされた輸血は、社会的に正当な行為として違法性がないとしています。

また、東京高裁判決では、乙野医師らについては説明義務違反があることから、その点で損害賠償請求が認められるので、輸血の適法・違法を検討するまでもなかったものの、説明行為に全く関与してない、その他の麻酔科医らにも損害賠償請求がされていたため、それら医師の関係で、本件輸血の適法・違法について判断が示されました。

すなわち、「本件輸血の必要性について（中略）は、次のとおりであった。出血量は、2245ミリリットル余りで、低血圧、頻脈、創浮腫が著明となっていた。この時点で、適切な対処をしなければ、花子が不可逆的なショック状態に陥り、生命の維持が困難となる状況であった（中略）。乙野医師は、この時点でも、できれば輸血しないようにしたい意向であった。しかし、ショック状態の管理については一般に麻酔医の方が外科医より専門的な知見と経験を有するところ、麻酔医（中略）が、どうしても輸血しないと生命の維持ができないという判断を示したことから（中略）本件輸血をすることとした（中略）。この時点においては、輸血に代えて代用血漿剤を使用することは、同剤が酸素運搬機能に欠け、凝固因子を有しないため、救命手段として適切なものとはいえず、他の適切な救命手段はなかった（中略）。以上の事実によれば、本件輸血の必要性はこれを肯定することができる。したがって、（中略）本件輸血が違法であるとはいえ」ないとしたのです。

この東京高裁判決では、花子の生命を救うためには輸血しかない状況に至ったのであるから、その場合には、花子の自己決定権を侵害する結果となっても、救命のため必要性が認められる以上、輸血行為は違法ではないとしたのでした。

いずれの判決も救命という正当な目的であり、必要性があれば、自己決定権に優先して輸血をしても適法であるとしたものであります。

⑵　輸血に関するその他の見解

輸血をするに当たっては、一般的に、患者の同意が必要であると考えられます。厚生労働省による「輸血療法の実施に関する指針」（平成17年改定版）によれば、輸血をする際の医療従事者に対し、「患者又はその家族が理解できる言葉で、輸血療法にかかわる以下の項目を十分に説明し、同意を得た上で同意書を作成し、一部は患者に渡し、一部は診療録に添付しておく（電子カルテにおいては適切に記録を保管する）。」としており、その説明の際には、輸血の必要性、その使用する血液製剤の種類と使用量、輸血によるリスク等について説明する義務を課しております。

もっとも、輸血を拒否する「エホバの証人」については、それが真意に基づくものである限り輸血はできないというのが一般的な見解のようであります。日本医師会の生命倫理懇談会は、「エホバの証人」の信者が輸血を拒否する場合、「医師は、治療上で輸血が必要ならば、患者を説得して輸血の同意を得るようにすべきである。しかし、患者があくまでも輸血を拒否するのであれば、それが患者にとってたとえ不利であっても、本人の意思によるものであるから、やむを得ないとことであり、医師がそれについて法的な責任を負うことはないと考えられる。」との見解を表明しているところであります。

たしかに患者本人の生命を救おうとして手術に及び、それが成功裏に終わっても、その後、自己決定権を侵害されたとして損害賠償請求を起こされる余地があるのであれば、どんな良心的な医師であっても、その手術は行えないというのは、そのとおりだろうと思います。

もちろん、患者がすべてのリスク、場合によっては、自己の生命を失うことまで了解した上での判断であれば、それを尊重するのも一つであろうとは思いますが、それでも、本当に救命できる患者に対して、手をこまねいているのが（仮に転院を勧めるにしても）医の倫理に背いていないか疑問がないわけではありません（このような考え方は、きっとパターナリズムの悪しき影響であるなどと批判の対象になるのかもしれませんが。）。

もっとも、更に言えば、本当に、本人がそのような判断をしたのか疑問であるような場合には、問題はより深刻になります。

具体的には、いわゆる**川崎事件**と呼ばれる当時10歳の男児が交通事故で死亡した事件が参考になると思います。

この事件は、昭和60年６月６日午後４時半過ぎ頃、川崎市内の県道交差点で、自転車に乗って信号待ちしていた小学校５年生（当時10歳）のＡ君の自転車がダンプカーの後輪に巻き込まれて転倒し、両足を開放性骨折した事故が原因となったものであります。Ａ君は、救急車で近くのＳ医科大学病院に運ばれ、病院側では救命救急センター長の指示で直ちに手術ができるように態勢を整えておりました。そして、病院側は、駆けつけてきたＡ君の両親に手術の同意を求めましたが、両親は共に「エホバの証人」の信者であったため、信仰上の理由で輸血を拒否し、同時に「決意書」という書面を病院に提出しました。その書面には、「今回、私達の息子Ａ（10歳）がたとえ、死に至ることがあっても輸血無しで万全の治療をして下さるよう切にお願いします。輸血を受けることは、聖書にのっとって受けることは出来ません。」と書いてあり、両親が署名しておりました。

それでも、担当医らは、輸血の必要性を説き、両親の説得に当たりましたが、両親はそれを受け入れず、更に、「エホバの証人」の信者グループが病院に集まり、病院側の両親に対する説得にも立ち入って混乱した状況が続きました。その結果、手術ができない状態が続き、輸血をしないまま処置していたところ、同日午後９時過ぎ頃、Ａ君は出血性ショックで死亡しました。

このような場合の輸血拒否は、Ａ君の真意に沿ったものであったのかどうか疑問も残ると思われます。Ａ君の両親は法定代理人ですから、Ａ君の法律行為を全面的に代理できますので、法的にはＡ君と病院との間の診療契約を締結しないという行為をすることはできます。しかし、それが果たしてＡ君本人の利益にかなっていたかどうかは問題も残るところだろうと思います。「倫理的に考えると、エホバの証人信者が宗教的信念に基づいて、自分の子供への輸血を拒否している場合、それをそのまま受け入れてよいかは大きな問題となろう。」（浅井ほか・前掲７頁）と指摘されています。

これらの問題は、今後、皆さんが自分の頭で考えて、自分なりの解決を探ってもらいたいと思います。

したがって、事例②の丙野医師の行為としては、あくまで花子の自己決定権を尊重するのであれば、輸血をしないで手術をするか、それが無理なら転院を試みるという方針しかないことになります。しかし、悪しきパターナリズムであるという批判を受け、更に、その後、損害賠償請求がされるおそれがあっても、目前の生命を救うという倫理観に基づいて輸血をして手術をするという選択肢もないことはないだろうと思います。

医療従事者としていかに対応すべきか　その３

次のような場合に、医療従事者としてどのような対応が望まれるのでしょうか。

１　検討事例⑶

甲野太郎は、東京都内や大阪市内に設立された診療所の管理者たる医師でありました。甲野は、かねてから脳性麻痺の治療、網膜剥離の治療、アンチエイジング、膝炎の再発防止の目的で、各患者に対し、それぞれ細胞の分離、冷凍等の操作を加えた他人の**臍帯血**を解凍した上、皮下注射等をするという方法で**臍帯血移植**を行っておりました。このような甲野の再生医療に関しては、平成25年11月に成立した再生医療等の安全性の確保等に関する法律（以下「**再生医療法**」と言います。）が施行されて、その罰則が適用されるようになった平成27年11月以降の同28年１月に、厚生労働省から、甲野に対し、本件臍帯血移植が再生医療法の対象となるため直ちに治療の提供を中止し、法に基づく手続を行うよう行政指導がされました。

しかしながら、甲野は、以前から自分がしていた臍帯血移植は患者のためであり、新しい法律ができたからといって直ちに止めるわけにはいかないと思い、その後も同様の治療を継続しておりました。

甲野の行為についてはどのように考えるべきでしょうか。

2　事例の検討

この事例は、平成29年12月21日松山地裁判決（公刊物未登載）の事案を参考にしたものです。

(1)　臍帯血移植について

そもそも臍帯血とは何かということですが、妊娠中の母親と胎児を結ぶ臍帯と胎盤の中に含まれる血液が臍帯血といわれるものであります。臍帯と胎盤は、胎児が出生した後は不要ですから捨てられていたものであります。しかし、その臍帯血中には、赤血球、白血球、血小板といった血液細胞を作り出す造血幹細胞がたくさん含まれています。つまり、臍帯血は胎児の血液であることから幼若で増殖能力に富む造血幹細胞が含まれているのです。そして、臍帯血幹細胞は骨髄幹細胞や末梢血幹細胞に比べると未分化で、少数でも骨髄の機能を回復させる能力を持っているのです。

そこで、この臍帯血を、白血病や再生不良性貧血などの血液の病気や、ある種の遺伝疾患などの治療に使えるのですが、これが臍帯血移植であります。医学的に正確に言えば、臍帯血移植とは、臍帯血に存在する造血幹細胞を、白血病などの重篤な血液疾患患者に移植して、骨髄機能を正常にする治療法であります。

その移植に提供するため、出産の際に臍帯血をすばやく無菌的に採取し、分離調整して、摂氏マイナス196度という超冷凍で保存しておきます。そして、白血病などの患者が臍帯血移植を必要とする場合に、適合する臍帯血を探し、それを患者に移植します。この場合、移植前処置をした臍帯血を冷凍のまま患者のいる病院に搬入し、解凍して患者の静脈に注射します。そして、移植した臍帯血が生着して血液を作り出せれば、移植は成功であります。

もっとも、一人の胎盤から得られる細胞の数は限られており、移植できる患者は小児や体重の軽い成人が中心でしたが、最近では体重の重い成人にも移植が行われるようになっています。

⑵　再生医療法の運用

再生医療法は、実施される再生医療等に想定されるリスクの程度等に応じた安全確保のための仕組みを設けております。具体的には、臨床応用がほとんどなく、未知の領域が多く残された第一種再生医療（具体的には、第11章で述べたiPS細胞やE細胞を用いた医療技術によるものや、本件の臍帯血造血幹細胞を用いたものも含まれます。）等については、細胞の腫瘍化や予測不能かつ重篤な有害事象を発生させ、人の生命及び健康に重大な影響を与えるおそれがあることに鑑み、再生医療法４条１項において、

> 第四条　再生医療等を提供しようとする病院又は診療所（中略）の管理者（中略）は、厚生労働省令で定めるところにより、あらかじめ、第一種再生医療等（中略）につき厚生労働省令で定める再生医療等の区分ごとに、次に掲げる事項（中略）を記載した再生医療等の提供に関する計画（以下「再生医療等提供計画」という。）を厚生労働大臣に提出しなければならない。
> 一　当該病院又は診療所の名称及び住所並びに当該管理者の氏名
> 二　提供しようとする再生医療等及びその内容（後略）

として、再生医療等提供計画を厚生労働大臣に提出しなければならないとされています。

⑶　本件松山地裁判決の内容

この事例において、甲野は警察に逮捕されました。この事件では、いくら

甲野が患者の治療のためであるといっても、既に、再生医療法が施行され、この法律に従って医療行為をしなければならない義務が生じていたのですから、そもそも倫理レベルの問題ではなく、単なる法律違反の問題にすぎなかったのです。

そして、本件松山地裁判決では、「被告人らが再生医療法施行以前から実施してきた臍帯血移植は、アンチエイジング等の目的（中略）として、免疫抑制等の処置をすることなく、細胞の分離、冷凍等の操作を加えただけの他人の臍帯血を皮下注射等によって患者に投与する方法（以下「本件臍帯血移植」という。）によるものであり、このような方法は、安全性、有効性が確立された医療技術ではなく、投与された細胞の性質が体内で変わり得る未知のリスクが含まれるものであって、（中略）有効性、安全性が確立された造血幹細胞移植には該当せず、また、本来の細胞と異なる構造・機能を発揮することを目的として細胞を使用するものであり、再生医療法２条４項所定の『細胞加工物』を用いた医療技術であると解されることなどから、同法４条１項の適用対象となる第一種再生医療等に該当するものであった。

被告人らは、（中略）治療の提供を中止し、法に基づく手続を行うよう行政指導がされたにもかかわらず、その後も平成29年４月までの間、医師である被告人において、（中略）仕入れていた臍帯血を用いて本件犯行に及び、（中略）多額の利益を得ていたのであり、本件犯行は、再生医療等提供計画の提出を義務付けることにより当該治療の安全性確保を図るという同法の趣旨を没却する悪質な犯行であったいうべきである。加えて、本件臍帯血移植は、前記のとおり、安全性や有効性が科学的に証明されておらず、仮に、第一種再生医療等提供計画を提出しても、そのまま受理されることはないというものであり（被告人自身も、このことを自認する供述をしている。）、人命及び健康に重大な影響を与えるおそれがあったのであるから、唯一医業を行うことができる医師によってこのような行為が行われたことは、再生医療そのものに対する国民の信頼を著しく失墜させるものであり、その社会的影響も看過することができない。」などと判示して、懲役１年、２年間執行猶予の判決を言い渡したのでありました。

今後の医療従事者倫理の問題に対する展望

今後も新しい医療技術の発展に伴い、新たな倫理問題に直面することもあろうかと思います。本書第１章から本章までに述べたことに照らし、法律違反はもちろんのこと、医療従事者として倫理的にも批判されることのないように、適切な医療活動に努めてもらいたいと思います。

事 項 索 引

[あ]

[い]

[う]

[え]

[お]

[か]

[き]

［こ］

［さ］

［し］

[せ]

[そ]

［た］

［ち］

［つ］

［て］

[と]

[な]

[の]

[は]

［ひ］

［へ］

［ほ］

［ま］

［む］

［め］

［も］

［や］

［ゆ］

［よ］

［り］

［る］

［れ］

［ろ］

［わ］

［A－Z］

著者紹介

城　祐一郎（たち・ゆういちろう）

1957年10月　愛知県生まれ。
1980年10月　司法試験合格。
1983年４月　東京地方検察庁検事任官。
以後、大阪地方検察庁特捜部副部長、同交通部長、同公安部長、法務省法務総合研究所研究部長、大阪高等検察庁公安部長、大阪地方検察庁堺支部長、最高検察庁刑事部検事、同公安部検事等を歴任。
2016年４月　明治大学法科大学院特任教授・最高検察庁検事。
2017年４月　最高検察庁刑事部検事・慶応義塾大学大学院法務研究科非常勤講師。
2018年４月　昭和大学医学部法医学講座教授（薬学博士）。
慶應義塾大学大学院法務研究科非常勤講師（国際刑事法担当）。
警察大学校講師。
ロシア連邦サンクトペテルブルク大学客員教授。

主要著書

『マネー・ローンダリング罪の理論と捜査』(2007年、立花書房)、『海事犯罪——理論と捜査——』(2010年、共著、立花書房)、『〈実践志向の捜査実務講座〉特別刑事法犯の理論と捜査［１］知能犯　労働災害』（2011年、立花書房）、『Q&A実例取調べの実際』（2011年、共著、立花書房）、『「逃げ得」を許さない交通事件捜査——新しい角度からのアプローチ——［第２版］』（2011年、立花書房）、『捜査・公判のための実務用語・略語・隠語辞典』（2011年、立花書房）、『〈実践志向の捜査実務講座〉特別刑事法犯の理論と捜査［２］証券犯罪・選挙犯罪・環境犯罪・知能犯Ⅱ』（2014年、立花書房）、『盗犯捜査全書——理論と実務の詳解——』（2016年、立花書房）、『Q&A実例交通事件捜査における現場の疑問［第２版］』（2017年、立花書房）、『殺傷犯捜査全書——理論と実務の詳解——』（2018年、立花書房）、『現代国際刑事法——国内刑事法との協働を中心として——』（2018年、成文堂）、『取調べハンドブック』（2019年、立花書房）、『知恵と工夫の結晶！　組織犯罪捜査のツボ』（2021年、東京法令出版）、『性犯罪捜査全書——理論と実務の詳解——』（2021年、立花書房）、『現代医療関係法』（2022年、成文堂）、『ケーススタディ危険運転致死傷罪［第３版］』（2022年、東京法令出版）、『マネー・ローンダリング罪——捜査のすべて——［第３版］』（2023年、立花書房）、『あなたも陥る身近な犯罪』（2023年、成文堂）。

医療関係者のための
実践的法学入門［第２版］

2019年４月20日　初　版第１刷発行
2022年８月20日　第２版第１刷発行
2024年５月20日　第２版第２刷発行

著　者　城　祐一郎
発行者　阿部成一

〒169-0051　東京都新宿区西早稲田１-９-38
発行所　株式会社　成文堂
電話 03(3203)9201(代)　FAX 03(3203)9206
http://www.seibundoh.co.jp

製版・印刷・製本　惠友印刷　検印省略

ISBN978-4-7923-0703-5　C3032
定価（本体3,200円＋税）